雷锋精神简论

刘宏伟　李玉上　主编

中国华侨出版社
·北京·

图书在版编目（CIP）数据

雷锋精神简论 / 刘宏伟, 李玉上主编. -- 北京：中国华侨出版社, 2025.2. -- ISBN 978-7-5113-9311-1

Ⅰ. D648-53

中国国家版本馆CIP数据核字第2024R6K796号

雷锋精神简论

主　　编：	刘宏伟　李玉上
出 版 人：	杨伯勋
责任编辑：	罗路晗
特邀编辑：	张立云
装帧设计：	云上雅集
经　　销：	新华书店
开　　本：	710毫米×1000毫米　1/16开　印张：24　字数：401千字
印　　刷：	长沙市精宏印务有限公司
版　　次：	2025年2月第1版
印　　次：	2025年2月第1次印刷
书　　号：	ISBN 978-7-5113-9311-1
定　　价：	98.00元

中国华侨出版社　北京市朝阳区西坝河东里77号楼底商5号　邮编：100028

发行部：（010）64443051　　传　真：（010）64439708

如发现印装质量问题，影响阅读，请与印刷厂联系调换。

《雷锋精神简论》
编 委 会

主 编：刘宏伟　李玉上
编 委：刘俊杰　易智文　谭铁安　李富强
　　　　刘晓云　李湘宇　郑惠君

前言

长沙市望城区雷锋精神研究会成立于2018年8月30日,现有团体会员124名,特聘研究员18名,常务理事单位24家。

五年来,我们在各级领导和望城区委宣传部的正确领导和大力支持下,秉持"宣传宣讲、研究研讨、传承践行雷锋精神"的宗旨,充分利用雷锋家乡的资源优势,努力将研究会打造成望城、长沙、湖南乃至全国"传播雷锋精神的新窗口,研究雷锋精神的新阵地,弘扬雷锋精神的新平台,践行雷锋精神的新基地",在阵地建设、专题研究、学术交流等具体工作中取得了初步成效,获得了较好的社会效益。

我们办好了一本会刊,《雷锋故里》至今已经编出18期,发稿483篇,总计170万字。策划了"雷锋精神,筑梦新时代"2019中国(望城)雷锋精神论坛、中宣部"'百场讲坛'——走进雷锋故乡长沙望城"及"新时代 新雷锋——纪念毛泽东等老一辈革命家为雷锋同志题词60周年"系列活动等5项大型活动。打造了"时代楷模 精神永恒"展室和网上VR、全国雷锋精神研究信息资料库、雷锋文化元素数据资源库、雷锋沙龙、雷锋文化陈展室5个宣传平台。汇编了《时代楷模 精神永恒》(共5集)、《学雷锋六十年社论选读》、《六十年学雷锋文选》(共3卷4册)、《与雷锋同行》4种学习资料;特聘研究员邓建伟出版了《雷锋精神生成机制的社会学研究》,李玉上出版了《像雷锋那样》《雷锋日记的精神密码》,何宇红(已故)出版了《雷锋,我们时代的精神坐标》等学雷锋专著。此外,我们还与湖南省社科联、湖南省雷锋精神研究会联合汇编《湖南当代雷锋》红皮书(共6卷)。

雷锋精神简论

我们深入挖掘湖湘文化、望城"红色基因"对雷锋精神形成的影响，深入挖掘雷锋精神的深刻内涵，不断探索湖湘文化的"忧乐情怀"和望城的"红色基因"对雷锋精神形成的影响，先后就"雷锋精神与和谐文化""雷锋精神与红色革命文化""雷锋精神与中国传统文化"等课题进行调研，组织召开各级各类座谈会、研讨会18次，在《雷锋》杂志和《湖南日报》《长沙晚报》等主流媒体发表研究论文75篇。

我们通过对外交流、对外发声，不断彰显雷锋家乡学雷锋的风采。组织人员先后参加了全国学雷锋"两会"、《雷锋》杂志创办五周年座谈会、河南省内乡县组织的"新时代雷锋学校论坛"、内蒙古乌海市组织的"雷锋国防教育论坛"、贵州省雷锋精神研究会举办的"纪念毛泽东等老一辈革命家为雷锋题词60周年"系列活动、杭州雷锋纪念馆组织的"民间雷锋纪念馆交流座谈会"、抚顺组织的"新时代雷锋精神论坛暨习近平参观抚顺雷锋纪念馆五周年"系列活动、新疆伊犁组织的学雷锋志愿服务活动等一系列活动。与此同时，我们还联合望城部分"雷"字号单位、雷锋故旧、好友，开展了"牵手辽湘·相交抚顺"交流活动，赴辽宁省抚顺市、鞍山市、辽阳市、营口市等雷锋曾经工作的地方进行交流，共话雷锋故事，共研雷锋精神。

工作中，我们把对雷锋精神的研究作为重中之重，特别是对雷锋精神的时代内涵、雷锋精神的永恒价值进行了较为深入的挖掘，对如何传承弘扬雷锋精神进行了较为深入的探讨。现在，我们将有关研究成果结集成《雷锋精神简论》，予以出版，目的之一是对前段时间的研究工作作一简单的小结，目的之二是借助图书出版的渠道进一步宣传雷锋、弘扬雷锋精神。

由于水平有限，《雷锋精神简论》一定存在诸多不足，敬请大家批评指正。

湖南省雷锋精神研究会副会长
长沙市望城区雷锋精神研究会会长　刘宏伟
2024年5月8日

目录 CONTENTS

一论　雷锋精神的时代内涵

试论雷锋的人生哲学	刘宏伟	003
雷锋望城18年对雷锋精神形成的影响之分析	刘宏伟　谭铁安	008
雷锋精神与企业文化建设研究	刘宏伟　谭铁安	012
雷锋精神与文明城市创建研究	刘宏伟　谭铁安	021
论雷锋精神的社会特性	刘俊杰	030
有梦就去追	刘俊杰	033
谈谈雷锋的第四个愿望："做人类英雄"	刘俊杰	039
感悟雷锋的"韧"性	刘俊杰	043
雷锋的三次"车缘"	刘俊杰	049
雷锋辩证思维的形成初探	刘俊杰	054
雷锋"人生七问"的奋斗精神	谭铁安	062
红色雷锋的望城淬炼	谭铁安	066
雷锋精神的时代光芒	谭铁安	075

驾驶室里的"时代闯将"………………………	李富强	077
深刻把握雷锋精神的时代内涵应该遵循的基本原则………	李玉上	080
雷锋：望城18年……………………………………	李玉上	087
一颗红心永向党……………………………………	李玉上	096
艰苦奋斗永向前……………………………………	李玉上	104
"雷锋精神"内涵探析………………………………	李玉上	116
"螺丝钉精神"内涵探析……………………………	李玉上	123
"钉子精神"内涵探析………………………………	李玉上	128
"傻子精神"内涵探析………………………………	李玉上	132
"一滴水精神"内涵探析……………………………	李玉上	137
"集体主义精神"内涵探析…………………………	李玉上	141
满怀激情的人生叩问………………………………	李玉上	147
一则读书心得，五道精神光芒……………………	李玉上	154

二论　雷锋精神的永恒价值

时代楷模雷锋的楷模性特征………………………	刘宏伟	161
雷锋何以成为时代楷模……………………………	刘宏伟	168
雷锋精神的基本特征……………………… 刘宏伟	谭铁安	175
雷锋精神的时代价值……………………… 刘宏伟	谭铁安	182
充分发挥雷锋精神的时代价值…………… 刘宏伟	谭铁安	188
雷锋：新时代公民的"人生标杆"…………………	刘俊杰	192
雷锋：中华民族的"伟大脊梁"……………………	刘俊杰	197
雷锋精神：诚信的最高境界………………………	刘俊杰	199

雷锋精神：红色基因密码的集中体现…………… 刘俊杰 202
雷锋红色基因密码形成初探…………………… 刘俊杰 208
弘扬雷锋精神是提升全社会文明程度的有效途径…… 刘俊杰 212
弘扬雷锋精神，做到"三个务必"………………… 刘俊杰 215
雷锋精神：伟大建党精神的时代呈现…………… 谭铁安 220
雷锋家乡学雷锋活动60年宣传机制概述………… 谭铁安 224
望城雷锋元素集锦……………………………… 李富强 234

三论　雷锋精神的传承弘扬

雷锋精神在望城的赓续与践行…………………… 刘宏伟 241
高扬旗帜再出发………………………………… 刘宏伟 244
把学校建设成为弘扬雷锋精神的主阵地………… 刘宏伟 246
用雷锋精神铸魂现代化新城区建设…… 刘宏伟　谭铁安 249
沿先模足迹，与时代同行……………… 刘宏伟　谭铁安 252
让雷锋精神成为乡村文化振兴的新动力…… 刘宏伟　谭铁安 255
让雷锋精神成为望城强省会、勇担当、走前列的精神力量
　…………………………………………… 刘宏伟　谭铁安 258
弘扬雷锋精神，打造新时代立德树人新标杆…… 刘宏伟　谭铁安 264
用雷锋精神引领社区治理……………… 刘宏伟　谭铁安 268
把雷锋精神和志愿精神体现到志愿服务工作的方方面面
　…………………………………………… 刘宏伟　李富强 270
用雷锋精神打造望城营商环境软实力…………… 刘俊杰 275
用雷锋精神学雷锋的几点思考…………………… 刘俊杰 279
雷锋精神融入基层社会治理的成功实践………… 刘俊杰 284

用雷锋精神铸魂望城乡村振兴……………………………………谭铁安 290
在构筑中国精神中国价值中国力量的伟大实践中弘扬雷锋精神
　　………………………………………………………………谭铁安 297
在推进乡村振兴战略实施的生动实践中彰显雷锋精神………谭铁安 307
在全面推进乡村振兴中弘扬雷锋精神…………………………谭铁安 310
雷锋学校要成为传承弘扬雷锋精神的新阵地…………………谭铁安 314
弘扬雷锋精神，彰显省会担当…………………………………谭铁安 317
用雷锋精神铸魂长沙青年发展友好型城市建设………………谭铁安 321
学思践悟雷锋精神的人民性……………………………………谭铁安 328
向雷锋同志学"思想"…………………………………………李玉上 331
向雷锋同志学"工作"…………………………………………李玉上 337
向雷锋同志学"学习"…………………………………………李玉上 347
向雷锋同志学"发言"…………………………………………李玉上 352
向雷锋同志学"待人"…………………………………………李玉上 360
向雷锋同志学"改错"…………………………………………李玉上 366

一论 雷锋精神的时代内涵

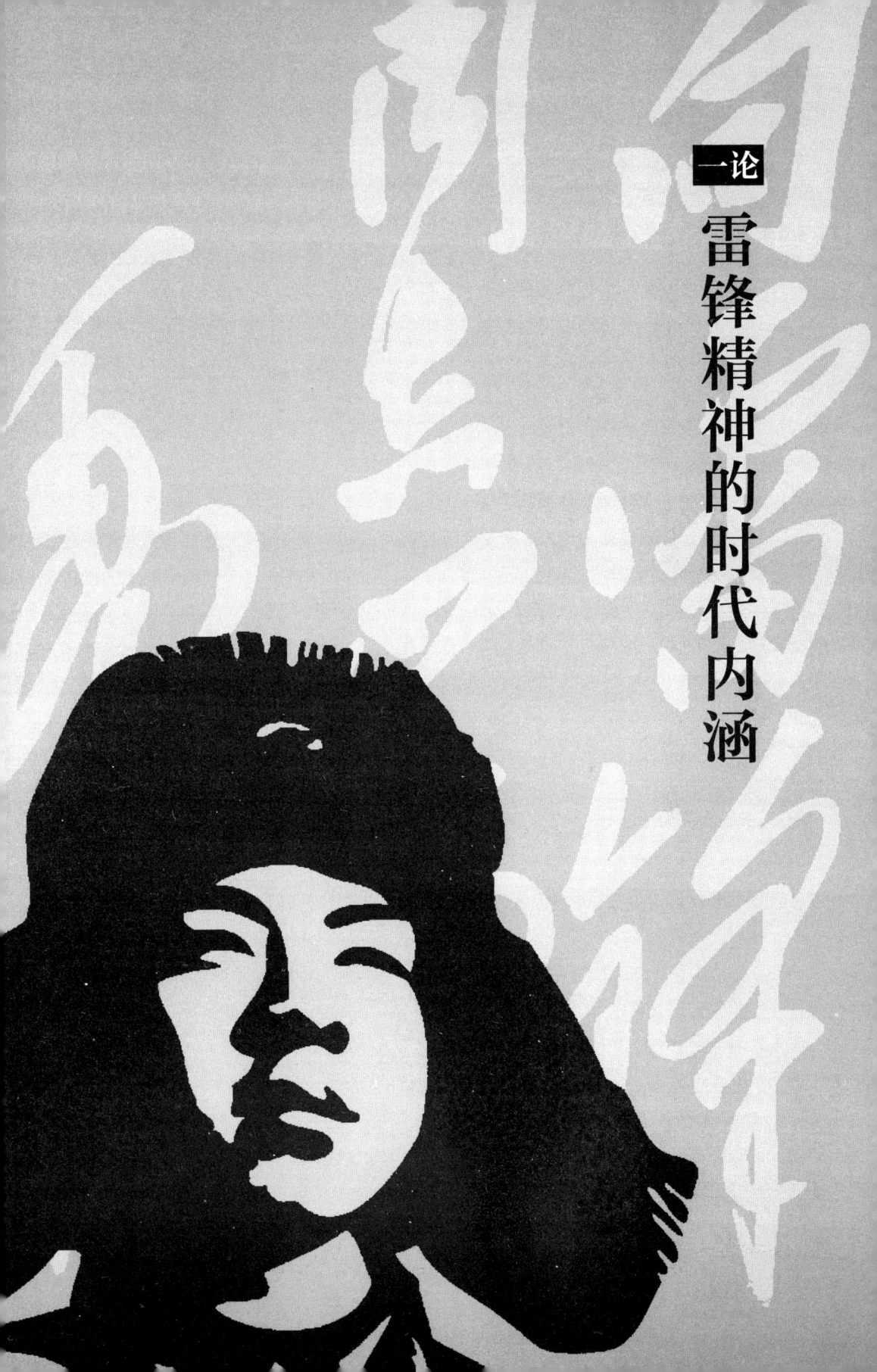

试论雷锋的人生哲学

刘宏伟

1963年5月11日,毛泽东同志在杭州会议上说:"我看过雷锋日记的一部分,看来此人是懂得一点哲学、懂得辩证法的。"一位伟大的人民领袖、名副其实的大哲学家居然夸赞雷锋"懂得一点哲学、懂得辩证法"。不仅如此,他还表示自己也要向雷锋学习,"要学习他的好思想、好作风、好品德……学习他一切从人民的利益出发,全心全意为人民服务的精神"。雷锋牺牲时虽不满22岁,他的精神世界却异常丰富。《雷锋全集》收录的330余篇日记不仅充分展现了雷锋工作、学习、生活的基本情况,而且折射出他独特的人生哲学思想。

一、雷锋人生哲学的出发点——毛泽东思想

对于雷锋来说,党和毛主席不仅是他的救命恩人,赋予了他新生,而且是指路明灯,照亮了前行的方向。当年轻的雷锋开始探求人生的意义时,他首先想到的是从毛主席著作中寻找答案。1957年,雷锋在望城县委机关当通讯员时开始正式接触《毛泽东选集》,当时张兴玉书记借了一本毛选给他,在之后的五年时间里他相继读完了《毛泽东选集》第1~4卷,并且反复研读了《矛盾论》《实践论》《关于正确处理人民内部矛盾的问题》等哲学专著。雷锋把毛主席著作比作"粮食""武器""方向盘",他说:"人不吃饭不行,打仗没有武器不行,开车没有方向盘不行,干革命不学习毛主席著作不行。"[1]他认真学习毛主席两点论的观点、实践的观点、阶级斗争的观点、谦虚谨慎的观点、批评与自我批评的观点以及全心全意为人民服务的观点等,他说:"我决心要把毛主席的思想学到手,一定要使毛主席的光

---

[1] 雷锋.雷锋全集[M].北京:华文出版社,2012.

辉思想在我的脑海里扎根，在我的一切实际行动中开花结果。"雷锋对毛选中的《为人民服务》《纪念白求恩》《愚公移山》等篇章烂熟于心，并最终从中收获了生命的真谛与人生的意义。雷锋说："我学习了《毛泽东选集》一、二、三、四卷以后，感受最深的是，懂得了怎样做人，为谁活着……我觉得自己活着，就是为了使别人过得更美好。"

每当在前进的路上遇到某种障碍和困难时，雷锋就会从毛主席著作中汲取跨越障碍、战胜困难的勇气和力量。罗瑞卿大将当年就曾说过："毛泽东思想就是他的英雄行为和高尚品德的无尽源泉。"在新兵训练营时，雷锋练习投手榴弹总是不达标。于是，他重读了毛选第三卷的《愚公移山》一文，并在眉批中写道："愚公能挖掉两座大山。我有恒心克服各种困难，学习好毛主席著作和军事技术，把自己锻炼成为一个又红又专的共产主义战士，更好地为人民服务，为人类的解放事业——共产主义而贡献自己的一切。"雷锋以愚公为榜样，在为人民服务的征途上"毫不动摇，每天挖山不止"，不仅是"愚公精神"的积极践行者，而且孕育出了可敬的"傻子"精神。他在日记中写道："我要做一个有利于人民、有利于国家的人。如果说这是'傻子'，那我是甘心愿意做这样的'傻子'的。革命需要这样的'傻子'，建设也需要这样的'傻子'。我就是长着一个心眼，我一心向着党，向着社会主义，向着共产主义。"雷锋以"傻子"自居，在生活上艰苦朴素、勤俭节约，一双袜子补了18个补丁，一套军装洗得发了白，却把节余的钱捐给公社、灾区人民、遇到困难的战友乃至陌生人；在工作中严格要求自己，不断督促自己为人民服务，时刻谨记党的宗旨，将集体和人民的利益放在首要位置，充分发挥"螺丝钉"的积极作用。

如果说雷锋所经历的苦难童年，当农民、公务员、工人、解放军等多岗位多工种的劳动实践，处处为群众办好事的人生历练，等等，为雷锋人生哲学的形成提供了深厚的社会土壤，那么，他一生孜孜不倦地学习，追求知识，潜心毛选，毛泽东思想为雷锋人生哲学的形成提供了丰润的理论滋养，指明了实现人生价值的正确方向。

二、雷锋人生哲学的主要内容——为人民服务

马克思曾用一个形象生动且寓意深刻的比喻来强调社会意识的历史继承性，他说："一切已死的先辈们的传统，像梦魇一样纠缠着活人的头

脑。"[1]大公无私、乐于奉献是中华民族的传统美德。无论是儒家"克己爱人""夙夜在公"的精神诉求，还是墨家"爱人如己"的"兼爱"思想和"利天下为志"的人生理想，两千多年来都已深深地融入中国人的血脉和性格之中。雷锋出生于贫苦的农民家庭，父辈们传承下来的乐于助人、严格自律的优秀品格在他身上得到了延续。而在深入学习了马克思列宁主义和毛泽东思想之后，雷锋最终将"全心全意为人民服务"确立为人生的价值取向。

雷锋认为，一个革命者"首先要确立坚定不移的革命人生观……树立这样的人生观，就必须注意培养自己的思想道德品质，处处为党的利益、为人民的利益着想，具有大公无私、舍己为人的风格。……能够为党的利益、为集体的利益不惜牺牲自己的利益。否则就是个人主义者……"。雷锋把人民的困难视为自己的困难，把帮助人民克服困难视为"应尽的责任"，把能帮助人民克服一点困难视为"最幸福的事"。该出钱的时候出钱，该出力的时候出力，该讲理的时候讲理。例如，休息日带病帮工人们搬运砖块，暴风雨中送远行的母子平安回家；辽阳遭受洪水灾害时，他把省吃俭用的一百块钱捐给了灾区人民；战友赵明才把自己在学习、工作中遇到的困难告诉雷锋时，雷锋给赵明才出了不少点子，并勉励他"要多学习《矛盾论》《实践论》，用毛主席的哲学思想武装头脑，指导工作"。

雷锋对金钱名利等物质欲望，持以超然的态度，他认为："我们吃饭是为了活着，可活着不是为了吃饭。我活着是为了全心全意为人民服务，是为人类的解放事业——共产主义而斗争"。因此，雷锋虽然也爱美但是却不沉溺于对美的追求，虽然也拥有皮夹克、手表等"奢侈品"，但是却极少穿着。1961年，雷锋在某部队作报告时，有几位战士以为雷锋是士官。雷锋借此事明确地表示："为了党和人民的事业，我总想多贡献一点力量，那些个人军衔级别，我真没时间考虑。"全心全意为人民服务，在雷锋短暂的一生中，他时刻力求做到这一点。

雷锋曾说："凡是脑子里只有人民、没有自己的人，就一定能得到崇高的荣誉和威信。"最终，他用"把有限的生命投入到无限的为人民服务之中去"的铮铮誓言和实际行动赢得了全世界人民的敬重。

---

[1] 中共中央马克思恩格斯列宁斯大林著作编译局.路易·波拿巴的雾月十八日[M].北京：人民出版社，2018.

三、雷锋人生哲学的理想目标——共产主义革命战士

成为一个什么样的人,是雷锋苦苦追寻的人生目标。雷锋在小学毕业典礼上曾立下将来要做个"好农民""好工人""好战士"的誓言。然而,当年在规划人生时,雷锋并未设立一个人生的终极目标。从农民到公务员到工人再到战士,雷锋不停地转换着自己的角色,从"党的忠实儿子""毛主席的好战士""人民的勤务员"到"共产主义革命战士",他的人生终极目标逐渐清晰、明确。雷锋在日记中写道:"我觉得一个革命者活着就应该把毕生精力和整个生命为人类解放事业——共产主义全部献出。我活着,只有一个目的,就是做一个对人民有用的人。当祖国和人民处在最危急的关头,我就挺身而出,不怕牺牲,生为人民生,死为人民死。""一个人活着,就应该像白求恩同志那样,把自己的毕生精力和整个生命为人类的解放事业——共产主义全部献出。我要永远站在无产阶级的立场上,永远忠于党、忠于人民、忠于保卫祖国和世界和平的伟大事业,做一个真正的共产主义革命战士。"

雷锋认为,"共产主义革命战士"是人的最高自由的表现,是理想化的人格形象,是共产党人的人生目标。真正的共产主义战士是"一个热爱祖国、热爱人民,永远忠于党、忠于人民革命事业的人""是大公无私的,所作所为,都是对人民有益的,他的责任是没有边的……""永远愉快地多给别人,少从别人那里拿取""一个高尚的人,一个纯粹的人,一个有道德的人,一个脱离了低级趣味的人,一个有益于人民的人""一个毫不利己、专门利人的人"。

在雷锋看来,成为真正的共产主义战士,必须做到以下两点:一是要"虚心学习,刻苦钻研,学到真本领",使自己的道德修养和行为操守达到共产党人的最高境界。他说:"从内心往外说,我时刻都想多学点本领,更好地为人民服务。马克思说:'不学无术在任何时候、对任何人,都无所帮助,也不会带来利益。'今天,我为人民的利益……多学点本领就更有必要了。"因此,雷锋充分发扬"善于挤"和"善于钻"的钉子精神,刻苦学习,不仅掌握许多真实本领,而且提高了自身的道德修养。二是要表里如一、言行一致,将自己的道德学问推之于他人和社会,把学本领与为人民服务结合起来。雷锋在日记、小说、诗文中反复表示:要以黄继光、董存瑞、方志

敏、白求恩等同志为榜样，在实际行动中把自己锻炼成为一个真正的共产主义革命战士。"事事大公无私，处处从党和人民的利益出发，全心全意为人民服务"，雷锋不仅是这么说的，也是这么做的，真正做到了表里如一、言行一致。因此，雷锋在短暂的22年生命里，在言、行、德上均取得了不朽的成就，成为共产主义革命战士的优秀代表，成为人类共同的精神领袖！

四、雷锋人生哲学对现代中国人精神重构的意义

雷锋生活的年代，中国的社会主义建设刚刚起步，由于缺乏经验和帝国主义的层层封锁，当时的物质生活条件极为艰苦。雷锋通过认真学习马克思主义和毛泽东思想，把爱党、爱国、爱民之情上升到理性的、哲学的高度，以其平凡而朴实的人生哲学，激励了一代又一代人积极投身于社会主义建设的伟大事业。

随着改革开放步伐的加快和经济全球化的影响，西方的拜金主义、享乐主义等思潮也伴随而至，人的异化、精神的匮乏、道德的沦丧等现象初露端倪。面对落水的儿童、摔倒的老人时，救与不救、扶与不扶，成为困扰当下许多人的现实思想难题，信仰缺失、道德滑坡、行为失范已成为中国社会不能承受之重。面对这种精神上的危机，贯穿于雷锋人生哲学始终的那种为人民服务的宗旨意识，雷锋热爱党、热爱祖国、热爱社会主义的崇高思想和坚定信念，服务人民、助人为乐的奉献精神，干一行爱一行、专一行精一行的敬业精神，锐意进取、自强不息的创新精神以及艰苦奋斗、勤俭节约的创业精神等，为当前我国培育和践行社会主义核心价值观提供了有益的借鉴。

2012年，中共中央办公厅印发的《关于深入开展学雷锋活动的意见》明确指出，雷锋精神体现了中华民族的传统美德，顺应了社会进步的时代潮流，彰显了我们党的先进本色，内涵十分丰富、意蕴十分深刻，是一面永不褪色、永放光芒的旗帜。

我们在精神文明建设中，在培育和践行社会主义核心价值观的过程中，不仅要大力弘扬雷锋精神，将雷锋的人生哲学内化为自己的人生观，树立全心全意为人民服务的思想，而且要外化于具体的社会实践，用雷锋人生哲学来解答现实问题，指导行动，实现人生的价值追求。

雷锋望城18年对雷锋精神形成的影响之分析

刘宏伟　谭铁安

雷锋，是一个伟大的共产主义战士，也是一个平民英雄，雷锋的人生历程虽然只有22年，但经历了旧社会和新中国，经历了学生、农民、公务员、工人和解放军战士等不同的人生阶段；在雷锋的人生历程中，他一以贯之地助人为乐，默默奉献，形成了伟大的雷锋精神。随着社会的发展，雷锋精神成为中国精神的重要内容，在伟大的社会实践中不断与时俱进，成为新时代公民道德建设的新标杆。对于雷锋精神这种平凡而伟大的精神，以前我们总是认为，雷锋精神是雷锋在鞍钢和部队成长起来的，是北方的工人和战士的身份造就了雷锋，形成了雷锋精神。这样的认识并不全面，理由有三。

其一，雷锋是一个英模，但他首先是一个人，一个活生生的人，不可能一出生就成为英模。而一种精神的形成，也有从孕育、成长到成熟的过程，雷锋的人生历程也充分说明了这一点。所以，深入挖掘雷锋在湖南望城的成长经历，对于客观评价和看待雷锋精神的形成非常重要，这是历史唯物主义基本方法的运用所必需的。其二，雷锋的人生只有短短的22年，但他在湖南望城就有18年，在望城的18年间，雷锋经历了新中国成立前的苦难童年，遭遇了家里五个亲人在短短的几年时间内相继惨死、自己不到7岁就成为孤儿的苦难磨炼；新中国成立之后，党和政府送他上学、给他工作的机会，在学习和工作当中，老师、同学、同事、领导给了他无微不至的关心，使他顺利成长，也使他深怀着对共产党、对毛主席、对新社会的一种无比感恩之心。其三，望城是一个革命老区，涌现了许许多多的革命先烈。郭亮、周以栗、刘畴西等都是望城籍革命先烈，他们的英雄事迹，雷锋耳熟能详，影响了雷锋的世界观、人生观、价值观的形成。雷锋走进鞍钢、走进军营之前在望城的日子里，多次获评过先模和积极分子，受到表彰。可见，这时候雷锋的先进性就已经显现，得到了组织和领导的认可。

深入挖掘、认真梳理雷锋在湖南的成长经历，可以还原一个真实的、活生生的雷锋。为什么雷锋会对共产党和新中国无比热爱、无比感恩？为什么雷锋有着坚定的共产主义理想信念？主要原因就是他在旧社会受苦，是共产党、人民解放军和毛主席救了他。在新社会，他分到了粮食、土地和房子，有了一个真正属于他自己的家。所以，雷锋在迎接解放时就表示要参军，在高小毕业时誓言要当一个好战士，用鲜血和生命保卫祖国。后来到安庆乡当通讯员，乡长彭德茂像父亲一样关心他、照顾他、引导他；到望城县委机关当公务员，县委书记张兴玉像一位慈祥的长辈，和他交心，教育他、培养他，向他传授革命道理，将《毛泽东选集》和关于革命先烈的书籍借给他阅读，无不对他的成长潜移默化；全国青年社会主义建设积极分子冯健等先进人物的事迹，也一直影响着雷锋，雷锋想见毛主席，就是因为冯健多次受到毛主席的接见，他将冯健作为自己的偶像就是缘于此。而雷锋的助人为乐精神、螺丝钉精神、爱岗敬业的精神，在望城县委机关、治沩工程和团山湖学开拖拉机的过程中，得到了充分的体现，并逐步形成。

可见，雷锋在望城18年的人生历程非常重要，所受的教育和熏陶对雷锋的成长不容忽视，雷锋在望城这一阶段的历史对雷锋世界观、人生观和价值观的形成不容忽视。雷锋在望城18年的生动实践，正是雷锋精神孕育和成长的起点和基础。学习雷锋，研究雷锋精神，应该对雷锋在望城有一个深刻的理解和深度的把握。

研究雷锋和雷锋精神，具有非常重要的现实意义和深远的历史意义，准确划分雷锋成长的阶段，是用历史唯物主义的方法来理解雷锋精神形成的关键。如何准确划分雷锋成长的不同阶段？依据是什么？让我们一起走近雷锋、了解雷锋。

从雷锋的人生经历的角度来分析，雷锋的成长可以划分为以下五个阶段。

第一个阶段，苦难的童年，新中国成立前的童年时期。这一阶段雷锋饱受了旧中国的苦难，他不到7岁成为孤儿，靠六叔奶奶一家的接济维持生活，后来又不忍拖累同样家庭经济条件困难的六叔奶奶一家，外出讨饭。在这一阶段，雷锋开始接触到党的地下活动，在地下党员彭德茂的安排之下，发传单、贴标语，开展革命活动，开始对共产党和人民解放军产生向往。

　　第二个阶段，求学阶段，从新中国成立到高小毕业这一时期。中华人民共和国刚刚成立，党和政府就分给了雷锋房子、土地和粮食，使他真正有了自己的家；雷锋生活稳定之后，安庆乡政府又送他免费上学，在学习过程中，雷锋关心同学，乐于助人，积极上进，关心集体，他经常背同学蹚过被洪水漫过的大坝，课余帮助残疾老人砍柴，为治理南洞庭湖的民工学编织草鞋，将分给自己的房子和土地全部加入高级农业社等，无不体现出他助人为乐的高尚情怀；雷锋还经常忆苦思甜，表达出对共产党、解放军和毛主席的热爱和感恩。特别是在小学毕业典礼上，他抒发了要当一名新式农民，开着拖拉机耕耘在祖国的大地上；要做一名好工人，建设祖国；要做一名战士，用生命和鲜血保卫祖国，做人类英雄。所有的这些，都是他立志的阶段。

　　第三个阶段，在安庆乡当通讯员、后到望城县委机关当公务员，参加治沩工程再到团山湖农场这一阶段。在这一阶段，雷锋已经逐步成长，他的世界观、人生观和价值观已经基本形成。在安庆乡当通讯员的时候，雷锋还是一个16岁的少年，但见事做事，当夜校小老师、参加秋征活动、兼顾生产队里的记工员等，事无巨细，从来没有出过差错，这是敬业精神的体现。到望城县委机关担任公务员之后，热情服务、体贴他人、乐于助人、帮扶困难群众，对工作更是兢兢业业，毫不马虎。他得到了张兴玉书记的培养和教导，懂得了个人的仇恨在阶级仇、民族恨面前根本算不了什么，特别是他在学习《毛泽东选集》、阅读革命先烈的故事和《钢铁是怎样炼成的》《把一切献给党》等书籍之后，思想境界和阶级觉悟得到了提升。在参加治沩工程建设过程中，雷锋不怕苦、不怕累，以集体利益为重，坚持正义，敢于斗争，对工程施工质量进行监督、对当地老百姓阻挠施工进行义正词严的批评，反映出雷锋在这一阶段就具备了较高的政治觉悟。雷锋在工作之余，写日记，写诗歌，写小说，在放飞自己文学梦想的同时，提高了自己的思维能力。成立团山湖农场之后，望城团县委号召全县团员青年积极捐资购买拖拉机，雷锋捐出20元，是全县青年团员中捐款最多的。之后，雷锋来到团山湖农场学开拖拉机，在农场里，雷锋刻苦钻研技术，关心集体，关心同事，以农场为家，切实践行着当一名新式农民、驾驶拖拉机耕耘祖国大地的人生梦想。

第四个阶段,走出望城,北上鞍钢这一阶段。应该说,这一阶段是雷锋由成长到成熟的一个过渡阶段,在此之前,雷锋的成长主要是领导和同事的关心与引导,是一个搀扶着走路的过程。北上鞍钢时,雷锋还不满18周岁,这时候,他一门心思想要通过自己的不断努力,见到伟大领袖毛主席。

他认为,只有扎实工作,作出实绩,才能见到毛主席。这一点,有几个细节可以证明:一是雷锋将冯健作为偶像,主要原因就是冯健已经2次受到毛主席的接见,这是一件无上光荣的事情;二是雷锋在确定北上鞍钢的前夕,和张建文等几位将去鞍钢或者湘钢到鞍钢参加培训的同事,专程到韶山毛主席旧居参观;三是雷锋在去鞍钢的途中,在天安门广场上留影,向警卫问怎样才能见到毛主席,警卫回答他说要作出工作实绩来才能见到毛主席。正是有了这种动力,在鞍钢,雷锋拾金不昧,不怕苦、不怕累,要作出成绩,以实现早日见到毛主席的目标。

第五个阶段,走进军营,成为一名坚定的共产主义战士。这一阶段是雷锋成熟的阶段。雷锋坚决要参军,参军之后继续认真学习文化,刻苦钻研本领,助人为乐,做好事不留名,甘当革命的"傻子"等,彰显出雷锋精神在一个时代的风貌。在当时的时代背景下,"憎爱分明的阶级立场,言行一致的革命精神,公而忘私的共产主义风格,奋不顾身的无产阶级斗志",既是对雷锋的评价,也是对雷锋精神的高度概括。立足于中国特色社会主义新时代,雷锋坚定的理想信念,助人为乐的奉献精神,干一行爱一行、专一行精一行的敬业精神,锐意进取、自强不息的创新精神,艰苦奋斗、勤俭节约、创业精神等,在这一阶段已经形成并逐步成熟。

从雷锋人生历程的几个阶段来分析,雷锋望城18年是雷锋精神形成不可或缺的重要阶段。一切否认雷锋望城18年的观点,都是历史虚无主义的表现,对雷锋、雷锋精神包括对望城,都是不严肃的。

雷锋精神与企业文化建设研究

刘宏伟　谭铁安

文化，从广义上来说，是一个区域、一个民族、一个时代在一定的社会关系基础上形成的，被既定范围内所普遍认同的，具有强烈凝聚力、影响力和公信力的一种社会现象；从狭义的层面上来说，一个单位、一个企业、一个家族乃至一个家庭，都可以形成独具特色的文化。这种狭义的文化，在特定的范围内是一种高度认同的理念和追求，是一种希望被强制发扬的价值元素和要求，甚至被特定范围内的人群必须接受。狭义的文化还是特定的人群发展的内生动力和精神依存，需要特定的人群共同维护。文化，既具有物质的力量，又具有精神的价值；既影响着物质世界，又影响着人们的精神生活。人们对文化的高度认同，决定了对社会的看法，即文化具有影响人们世界观、人生观、价值观的作用。

一、企业文化建设的价值

企业文化是企业创新发展的源泉。文化之所以成为文化，有着以文化人、化物、化事的功能。这里的"化"，是教化，是推动，是促进。对于企业，特别是高新技术产业企业来说，企业独有的文化，是企业发展与创新的精神支撑和动力源泉。企业文化是企业自强不息的动力。企业的主体是员工，企业兴旺与否的关键是员工，企业文化发展的主体和文化创新的主体及客体也是员工。企业离开了员工不成其为企业，企业离开了文化也难以形成气候，难以走得更高、更远。企业文化的形成和发展，离开了员工是无本之木与无源之水，员工可以创造企业文化、发展企业文化、创新企业文化。企业文化是企业凝心聚力的载体。企业文化还是企业兴旺的外在表现和内涵体现，没有文化的企业是没有灵魂的，文化浅薄的企业同样也是浅薄的。企业通过企业文化的发展与创新，凝聚人心，激发热情，催生力量,激励员工以企业为荣、以企业为家、以企业为个人的立身之本。企业兴,我荣;企业衰,我耻。说到底,就是企业文化深深的影响力。企业文化是企业彰显魅力的平台。企业应该具有自己优秀的企业文化,要深知文化对企业发展的重要价值。只有深刻理解和认真把握了文化对企业发展的重要性与必要性,才会真正将企业文化建设摆在重要的位置,使企业文化成为彰显企业魅力的重要平台。

二、企业文化建设存在的问题

虽然企业文化建设得到了企业的普遍认同,但是企业文化建设依然存在一些带有普遍性的具体问题。

企业文化建设如何看的问题。站在公共服务层面来看,企业文化建设不是公共服务的主要内容。现阶段,有许许多多的为企业服务的项目,都是停留在企业发展环境保护和营商环境建设的层面,如何站在公共服务的角度为企业文化建设提供服务,可以说是一片空白。而造成这种状况的主要原因,就是对企业文化建设认识不足,仅仅停留在一般性的服务上和口号式的指导上。站在企业自身的层面来看,企业文化建设不是重点。普遍认为,企业追求经济效益才是根本,其他的一切都是可有可无的。也有些企业搞一些文化建设,不过是为了应景或装潢门面而已,并没有实际的东西。而出现这种状况的原因,就是看不到企业文化建设的力量,没有真正理解企业文化对企业发展的能动作用。站在企业员工层面来看,企业文化不是员工的基本追求。特别是在民营经济不断发展的趋势下,员工来到企业目的就是赚钱,获得劳动报酬,至于企业是不是有文化或者有什么样的文化,与己无关。而形成这种状况的原因就在于员工对企业的归属感不强,除钱之外,没有真正能够吸引员工的东西。

企业文化建设如何立的问题。毋庸讳言,企业的本质是逐利。正是基于这样的基本属性,企业的首要目的不是文化建设,企业是不是有文化、企业文化是不是有特色,对于很多企业来说,都是停留在理想化的层面,并没有落实在企业的发展过程中。而且,企业文化建设本身也是随着企业的发展而逐步提到议事日程,对一个连企业本身发展都得不到保障的企业谈企业文化建设没有意义;同时,文化具有多元性,不同的企业有着不同的企业文化主题,而这种企业文化主题最重要的就是要符合企业发展的根本要求。如果所建设的企业文化与企业发展方向背道而驰，这种文化不可能具有生命力。现阶段，国有企业和民营企业竞相迸发，高新技术产业和传统产业并驾齐驱，甚至一些高新技术产业在走进产业园区之后，依然以传统产业的经营理念来经营，对自然、对市场、对社会关系的依赖性高，在此情况下，企业文化建设往往停留在跟风和为宣传而宣传的层面，缺乏明确主题和精神的问题尤为突出，根本无法形成独特的企业文化。

　　企业文化建设如何摆的问题。文化建设绝不是虚的东西，而是实实在在的建设内容，是完完整整的物质含义。企业文化建设也不是虚无缥缈的，而是企业发展、壮大和创新的必由之路。对于一个企业来说，或许对于某一项新技术、某一件新产品的研究与开发，一旦正式确定了目标、确定了团队、提供了研究经费，问题不是很大，通过少数人的努力和攻关，是完全可以实现的。然而，对于企业文化建设，如果没有较长时间的沉淀，没有形成文化氛围的良好环境，没有得到企业员工和社会的高度认同，企业的文化建设是不成功的。现阶段，很多企业并没有将企业文化建设摆到应有的位置，对企业文化建设达不到应有的高度，企业文化建设还远远没有走进企业主和员工的心中。对于企业文化建设，很多企业都视之为可有可无的东西。有的企业表面上重视企业文化建设，一旦碰到具体问题，就必须让文化建设让路；有的企业将文化建设视为副业，在人才资源配置上以兼职为主；有的企业搞其他建设舍得花钱，搞文化建设就紧巴巴的。企业文化建设缺乏思想保障、人才保障、资金保障的问题是一种普遍现象。

　　企业文化建设如何引的问题。现阶段，文化的重点貌似不是建设，无论是公共服务还是企业本身，对于企业文化可以说都是一种"自产自销"的态度。在这种态势之下，企业文化建设依靠的是企业主（或企业负责人）对文化建设的态度和文化敬畏的心境，企业主对文化建设有偏好，企业文化就有一定发展，否则企业文化就是一张白纸。这种状况，对于企业是一种遗憾，对于社会乃至公共服务机构同样是一种遗憾。而出现这种状况的一个重要原因就是，对企业文化建设的指导乏力，主要表现为：一是公共服务部门没有将企业文化建设摆上日程，认为企业文化建设是企业的事情，忽视了企业文化建设是社会文化发展的重要组成部分的基本事实；二是公共服务部门同样缺乏对企业文化建设指导的人才和能力，企业文化建设毕竟有其特殊性和专业性，公共文化服务层面难以做到有的放矢；三是公共服务部门对企业文化建设需求缺乏基本的了解。不同形式的企业、不同的企业层面、不同的企业组织形式，对文化建设有着不同的需求，而公共文化服务机构如果不能真正沉到企业之中，即使是有心加强指导，也无从下手。

企业文化建设如何破的问题。企业文化建设，立足于企业本身的发展需求来建设是无可厚非的。而基于这种理解，企业文化建设首先满足的是企业本身的需求，而不是社会层面的需求，这样，就导致企业文化的立足点和起点都是企业本身，使企业文化建设受到了一定的局限。同时，现阶段我们的企业发展很大程度上还处于不断转型状态，我国是一个以农业为主的国家而非工业国家，现代企业制度还处于一个急需完善的层面，而那些传统工业又被现代企业不断冲击，在这样的企业发展环境中，企业文化的积淀并不厚重，也导致企业文化建设受到严重局限。

企业文化建设如何管的问题。低俗的企业文化依然具有较大的市场。在多元化的企业发展环境中，企业成为文化交流和冲突的新载体，甚至可以说，企业文化的对抗已成为文化思潮争夺文化领域的新阵地，通过企业而进行文化渗透与侵略，完全可以成为文化演变的一个途径。毋庸讳言，现阶段我们的企业文化中，唯利是图、一切向"钱"看、欺诈、文化霸凌主义等问题依然存在，有时候甚至愈演愈烈，成为企业的精神图腾。而那些弄虚作假、制假造假售假、假冒伪劣等企业习以为常，见怪不怪。与此同时，无社会责任感、无公德心、无志愿者精神等思潮在企业中依然不是个案。这些问题的存在，虽是文化垃圾，一旦沉渣泛起，必会影响社会清朗。

基于上述原因，用社会主义先进文化占领企业文化建设阵地十分必要。

三、雷锋精神对企业文化发展的意义分析

企业文化建设过程中的诸多问题，最根本的解决方法就是将一种与时俱进的先进文化元素导入企业文化建设当中，用雷锋精神和雷锋文化引领企业文化发展是最优的选择。雷锋精神是企业发展所必需的精神动力，是推进"三高四新"战略实施的重要动力之源。

雷锋精神是企业自身发展的精神动力。企业发展需要什么？资金、技术、市场，这些肯定是需要的，不过，这些都是外在的，不是以企业本身

的愿望就能够左右的。对于企业来说，具有一种能够激发企业不断发展的精神力量无疑是最重要的。从雷锋精神的时代表现来看，坚定信念、奉献精神、敬业精神、创新精神、创业精神等，都应该有。可以说，雷锋精神完全能够成为企业发展的内生动力；也可以说，没有其他精神力量能如此程度地与企业发展相融合。雷锋精神就是企业所必需的力量源泉，雷锋精神能够让企业永远立于不败之地。

雷锋精神是企业员工素质提升的精神食粮。员工是企业的根本，没有强有力的团队，即优秀的员工，企业是走不远也走不稳的。有远见的企业，应该将培养优秀的员工放在突出位置，而不是对员工的情况不闻不问。而培养员工，在培养员工的专业能力水平的同时，绝不能忽视对员工思想素质的培养。应该说，员工的世界观、人生观和价值观同样对企业发展有着巨大的能动作用，低俗、消极、颓废的世界观、人生观和价值观不可能让企业得到发展。雷锋精神，是一种高尚的情操、大爱的情怀和信念的能量，是企业员工奋发向上的精神标杆，是促进企业员工素质提升的最丰富的营养。

雷锋精神是企业文化建设的精神引领。企业文化的价值和建设的重要意义无须赘述，而基于企业文化建设过程中存在的具体问题，说到底，就是先进文化如何在企业发展当中成为文化引领的问题。文化要成为文化引领，除文化本身足够先进之外，就是要能够得到整个社会的普遍认同，得到整个企业的自觉认同和接受，毫无疑问，雷锋精神具有这一特征。雷锋精神，经历了60年的风雨沧桑和不断淬炼，已成为一种全社会普遍认同的价值理念。完全可以说，在中华大地上，雷锋精神已经成为一种文化现象。雷锋精神是企业文化发展所追求的核心内容和基本遵循。

雷锋精神是企业社会影响力提升的精神载体。企业，始终是社会成员单位之一，虽不是以自然人的形态立足于社会，但很大程度上具有自然人的社会功能。企业的形象、企业的荣誉、企业的社会地位和作用、企业在社会生活中的影响力等，无不对企业发展产生强烈的影响。一个发展良好的企业，必定对社会的影响具有正能量，负能量多的企业必将被社会所抛弃。企业社会影响力的提升，不是纸上谈兵而来的，而是要敢于、勇于承担社会责任，要多为社会作贡献。这就是雷锋精神中的奉献精神在社会生活当中的具体体现，企业也应该具有这种精神。

雷锋精神是企业社会价值创新的精神标杆。志愿服务精神概括起来是：奉献、友爱、互助、进步。志愿服务精神对于企业来说不可或缺。企业需要奉献精神，企业要承担社会责任，要敢于牺牲自我，牺牲局部，牺牲近期；企业员工要有友爱精神，要主动团结友爱，共渡难关，才能使企业攻坚克难，得到发展；企业要有互助精神，只有互助互信，讲求诚信，才能走得稳、走得远；企业要有进步精神，要不断进取，不断革新，实现自我革命。企业的志愿服务精神，与雷锋精神一脉相承，雷锋精神是志愿服务精神的最高标准和特色体现，具有比志愿服务精神更为深厚的政治基础和时代价值。

四、用雷锋精神引领企业文化建设的可行性

用雷锋精神引领企业文化建设，是切实可行的。

企业文化的核心作用是引导企业积极向上，与雷锋精神的价值意义相符。企业文化建设的核心作用是什么？不是为了面子工程而搞文化作秀，不是为了形象工程而搞文化造势，也不是为了眼前工程而搞文化跟风。企业文化建设是为了塑造一种能够引领企业不断奋进向上的企业精神，是为了锻造一种让企业员工高度认同的精神境界，也是为了通过文化建设来激发企业的活力和内生动力，从而使企业在瞬息万变的市场环境中始终充满活力。而与时俱进的雷锋精神，是通过实践证明了的一种积极向上的永恒精神，特别是雷锋精神的创新精神和创业精神，是企业发展的精神内核。可见，雷锋精神的价值作用与企业文化建设的目的是一致的。

企业文化的基本功能是以文化人，与雷锋精神的文化功能一致。文化的功能是以文化人，企业文化的功能同样是以文化人。优秀的企业文化，引导企业和企业员工积极向上；低俗的企业文化，使企业和企业员工目光短浅、心胸狭窄，毫无社会责任感，必将导致企业被时代所淘汰。雷锋精神是一种永恒的时代精神，如同一面高扬的旗帜，始终走在时代的前列；雷锋精神，是一种突出于志愿服务精神、具有社会主义道德魅力、充分融入社会主义核心价值观深刻内涵的精神，雷锋精神已经上升为雷锋文化，成为一种独特的文化现象，在社会主义文化的百花园中独树一帜，分外妖娆；雷锋精神的文化功能强大，在60年的不断发展过程中，已经充分体现出其以文化人的作用，是一面时代的精神旗帜。

企业文化建设的重要目的是提升员工对企业的认同感，与雷锋精神的社会特性统一。企业文化建设的一个重要目的就是，通过营造良好的企业文化氛围，提升企业的凝聚力、向心力和执行力，让企业真正成为员工之家，让企业员工真正形成一种企荣我荣、企衰我耻的命运共同体，形成一种被员工普遍接受的企业集体主义情怀，提升员工对企业的认同感、归属感和依赖感。雷锋精神，从一成为精神起，就被整个社会所普遍接受，在半个多世纪的发展过程中，雷锋精神不但没有被淘汰，反而随着滚滚的历史车轮不断向前，与时俱进，被赋予了时代的内涵，成为被整个社会高度认同的一种价值理念。雷锋精神的社会特性被全社会高度认同，成为一种普世理念，毫无疑问，这也是企业文化建设所追求的目标。

企业文化发展的实施路径需要不断与时俱进，与雷锋精神的发展相契合。企业追求发展，企业文化要实现这一目标，也需要不断发展，只有企业文化得到了发展，企业才能永远充满生机和活力，才能具有强劲的精神动力。企业文化建设不能墨守成规，不能刻舟求剑，不能守株待兔，而应该推陈出新，应该与时俱进，应该勇立潮头。20世纪60年代初期，毛泽东主席发出"向雷锋同志学习"的号召，周恩来总理将雷锋精神归纳为"憎爱分明的阶级立场，言行一致的革命精神，公而忘私的共产主义风格，奋不顾身的无产阶级斗志"。新的时代，雷锋精神被概括为"一个信念、四种精神"，这就是雷锋精神与时代同步发展的结果。因此，企业文化发展的实施路径与雷锋精神发展的路径是契合的。

五、雷锋精神融入企业文化建设的实现机制探讨

用雷锋精神引领企业文化建设，需要将雷锋精神融入企业文化。立足于将雷锋精神融入企业文化建设的机制建设，助力高新技术产业在"三高四新"战略实施中满足企业文化需求，提出以下观点。

建立引导机制，强化雷锋精神融入企业文化建设的宣传推动。要进一步加强对学雷锋和践行雷锋精神的宣传，加强对雷锋精神时代表现和深刻内涵的宣传，加强雷锋精神对企业文化建设价值的宣传，真正使雷锋精神成为企业文化建设的富矿，让企业文化建设在学雷锋活动和雷锋精神宣传弘扬过程中汲取营养；要让企业成为学雷锋和践行雷锋精神的重要阵地。在企业挖掘、培养和树立学雷锋的典型人物和事迹加以宣传弘扬，让企业

员工学在平时、学在身边、学在企业；要将雷锋精神与企业文化建设结合起来，找到其中的融合点，使雷锋精神成为企业精神的文化母体，并以此来推动企业文化建设。

建立指导机制，强化雷锋精神融入企业文化建设的指导协调。要加强对企业文化建设的指导，将指导企业文化建设作为文化帮扶的重要指标，使企业文化与社会文化融合发展；要建立健全学雷锋理论指导体系并切实发挥其作用，加大对雷锋精神融入企业文化建设的协调力度，通过协调雷锋精神宣讲、道德楷模宣讲、劳模宣讲、学雷锋典型事迹和先进人物宣讲等，浓厚企业雷锋文化氛围；要组织专门团队，深入企业和现场，立足企业实际，分析企业文化建设和雷锋文化建设的结合点与切入点，指导企业开展文化建设，促进企业健康发展。

建立激励机制，强化雷锋精神融入企业文化建设的示范引领作用。要建立雷锋精神融入企业文化建设的激励机制。将弘扬雷锋精神融入企业文化建设，作为企业思想政治工作建设的重要指标纳入评价体系，设置雷锋文化元素融入企业文化建设的考察指标，奖优罚劣；培育和树立将雷锋精神融入企业文化建设的典型，培育和挖掘企业中学习雷锋弘扬雷锋精神的典型，分析其形成的原因，促使其示范引领作用的发挥，激发出企业文化建设典型的价值力量；加大对企业学雷锋的弘扬力度，通过"雷锋岗""雷锋团队""雷锋窗口"等载体建设，使雷锋文化元素逐步成为企业文化之引领。

建立保障机制，强化雷锋精神融入企业文化建设的实现保障。要建立企业文化建设的公共财政投入机制，通过"以奖代补"等形式，打造雷锋精神融入企业文化建设的精品力作。通过建设先进的企业文化，激发企业的社会责任感，让企业文化建设成为推进雷锋精神弘扬的重头戏和主阵地；督促企业加大对文化建设的投入力度，加大对企业文化建设的指导与培训，切实解决将雷锋精神融入企业文化建设过程中存在的人才、资金、信息等问题；积极搭建雷锋精神融入企业文化建设的实践平台，通过调研、论坛、研讨等形式，解决企业文化建设创新发展的问题。

建立评价机制，强化雷锋精神融入企业文化建设的社会效益。要建立雷锋精神融入企业文化建设的评价机制，对那些积极倡导、践行学习雷锋、弘扬雷锋精神的企业，对那些勇于担当、有社会责任感的良心企业，大力弘扬，高度评价，激发企业发展当中的正能量；抓住严重突发自然灾害、疫情防控、扶贫帮困等重要节点，了解掌握企业的社会担当。并建立企业社会贡献台账，实现企业文化建设评价社会化，从而达到彰显企业精神的目的。

建立学研机制，强化雷锋精神融入企业文化建设的理论研究与实践探索。要建立雷锋精神融入企业文化建设的学研机制：公共服务层面，建立雷锋精神研究专家库，主动掌握雷锋精神融入企业文化建设的所需所求，及时发布研究课题，让雷锋精神常学常新；企业层面，积极主动开展雷锋精神融入企业文化建设的学研活动，通过"雷锋岗""雷锋号""雷锋班组"等评比，将理论研究成果转化为实践力量，让雷锋精神成为企业发展的不竭动力。

雷锋精神与文明城市创建研究

刘宏伟　谭铁安

一、文明城市创建的基本内涵

（一）城市的基本功能。城市作为大型的人类聚居地，具有行政界定的边界，其成员主要从事非农业任务。城市拥有广泛的住房、交通、卫生、公用事业、土地使用、商品生产和通信系统等，与市民的生产生活息息相关，是物质文明、政治文明、精神文明、社会文明、生态文明协调发展的重要阵地。正是城市的这些基本功能，决定了城市文明建设的广泛性、重要性、必要性和发展性，决定了文明城市创建对城市综合实力、形象魅力、发展活力、治理能力提出了更高要求。

（二）城市建设与文明城市创建。城市建设不是一成不变的，而是随着社会的发展不断发展。城市发展是指城市在一定地域内的地位与作用及其吸引力、辐射力的变化增长过程，也是满足城市人口不断增长的多层次需要的过程。城市发展包括量的扩张和质的提高。量的扩张表现为城市数量的增加和规模的扩大，即城市化水平的提高；质的提高则表现为城市功能的加强，现代化水平的提高。城市作为地域经济、技术、政治、生产、人口、信息、交通、文化等的集聚点，对其周围地域具有一定的吸引力，城市在运行过程中也不断对周围地域产生辐射力。量的扩张是有限的，质的提升是无止境的。可以说，城市质的提升，就是文明城市创建的过程。

（三）新时代文明城市创建的意义。新时代文明城市创建，是培育和践行社会主义核心价值观的重要途径，是全面建设社会主义现代化国家的重要举措，也是构建和谐社会的重要载体和推动力。习近平总书记在党的十九届六中全会上强调："人民对美好生活的向往就是我们奋斗的目标，增进民生福祉是我们坚持立党为公、执政为民的本质要求，让老百姓过上好日子是我们一切工作的出发点和落脚点。"文明城市创建，是认真落实总书记要求的基本实践。

（四）新时代文明城市创建的核心要素。文明城市创建，虽说关乎物质、精神、社会、政治、生态等诸多方面，但毫无疑问，精神文明建设是新时代文明城市创建的内在要求和本质属性，也是其核心要素。精神文明建设离不开城市文化的凝练、积淀与创新。文化，是城市的灵魂；精神，是文化的灵魂；没有文化的精神是鄙俗的，没有精神的文化是低级的。精神，因文化而更具韵致，文化因文明而更显张扬，城市因文明而更具魅力。文明城市建设，需要文化，也需要精神。文明城市创建的出发点和落脚点都是为了人民群众，坚持人民至上是文明城市创建的基本原则。

（五）新时代文明城市创建的基础、重点和关键。文明城市创建的前提和基础是坚持党的领导。中国共产党百年奋斗历程真切地告诉我们，什么时候坚定地坚持党的领导，我们就会胜利；什么时候背离了党的领导，绝对就会失败。城市文明创建是一项宏大的系统工程，是一项永远在路上的民生工程，离开了党的领导，就会失去目标，迷失方向。文明城市创建的重点是文明建设。文明城市是指市民整体素质和城市文明程度较高的城市，是最具价值的城市品牌。在文明城市评选中，"道德建设扎实有效""人民群众广泛参与""社会风气健康向上""社会秩序井然"等，都是重要的指标。这些指标设置的本质在于推动城市"五个文明"协调发展，离开了"五个文明"，文明城市创建就没有载体，就是纸上谈兵。坚持以人民为中心，一切依靠群众、相信群众、发动群众，是文明城市创建的关键。毛泽东同志说过，"人民，只有人民，才是创造世界历史的动力"[①]。2020年11月12日，习近平总书记在浦东开发开放30周年庆祝大会上的讲话也明确提出，"人民城市人民建、人民城市为人民"，为文明城市创建提供了遵循。人民群众的智慧是无穷的，文明城市创建唯有坚持以人为本，才能真正使文明城市创建走深走实走稳走新。

二、文明城市创建存在的短板

习近平总书记说过："要坚持广大人民群众在城市建设和发展中的主体

[①] 详见毛泽东在中国共产党第七次全国代表大会上所作的政治报告《论联合政府》。

地位，探索具有中国特色、体现时代特征、彰显我国社会主义制度优势的超大城市发展之路。要提高城市治理水平，推动治理手段、治理模式、治理理念创新，加快建设智慧城市，率先构建经济治理、社会治理、城市治理统筹推进和有机衔接的治理体系。"[1]为新时代城市建设明确了目标，提出了要求，指出了重点。同时，也指出了文明城市创建的基本目的。文明城市创建，是一个动态发展的过程，阶段性的目标任务完成之后，新的目标任务又摆在人们面前。当前，创建更高水准的文明城市，已成为文明城市创建的新目标，就说明了这一点。

笔者认为，在当前的文明城市创建工作中，依然存在以下主要问题。

（一）文明城市创建的定位方面。虽然说文明城市创建已有一定的评选条件和考评指标体系，但绝不妨碍在文明城市创建中提高城市社会治理者对文明城市创建的高定位，并在此过程中推出文明城市创建的新特色，以求自抬标杆、自加压力。而且抬高文明城市创建的定位，给了广大市民更高更新的期待，最大限度地提升获得感、幸福感，以满足市民对文明城市创建的新要求和新愿景，从而使市民自觉参与到文明创建之中来，让市民具有更加强烈的成就感和荣誉感。然而，毋庸讳言，有些文明城市创建很大程度上依然是在为创建而创建，缺乏更高定位，说到底，就是有些城市在文明城市创建过程中，缺乏一种足以支撑文明城市建设的"魂"，即城市之"魂"。城市没有"魂"，就不可能有高的定位；有些为满足指标而"出招"，缺乏更多创新；有的甚至在为一旦创建不成功，找理由、找借口，敷衍塞责。对于创建过程中存在的问题，要么多加掩饰，要么不闻不问，要么干脆当成"睁眼瞎"，置若罔闻。这种将文明城市创建任务式的做法，体现在人的层面上，就是宗旨意识淡化。

（二）城市社会治理方面。城市社会治理是社会治理体系的重要组成部分，是社会治理体系和治理能力现代化水平高低的重要反映，同样也是文明城市创建的重要评价评估指标。城市社会治理成效显著，城市文明程度越高，市民的切身感受就会越强烈。而且，良好的社会治理环境与效果，更能够凝聚人心，提升市民的归属感和市民对社会治理的认同感。当前，城市社会治理取得了一定成效，城市社会治理环境得到了极大的改善，

---

[1] 详见2020年11月12日习近平总书记在浦东开发开放30周年庆祝大会上的讲话。

"五个文明"建设取得了举世瞩目的成效,广大城市文明建设者和参与者对城市社会治理的信心不断提升。然而,城市社会治理中的一些短板也不断显现,如城市诚信建设、城市社会治理模式创新、城市社区治理能力提升、城市网络环境治理、市民愿望诉求实现渠道等问题时有发生,有的甚至呈愈演愈烈之势(如电信诈骗无孔不入、物业纠纷久拖不决等)。这些问题,是城市社会治理的"通病",却往往苦无良策,让社会治理者伤透脑筋,让市民群众深受其害,让城市社会治理效果大打折扣。当然,这些同样也是考验城市管理者执政智慧的问题。

(三)城市文化建设方面。文化是软实力,城市文化是一个城市最持久、最具特色、最能体现底蕴和魅力的实力所在,是最能够凝聚人心、提升老百姓认同感和荣誉感的资源所在,也是文明城市创建最需注重、最需创新、最可持续发展的要素所在。文化的基本功能就在于以文化人,让广大人民群众在当代先进的社会主义文化当中受到淬炼、得到浸润,坚定和增强文化自信。现阶段,各种文化思潮相互激荡,一些文化糟粕沉渣泛起,似有被吹捧之势;城市文化断层现象时有发生,人们对主流文化、主流价值观把握不准,文化精神和精神文化缺失,文化激浊扬清的作用与功能难以发挥;城市文化建设缺乏特色,一些优秀的传统文化逐渐淡出视线,一些饱含正能量的文化元素被破坏或逐渐消亡,城市文化处于"无根"的边缘;城市文化建设发展的机制不活,对文化创新的投入不足,大众化的文化被娱乐化,网络成为文化的新媒介,对传统文化冲击严重,文化及文化产品的品位凸显不出来。这些问题,是文明城市创建过程中体现出的人们精神面貌的问题,应该认真研究,推动解决。

(四)文明城市创建群众参与度的问题。文明城市创建,是城市建设的重要内容,是推进城市文明的重要举措,是提高广大市民对城市认同感、获得感、归属感的重要途径。文明城市创建的根本方法就是提高群众参与度。然而,现阶段文明城市创建在提高群众参与度方面,却存在诸多问题。如运动式城市文明创建给市民带来信心不足的问题。现阶段,一些地方搞文明城市创建,立马让机关工作人员或志愿者上路沿街打扫卫生、开展劝导,活动一结束,人马撤下来,恢复原状。有的地方搞文明创建时,宣传车辆巡回宣传,言辞凿凿,一旦活动结束,偃旗息鼓。有的地方搞文明城市创建,哪怕是自查都可能发现问题一大堆,但如何解决这些问题,不是积极想办法解决,而是想尽一切办法掩饰,影响市民对文明城市创建的信誉度。而出现这些问题的根本原因就在于,没有发挥群众智慧,激发群众热情,真正让广大市民自觉参与到文明城市创建中来。

(五)文明城市创建机制建设的问题。文明城市创建,是一项系统工程,不可能一蹴而就,也不可能一劳永逸,需要久久为功,也需要在城市的发展过程中不断创新,才能使城市之文明随着社会的发展而不断发展,这其实就是一个机制建设的问题。现阶段,文明城市建设在机制建设上,存在以下四个方面的短板。一是动员机制。文明城市创建涉及市民群众生产生活的方方面面,与城市的民风民俗息息相关,最大限度地动员市民群众参与文明创建,是一个关键问题。而今,一些地方的文明城市创建,热在上头,冷在下头,就是动员环节存在不足。二是评价机制。文明城市创建工作有没有到位?创建的效果好不好?创建工作中还存在哪些需要改进的地方?应该说,不是坐在办公桌前可以解决的,也不是跑马观花般的突击检查能够发现得了的,更不是网络、电话的调查能够说明问题的,如果将这些视为评估的方法,其结论值得商榷。三是创新机制。城市的发展需要差异化,决定了城市文明培养需要创新,然而,一些城市文明创建创新不足,导致文明创建无新意,城市建设无特色。四是彰扬机制。文明城市创建的过程,可以说是一个弘扬正能量、摒弃负能量的过程,这个过程,应该彰扬先进,鞭策后进。但是,一些文明城市创建彰扬机制明显不完善。

三、用雷锋精神铸魂文明城市创建

铸魂文明城市创建,是文明城市创建的重点、关键和重要途径;铸魂文明城市创建,最关键的是要找到一个适合城市发展的"魂",一个能够被市民群众普遍接受和认同的"魂",一个能够促进城市提质提档的"魂",一个永远走在时代前列、引领城市文明发展与进步的"魂"。

习近平总书记说:"雷锋是时代的楷模,雷锋精神是永恒的。"[①]雷锋,作为一个平民英雄,他的先进事迹广为传颂,他的标杆意义不断彰显,雷锋,已经是一个时代的道德符号;雷锋精神在实践中与时俱进,不断被赋

[①] 详见2018年9月28日习近平总书记在辽宁省抚顺市向雷锋墓敬献花篮并参观雷锋纪念馆时的讲话。

雷锋精神简论

予新的内涵,不断被一代又一代的时代新人传承和弘扬;雷锋精神已经纳入中国共产党人精神谱系,成为新时代社会主义道德建设的精神殿堂。让雷锋精神成为城市文明创建和文明发展之"魂",是文明发展的新载体,文明创建的新武器,文明城市建设的动力。

用雷锋精神铸魂文明城市创建,可以从以下五个方面着力。

(一)用雷锋精神锻造城市精神。文明城市创建需不需要精神?答案无疑是肯定的。没有精神的城市谈不上文明,谈不上活力,同样,城市的发展也走不远。如何来选择城市的精神?城市精神不是一天两天形成的,也不是一人两人坐着想出来的。城市精神既要符合城市的具体实际,又要符合城市未来的发展,要通过城市精神的培育,促进城市内生动力的提升和魅力的张扬。城市精神不仅仅是城市基本建设上的体现,更重要的是城市市民文明素质和精神风貌的体现,即一个人就能够代表一座城市。雷锋,他将一件件细小的事情做到了极致,因平凡而伟大,短暂的生命铸就了精神的崇高。以他的名字命名的雷锋精神,在不断地与时俱进,新时代依然绽放出璀璨的光芒。雷锋精神中的奉献精神,是雷锋用他22岁的生命铸就的,是他"把有限的生命投入到无限的为人民服务之中去"的铮铮誓言的真实反映。用雷锋精神锻造城市精神,将雷锋精神中的为民、大爱、奉献、敬业、创新等精神,纳入城市文明创建,形成城市精神,张扬城市风采,是城市建设和发展的重要途径。用雷锋精神锻造城市精神,首先要对雷锋精神真学真懂真信真用。深刻把握雷锋精神的时代内涵和本质特征,并从中找出与城市精神相契合的层面,让雷锋精神成为城市精神的重要支撑,城市精神成为雷锋精神的最新体现。其次,要对城市文明创建有一个高水准的定位,使之能够成为城市建设发展的新标杆。在此前提之下,用雷锋精神培育城市精神,让雷锋精神成为城市发展的精神食粮,从而凝练出城市的精神特质,在文明城市创建的生动实践中形成独具魅力的城市精神。最后,要建立用雷锋精神锻造城市精神的长效机制,让雷锋精神与城市精神相得益彰,共同发展。

(二)用雷锋精神推动城市社会治理。城市社会治理是文明城市创建的重要内容,无法想象一座社会治理水平低下的城市能够形成丰富的城市文明。城市社会治理又是一个永恒的课题,城市社会治理没有最好,只有更好。文明城市创建是社会治理的阶段性目标,文明城市以社会治理有效为基础；城市社会治理以文明城市为更高标准。城市社会治理既是一个理论课题，又是一种生动实践，用雷锋精神推动城市社会治理，是雷锋精神时代价值的新体现。首先，用雷锋精神推动城市社会治理，要理解全心全意为人民服务是雷锋精神的实质。雷锋精神的这种实质，从雷锋无私奉献、服务人民的行动中即可反映出来；雷锋精神的这种实质，在新时代的基本体现就是"奉献、友爱、互助、进步"的中国特色志愿服务精神。用雷锋精神推动城市社会治理，是城市社会治理的有益探索，也是中国特色志愿服务精神在社会治理层面的有益探索，其出发点和落脚点都在于为了人民。其次，用雷锋精神推动城市社会治理，要倡导良好的社会风尚。良好的社会风尚既是社会治理的目的之所在，也是文明城市创建的基础之所在。良好社会风尚的形成，是一个全民参与的过程、全民认同的过程，也是提高全民获得感的过程。雷锋精神得到全民的高度认同，是倡树文明新风的不二选择。用雷锋精神倡导的社会风尚，本质上就是"奉献、友爱、互助、进步"的好风尚。把学雷锋学在日常、用在经常、做在平常，就是用雷锋精神倡导良好社会风尚的基本方法。最后，用雷锋精神推动城市社会治理，要用雷锋精神兴城育人。人，既是社会治理的主体，又是良好社会治理效果的受惠者。用雷锋精神兴城育人，要坚持以人民为中心的思想，立足基层、立足实际、立足生活，使城市社会治理符合市民的愿望和要求；城市是市民赖以生存和发展的物质与精神家园，建设美好家园，还需要发挥市民的智慧、激发市民激情，形成"人人为我，我为人人"的团结和谐的生动局面。

（三）用雷锋精神铸魂城市文化。文化，是城市赖以发展的根基，是城市得以传承的血脉，是城市绽放魅力的依托。城市，是文化培植的厚土，是文化传承的长河，是文化创新的阵地。城市离不开文化，文化不能失之于城市。用雷锋精神铸魂城市文化，是城市发展的需要，是文化创新的先声。用雷锋精神铸魂城市文化，首先，要全面了解城市的地域文化，从独具特色的地域文化元素中凝练出符合时代发展要求的文化精髓，汲取地域文化中的文化营养，并与社会主义先进文化相对接，从中找出城市文化的发展和传承脉络及其文化传承的规律。积极找准将雷锋精神融入城市地域文化的结合点，将雷锋精神融入城市文化发展，使雷锋精神成为城市文化之魂。其次，要在城市文化发展当中全面弘扬雷锋精神。雷锋精神不仅仅是一种实践活动，更是一种文化现象；雷锋精神不仅仅在于做，更在于学。用雷锋精神铸魂城市文化，不仅仅是城市文化的本身，而在于城市文化发展和文明创建的全过程实践活动，这就是弘扬雷锋精神、促进城市文化发展的形式和方法。要在城市文化建设活动中积极引入雷锋文化元素，讴歌和赞美雷锋精神与城市发展当中产生的雷锋式人物和典型，凸显雷锋精神强大的以文化人的文化功能，为城市文化发展凝聚强大的精神原动力。最后，要用雷锋精神促进城市文化发展。雷锋精神经过60多年的传承与发展，已成为一种独具魅力的文化现象，在新时代绽放出更加璀璨的文化光芒。特别是雷锋精神中锐意进取、自强不息的创新精神，既是城市文明发展应该秉持的态度，也是城市文化不断丰富发展的重要途径。文化，在于积淀；文化，同样需要创新。文明城市创建，离不开城市文化创新。雷锋精神，应该成为城市文化创新发展的新引擎。

（四）用雷锋精神营造文明创建氛围。如前所述，文明城市创建重在提高广大市民的参与度，让文明创建成果惠及更多更广的人民群众，这应当是文明创建的出发点之一。基于此，用雷锋精神营造城市文明创建氛围，对于提升广大市民的认同感和获得感具有重要意义，也是破解文明创建市民参与度不高的有力举措。用雷锋精神营造城市文明创建氛围，首先，要进一步推进学雷锋社会化。在老百姓的心目中，雷锋是好人的代名词；学雷锋，是做好事的代名词。任何一个普通的老百姓，都不会排斥雷锋和崇尚学雷锋。雷锋已经被广大人民群众高度认同；学雷锋，已成为广大人民群众对好人好事的真心褒扬。在此基础上，进一步推进学雷锋活动常态化、大众化、志愿化，是浓厚城市文明创建氛围的重要方法，也是使文明创建成果更多惠及市民群众的有效途径。其次，要进一步丰富学雷锋的方式方法。"雷锋精神，人人可学；奉献爱心，处处可为"[1]，学雷锋本无定式，而在于自觉自愿。丰富学雷锋的方式方法，关键是要切实保护广大市民学雷锋做好事、奉献爱心的积极性，要建立保护和弘扬学雷锋的激励褒扬机制，不让"雷锋式"的好人既流血又流泪，扶正祛邪，弘扬正能量，引导社会层面学雷锋化作经常，成为日常。最后，要将新时代雷锋的形象进一步平民化。积极倡导树立老百姓身边的雷锋，按照不同群体的不同特点，构建

---

[1] 详见2014年3月4日习近平总书记给"郭明义爱心团队"的回信。

新时代雷锋的新形象。例如，在少年儿童中倡树"雷小锋"形象，在电力服务方面倡树"电雷锋"形象，在老龄人中倡树"银发雷锋"形象，在妇女群体中倡树"巾帼雷锋"形象，等等，使人们真切地感受到，雷锋就在身边，雷锋就是身边的每一个人。

（五）用雷锋精神彰显文明城市建设。文明城市创建，机制建设必不可少。建立城市文明创建的长效机制，是推进城市文明不断发展的关键环节，也是解决文明城市创建上热下冷、运动式创建等问题的重要方法。首先，要健全和完善文明城市创建的动员机制，切实提高文明城市创建的市民参与度，让广大市民成为文明城市创建的主体，解决群众参与度不高的问题；要健全和完善文明城市创建的评价机制，推动城市文明创建动态评估、全过程评估，并将评估的"指挥棒"交给广大市民，让广大市民成为文明城市创建成果评价的主体，解决文明城市创建评估不透明的问题；要健全和完善文明城市创建的创新机制，充分调动广大市民文明创建的积极性和创造性，推动文明城市创建更加符合市民的愿望和要求，解决文明城市创建成果更多惠及广大市民的问题。其次，要建立健全用雷锋精神彰显文明城市建设的长效机制。从制度和机制层面，进一步规范文明城市创建活动，创新性地推动文明城市创建与学雷锋活动有机融合。将"雷锋"式典型评选纳入文明城市创建的内容，使更多的雷锋式人物和典型在文明城市创建中得以弘扬。要在文明城市建设过程中设立"雷锋"荣誉称号并加以褒扬，进一步激发学雷锋的正能量，全面提升学雷锋志愿服务的荣誉感。最后，要建立健全文明城市创建的激励机制。文明城市创建是全体市民的共同责任，所形成的成果也需要市民的共同努力。因此，在文明城市创建过程中，还应该更多地创造市民共同发展和享受的机会，使广大市民从文明城市创建中形成更加强烈的获得感、幸福感，让文明城市创建成为广大市民的志愿服务行动。

论雷锋精神的社会特性

刘俊杰

雷锋精神影响着人们的思想、行为。它作为一种思想境界，激发着人们的进取心；作为一种精神支柱，激励和促进着个人、国家、民族的进步。60多年来，为什么雷锋及其所体现的精神能深深融入人们的灵魂深处，成为中国人民宝贵的精神财富？究其根本原因，是雷锋精神具有鲜明的民族性、时代性和群众性。

雷锋精神是中华五千年优秀传统文化、红色革命文化以及社会主义文化的精华，具有鲜明的民族性。中华民族的优秀传统源远流长，博大精深。其"舍生取义，杀身成仁"，勇于牺牲的道德传统，造就了无数令人仰慕的民族英雄和志士仁人；其公而忘私、"鞠躬尽瘁，死而后已"的道德追求，形成了以集体为本、以国家利益为重的爱国主义精神，教育鼓舞了一代又一代中华儿女为了国家和民族的利益不惜抛头颅、洒热血；其"恭、宽、信、敏、惠"的道德准则，"己所不欲，勿施于人"的道德信条，在社会生活实践中形成了诸如尊敬师长、友爱兄弟、诚实守信、廉洁奉公、严于律己、勤俭节约的传统美德。这种道德产生的强大凝聚力，使中华民族历经五千年风雨沧桑而不衰。

习近平总书记指出，雷锋是时代的楷模，雷锋精神是永恒的。它是五千年优秀中华文化和红色革命文化的结合。[①]雷锋热爱党、热爱祖国、热爱社会主义的崇高理想和坚定信念；服务人民、助人为乐的无私奉献；干一行爱一行、专一行精一行的爱岗敬业；锐意进取、自强不息、艰苦奋斗、勤俭节约的创新、创业品质，是中华民族特有的民族精神在社会主义建设

[①] 详见2018年9月28日习近平在辽宁省抚顺市向雷锋墓敬献花篮并参观雷锋纪念馆时的讲话。

时期的具体表现。它融汇了中华民族传统美德的精华,以极大的凝聚作用汇入全国人民的精神支柱之中。2013年3月6日,全国两会期间,习近平总书记在参加十二届全国人大一次会议辽宁代表团审议时说:"雷锋、郭明义、罗阳身上所具有的信念的能量、大爱的胸怀、忘我的精神、进取的锐气,正是我们民族精神的最好写照,他们都是我们'民族的脊梁'。"越是民族的,便越是世界的;越是民族的,也越是永久的。正是雷锋精神鲜明的民族性,几十年来,尽管时代在变迁,社会的道德状况随着经济的发展在变化,但雷锋精神以其巨大的道德魅力始终矗立在人民心中。

雷锋精神是社会主义核心价值观的生动体现,是社会发展的必然要求,具有鲜明的时代性。习近平总书记指出:"任何一个民族都需要有这样的精神构成其强大精神力量,这样的精神无论时代发展到哪一步都不会过时。"[1]雷锋精神源于时代,但它的意义和影响又远远超越了时代,并被历史定格为代表社会主义道德价值取向的一面旗帜。雷锋饱含着对党、对人民、对社会主义事业的无限忠诚,形成了以拼搏奉献为特征的高尚道德精神,雷锋勤俭节约、爱岗敬业、奋发进取、乐于奉献的精神,适应了当时整个社会的道德需求,高扬了社会的主旋律。这种精神极大地推动了我国社会主义事业的发展。是时代造就了雷锋精神,是雷锋精神引领了一个时代。进入市场经济时期,社会主义市场经济为雷锋精神的弘扬和发展创造了广阔的舞台。雷锋全心全意为人民服务的品质,爱一行、专一行的敬业精神,雷锋"所具有的信念的能量、大爱的胸怀、忘我的精神、进取的锐气"与市场经济所具有的诚信、互助、竞争等有着相通的本质特性,体现了历史发展的进步趋势与要求。进入中国特色社会主义新时代,雷锋精神在中国特色社会主义新时代具有重要价值和意义。习近平总书记指出:"雷锋是时代的楷模,雷锋精神是永恒的。实现中华民族伟大复兴,需要更多时代楷模。我们既要学习雷锋的精神,也要学习雷锋的做法,把崇高理想信念和道德品质追求转化为具体行动,体现在平凡的工作生活中,作出自己应有的贡献,把雷锋精神代代传承下去。"在新时代,在实现中国梦的伟大征程中,雷锋精神焕发出更加灿烂的光彩,培育出郭明义、孙茂芳、庄仕华等"当代雷锋"和众多"时代楷模""道德模范"。由此可见,雷锋是社会主义

---

[1] 详见2014年3月18日习近平在河南省兰考县委常委扩大会议上的讲话。

雷锋精神简论

革命和建设时期的英雄模范，具有时代特点和教育意义，具有鲜明时代性，它是我们的党、我们的社会每一个历史转型时期的导向价值。

雷锋精神奉献爱心，"积小善为大善，善莫大焉"的特质，人人可学，处处可为，具有广泛的群众性。黑格尔说过，传统美德并不是一尊不动的石像，而是生命洋溢的，有如一道洪流，离开它的源头越远，它就膨胀得越大。纵观历史的发展，人民推崇一种精神，是因为它能够造福于人民，给人民带来看得见的实际利益。对于普通百姓来说，他们是从实际生活感受来认识雷锋精神价值的。在雷锋精神中，无私奉献、助人为乐是其核心的价值取向。对于广大人民群众来说，雷锋精神有着巨大的亲和力，因而有着广泛的群众基础。这是因为孤苦伶仃的雷锋，7岁就成了孤儿。他的一生一直与集体、与社会主义大家庭联系在一起。他生活在群众之中，是人民、是新社会给了他新生。他的思想和行为与人民群众息息相通。广大人民群众身上所体现的团结友爱、诚实待人、助人为乐的道德品质，热爱党、热爱社会主义、热爱他人的思想情怀，服务社会、奉献自我的社会主义的人道主义精神，潜移默化地感染和影响着雷锋的成长。在他幼小的心灵里，在他涌动的血脉中，孕育着"回报他人、回报社会""自己活着，就是为了让别人过得更美好"的高尚信念。可以这样说，是贯穿于群众之中的主流道德，是社会主义、共产主义道德培育了雷锋，培育了雷锋精神。而雷锋精神又以其广泛的群众性成为广大人民群众践行社会主义核心价值观的生动实践，推动着社会的全面发展。

有梦就去追

——从雷锋的心路历程看雷锋的执着追求

刘俊杰

雷锋一生有多个梦想：当新式农民，做个好工人，去参军做个好战士，做人类英雄。有梦就去追，雷锋用他执着的情怀，仅仅用了三年多一点的时间，就实现从当一个"新式农民"到"做人类英雄"的美丽"蝶变"，实现了他人生的最高理想，成为一名伟大的共产主义战士。

为实现"去当新式农民"的愿望，雷锋放弃了在县委机关当公务员的"光鲜"职业。雷锋出生农村，在农村长大，对农村、农民有着深厚的无产阶级感情。1960年11月5日，雷锋在作忆苦思甜报告时说，1956年我高小毕业，正是党号召大办农业、发展生产的时候，老师要我们填志愿，很多人填志愿要入技校、高中，我在志愿书上写着"党的需要就是我的志愿"。在这次忆苦思甜演讲时雷锋还说……老师让我升学，我向学校写了决心，要求到农村参加农业生产，去建设新农村。农业是国民经济的基础，到农村可帮助农民扫盲，去锻炼和改造自己……所以，小学毕业后，雷锋本可以升入高一级中学继续深造，但他看到农村缺乏知识，希望有知识的青年致力于农村建设的时候，便毅然决然地放弃继续升学的机会。提出了"当新式农民……决心做个好农民，驾起拖拉机耕耘祖国大地"的愿望。1957年10月，当望城县委决定举全县之力治理沩水、围垦团山湖的时候，雷锋积极申请，多次请战，毫不犹豫地参加到"治沩工程"之中；在1958年2月，团山湖围垦成为"良田"后，县委决定在团山湖开办一个农场的时候，雷锋更是义无反顾，放弃在县委机关"经常挎着公文包随领导外出"这份令人羡慕的"光鲜"职业，积极响应共青团望城县委在《望城报》刊发的倡议，将省吃俭用节约下来的20元钱捐了出来，购买拖拉机，并写下申请书，要求到团山湖农场工作，成为一名拖拉机手。由于雷锋在各方面表现突出，县委决定同意让他到农场学开拖拉机。雷锋认真钻研，仅用了一个多星期就学会了开拖拉机。终于，雷锋第一个"当新式农民"的愿望得以实现。因为，20世纪50年代，拖拉机是中国农业机械化的象征，开拖拉机是"新式农民"的标准，雷锋作为望城第一批拖拉机手，成为"新式农民"的代表。这期间雷锋也是位"好农民"。1958年3—11月，雷锋参加了团山湖农场的抗洪抢险，他勇堵涵管，抢救国家财产；他学会了犁田、插秧，学会骑马；雷锋是一名当之无愧、"切切实实"的"好农民"。

为了实现"做个好工人"的愿望，雷锋放弃了在望城优渥的工资待遇。1958年11月初，鞍山钢铁公司招工人员刚刚到达湖南省望城县，雷锋得到消息后，便马上向农场领导提出请求："让我到鞍钢去当个炼钢工人吧！"因为，雷锋是望城县培养出的第一批拖拉机手，而且思想进步，在青年中间威信很高，大家都舍不得他离开。为此有人劝他："东北可冷呢，听说撒泡尿都能冻成冰。南方人到那里去怕受不了啊！"雷锋却说："我才不信呢，在东北的人多得很，哪有听说冻死的。为了建设祖国，青年人就应该到艰苦的地方去。"还有人劝他："你是拖拉机手，工资30多块钱，到鞍钢去当工人，工资只有20多块，你不傻吗？"尽管雷锋明白大家的劝说都心存善意且不无道理，但雷锋还是毫不犹豫放弃了望城已有的工作环境和优渥的工资待遇。去鞍钢当一名炼钢工人，实现他在毕业典礼上的誓言。在雷锋再三要求、一再申请下，1958年11月，18岁的雷锋来到了日思夜想的鞍钢。一到鞍钢，人事科长便找雷锋谈话："你以前当过公务员，在我们这里，你还给领导当公务员，这样生活会好些。"雷锋不同意，说："我不是来享受的，我是来工作的。"组织上考虑到他是名拖拉机手，便分配雷锋到化工总厂洗煤车间当推土机学徒。没能当上炼钢工，心有不甘的雷锋找到洗煤车间主任："我一心一意来炼钢，为啥非让我开推土机？"经过主任的耐心解释，雷锋认识到大工业生产就像一架大机器，每一项工作就像一颗螺丝钉，便欣然接受了工作安排。雷锋当时驾驶的是"斯大林80号"推土机，因为车头高大，身材较矮的雷锋坐进去几乎看不到前面的土铲，站起来头又直顶天棚，每天只能猫着腰操作。值班主任见他开大车太吃力，想给他换辆小型推土机，雷锋却坚决不肯，说："开大车比小车推得多，这点困难算什么，我能克服！"1959年3月，鞍钢对各厂学徒工进行技术考核，雷锋获得了"冶金工业部鞍山钢铁公司安全操作允许证"，原本需要一年时间才能出徒，他只用了4个月就成为一名熟练的推土机手，并成为模范工人。1959年8月，鞍钢决定在弓长岭新建一座焦化厂，雷锋又主动请缨，要求到条件艰苦的弓长岭矿去。当时的弓长岭矿远离市区，一片荒芜，连工人宿舍都没有。雷锋和小伙伴来到弓长岭矿的第一项任务便是修建宿舍。上山采石头，雷锋拣重的挑；运木料，雷锋挑大的扛。入冬后气温降低，和泥进度明显变慢。情急之下，雷锋卷起裤管，脱下鞋子，两脚跳进泥浆中使劲地踩踩。在雷锋的带动下，大家纷纷跳进泥浆……雷锋在鞍钢工作的一年多时间里，先后3次被评为厂先进工作者，5次被评为红旗手，18次被评为生产标兵，3次被评为节约能手，并荣获"青年社会主义建设积极分子"光荣称号。雷锋实现了"当个好工人"的人生目标。

为了实现"去参军做个好战士"的愿望，雷锋使出浑身解数。雷锋从小就有参军的梦想：1949年8月5日湖南和平解放，人民解放军第四野战部队主力继续向西南进军，经过望城境内的长宁公路时，雷锋以小主人身份欢迎解放军。雷锋看到"眼前的解放军各个年轻英俊，和颜悦色，对穷苦人特别亲切，纪律严明，不拿群众一针一线，部队每到一个地方，都要先访贫问苦"，便找到部队连长，提出了"连长叔叔，我要跟你当兵"的请求，但因"雷锋还没有满9岁，实在年龄太小"而未实现。1954年初冬，望城县组织征兵工作，雷锋向县委组织部派驻安庆乡协助征兵工作的黎国平再次提出参军的愿望，雷锋说："黎同志，我要参军"，"我祖祖辈辈都是穷苦人，受尽了地主老财、日本鬼子的气，我现在搭帮党和毛主席翻了身，保卫祖国，是我的义务，你就同意吧"。这一次，还是因为年龄太小，雷锋参军未成。1959年底，国家征兵的消息传到辽阳。雷锋所在的焦化厂党总支组织召开应征青年会议，在矿上做工人的雷锋参加会议并第一个发言："当兵是我们的义务，保卫祖国是我们的光荣职责。我坚决要求党总支批准我报名应征……"雷锋写下《我决心应召》文章，发表在弓长岭矿《矿报》上。文章这样写道：参军，是我从小就有的愿望，人民解放军不仅是一个团结友爱的大家庭，而且还是个培养青年的大学校。现在我的愿望就要实现了，怎么叫我不高兴呢？当我在入伍簿子上写到我要坚决"参军"二字时，一段心酸的回忆涌上了我的心头……那时我真想，要是有亲人来搭救我，我一定要拿起枪，粉碎那些狗豺狼！为爹妈报仇。光明伟大的党啊！您挽救了我，给我吃的、穿的，还送我念书，高小毕了业，进入初中，戴上红领巾，加入了光荣的共青团，参加了祖国的工业建设，一天天地成长起来。伟大的党啊！您是我慈祥的母亲，要是没有您我很难想象到自己的一切。今天需要我，我一定挺身而出，不怕牺牲和一切困难，永远忠于党，忠于人民，继承长辈优良的革命传统，为建设现代化的强大的国防军，为保卫社会主义建设，保卫世界和平，我要把自己可爱的青春献给祖国最壮丽的事业！做一个真正的共产主义革命战士，粉碎帝国主义！这次雷锋当兵的决心更大，可因为雷锋个子小，身高只有一米五四，体重只有四十八公斤，体检不合格。为了达到参军的目的，雷锋使出了浑身解数。为了找到辽阳市兵役局余新元政委，他在兵役局值班室蹲了一天一夜才等到外出办事的余政委回来；为了说服余政委，雷锋打出情感牌，他讲自己的出身，讲旧社会一家人的悲惨命运，讲解放军如何救了他，讲他为什么一定要参军……当余政委打电话问明雷锋被淘汰的原因后，向雷锋客观地说明新兵的标准和送兵的规定，希望雷锋知难而退，可雷锋依然不肯退却，并缠着政委讲述参军的愿望和自己的苦难史。余政委完全被雷锋的韧劲所折服。精诚所至，金石为开。雷锋的一举一动，深深地感动了所有的人，时任辽阳市委书记曹奇，当了解到雷锋要求参军的动机后，也被深深地感动了，高声大嗓地说："老余你就送他去当兵，市委负责任，好青年嘛，身体不合格，政治条件合格不就行了吗？"前来接兵的新兵营的荆营长、李教导员、戴参谋听了雷锋的家史、愿望后，接通驻营部队吴海山团长，汇报雷锋的情况，并得到团长的批示同意，终于，1960年1月8日，雷锋正式入伍了。这对雷锋来说刻骨铭心，他的日记本里留下了这样精彩的一页：这天是我永远不能忘记的日子，这天是我最大的荣幸和光荣的日子。我走上了新的战斗岗位，穿上了军服，光荣地参加了中国人民解放军。我好几年的愿望在今天已实现，真感到万分高兴和喜悦，这是我一生最大的幸福……从雷锋1960年1月8日参军到1962年8月15日殉职，短短两年多的时间，雷锋荣立了三等功和二等功，加入了中国共产党，成为抚顺市第四届人大代表，雷锋的突出表现也在军队中出了名。终于，他实现了人生"当一个好战士"的理想。可雷锋并不因此而骄傲，他在日记里表白道："为了党和人民的事业，我总想多贡献一点力量，那些个人的军衔级别，我真没时间考虑……"

一论　雷锋精神的时代内涵

为了实现"做人类英雄"的愿望，雷锋奉献出了毕生精力乃至生命。青少年时期的雷锋，受家庭的影响、革命的淬炼、共产党的教育，早已立下了"做人类英雄"的志向。雷锋的父亲雷明亮对雷锋的影响很大：大革命时期，雷明亮便加入了农民协会，并担任了农民自卫队队长，为此，雷锋对父亲十分敬佩。他在日记里将革命烈士夏明翰英勇就义前写下的"砍头不要紧，只要主义真。杀了夏明翰，还有后来人"的就义诗，改写为"砍头不要紧，只要主义真。杀了雷明亮，还有后来人"，以表明对父亲的无限缅怀和敬仰。雷锋8岁时，便在地下党员杨东泽的引导下为革命散发传单；1949年家乡解放前夕，9岁的雷锋积极投身到家乡解放的革命洪流之中，帮助中共地下党员戴耕耘躲避敌人的追捕；在彭德茂等地下党员的指挥下以乞讨作掩护，在长沙的大西门码头、客渡码头、荣湾镇街头、望城坡、长宁公路等地秘密传递或张贴革命传单和标语。1950年，家乡成立农民协会，进行土地改革，10岁的雷锋当上了儿童团长，他带领他的小伙伴站岗、放哨、巡逻、说快板、搞宣传。1954年10月，不到14岁的雷锋积极加入了中国少年先锋队，成为清水塘完小第一批少先队队员，被选为学校中队委员并在入队仪式上代表新队员讲话。1956年6月，16岁的雷锋，便作为进步学生代表在荷叶坝完全小学第一批新团员的入团宣誓会上发言。1956年11月17日，雷锋被调到望城县当公务员，参加工作以后，雷锋更是积极向党组织靠拢。1957年2月8日，经县委机关团支部批准，雷锋加入了中国新民主主义青年团，并被评为望城县"建设社会主义青年积极分子"，出席了团县委召开的全县第一届建设社会主义青年积极分子大会，在小组讨论会上，雷锋发言说："我要努力工作，为社会主义多作贡献，争取早日加入中国共产党。"从1958年11月雷锋北上鞍钢，到1960年1月8日入伍参军，雷锋在鞍钢工作短短的14个月里，自觉接受党的培养教育，政治上积极要求进步，主动向党组织靠拢，经常向组织汇报思想，多次表达要争取加入中国共产党的意愿，并向工厂党组织郑重提出书面申请。申请书这样写道：我自愿申请加入伟大的中国共产党。九年来，我在党的教育和培养下，使我从一个幼稚无知的孤儿，成长为一个有一定知识觉悟的共青团员……今天我生长在伟大的毛泽东时代的青年，我要立志做一个真正的无产阶级的革命战士！……我要永远忠实于党，忠实于人民，做一个名副其实的共产党员，为党的崇高事业奋斗到底！"党是慈祥的母亲——中国共产党哺育我成长的，要是没有党和毛主席，就没有我的一切。"1960年，入伍不到半年的时间，雷锋就向组织递交了入党申请书；11月8日，入伍时间不到一年的雷锋，因思想觉悟和政治觉悟很高，对党怀有深厚的阶级感情，是团党委树立的全团"节约标兵"，是全团学习的榜样，被党组织正式批准为中国共产党党员。雷锋以他对党无限忠诚的赤子之心，以"永远听党的话"的铮铮誓言实现了梦寐以求的第四个愿望——成为一名伟大的共产主义战士，一名中国共产党优秀党员，成为"人类英雄"。1962年6月上旬，沈阳军区政治部批准雷锋作为沈阳军区代表赴北京参加10月1日的国庆观礼，实现他人生"见毛主席"的愿望。然而，在8月15日这一天，雷锋殉职。他用毕生的青春、热血，乃至自己年轻的生命，实现了"做人类英雄"的理想目标。

谈谈雷锋的第四个愿望:"做人类英雄"

刘俊杰

1956年,雷锋高小毕业,在毕业发言中,雷锋说:"我响应党的号召,决定留在农村广阔天地里,去当新式农民……决心做个好农民,驾起拖拉机耕耘祖国大地;将来,如果祖国需要,我就去做个好工人建设祖国;将来,如果祖国需要,我就去参军做个好战士,拿起枪用生命和鲜血保卫祖国,做人类英雄。"过去,人们认为雷锋这篇发言稿表达了他的三个愿望,即"决定留在农村广阔天地里,去当新式农民……决心做个好农民,驾起拖拉机耕耘祖国大地""将来,如果祖国需要,我就去做个好工人建设祖国""将来,如果祖国需要,我就去参军做个好战士,拿起枪用生命和鲜血保卫祖国。"如果再认真仔细阅读这篇即兴发言的最后一句话,我们不难发现,其实在这篇发言稿里面雷锋还表达了他的第四个愿望,那就是"做人类英雄"。

那么,什么是"人类英雄"呢?"英雄"可以分为两种:一种称"国家英雄"或"民族英雄",是指那些为国家、民族作出巨大贡献,得到这个国家、民族的人们礼敬的人;另一种叫"人类英雄",指那些为了全人类的进步、发展作出了巨大贡献的人。雷锋心目中"做人类英雄"到底指哪一种呢?有的学者、专家认为,雷锋指的"做人类英雄"是要"做平民英雄",他们的观点是:雷锋是一个平凡的人,他短暂的一生,都是在做一些平凡的小事,他把自己比喻为"一滴水""一线阳光""一颗螺丝钉";同时,雷锋本身的身份也很平凡,只不过是一个普通的农民、普通的工人、普通的战士,他没有做过惊天动地的大事,是雷锋的平凡事迹成就了他伟大的精神品格。而本人认为,雷锋在这篇发言稿中所表达的愿望"做人类英雄",并不完全是指甘愿"做平民英雄"的意思,雷锋所表达的"做人类英雄",是想成为一个伟大的共产主义战士,成为一名中共党员。这是雷锋一生追求的终极目标。为什么这样认为呢?我们可以从雷锋的成长经历和他所写日记、所作的演讲、所付诸的行动中找到答案。

　　首先，我们从雷锋的家庭生活背景和成长经历来看：雷锋在"想当新式农民、钢铁工人，加入人民解放军"这三个愿望之前，就应该已经萌发了成为一名"人类英雄"的愿望。雷锋的父亲雷明亮，大革命时期便加入了农民协会，担任过农民自卫队队长。父亲的所作所为，早在雷锋幼小的心灵里产生了成为"像父亲那样"一个敢于与命运抗争的人的想法。1960年，雷锋曾在自己的日记本上仿照革命烈士夏明翰英勇就义前写下的那首"砍头不要紧，只要主义真。杀了夏明翰，还有后来人"就义诗，写下了"砍头不要紧，只要主义真。杀了雷明亮，还有后来人"的诗句，雷锋将夏明翰烈士这首广为传诵、激励着无数共产党人和人民群众的就义诗进行抄录，并将"夏明翰"三字改为父亲"雷明亮"的名字，既表达了对夏明翰烈士的无限崇敬，也足以表明雷锋对自己父亲的无限缅怀和敬仰；雷锋后来在忆苦思甜的演讲报告中都曾多次提及自己的父亲，也说明了雷锋想成为"像父亲那样"的革命者；特别是父亲的好友杨东泽、彭德茂等地下共产党员对他的教育与熏陶，更让雷锋产生要成为"他们"那样的人的愿望。据《雷锋年谱》记载，1948年8月21日，中共地下党员杨东泽，在漾湾镇街边遇到雷锋和同村小伙伴石天柱在一起乞讨，杨东泽便拿出两个纸筒，让他们带给石天柱的父亲石海清，在晚上回去的路上，石海清指导他们俩将纸筒里的革命传单散发出去；1948年入党的地下党员彭德茂，一直对雷锋一家热心相助，是引导雷锋走上革命道路的引路人，长沙解放前夕的一天，彭德茂对雷锋说："庚伢子，这下有出头之日了，共产党要来了。"雷锋问什么是共产党？彭德茂解释说："共产党是保护我们无产阶级的，共产党要打倒地主阶级，把地主霸占的田地分给老百姓。"从此"共产党是将地主霸占的田地分给老百姓"的观念，便深深地烙刻在雷锋心中。特别是彭德茂等共产党人的教育、引导和影响，更让雷锋这样一个从苦海里长大，对旧社会、对地主有刻骨仇恨的孤儿深切感受到共产党的伟大，感受到像彭德茂这样一些共产党人的可亲、可敬，他深深地感受到这些人才是世界上最好的人、最善良的人，他一定也要像他们一样，做一个"好人""善人"，做一个像"他们"一样的人。正因如此，雷锋一生对共产党、毛主席充满热爱，他把能够见到毛主席作为自己人生的最高追求，也把成为一名像杨东泽、石海清、彭德茂那样的"人"作为自己的人生愿望。所以，雷锋才有了在毕业典礼上台发言时想成为"人类英雄"的人生目标。所以说,雷锋所说的"做人类英雄"应该是指"解放全人类,实现共产主义,为共产主义奋斗终身"为最高理想和奋斗目标的"中国共产党人"。

为实现这一宏伟愿望,雷锋一生孜孜以求,不懈努力,朝着自己的目标奋斗:1949年,家乡解放前夕,雷锋便积极投身到家乡解放的革命洪流之中,他帮助中共地下党员戴耕耘躲避敌人的追捕;他在彭德茂等地下党员的指挥下以乞讨作掩护,在长沙的一些地方秘密传递或张贴革命传单和标语;1950年,家乡成立农民协会,进行土地改革,雷锋"像父亲一样",积极投入这场运动之中。1950年夏天至1956年夏天,雷锋读书期间,克服困难,勤奋学习,他帮助落后的同学,爱护集体的粮食,与坏分子作斗争,受到学校老师、同学和乡亲们的一致好评。1954年10月,雷锋积极加入了中国少年先锋队,成为清水塘完小第一批少先队队员,被选为学校中队委员旗手。1956年6月,雷锋作为进步学生代表在荷叶坝完全小学第一批新团员的入团宣誓会上发言时说:一定要争取早日加入新民主主义青年团。1957年2月8日,经县委机关团支部批准,雷锋加入了中国新民主主义青年团。1958年11月,雷锋北上鞍钢,他自觉接受党的培养教育,多次向工厂党组织郑重提出书面申请。1959年8月26日,雷锋在日记中这样向党组织表白:自从由鞍山转到弓长岭以来,自己就抱定决心:一定要很好地工作、学习,争取加入中国共产党。1959年9月×日的日记里,雷锋这样写道(摘要):在这里,我向党宣誓,向党保证:1. 我保证听党的话,服从组织调配……1959年12月4日,雷锋在文章《做一个真正的共产主义战士》中再一次向党组织表达了想加入中国共产党的决心和愿望,他抒情地写道:"伟大的党啊!你是我最大的恩人,今天我要服从你的需要,听你的话,为了建设强大的现代化的国防军,为了保卫社会主义建设,我一定要挺身而出……"据《雷锋志》记载:时任弓长岭焦化厂党总支书记李钦荣在回忆雷锋请求加入党组织的文章中这样写道:雷锋从化工总厂调来的当天主动找到我……雷锋同志表示:"我坚决听党的话,永远跟党走,党叫我干啥我就干啥。我现在是共青团员。李书记,我要以实际行动把工作做好,争取早日加入中国共产党。"口头提出申请后,雷锋又以书面形式向弓长岭矿焦化厂党组织写了入党申请书。从雷锋在当工人期间所写的这些日记和文章中,我们可以看出雷锋当时请求加入中国共产党的决心和尽早加入中国共产党的愿望的迫切性。1960年1月8日，雷锋应征入伍。同年7月，工程兵10团党委，要求各连队上报当年的党员发展计划，全团各连队一共上报了100多名。雷锋所在的运输连上报了7名，而在这100多名党员发展对象中，大多是老战士，只有雷锋是当年入伍的新兵。运输连上报雷锋为党员发展对象，引起了团党委的关注和重视。运输连在汇报雷锋的情况时，提出三条主要依据：第一，雷锋入伍时间虽然不到一年，但他的表现却是十分突出的；第二，雷锋的思想觉悟和政治觉悟很高，对党怀有深厚的阶级感情，入伍不到半年的时间，就向组织递交了入党申请书；第三，团党委已树立雷锋为全团的"节约标兵"，他是全团学习的榜样。部队派人外调雷锋情况时发现：雷锋在旧社会出身很苦，他对共产党充满感激之情。是党把他从水深火热中解救出来，他对党一往情深、无限忠诚。雷锋抱着对党感恩的思想，读书时是一个好学生，参加工作后是一个积极向上、努力工作的好青年。外调结束后，组织把雷锋列入了当年的党员发展计划。终于，1960年11月8日，雷锋被正式批准为中国共产党党员。

雷锋一生把"解放全人类，实现共产主义，为共产主义奋斗终身"作为自己的崇高理想和奋斗目标，把"做人类英雄"作为自己的一生愿望。雷锋成为中国共产党人的精神力量和时代楷模。2021年7月1日，在中国共产党成立100周年之际，为展现中国共产党百年砥砺前行、波澜壮阔的历史图景，中共中央党校出版社编辑出版《党史年志》，作为中国共产党成立100周年珍藏版读本。《党史年志》一书，记录了中国共产党365个红色记忆。雷锋在《党史年志》这本厚重的党史书中得以展示，成为中国共产党百年历史365个红色记忆之一，这是党对雷锋这样一位共产主义战士、一名优秀共产党员的褒奖；同样，中国共产党将雷锋精神与我党100年来一代代中国共产党人前赴后继、接力奋斗形成的建党精神、井冈山精神、长征精神、遵义会议精神、延安精神、西柏坡精神、红岩精神、抗美援朝精神、"两弹一星"精神、特区精神、抗洪精神、抗震救灾精神、抗疫精神、脱贫攻坚精神等伟大精神一道，纳入中国共产党人的精神谱系。雷锋人生的第四个愿望"做人类英雄"载入中国共产党的历史史册。伟大的共产主义战士雷锋，以他对党无限深厚的感情，在平凡的工作岗位上谱写了一曲热爱党、忠于党的壮丽诗篇。

感悟雷锋的"韧"性

刘俊杰

韧是一种性格，一种品质，更是一种精神。雷锋一生虽然只有短暂而平凡的22个春秋，却成就了人生的伟大与辉煌，成为中华民族的"脊梁"，新中国的"最美奋斗者"和"时代楷模"。而这些荣誉的背后，却与雷锋面对困难时"我愿做高山岩石之松"的坚毅性格，"霸得蛮"的坚韧品质有着必然的、不可分割的联系。

一、雷锋的"韧"性，体现在做好事时的"坚持"

毛主席说："一个人做点好事并不难，难的是一辈子做好事。"[1] "学雷锋，不单是学习他的哪一方面的优点，也不只是学习他做的哪一两件好事，而是学习他长期为人民做好事，不做坏事，学习他一切从人民的利益出发，全心全意为人民服务的精神。学习雷锋，要讲究实效，不要搞形式主义。不但群众学，干部学，领导也要学。这样，才能形成好风气。"[2] 毛主席认为，雷锋为人民服务的品质其所以难能可贵，难就难在"一辈子"，难就难在"长期为人民做好事，不做坏事"；贵就贵在"坚持"，贵就贵在"持之以恒"。人们在赞扬雷锋做好事时流传着这样一句话："雷锋出差一千里，好事做了一火车。"为什么雷锋会做那么多好事呢？为什么雷锋能做那么多好事呢？雷锋在他的日记里这样写道："人的生命是有限的，可是，为人民服务是无限的，我要把有限的生命，投入到无限的为人民服务之中去。"雷锋认为，尽管一个人的生命有限，但为人民服务，做好事是"无限的"，永

---

[1] 详见1940年1月15日毛泽东参加中共中央在延安中央大礼堂隆重庆祝吴玉章60岁寿辰时的祝词。
[2] 修订《雷锋志》编撰委员会. 雷锋志[M]. 沈阳：白山出版社，2013：5.

无止境的,我们只要长期坚持为人民服务,为他人做好事,将一个人有限的生命投入无限的为人民服务之中去,就能够让"有限"变为"无限"。因此,雷锋一生里,无论是当"记工员"、通讯员、驾驶员,还是当农民、工人、解放军;无论春夏秋冬,寒天暑日;无论是应邀去外地作报告,还是外出出差运输物资,只要有机会,便会利用一切机会、一切时间"坚持"做好事。可见,雷锋之所以能够"好事做了一火车",是他持之以恒的"韧劲"的结果。

二、雷锋的"韧"性,体现在对待困难时的"坚毅"

雷锋的一生,是苦难的一生。这个1940年12月18日出生于湖南省长沙市望城县安庆乡(现雷锋镇)简家塘一户贫苦农民家里的"庚伢子",年仅7岁便成了孤儿。然而,正是旧社会遭受的苦难和磨炼,铸就了他坚毅的性格,也造就了他快乐的、积极向上的人生态度和面对一切艰难困苦一往无前的品格。因此,在新中国,当雷锋享受到了共产党的阳光雨露后,他的每一张照片都面带微笑。他快乐地学习,如饥似渴地学习毛主席著作。他快乐地生活,无论生活条件多么艰苦,他都能够勇敢面对,以苦为乐。他把帮助他人当"乐事"。在营口,北风刺骨的冬天,当他把自己的手套送给了老太太,而自己的手冻得像针扎一样痛的时候,他说"心中却有一种说不出的愉快";在去长春机要学校作报告途中的火车上,他给老太太让座,帮列车员打扫车厢,累得满头大汗,大家都劝他休息,他却说:"我觉得自己累一点算不了什么,只要大家多得些方便,就是我最大的快乐。"特别是对待工作,更是乐此不疲。1959年,雷锋在日记中写道:"我们在建设焦化厂时,住不好、吃不好和工作环境不好等,这些困难都是暂时的、局部的,可以克服的。只要我们有叫高山低头、河水让路的气概,是没有战胜不了的困难的。"参军以后,他在日记中也曾摘录过这样一段话:"斗争最艰苦的时候,也就是胜利即将到来的时候,可也是最容易动摇的时候。因此,对每个人来说,这是个考验的关口。经得起考验,顺利地通过这一关,那就成了光荣的革命战士;经不起考验,通不过这一关,那就成为可耻的逃兵。是光荣的战士,还是可耻的逃兵,那就要看你在困难面前有没有坚定不移的信念了。困难里包含着胜利,失败里孕育着成功,革命战士之所以伟大,就是他们能透过苦难看到胜利,透过失败看到成功,因此他们即使遇到天大的困难,也不会畏怯逃避,碰到严重的失败,也不至气馁灰心,而永远是干劲十足,勇往直前,终于成为时代的闯将。"雷锋到部队参军,刚到新兵连时参加投弹训练,因个子小,每次离及格线都差好大一截。他暗下决心"一定要加强训练,成为优秀的投弹手"。他以坚强的毅力,进行魔鬼式的训练。别的战士休息了,他一个人在练习。一次、两次、三次……一个小时、两个小时……一边练习,一边琢磨投弹技巧、用力的方式、投弹的弧线……终于,实弹打靶的日子到了,战士们一个个都投出了不错的成绩。雷锋平静地走上前去,拧开手榴弹的盖子,将小铁环套在手指上,手指一拉,手臂一扬,手榴弹在空中画出一道美丽的弧线,准确地命中了目标。宝剑锋从磨砺出,梅花香自苦寒来。功夫不负有心人,雷锋以其坚忍不拔的精神,克服了自身先天条件的不足,凭着一股"不抛弃、不放弃"的韧劲,凭着一股"吃得苦、耐得烦"的拼劲,凭着一种认真琢磨、逐步提高的恒心,啃下了先天不足这块"硬骨头",成为参军后的一大赢家。

三、雷锋的"韧"性,体现在对待学习时的"钻""挤"

古今中外大凡有所作为的人,都有一个共同的特点,就是珍惜点滴时间。鲁迅先生曾说:"时间就像海绵里的水,只要愿意挤,总还是有的。"雷锋也是如此,他挤出一切时间,利用一切零碎的时间读书学习。他在日记中写道:"挤时间读书,早起点,晚睡点,饭前饭后挤一点,行军走路想着点,外出开会抓紧点,星期假日多学点。如果不积累许多个半步,就不能走完千里。"故雷锋一生虽然短暂,只有22年,然而这短短的22年,雷锋却创造了学习上的辉煌:他写下的日记、诗歌、小说、散文、书信、讲话、赠言多达330余篇、近20万字,其中日记就有7本、177篇;光他读过并留下的书籍就有300多册。1961年10月19日,雷锋在日记中写道:"有些人说工作忙、没时间学习。我认为问题不在工作忙,而在于你愿不愿意学习,会不会挤时间,要学习的时间是有的,问题是我们善不善于挤,愿不愿意钻。一块好好的木板,上面一个眼也没有,但钉子为什么能钉进去呢?这就是靠压力硬挤进去的,硬钻进去的。"雷锋这样说,更是这样做的。他用短暂的一生完美地诠释和践行了"钉子精神"。雷锋到工人俱乐部看电影,离开演还有十几分钟,他便拿出随身携带的《毛泽东选集》认真地读起来。一位姓贾的小同学看见解放军叔叔正在聚精会神地看书,便往前凑了凑,想看个究竟,一看,原来是学校的辅导员雷锋,他惊喜地说:"雷锋叔叔,这么一点儿时间,你还看书啊?"雷锋回过头来说:"时间短吗?我已经看了三四页了。看一页是一页,积少成多嘛。学习不抓紧时间怎么能行?"生活中如此,工作中雷锋更是善于抓住空隙,如饥似渴地学习知识。他把书装在挎包里,休息的时候,只要没有其他工作,他就坐下来看书。每天晚上,他除了参加连里的日常活动外,总要挤出一些时间来读书,有时熄灯号响了,他还舍不得放下手里的书,但又怕影响同志们休息,只好离开宿舍另外找别的地方去读,车场、工具棚、厨房、司务长宿舍都成了他夜间看书学习的好地方。正是由于这种"挤劲",雷锋读的书越来越多,知识也越来越丰富。今天,当我们翻开他读过的《毛泽东选集》时,可以看到几乎每一篇、每一页,雷锋都画了一些学习重点,边边角角上都写着一些阅读心得。雷锋在阅读《纪念白求恩》一文时,短短的一篇文章,雷锋在书上的批注达7处之多。雷锋虽然文化程度不高,但他凭着后天的学习、钻研,写出了许多极富哲理的日记、诗歌、散文,毛主席都称赞他"懂些哲学"。雷锋学习文化知识是这样,学习钻研专业技术更是如此。雷锋是一个只有小学文化程度的穷苦孩子,走出大山,先后当公务员,当新式农民、当工人、当解放军,开过拖拉机、推土机,做过驾驶兵,开过卡车,还担任过辅导员,每一个岗位都干得很出色,干出了不平凡的成绩。一般人会认为,雷锋是怎样处理学习和工作、怎样做到两者兼顾的?今天我们发现:雷锋就是靠他刻苦钻研的劲头、实实在在地耕耘。1958年,望城县委决定让雷锋到农场去学开拖拉机。雷锋学习技术十分认真,每天早晨很早就来到拖拉机旁,查查这个,看看那个,然后来到驾驶室,把驾驶室整理好,擦得干干净净。等师父来,所有的准备工作都做好了。上工时,他坐在师父旁边,一边给师父当助手,一边仔细观察师父的动作,听师父讲解。收工后,师父先回去,他则继续在驾驶室里琢磨这个,思考那个。有时回忆师父的动作,有时照着师父的动作反复练习。晚上回到宿舍,雷锋便一页一页地啃着关于拖拉机驾驶技术和修理方面的书籍。到食堂吃饭,他一边吃,一边认真看书,有时连饭都忘了吃。就是靠着这份勤奋和钻劲,不到一个星期,雷锋就能够熟练驾驶拖拉机,成为望城县自己培养的第一名拖拉机手。雷锋到鞍钢开推土机,被分到运输连当汽车兵也是如此。学开推土机,入厂不到四个半月,就完成了原签订期为一年的"师徒合同"项目,取得了安全操作许可证。并且,在这不到四个半月的学徒期间,他不仅学会了驾驶推土机,还学会了维修保养推土机,后来还当上了推土机师父。学开汽车,雷锋针对缺少教练车的现状,凭着曾经开拖拉机、推土机所学到的过硬本领,带领大家做汽车驾驶台,废寝忘食、起早贪黑地钻研。正是雷锋凭着"不服输"的"蛮劲"、韧劲,创造了一个又一个辉煌的成就,取得了一个又一个不朽的业绩,成为当之无愧的"最美奋斗者"。

四、雷锋的"韧"性,体现在追逐梦想时的"执着"

雷锋一生有多个梦想:"当新式农民……做个好工人……去参军做个好战士……做人类英雄。"为了实现这些理想,雷锋用他执着的情怀,仅仅用了3年多时间,就实现从当一个"新式农民"到"做人类英雄"的美丽"蝶变",实现了他人生的最高理想,成为一名伟大的共产主义战士。雷锋为了"当新式农民……决心做个好农民,驾起拖拉机耕耘祖国大地",当县委决定在团山湖开办一个农场的时候,雷锋便义无反顾写下申请书,要求到团山湖农场工作,成为一名拖拉机手。为了实现"做个好工人"的愿望,雷锋抱着毫不言弃的决心,毅然决然放弃望城已有的工作环境和优渥的工资待遇,克服北方寒冷的气候条件,去鞍钢当了一名炼钢工人。为了实现"去参军做个好战士"的愿望,三次请求参军。特别是1959年底,当国家征兵的消息传到辽阳,雷锋所在的焦化厂党总支组织召开应征青年会议,在矿上做工人的雷锋积极参加会议,第一个发言,并写下了《我决心应召》。在因为个子小、体检不合格的情况下,为了达到参军的目的,雷锋使出浑身解数,千方百计找到辽阳市兵役局余新元政委。为了说服余政委,雷锋打出情感牌,讲自己的出身,讲旧社会一家人的悲惨命运,讲他为什么一定要参军。当余政委明白了雷锋被淘汰的原因,劝说他放弃参军念头时,雷锋不是知难而退,而是勇往直前,缠着政委讲述参军的愿望和自己的苦难家史。正是这份执着,余政委完全被雷锋的韧劲所折服;正是这份执着,深深地感动了所有的人。1960年1月8日,雷锋终于正式入伍。正是雷锋的执着追求,才实现了自己的夙愿。

古人云:韧者持恒,韧者笃行,韧者竟成。韧是一种精神,一种情怀。韧,柔软又结实,虽然受压而不易折断。有志者事竟成。雷锋用其坚韧的性格，不向困难低头、不向曲折弯腰，克服了人生一个又一个艰难困苦，虽历经磨难，却表现出快乐、豁达的心怀；雷锋用其执着的品质，不舍的努力，毫不言弃的精神，在短短的22年岁月里，实现了人生一个又一个梦想，成就了自身的美丽与辉煌；雷锋也用他顽强的韧力，在学习上发扬"钻"劲、"挤"劲，成就了一位文艺青年、一位"思想者"、一位"最美奋斗者"的平凡与伟大。

雷锋的三次"车缘"

刘俊杰

雷锋出生在旧社会，成长在红旗下。在雷锋短暂的一生中，先后三次开"车"，分别是在团山湖农场开拖拉机、在鞍钢开推土机、在部队开汽车。这对于一个从苦海里出生的农村孤儿雷锋来讲，在当时是一件十分幸福，也非常自豪与骄傲的事。雷锋一生的三个理想（当"好农民""好工人""好战士"，最终"做人类英雄"）的实现，都与"车"有着不可分割的联系。可以说，雷锋在工作生涯中的出色成绩都是在驾驶座上取得的。今天，我们从雷锋三次"车缘"经历之中，去探究挖掘"雷锋梦"的形成过程。

第一次"车缘"，让雷锋实现了"新式农民"的目标。1958年春，望城整治工程胜利结束后，县委决定将团山湖围垦成一个国营农场，将这块往日的荒芜之地变成鱼米之乡。为此，团县委向全县青少年发出号召，为农场捐款购买一台拖拉机。雷锋得知这个消息，便把自己一年多来的积蓄20元钱全部捐了出来支持农场建设，成为当时全县捐款最多的青年。1958年2月26日，雷锋光荣地走上劳动战线，来到了团山湖农场，学习驾驶拖拉机。每天天一亮，雷锋就来到拖拉机旁，先检查机器是否完好，然后检查油箱油管有无泄漏，仔细揣摩师父的每个驾驶动作，牢牢记住师父讲的每一个驾驶知识，回来后，便又对照《学员手册》上写的技术规范和说明认真领会，融会贯通。由于雷锋学习刻苦认真，不到一周时间，雷锋便学会了开拖拉机。当晚，雷锋便把自己学习的心得和成功的喜悦写成一篇题为《我学会开拖拉机了》的文章，刊登在1958年3月16日的《望城报》上，字里行间，其学会了开拖拉机的喜悦之情溢于言表。在团山湖农场的日子里，雷锋驾驶自己心爱的拖拉机，夜以继日地工作，从不叫苦叫累。在他写的诗歌《南来的燕子啊》中，雷锋这样写道："南来的燕子啊！你可不用惊呆。不是晴天里响起了春雷，而是拖拉机在隆隆地开；不是沟渠里的水能倒流，而是抽水机在把积水排。为什么草坪上格外喧腾？那是饲养员在牧马放牛！"诗中描绘了在那个激情燃烧的火红岁月里，雷锋和他的同事们将一片一片荒地耕整成棋盘似的良田，让围垦后的团山湖万亩沉睡的土地苏醒了过来，用他们的智慧和汗水浇灌着这片美丽的土地。可以这样说，雷锋在团山湖农场开拖拉机，实现了他当新式农民、"好农民"的梦想。

第二次"车缘"，让雷锋实现"做个好工人"的梦想。1958年，党中央发出全国支援鞍钢的建设和发展的号召。10月下旬，鞍钢派出工作组到湖南湘潭、长沙、望城等地招收新工人。雷锋听到这一消息后，主动找到公社党委李庆发书记，申请报名到鞍钢当工人。李书记因为舍不得他走，多次婉拒他的请求。但雷锋毫不放弃，积极争取，最终得到县委领导的批准。随后，雷锋连续3次找到鞍钢招工工作组报名，并在决心书中写道："我永远跟着共产党走。我一定在钢铁战线上当上英雄和模范，我要为祖国人民的事业而奋斗到底。"为表达自己想要到鞍钢当工人的强烈意愿，以及到鞍钢打冲锋、争先锋的决心，他在鞍钢招工表上将原名"雷正兴"改成"雷锋"。1958年11月15日，雷锋终于来到了他向往已久的鞍钢。当时的鞍钢，还处于创建阶段，建设过程中最缺少的是推土机手，组织上考虑雷锋高小毕业，在家乡开过拖拉机，便决定安排雷锋到洗煤车间学开推土机。当时洗煤车间有两种型号的推土机，一种是较小的德特54推土机，一种便是斯大林80重型推土机。时任值班主任的白明利提醒雷锋：开推土机可不是个什么轻松活儿，活儿又累又脏，学徒每月工资还要比在农场开拖拉机时少10元。雷锋回答："我不是为钱来的。为了炼钢嘛，为了1070嘛！"（1070万吨钢是党中央确定的1958年全国钢产量）领导考虑雷锋个子只有一米五四，想要照顾雷锋开较小的德特54推土机，被雷锋拒绝了，非要开大车，说这样能多干活。开始，开"斯大林80"推土机，雷锋个头儿矮，如果是坐着驾驶，就根本看不见推土机的铲子，于是，他便猫着腰站着开着这笨重的"家伙"。正是他这股"蛮劲"，入厂不到4个半月，雷锋就完成了原签订期限为一年的"师徒合同"项目，取得了安全操作许可证。并且，在不到4个半月的学徒期间，雷锋不仅学会了驾驶推土机，还学会了维修保养推土机，后来还当上了推土机师父。1960年11月20日，雷锋在日记中写道："我在鞍钢开推土机时，车间主任给了我一个任务，要我带三个学员。我真的十分惭愧,自己的技术不高,又怎能教好学员呢?可是,我想这是党给我的任务,是人民对我的信任,我一定要坚决完成。在驾驶和学习机械构造原理时,我和他们互相研究,我不懂就去请教其他师父,而后再告诉他们。由于这样,他们只用4个月就学会了开推土机。毕业后,工厂要给我36元带学员的师父钱,我没要。我学的技术是党培养的,今天告诉别人是应该的。"这篇日记告诉我们:由于雷锋教授方法得当,师徒之间关系融洽、配合默契,雷锋在当推土机师父期间教授的学员,也只用了4个月就学会了开推土机。雷锋在洗煤车间推土机班工作了100多天,他的每个工作日基本上都是这样度过的:早晨,还不到上班时间,他就已经提前到岗,检查推土机油、水、零件、备用工具;工作时,他坚持安全和质量标准,忘我地劳动,一天下来,总是满脸煤粉,只有牙齿是白的;下班后,他把车子打扫干净,检查油、水、收拾工具,等下一班的同志来,一一交代清楚。由于雷锋在开推土机过程中的刻苦、努力、不怕苦、不怕累,在鞍钢工作时间只有一年零两个月,却有3次被评为先进工作者,5次被评为标兵,18次被评为红旗手,还荣获"青年社会主义建设积极分子"称号。可以说,雷锋当"好工人"是在驾驶座上取得的。

第三次车缘,让雷锋实现"做人类英雄"的崇高理想。1960年1月,雷锋实现了当解放军的梦想。然而,这次人生经历与雷锋最有缘的还是车子。新兵训练结束后,雷锋顺理成章被分到运输连当汽车兵。来到运输连后,雷锋便投入紧张的驾驶技术学习之中。他针对缺少教练车的现状,废寝忘食、起早贪黑地钻研攻关,带领大家做了一个汽车驾驶台,并被大家一致推举为技术学习小组长。雷锋非常热爱驾驶汽车。他曾写下过这样一首小诗描绘自己驾驶汽车时的场景:"小青年实现了美丽的理想/第一次穿上庄严的军装/急着对照镜子/窝里飞出了金凤凰/党分配他驾驶汽车/每日就聚精会神坚守在车旁/将机器擦得像闪光的明镜/爱护它像爱护自己的眼睛一样。"雷锋十分注意行车安全。在担任汽车班长期间,他研究制定出了一套行车驾驶"四勤、会车三先、五不超、六不走、九慢"的安全行车规范;他还时常组织大家分析事故案例,结合实际查找可能发生的问题。有一次,雷锋所在的运输连接受了一项新的国防施工保障任务。为确保全班行车安全,雷锋便将沿途的地形、地貌、路况和可供标识的各种方位物眼看心记,一笔一笔写在本子上。要求全班战士熟记,由于雷锋的努力,

雷锋精神简论

这项任务得以顺利安全完成。雷锋也十分爱惜党和人民交给他的卡车，他时常将自己的卡车擦得锃亮。1961年他在日记中写道："汽车是党和人民给我们建设社会主义的武器，每个驾驶员爱不爱这个武器，爱到什么程度，这取决于每个驾驶员的阶级觉悟。"在驾驶汽车期间，雷锋在驾驶室挤时间学习。为完成部队工程施工任务，雷锋整天驾车东奔西跑，运送物资，很难抽出时间学习，于是雷锋把书装进挎包随身携带，只要车一停又没其他工作，便坐在驾驶室里看书。雷锋曾在日记中写道："要学习的时间是有的，问题是我们善不善于挤、愿不愿意钻。一块好好的木板，上面一个眼也没有，但钉子为什么能钉进去呢？这就是靠压力硬挤进去的、硬钻进去的。由此看来，钉子有两个长处：一个是挤劲，一个是钻劲。我们在学习上，也要提倡这种'钉子'精神，善于挤和善于钻。"可见，雷锋富有哲理的"钉子精神"，就诞生于他所驾驶的汽车的驾驶室里。然而，就是这样一个驾驶技术娴熟、驾驶水平高超且十分注重安全的解放军驾驶班班长，不幸的事却发生在他的身上，雷锋生命的最后时刻竟永远停留在他心爱的汽车身边。1962年8月15日，雷锋和他的战友乔安山驾驶"嘎斯"卡车，从工地执行任务返回时已近午饭时分。出于对车的精心爱护，雷锋与其战友商量先把卡车冲洗干净后再回连，以备下午出车方便。于是，他们驾车开向九连炊事班的室外水龙头。而汽车要开到龙头处，就要走九连营房和房前一排晾衣杆之间的土道。因为有一根晾衣的木杆竖在入口处，卡车不可能一次性开进去。雷锋便下车查看地形，由乔安山来驾驶。当时雷锋站在汽车左前方，离这根晾衣杆两米远左右指挥进车："进—退—打轮……"车的前轮和车厢越过了木杆后，乔安山看到班长雷锋给他一个通过手势，便开了过去。这时听得耳边"咔嚓"一声，他猛一回头，只见班长被击倒在地不省人事，而木杆因晾衣铁丝拉力已弹离地面。令人悲痛的是，这根方棱木杆仅6厘米×6厘米规格，却轻取了一位好战士的生命。年仅22岁，雷锋就这样和我们永别了！他用自己年轻的生命，实现了"做人类英雄"的理想。

今天，我们已距1962年8月15日雷锋因公牺牲已60多年了，虽然雷锋离开我们已60多年，但雷锋学会开拖拉机时的那份喜悦、开推土机时的那股"蛮"劲、开卡车的那份潇洒；他当年第一时间写下的《我学会开拖拉机了》《我学会开推土机了》的文章及其文章中字里行间所体现出的那种兴奋、激动、喜悦之情,仍历历在目,一直萦绕在人们的脑海中。作为望城第一位优秀拖拉机手、鞍钢推土机工人、人民解放军汽车班班长的雷锋,一直激励、影响着中国,乃至世界各行各业的人们为了各自的目标、梦想、理想而不懈奋斗。今天,当人们一看到"斯大林80重型推土机""嘎斯卡车",便会由衷地说:这些是雷锋曾经开过的"车"。这时的人们又仿佛听见了"雷锋车"那一声声的鸣笛,又仿佛再一次看到了一个个"活雷锋"的身影在身边不断闪现。

雷锋辩证思维的形成初探

刘俊杰

1963年5月11日，毛主席在杭州会议期间谈到雷锋时说："此人是懂得一点哲学、懂得辩证法的。"这是毛主席继3月5日为雷锋题词后，又一次对雷锋的评价。毛主席为什么认为雷锋懂哲学、懂辩证法呢？为什么对雷锋有如此高的评价呢？雷锋的哲学思想、辩证思维是怎样形成的？为此，在纪念毛泽东等老一辈革命家题词"向雷锋同志学习"60周年之际，笔者试图通过追溯雷锋的成长历程，学习雷锋日记、诗歌、散文等，去分析探究雷锋的哲学思想的来源与形成过程，从而深化对雷锋和雷锋精神的认识，加深对党的领导人号召向雷锋学习的题词、讲话的理解。

从雷锋日记、诗歌、散文、赠言中分析雷锋的人生观、价值观等哲学思想，探究雷锋的辩证思维方法。

言为心声。语言是行动的先导。探索一个人的精神世界，可以从他的语言、文字中去寻找答案。雷锋在短暂的22年中，写下的日记、诗歌、小说、散文、书信、讲话、赠言共330余篇、近20万字，其中日记就有7本、177篇。这些文字，字里行间记载了雷锋的心路历程，体现着他的理想、信念、道德和情操，也能从中探究出他人生观、价值观和辩证法的思想火花。所以，毛主席在看了雷锋的日记以后，由衷地赞叹："此人是懂得一点哲学、懂得辩证法的。"那么，从雷锋留下的7本日记、177篇日记、近20万字的文字里，我们能够探寻到雷锋哪些哲学思想、辩证思维观点呢？

一、探寻雷锋的人生观、价值观哲学思想

人生观是对人的看法，也就是对于人的本质，人的生存的目的、方式、价值的理解。具体表现为对生死、祸福、荣辱等问题的看法。辩证唯物主义的基本原理告诉我们，人生观是世界观的主要组成部分和集中体现，是

关于人生问题的根本观点。人生观在人生中起着决定性作用。一个人有什么样的人生观,决定着这个人对人生目的的理解,并以此决定这个人走什么样的人生道路。当一个人只想自身一辈子过安逸清闲的生活的时候,他就会不思进取,满足于生存、碌碌无为度过一生而已;当一个人确立了为共产主义、为人类幸福奋斗终身的远大理想后,他就会致力于沿着此条道路不畏艰险、浴血奋战甚至献出生命。伟大的共产主义战士雷锋,有着为共产主义、为人类幸福奋斗终身的远大理想,有着正确的人生观、价值观。他的一生也一直在不断努力地探索着人生的真谛。1958年6月7日,不到18岁的雷锋在团山湖工作期间,就曾发出对人生的叩问:"如果你是一滴水,你是否滋润了一寸土地?如果你是一线阳光,你是否照亮了一分黑暗?如果你是一颗粮食,你是否哺育了有用的生命?如果你是一颗最小的螺丝钉,你是否永远坚守在你生活的岗位上?如果你要告诉我们什么思想,你是否在日夜宣扬那最美丽的理想?你既然活着,你又是否为未来的人类的生活付出你的劳动,使世界一天天变得更美丽?我想问你,为未来带来了什么?在生活的仓库里,我们不应该只是个无穷尽的支付(获取)者。"这是一个不到18岁的青年对人生及人生价值的探索、追寻。1960年6月5日的日记,更是他革命的人生观的集中反映。他在日记里写道:"要记住:在工作上,要向积极性最高的同志看齐,在生活上,要向水平最低的同志看齐。"可见这时20岁的雷锋,在党的培养教育下,已树立了革命的人生观。1961年10月20日,21岁的雷锋在日记里这样写道:"人的生命是有限的,可是,为人民服务是无限的,我要把有限的生命,投入到无限的为人民服务之中去……"这是他对人生价值的结论,即人生只有"把有限的生命投入到无限的为人民服务之中去"才能体现其本身应有的价值。

那么雷锋的人生观、价值观体现在哪些地方?首先,雷锋的人生观、价值观体现在他对于什么是幸福的认识上。没有一个人不向往幸福,没有一个人不追求幸福。那么,什么才是幸福呢?有人说:"人生在世,吃好、穿好、玩好是幸福的。"可雷锋却说:"我觉得一个革命者就应该把革命利益放在第一位,为党的事业贡献自己的一切,这才是最幸福的。"雷锋还说:"我觉得要使自己活着,就是为了使别人过得更美好。""我要牢记这样的话:永远愉快的多给别人,少从别人那里拿。"可见,雷锋的幸福就是"为党的事业贡献自己的一切",就是"为了使别人过得更美好"。其次,雷锋的人生观、价值观还体现在他对苦乐的感受上。雷锋把自己当作人民的勤务员。他认为多帮人民做点好事，虽然辛苦点，却从内心里"感到很快乐"。雷锋的一生是艰苦奋斗的一生，他苦中自有乐，乐在吃苦中。他在日记中写道："有理想有出息的青年人，必定是乐于吃苦的人。"他告诫自己"不能只享受现成的幸福生活，要有长期吃苦的打算"。他时时以大多数群众的苦为自己"最大的苦"，竭尽全力为国家排忧解难。他克勤克俭，厉行节约，军装补了又补，袜子缝了又缝，每次部队发军装，他只领一套，剩下的交给国家。他珍惜每一滴油、一分钱、一颗钉，把节省下来的物资支援社会主义建设。他在"艰苦的斗争中锻炼自己，不愿在平平静静的日子里度过自己的一生"。他用这样的话来勉励自己："愿你做暴风雨中的松柏，不愿你做温室中的弱苗。"正因为雷锋乐于吃苦，从而练就了他丰富的人生阅历，铸就了他刚毅与成熟的思想。这比那些只追求物质享受，饱食终日，无所用心，碌碌无为，一生一事无成的人，其快乐感不知要高尚多少倍。因为这些人物质上虽然富有，但精神上却一贫如洗，他们玩物丧志，乐极生悲，最后终究是"人生之路为何越走越窄"的悲哀。最后，雷锋的人生观、价值观还体现在他对什么是"傻子"的看法上。雷锋对什么是傻子是这样认识的：我要做一个有利于人民、有利于国家的人，如果说这是"傻子"，那么我甘愿做这样的"傻子"。可见雷锋"甘愿做利国利民的'傻子'"，甘愿做一颗永不生锈的"螺丝钉"。总之，雷锋的人生观、价值观融入他的学习、工作、生活的方方面面，也体现在他的一言一行之中，融入他22年短暂的生命里。

二、探寻雷锋的辩证思想方法

辩证思维是指一种承认矛盾、分析矛盾、解决矛盾，善于抓住关键、找准重点、洞察事物发展规律的思维方式。这种思维方法以事物之间是运动的并普遍存在联系为出发点，进而感知世界、认识世界，通过思考得到某种结论。辩证思维要求人们看待问题时善于运用矛盾分析的方法，坚持两点论和重点论的统一，分析问题要一分为二，既看到有利一面，又看到不利一面；认识世界时，客观地而不是主观地、发展地而不是静止地、全面地而不是片面地、系统地而不是零散地、普遍联系地而不是孤立地观察事物、分析问题、解决问题，在矛盾双方对立统一的过程中把握事物发展规律，从而克服极端化、片面化思维。雷锋的人生虽然短暂，但他的日记、诗歌、散文等，处处体现着唯物主义辩证思维方法。

雷锋的辩证思维体现在如何看待整体与部分的关系上。整体与部分的辩证关系，对实践具有很强的指导意义。无论从事什么工作，只要是一个集体，没有整体观念和全局观念是不行的。每个人都要确立整体观念与全局理念。只有这样，才能保证整体和全局的功能正常发挥，才能形成强大的凝聚力和战斗力。在雷锋留下的日记等文字里，体现最多的是雷锋的部分与整体的辩证观点和辩证思维。雷锋在日记中写道："由于党的教育，我懂得了这个道理：一朵鲜花打扮不出美丽的春天，一个人先进总是单枪匹马，众多先进才能移山填海。""我懂得一朵花打扮不出春天来，只有百花齐放才能春色满园的道理。一花独放不是春，百花齐放春满园。""我觉得正确认识个人和集体的关系是很重要的。我认为个人和集体的关系，正像细胞和人的整个身体的关系一样。"1962年4月17日，雷锋日记这样写道："一个人的作用，对于革命事业来说，就如一架机器上的一颗螺丝钉。"这是雷锋在运用唯物辩证法系统论的思维方式思考人生的价值定位。除此以外，雷锋这一辩证观点还体现在他对"滴水与大海""单丝与线""独木与树林"等的认识上。如雷锋在分析"滴水与大海""小渠和江河"的关系时，在日记中这样写道："一滴水只有放进大海里才能永远不会干涸，一个人只有当他把自己和集体事业融合在一起的时候才能最有力量。""一个人的力量毕竟是有限的，走不远，飞不高，好比一条条小渠，如果不汇入江河，永远也不能汹涌澎湃，一泻千里。"雷锋认为，一滴水离不开大海，离开了大海它会很快消逝；同样，大海要形成汹涌澎湃，必须吸纳和拥有无数的水滴才行，融合的滴水越多，大海越浩瀚，力量越磅礴。小渠也是一样。可见，雷锋已将整体与部分的关系认识到了他的骨髓深处。

雷锋的辩证思维体现在如何处理集体利益与个人利益的态度上。马克思和恩格斯在《德意志意识形态》中精辟地指出，社会活动对于人来说，不是单个人的活动，"只有在集体中，个人才能获得全面发展其才能的手段，也就是说，只有在集体中才可能有个人自由"。当一个人遇到整体利益、集体利益与个人的眼前利益发生冲突的时候，如何正确处理好两者之间的关系，雷锋在日记中写道："有些人对个人和集体的关系认识不清，因此做工作，办事情，处理问题等只顾个人，不顾集体。这样，就会给革命造成不利。我觉得正确认识个人和集体的关系是很重要的。我个人认为个人和集体的关系,正像细胞和人的整个身体的关系一样,当人的身体受到损害的时候,身上的细胞就不可避免地也要受到损害……如果损害了祖国的利益,我们每个人就得不到幸福。"雷锋还说:"一个革命者,要树立牢固的集体主义思想,时刻都要把集体利益放在第一位。同时还要坚决打消个人主义,因为个人主义对革命不利,对集体有损害。个人主义好比大海中的孤舟,遇到风浪,是要翻的。"1959年12月12日,雷锋这样写道:"要能够为党的利益,为集体的利益不惜牺牲自己的利益,否则就是个人主义者,是资产阶级的人生观。"1962年2月10日他在日记中这样说:"我觉得一个革命者就应该把革命利益放在第一位,为党的事业贡献自己的一切,这才是最幸福。"从雷锋的这些日记中,我们看出雷锋把革命利益放在第一位的思想定位,闪烁着辩证唯物主义关于个人与集体的哲学观点,表现了一个共产党员和一个革命战士的革命利益和人民利益高于一切的崇高品格。

雷锋的辩证思维体现在如何正确对待"小善"与"大善"问题上。雷锋胸怀社会主义、共产主义的远大理想,是一个志存高远、追求卓越、追求完美人格的人,然而,他又深深懂得"千里之行,始于足下"的道理,非常注重道德实践,不断加强自身道德修养。雷锋在他的日记中说:"生活中一切大的和好的东西全是由小的、不显眼的东西累积起来的。"所以,雷锋从不拒绝做小事情,他坚持从当下做起,从本职岗位做起,从身边的事情做起,一点一滴地来完成自己的人格修炼。作为一个普通的士兵,他为我们标定了"平凡与伟大"的坐标系。在他的一生中,或许只是帮助了一个带孩子的乘客找到座位,也或许只是给战友的父亲寄去20元钱,还或许可能是……但就是在这些平凡之中蕴藏着伟大,细微之处方显出精神,行"小善"中体现着"大爱",实现了从普通士兵到时代楷模的质的飞跃。由此可见,雷锋就是从这些细小的人格修炼中,揭示了事物质与量的辩证关系,体现了现象与本质的辩证思维。所以,习近平总书记褒扬雷锋说,"积小善为大善,善莫大焉"。

雷锋的辩证思维体现在如何处理"有限"与"无限"的关系上。辩证唯物主义告诉我们,矛盾着的两个方面都不可能孤立地存在和发展,一方的存在和发展,必须以另一方的存在为前提条件。雷锋精神是一个闪烁着时代精神、内涵丰富、意蕴深刻的精神宝库,全心全意为人民服务是雷锋精神的核心与实质,也是雷锋精神历久弥新和强大生命力的魅力所在。1961

年10月20日，雷锋在日记中写道："人的生命是有限的，可是，为人民服务是无限的，我要把有限的生命，投入到无限的为人民服务之中去……"这是雷锋在入伍一年10个月后写下的一篇日记。日记的字里行间，揭示了"人的生命是有限的和为人民服务是无限的"这一对立统一的矛盾辩证关系。它昭示人们：人的生命因为受自然规律、生活条件、社会环境、家族遗传和自身因素等影响和制约，相对于宇宙是短暂的，相对于具有"无限的""无止境的"为人民服务也是短暂的。但一个人如果"把自己有限的生命"投入"无限的为人民服务"之中去，认识到人的生命的"有限性"和为人民服务的"无限性"关系，那么这二者之间就会产生相互促进、相互发展、相互转变的作用。一个人如果将"有限的生命"全部投入"无限的为人民服务"之中去了，他就能练就更高的为人民服务的本领，就能产生出"更大的""更多的"为人民服务的效果。正是雷锋处理好了"有限"与"无限"的关系，所以他这篇闪烁着辩证唯物主义光芒的日记，成为激励和鞭策后人在有限的生命中投入无限的为人民服务事业中的精神动力。

另外，雷锋的辩证思维还体现在他如何看待"车头和车厢""乐队与指挥"等问题上。例如，在如何看待"车头和车厢"的问题上，雷锋就在日记里这样写道："火车头的力量很大，如果脱离了车厢，就起不到什么作用。一个人做工作，如果脱离了群众，就会一事无成……"再如，在如何看待"乐队与指挥"的问题时，他这样写道："……人人自由行动，社会必然会混乱起来，就像乐队队员们在演奏时不听指挥一样，你干你的，我干我的，一定会弄得杂乱无章，不成音乐了。"在这里，雷锋把"人人自由行动，社会必然会混乱起来"生动地比喻为"就像乐队队员们在演奏时不听指挥一样，你干你的，我干我的，一定会弄得杂乱无章，不成音乐了"。这是因为雷锋认识到了"'火车头''乐队指挥'是矛盾主要方面，它是事物的核心，起着决定性的作用；而'车厢''乐队'是矛盾的次要方面，它在事物中起着次要的作用。但两者之间又是相互依存、相互联系、相互协作"这一矛盾统一关系。

三、雷锋的哲学思想和辩证思维形成的路径分析

哲学来源于生活。毛主席说："人的正确思想是从哪里来的？是从天上掉下来的吗？不是。是自己头脑里固有的吗？不是。人的正确思想，只能从社会实践中来，只能从社会的生产斗争、阶级斗争和科学实验这三项实

践中来。"①毛主席的这一唯物论和认识论的基本观点,科学阐明了实践是认识的源泉,指出了社会实践是认识的来源,充分说明了实践对于人的重要性。同样,雷锋的哲学思想、哲学观点、辩证的思维方法也来自他的社会生活、社会实践。首先,雷锋的哲学思想、辩证思维来自丰富多彩的认识与实践。1963年5月,毛主席在杭州会议期间看了雷锋日记后指出,雷锋的哲学思想是从哪里来的?还不是从为人民服务的丰富多彩的具体实践中来的!如雷锋的"力量从团结来,智慧从劳动来,行动从思想来,荣誉从集体来"的辩证思维思想,就是他从实践中得出的真知灼见。雷锋"对待同志要像春天般的温暖,对待工作要像夏天一样火热,对待个人主义要像秋风扫落叶一样,对待敌人要像严冬一样残酷无情"的对立统一思想,就是他如何对待不同对象、不同思想这几种不同事物态度的科学总结。其次,雷锋的哲学思想、辩证思维来自毛主席著作和革命理论的学习与运用。从1958年夏天开始,雷锋就开始学习毛主席著作,在此后直至牺牲前一直没断。他把毛主席著作形象地称为"粮食""武器""方向盘"。一有时间,就如饥似渴地学习毛主席著作和革命理论,雷锋重视学以致用,用毛泽东思想武装自己的头脑,主动改造自己的主观世界,不断提高思想政治觉悟,同时在实践中自觉指导自己的工作和行动。雷锋学习时,不仅用日记的形式记下领袖的哲学观点,还结合自己的思想和工作实际,运用毛主席著作的立场、观点和方法分析、认识问题,明确今后努力的方向,写下自己的学习心得体会。正是雷锋学习毛主席著作时,不只是满足于读一读,也不满足于记在笔记上,而是深入领会其精神实质,并自觉地运用这些哲学观点分析认识和解决自己思想、工作上遇到的实际问题,不断提高自己的思想觉悟,指导自己不断沿着正确的轨道健康成长和前进,从而形成了自身正确的人生观、价值观和方法论。最后,雷锋的哲学思想、辩证思维也来自雷锋自身对人生的思考、感悟和生活的积淀。一个人的哲学思想不是他的头脑里固有的,也不是凭空就有的,最重要的是来自自身的对人生的思考、感悟和生活的积淀。雷锋也不例外。雷锋的生命虽然短暂,但他的人生阅历、社会阅历却很丰富,他吃过旧社会的苦,尝到新社会的甜;在他

---

① 毛泽东.人的正确思想是从哪里来的·毛泽东文集:第八卷[M].北京:人民出版社,1999:321.

短暂的6年职业生涯里,当过农业社的记工员、乡政府的通讯员、县委机关的公务员,开过拖拉机,开过推土机,当过炼钢工人,当过解放军战士。他还利用空余时间参加校外活动,担任学校辅导员等社会实践活动。他把社会当课堂,把人民当老师,把工作岗位作为实现自己人生价值的舞台。随着雷锋社会阅历的不断丰富,工作实践经验的不断积累,知识面的不断拓宽,雷锋在他的日记、散文、诗歌、赠言里,将这些思想火花记录下来,作为自己的行动指南。例如,1960年11月21日,当沈阳工程兵某部吕政委对雷锋说"作出成绩,什么时候都是应该的,我们革命者不能满足,要更加虚心,对同志要团结,要努力做毛泽东时代的好战士,要做一个模范的共产党员"的时候,雷锋就从中悟出"谦虚与骄傲"的哲学思想。又如,1961年10月2日连长找雷锋谈话时,针对他"老好一个人干,不爱叫别人"的情况,雷锋便悟出"我觉得正确认识个人和集体的关系是很重要的。我认为个人和集体的关系,正像细胞和人的整个身体的关系一样"的哲学思想。再如,雷锋日记中"一个人的作用,对于革命事业来说,就如一架机器上的一颗螺丝钉"这一闪烁着辩证唯物主义系统论的哲学思想的形成,就源于雷锋在望城县委当通讯员时,雷锋随张兴玉书记外出工作,无意将一颗掉在地下的螺丝钉踢出后,张兴玉书记的一个弯腰,对雷锋的一句教诲。也正是雷锋人生经历过程中这一次次的"谈话"、一个个的"弯腰",触动了雷锋的神经,引发了他的思考,给他哲学思想的形成和发展提供了广阔空间和众多时机。而雷锋又善于结合人生实际,善于从人生繁杂纷纭现象中按照一定逻辑关系进行加工、思考、感悟、概括,从中探寻出人生的哲理、方法和路径,形成了雷锋自己的人生观、价值观和自己的辩证思维观点。

习近平总书记指出,雷锋精神是永恒的。雷锋精神之所以永恒,是因为雷锋用哲学科学方法,努力探寻出了人的本质、人的价值、人的目的、人的道德、人的幸福、人的需要等人生问题,而这些人生真谛具有敏锐的洞察力和深刻的预见性,它回答了人们一直以来"人为什么要活着""为谁活着"等一系列人生问题;是因为雷锋精神体现了中华民族的优秀文化,闪耀着共产主义思想的光芒,凝聚着人生法则的智慧;正是雷锋准确把握了人类自身向前发展的基本要素,科学回答和实践了人类所必须面对的人生命题,这为以他的名字命名的雷锋精神之所以永恒奠定了坚实的理论和实践基础。

雷锋"人生七问"的奋斗精神

谭铁安

"如果你是一滴水，你是否滋润了一寸土地？如果你是一线阳光，你是否照亮了一分黑暗？如果你是一颗粮食，你是否哺育了有用的生命？如果你是一颗最小的螺丝钉，你是否永远坚守在你生活的岗位上？……"每每读到被称为"人生七问"的这篇雷锋日记，心中便涌起了阵阵震撼，不禁被"七问"中蕴含的人生哲理所折服，同时也为雷锋在"七问"中所反映出来的斗争精神而激起自身的人生考量。

在雷锋短短的22年人生历程中，抗争与奋斗始终伴随着他。旧社会，他与苦难抗争，与社会抗争；少年时代，他与困难抗争，与宿命抗争；参加工作之后，他与自私抗争，与落后抗争。雷锋的人生，充满着激情，充满着进取，充满着奋斗。雷锋的这种奋斗精神，在他的日记中充分表达出来，让我们在一种虔诚与敬畏中深深地感受到一位奋斗者真实的内心世界和向善向上的博大情怀。雷锋的"人生七问"，写于1958年6月7日，是他的第一篇日记，也是在雷锋殉职多年之后才被发现的，日记所反映出来的思想与境界，无疑是他最为真实的内心表达。可见，雷锋在写作这篇日记时，对人生的意义有着深沉的思考，而且这种思考不是偶然的一时兴起，不是简单的自问自答，更不是为了某种哗众取宠。因此，更加值得我们品读，品读日记，也就是品读雷锋，从而实现笃学雷锋的目的。

雷锋在写"人生七问"这篇日记时，年龄还不满18周岁。而且雷锋的文化水平并不是很高，只读了6年书。对于一个工作经历不到两年、只有高小文化程度的"大少年"来说，写出这种高质量的日记，其胸襟、见识、情怀、对人生的思考等，都是卓绝的，足以说明，雷锋在写作这篇日记时，一定经历了激烈的思想斗争，一定是某些问题触动了他的灵魂，所以才一连发出了7个层面振聋发聩的呐喊，让一切不如意和落后的思想在拷问面前颤抖和无地自容。

让我们来看一看雷锋写作"人生七问"的时代背景。

1957年10月25日，中共望城县委员会、望城县人民委员会在整风的基础上，作出"关于彻底整治沩水尾闾洪道及围垦团山湖的决定"，发动群众治理沩水，史称治沩工程。治沩工程成立了指挥部，由县委副书记赵阳成任指挥长，县委书记张兴玉任政委，萧介凡、吴华、吕尚武、李石秋任副指挥长，郑明旺、李庆发任副政委，指挥部下设11个工程大队，在指挥部的统一领导下进行施工。10月30日，中共望城县委员会、望城县人民委员会发出《关于号召全县人民积极行动起来，投入治沩工程的紧急动员令》，号召："参加治沩的全体工作人员、全体民工和全县的人民群众，在共产党和毛主席的英明领导下，团结一致，以'愚公移山'的精神，为胜利完成治沩工程，兴建我县粮仓，建设社会主义而奋斗！"11月5日至8日，县委县人委召开治沩工程誓师大会，赵阳成指挥长在大会上作了题为《紧急行动起来，迅速做好施工前的一切准备工作，打好开工第一仗，为坚决治好沩水、确保农业大丰收，支援祖国社会主义建设事业而奋斗》的报告。与此同时，指挥部成立了党、团委员会，大队成立党、团总支委员会。11月8日，共青团望城县治沩工程委员会发出《治沩的全体团员和青年们积极行动起来，为整治沩水洪道及围垦团山湖贡献我们的青春和力量》的号召。11月20日全面开工，经过80多天的紧张劳动，1958年2月11日，望城县治沩工程指挥部发出了《关于全部工程胜利完工的公报》，宣告治沩工程结束，接下来转入围垦团山湖，建设国营团山湖农场。而到1958年9月，望城县成立了第一个人民公社——红旗人民公社，一个月之内，全县491个高级社合并成东风、五一、东方红、卫星、五星、望岳、白箬、莲花、红旗9个公社。

而雷锋在1956年7月15日的高小毕业典礼上，就在学校和老师没有安排他发言的情况下，主动走上舞台，立下了他的人生三大志向：要当一个新式农民，驾驶拖拉机耕耘在祖国的大地上；要当一名工人，建设伟大的祖国；要当一名好战士，拿起钢枪保卫祖国。雷锋小学毕业后，在安庆乡当通讯员，在生产队当秋征员，包括到县委机关当公务员，在当时，某种意义上来说，与他的三个梦想的实现路径相去甚远。也可以说，如果雷锋当时就那么安逸地留在县委机关，留在领导的身边，也是完全可以的，但

雷锋精神简论

他的人生必然是另外一个面貌，谈不上有多么精彩。而雷锋坚决要求到治沩工程指挥部去，在治沩工地上，刚满17岁的雷锋发挥出了超出他年龄的作用，成为治沩工地上的"编外三员"和先进工作者。由此可见，雷锋的心底里始终涌动着一种坚定的、与命运抗争的奋斗精神。

这一时间段，雷锋的人生之路也发生了重要变化，他的世界观、人生观和价值观经历了重要的淬炼。首先，雷锋放弃了比较单纯的机关工作环境，坚决要求到治沩工程指挥部参加治沩。当时的治沩工程指挥部设在呆山庙，北风呼啸，风餐露宿，条件十分艰苦，比在县委机关待在县委书记张兴玉身边工作相差很远。在此情况之下，雷锋多次向领导汇报，一心一意要到最艰苦的地方去锻炼自己，这就是雷锋奋斗精神的呈现，是他对人生价值意义的心灵叩问与实践探求。80多天的治沩工程建设竣工之后，雷锋经历了在治沩一线的艰辛与困难，对一线工作的艰苦应该说是深有体会。如果说，这时候雷锋要回到县委机关来，是完全没有问题的。其次，雷锋捐出了他的积蓄，为建设拖拉机站奉献了自己的所有。治理沩水尾闾之后，就是围垦团山湖。在那种鸟不拉屎的地方建设农场，困难不可谓不多，问题不可谓不大，甚至就连公家购买拖拉机的钱都难以筹措到。而当共青团望城县委向全县团员青年发出捐款购买拖拉机、成立拖拉机站的倡议时，雷锋毫不犹豫地捐款20元，这在当时是一笔巨款。雷锋的这一举动，充分反映出他深厚的奉献精神，也说明了雷锋有着不一般的价值理念。最后，雷锋在围垦团山湖结束之后，来到了五星人民公社。他是从五星人民公社北上鞍钢的。1958年10月底，鞍钢来望城招收工人，雷锋当时在五星人民公社，这是他在县委机关交通班工作时的好友张建文告知的信息。雷锋接到信息之后，积极报名到路程最远、生活习惯和环境差异最大的鞍钢去工作。这一点也充分说明，雷锋具有一颗火热的心，一股见困难就上的韧劲。

在这一阶段，以一个普通人的眼光来看，雷锋似是在走下坡路。这里有一个故事可以反映出来。1958年5月上旬，望城地区连续下雨，降雨量多达400多毫米，沩水水位超过警戒水位。为了不误农时，团山湖农场场部安排雷锋继续开垦荒地，没有安排他上堤防汛。但雷锋一下班总要上堤，或帮助车水排涝，或帮助挑土打堰。战胜洪水之后，雷锋继续在团山湖农场当拖拉机手。而这时候，有个别青年伙伴不安心在农场工作，认为这里条件差，收入少，工作也是不工不农，没有前途。农场共青团组织发现这种苗头之后，发动团员、青年讨论理想、前途问题。雷锋也找这些同志谈心，谈自己对这些问题的看法。在此情况下，6月7日，雷锋写下了他的"人生七问"。

雷锋的"人生七问"，放在当时的背景之下，应该说是对"你"的一个叩问，对那种不思进取、挑三拣四、个人主义思想严重者的一个叩问。而作为一篇日记，在"七问"中，使人读出了雷锋对自己未来的规划和人生的理想，读出了雷锋内心世界满满的正能量，也读出了一种应有的人生态度。可以说，雷锋的这篇"人生七问"，是一篇针对落后思想的檄文，是一首放飞梦想的诗歌，是一段叩问人生的金句。雷锋告诫人们应有的人生态度，就是要做一个有益的人——哪怕是一滴水，应该滋润一寸土地；是一线阳光，应该照亮一分黑暗……是一颗最小的螺丝钉，要永远坚守在自己的岗位上。在这篇日记里，雷锋最后自问自答地回应了所有的问题——在生活的仓库里，我们不应该只是个无穷尽的支付者。雷锋将社会比作生活的仓库，而作为社会生活当中的"人"，不能成为社会的"支付者"，也就是说，不能成为社会的负担。

雷锋的"人生七问"，每一个问题都充满着矛盾冲突，在"是"与"否"中选择。选择"是"，是应当的；选择"否"，是不应当的。这种选择，不是停留在口头上，而是要落实在行动上。这种行动，就是抗争与奋斗的过程。毫无疑问，无论是雷锋写下"七问"的年代还是当今社会，这些问题都是存在的，甚至有些问题还愈演愈烈。而回答这些问题，交上满意的答卷，雷锋用他的一生为人们做出了榜样。学习雷锋，弘扬雷锋精神，不妨从笃学"人生七问"开始。

红色雷锋的望城淬炼

谭铁安

2019年9月，雷锋被评为中华人民共和国成立以来的"最美奋斗者"。雷锋身上，充满着革命基因和奋斗能量，他是一个扎扎实实的"红色"雷锋。

雷锋，原名雷正兴，1940年12月18日出生在望城县简家塘一个贫苦的农民家庭。雷锋从3岁起，短短的四年时间（1943—1947年）里，他的父亲雷明亮、兄长雷正德、弟弟雷金满（三明）、母亲张元满相继被国民党反动派夺去了生命，不到7岁的雷锋成了孤儿。在当地穷乡亲的拉扯之下，小雷锋顽强地活了下来。中华人民共和国成立之后，雷锋迎来了新生。共产党和人民政府分给了他房屋、土地和粮食，送他免费上学，推荐他参加工作，使他走上了革命道路，开启了他人生的奋斗历程，放飞了心中的梦想，最终成为了一名伟大的共产主义战士。

雷锋的人生虽然只有短暂的22年，但他却经历了从一名抗争者到革命者再到奋斗者的历程。雷锋，是一首歌，一首洋溢着青春魅力的生命赞歌；雷锋，是一首诗，一首燃烧着澎湃激情的浪漫主义之诗；雷锋，是一部书，一部放射着深厚道德光辉的经典之书。雷锋的人生经历，是一部鲜活的历史；雷锋在家乡的18年，映射出望城这片红色土地上波澜壮阔的革命斗争和艰苦卓绝的社会主义建设历史。"红色"雷锋在望城得到了淬炼，望城因雷锋而增添了红色的浓度。

抗争，革命基因延续

雷锋在国民党反动统治之下的旧社会，受尽了苦难。他目睹自己的亲人们一个个含恨死去，虽然无奈，但依然与社会抗争，与生活抗争，顽强地活着，生存了下来。雷锋在这一阶段的顽强抗争，与流淌在他血脉里的革命基因分不开。

雷锋的祖父雷新庭，具有典型的中国农民特质。雷新庭生性聪明，正直明理，勤劳质朴，勤俭节约，持家有方，不怕吃苦，与人为善，乐于助人，被当地乡邻称为好人与能人，深受乡邻爱戴。可就是这样一位老人，在国民党统治之下的旧中国，却是命运多舛，并没有过上好日子。雷新庭中年丧妻，老年凄苦，一年到头，连温饱都不能解决，还欠着地主的一屁股债。1941年年关，终因地主逼租，贫病交加，忧愤而死。雷新庭的遭遇，是旧中国黑暗反动统治之下农民的一个缩影。

雷锋的兄长雷正德，在祖父和父亲去世后，早早地挑起了家庭的重担，12岁就外出谋生，到津市新胜机械厂当了一名童工，后来因为劳累过度染上了肺结核病，一次在工作过程中，手和胳膊被机器轧伤，被钟姓资本家一脚踢出了工厂门，无奈之下只好乞讨回家。1946年秋，年仅13岁的雷正德也早夭。而雷锋的弟弟雷三明，却是在父亲雷明亮死后才出生的遗腹子，未满两岁，就在高烧、腹泻、无助中夭折，死在母亲的怀中，根本没有来得及感受人生的酸甜苦辣。

雷锋的母亲张元满，更是一个苦命人，出生没几天就遭遇了封建思想的毒害，被送到了育婴堂，过着自生自灭的生活。后来被杨家养母收留，幸得成人。而在那个重男轻女的封建时代，张元满虽然有好心的养母养父，但日子同样也很艰难，无奈之下，她到雷家做了童养媳。长大成人后，即使夫妻恩爱、家庭和睦，也由于社会黑暗，公公、丈夫、大儿子相继病亡，弄得家中一贫如洗，只留下了儿子雷锋和腹中一个不知男女的孩子。后来，不到两岁的遗腹子也在她的怀中夭折，留下了她与6岁的雷锋相依为命。再后来，张元满到地主唐四滚子家中为他的女儿做嫁妆，却受尽了侮辱。1947年中秋之夜，张元满在将雷锋托付给邻居六叔嫉驰之后，自缢身亡，留给了小雷锋无穷的悲痛和一具冰凉的遗体。

贫穷、饥饿、无助、剥削与压迫，必然会激起人们强烈的反抗与斗争。

雷锋的父亲雷明亮，生于1907年，在1926年秋爆发的毛泽东领导的湖南农民运动中参加了农民协会，担任过农民协会自卫队长。大革命失败后，到长沙市仁和福油盐号做工。1938年，在一次为资本家运货途中被国民党军队抓住打成重伤和残疾，后被辞退。回家之后租种地主唐四滚子的田，由于劳累过度，吐血便血不止。1944年，日本帝国主义占领长沙，也来到了雷锋的家乡，村里的老百姓都躲到山冲里去了。一天下午，雷明亮想到家里看一看，探听一下动静，被两个日本兵抓住做了挑夫。当时他奋起反抗，即遭毒打，旧伤未愈又添新伤，回家后卧床不起，翌年秋天死去。

　　雷明亮的人生，证实了长沙河西望城一带的农民运动已经兴起。当时的长沙河西地区，是望城农民运动的重要阵地。1925年12月，家住雷锋旧居不远处梅溪古塘湾油榨坊的易子义，从广州农民运动讲习所第5期学习回来，秘密串联了杨南轩、易子贤、杨东泽、叶魁、龚杰等10多个积极分子，先后吸收他们加入中国共产党，建立了中共古塘湾支部，易子义任支部书记，是望城境内最早建立的农村党支部。党支部建立之后，在河西地区开展了轰轰烈烈的农民运动和革命斗争，涌现出叶魁、易顺鼎、宁桂芳、龚杰等一大批革命者。雷锋的家乡当时属于长沙县第十区，第十区的农民运动走在全县前列。1927年1月率先成立了农民自卫军，他们打击土豪劣绅，"马日事变"后，他们愤怒声讨许克祥制造屠杀革命群众的罪行，成立复仇大队，对敌人的疯狂行径进行反击，英雄事迹，可歌可泣。在古塘湾支部的第一批共产党员中，杨东泽与雷锋的父亲雷明亮关系密切，雷明亮在杨东泽的影响之下加入农民协会，并担任自卫队长，是革命队伍中的一员。在湖南和平解放前夕，雷锋和其好友石天柱一起到长沙市找石父石海清，路遇杨东泽，杨东泽还谈起过与雷明亮和石海清的交往与革命经历，并交给两人一份文件让他们送到指定的地方，雷锋与石天柱一起机智地完成了任务。杨东泽，古塘湾支部的第一批共产党员。1937年2月，中共古塘湾支部恢复，杨东泽任书记，7月成立中共坪梅区委，杨南轩任书记，杨东泽任委员；1938年在徐特立的直接领导下，杨东泽和杨南轩、吴东明一起创办河西燕子窝地下党校；1945年2月，支持组建抗日游击队，8月下旬，奉命随八路军南下支队北上；1948年，中共梅溪区委成立，杨东泽任委员；1951年7月，县委决定成立望城县总工会筹备委员会，任命杨东泽为主任，同时兼任望城县农民协会主席；1955年5月7日至10日，望城县第一次工会会员代表大会召开，选举赵阳成兼任主席，朱振武、杨东泽为副主席。

　　雷锋成为孤儿之后，善良的六叔一家对他关爱有加，但倔强的雷锋不想给六叔家增加负担，他砍柴、挑水，只要是力所能及的事情他都干。为了生活，雷锋跟随六叔一起唱皮影戏赚钱。后来，由于六叔身体原因不能再唱戏，雷锋回到了简家塘。看到六叔一家的生活也很困难，便外出讨饭。雷锋在讨饭的过程中，饱受了地主的冷眼和欺凌，真切地感受到反动统治

一论　雷锋精神的时代内涵

的黑暗。

雷锋在生活中抗争，更加增添了对旧社会的仇恨，对新生活的向往，也使继承了父辈们的革命基因。

革命，坚定信念绽放

1949年8月，湖南和平解放，中国人民解放军进驻长沙，长沙升起了红太阳。在胜利的前夕，往往有一段黎明前的黑暗过程，也是一个革命与反革命的斗争过程。为了迎接解放，童年的雷锋亲身参与了这场走向胜利的革命，他在地下党的带领下开展革命活动。

1949年3月的一天，雷锋在返家的路上碰到了拉黄包车的彭德茂大叔。彭德茂是一名地下党员，中华人民共和国成立前，彭德茂在长沙到宁乡的一条公路上拉黄包车，下苦力谋生。彭德茂是个热心肠的人，雷锋讨饭时有几次外出找不到家，都是彭德茂找回来的。而雷锋的父亲雷明亮生前也在老长宁公路等处抬轿子谋生，加之两家住得很近，两个人的关系也很好。雷锋成为孤儿之后，彭德茂对雷锋很关心，疼爱有加。彭德茂看见雷锋后，将雷锋招呼过来，对他说："马上就要解放了，我们要多撒些传单，多贴些标语，向人民群众宣传革命道理，迎接解放。"在彭德茂的指导下，雷锋和他的小伙伴一起，装扮成讨饭的小乞丐，将革命标语贴到了刘家大屋的地主家里，贴到了人稠地密的长宁公路上，贴到了望城坡国民党反动军队的驻地里，为宣传革命斗争发挥了作用。

小雷锋在党的教育与引导之下，看到了胜利的曙光，他幼小的心灵中充满着乐观的革命激情，坚定了对新中国、新社会和共产党的无比向往。

1949年8月，一支解放军队伍路过雷锋的家乡。这支队伍与其他的军队不一样，一住下来就向当地老乡嘘寒问暖，还帮助老乡挑水扫地，买柴买菜也按价付钱，不拿群众的一针一线。雷锋发现，这就是毛主席、共产党领导下的人民军队，也是雷锋早就向往的部队，于是，雷锋找到部队的连长。雷锋问："你是怎么当的兵？""志愿当的呗！""我志愿行不行？""你还没有一支步枪高，就想当兵？"雷锋拉住解放军连长的手说："叔叔，我要当兵。"连长笑着问他："你为什么要当兵？""我要报仇啊！""你的年纪还小，你现在的任务是要好好学习，做个好学生，等长大了再参军，保卫和建设咱们的中国。"连长好说歹说，才把小雷锋劝走，临走时拉着雷锋的手，把自己的一支钢笔送给了他。雷锋接过解放军叔叔送给他的钢笔，心中留下了一颗军人梦的种子。这是雷锋第一次有了当兵的愿望，这个愿望藏在他的心里，从未离去。

中华人民共和国成立后，雷锋分到了粮食、衣被等。同时，随着农村减租退押等政策的推行，雷锋的六叔嫂驰家里的生活水平也得以提高。特别是雷锋接受了彭德茂大叔的教育，心里也越来越亮堂，产生了无数美好的愿望。这样，雷锋决定丢掉讨米棍，再也不外出讨饭，他跟随彭大叔做一些有意义的事情。1950年冬至1951年春，安庆乡开展了土地改革，在分配土改胜利果实时，是雇农又是孤儿的户子分了两份，雷锋分到了600斤谷子、2亩4分稻田、4亩8分山林、3亩5分山地和两间半茅草屋以及床、蚊帐等生活用品。1953年2月，望城县人民政府正式颁发了土地房产所有证，雷锋土改时分得的所有水田、山林、山地、房屋等均一一列在颁发给他的土地房产所有证上。雷锋在中国共产党的领导下终于有了自己的家，从此，雷锋的心中，已经深深地植下了对毛主席、对中国共产党、对中国人民解放军无比的敬仰与感恩之情。正是这种感恩之情，使雷锋在心底里高呼，要用他的青春和热血来回报共产党。

雷锋在湖南和平解放这一时期的经历，虽然没有炮火连天的战斗场面，但也在一定程度上反映出当时望城境域内的革命形势。湖南和平解放，可以说是暗流涌动。家住望城区茶亭镇芭蕉村的中国人民解放军对外联络部负责人周竹安，通过建立在桥驿镇洪家村原国民党中将周启铎家的秘密电台，接收毛泽东主席等中央领导的指令，展开惊心动魄的革命斗争，敦促程潜、陈明仁等走向光明，为湖南和平解放作出了重大贡献。望城区茶亭镇苏蓼村的原国民党少将高参姚渐逵也在湖南和平起义通电上签名，彰显出望城人民在民族大义面前的坚定立场。同时，长沙和平解放前后，在基层的反动派并不甘心失败，对新生的人民政权进行破坏，广大人民群众怀着对党对人民政府的爱戴之心，坚定地站在革命的立场上，珍惜胜利果实，维护党的领导，维护人民政权。由此说明，良好的党群关系，是党领导人民从胜利走向胜利的重要基础和坚实保障。

奋斗，红旗指引奔流

1950年初秋，雷锋由安庆乡政府送他免费上学，乡长彭德茂亲自将雷锋带到了龙回塘小学报到。彭德茂抚摸着雷锋的头说:"庚伢子呀(雷锋的乳名),过去,穷人家的孩子要进学堂是不可能的,你家几辈都没有读书的;现在,你上学了,你可要发奋读书,学好本领,将来为建设我们伟大的祖国出力。""嗯!"小雷锋回答,在他的心里下定了好好学习的决心。雷锋就这样怀着对党和政府的无限热爱跨进了学堂,开始了他的求学生涯。雷锋一共上了六年学,换了五所学校。但是不管在哪里,他都过得充实而快乐。1954年秋天,雷锋以优异的成绩升入望城县清水塘完小,并且在这里加入了中国少年先锋队,还被选为中队委员。1956年7月15日,雷锋在荷叶坝完小高小毕业,毕业典礼上雷锋即席发言:"亲爱的老师、同学们:我们小学毕业,基本教育受完了,大家很高兴,感谢党、毛主席和老师。我们今天毕业真高兴,大家比我更高兴,能升入高一级学校学更多的知识,更好地建设祖国。我响应党的号召,去当新式农民,一定做个好农民,驾起拖拉机耕耘祖国大地;将来如果祖国需要,我就去做个好工人建设祖国;将来,如果祖国需要,我就去参军做个好战士,拿起枪用生命和鲜血保卫祖国,做人类英雄。同学们,让我们在不同的岗位上竞赛吧!老师们,请你看我的行动吧!我一定要做个英雄。祝老师健康⋯⋯"

这是一个少年奋斗者的心声,是他对自己未来人生的一种宣示,是他对共产党、对祖国和人民的庄严承诺。

雷锋毕业之后回到了简家塘,他和农业社的社员们一起出工,参加农业生产劳动。劳动,成了雷锋回报养育他的父老乡亲的极好机会,也是他正式走上为人民服务工作岗位的有益"见习"。他被简家塘生产队选为记工员,将社员们的劳动工分和情况记录得清清楚楚。没过多久,彭德茂主持召开乡领导会议决定,安排雷锋到安庆乡政府当通讯员,仍兼任简家塘生产队记工员。于是,雷锋一肩挑起了乡政府通讯员和生产队记工员两副担子,白天在乡政府上班,晚上抽空回简家塘生产队为社员们记劳动工分,做到了两不误。雷锋在乡政府当通讯员除送信、传话、接待客人、烧开水泡茶、打扫卫生等之外,还做了乡政府一些写写算算的造名册报表、群众来访接待等工作,甚至下社队调查情况一类的公务,也常被委派担任。有一段时间,他还作为"秋征助理员"协助乡干部到各社队搞粮食征收工作。他是乡里办的农民夜校"高级班"学员,被评为学习积极分子。

1956年11月17日,是雷锋人生中又一个转折点。这一天,雷锋起了个大早，他拎着简单的行李离开了简家塘，在彭德茂大叔的亲自引领下，沿着北向的崎岖山路，步行50里，来到了当时的望城县治所在地高塘岭，到望城县委机关报到当上了一名公务员，成为时任县委书记张兴玉的通讯员。在担任张兴玉书记的通讯员期间，张书记托物寄情，用"螺丝钉"精神教育雷锋，对他说："一颗螺丝钉，别看它东西小，缺了也不行；就像你这个通讯员，别看职务不高，我们的工作缺了你也不行。"就是一颗小小的螺丝钉，在雷锋的心里留下了终生难忘的记忆，他决心在自己平凡的工作岗位上做这样一颗螺丝钉。他宣誓："一个人的作用，对于革命事业来说，就像一架机器上的一颗螺丝钉。机器由于有许许多多的螺丝钉的连接和固定，才成了一个坚实的整体，才能够运转自如，发挥它巨大的工作能力。螺丝钉虽小，其作用是不可估量的。我愿永远做一颗螺丝钉。"雷锋是这样说的，也是这样做的，他到望城县委机关工作后，发扬"螺丝钉"精神，以忘我的工作热情投入了革命的事业中。1957年2月8日，雷锋光荣地加入了中国新民主主义共青团。

1957年秋，省、地、县三级决定整治沩水，围垦团山湖。年底，彻底根治沩水河的战斗打响了。望城县委成立了治沩工程指挥部，雷锋得知后，一连几次递交申请书，坚决要求参加这场改造大自然的斗争。而当领导考虑他是孤儿，年龄太小不同意他去时，他找到指挥部理论，他说："旧社会我被逼成了孤儿，讨过饭，晚上睡在人家的阶基上，什么苦都吃过，比起来，工地上算是幸福生活了。何况我年纪轻，能够吃苦呢！""共产党领导我们翻了身，让我读了书，现在又让我在县委机关工作，我只有多做工作，才能对得起党和毛主席呀！"还说："治沩工程这么重要，我不去，会后悔一辈子的。"在他的一再请求之下，县委分配他担任望城县治沩工程指挥部的通讯员。1958年2月底，雷锋坚决要求到新成立的团山湖农场参加劳动，成为一名驾驶拖拉机的"新式农民"。

1958年10月下旬，辽宁鞍钢来人到望城招工。雷锋闻风而动，积极要求参加鞍钢建设，后获得批准。在北上鞍钢的前夕，雷锋约了张建文等几个伙伴前往韶山。多年来，他在书本上读过韶山的神圣，电影里欣赏过韶山的壮美，梦里见过韶山的景致。而此时此刻，当年毛泽东为寻求救国救民真理，身穿蓝布长衫，手持红油纸雨伞，走在崎岖泥泞乡间小道上的身影仿佛出现在他的眼前。雷锋等人走进毛泽东故居，耳边仿佛传来伟人当年离开家乡时立下的誓言:"再搞三十年革命,反动派不打倒,我毛润之就不再回韶山……"此后,毛泽东一家先后失去了6位亲人,其中有他的爱妻、胞弟、长子。但是,毛泽东改天换地的壮志不变,终于实现了当年的诺言。此情此景,令雷锋敬仰之心油然而生。从韶山回来的路上,雷锋依然沉浸在无尽的回味之中,他即兴写了一首《韶山》的短诗,其中有两句是:"从此我真正懂得了神圣二字,懂得了革命成功来之不易……"他渴望有一天到首都北京看一看,在那里目睹时代的巨变,感受到祖国的伟大。

1958年11月8日,雷锋北上鞍钢,开启新的人生历程。赵阳城书记送他来到望城码头。雷锋上了船,小汽轮缓慢地离开码头,驶向湘江。码头慢慢地在雷锋的视野里消失了,雷锋还在向赵书记挥手。

在鞍钢、在军营,雷锋怀着一种对党对人民的感恩之心,始终以一种高昂的奋斗姿态,放飞梦想,全心全意为人民服务,成就了一座永恒的道德丰碑。

雷锋在望城这片热土上度过了18年,特别是在新社会这9年时间里,是新民主主义向社会主义过渡的历史时期,他见证和参与了社会主义革命和建设时期这段激情燃烧的岁月。1951年5月26日,中央人民政府政务院批准长沙和望城两县分治,望城县治初设望城坡,1952年4月迁至高塘岭。1953年6月,经湘潭地委决定、省委批准,张兴玉任望城县委书记。望城分治,百废待兴。但望城人民在中共望城县委的领导下,团结奋战,恢复和发展生产,开展民主建政,巩固革命成果,涌现出一批典型人物。1954年2月1日,全县第一个西塘农业社诞生,青年团员冯健高小毕业后,自愿回乡担任生猪饲养员,后被选为西塘农业社副社长,1955年9月出席全国青年建设社会主义积极分子大会,受到毛泽东等党和国家领导人的接见,1957年5月和1964年6月,先后出席共青团三大和九大。冯健被雷锋视为榜样和偶像。1956年,西塘农业社积极贯彻"私有私养公助"的方针,贯彻落实县委发展生猪的六条措施,生猪养殖大发展,同时促进粮食生产,实现了粮食大丰收。翌年,社党支部书记吴吟钦荣获"爱国丰产奖章"。雷锋在张兴玉书记的带领下,到西塘社蹲点,也从心底里分享了这份收获。1957年10月25日,望城县人民委员会作出关于"整治沩水尾闾洪道及围垦团山湖的决定",成立了由县委书记张兴玉任政委、县委副书记赵阳成任指挥长的工程指挥部。11月上旬,集中干部467人、民工1.84万人,组成11个民工大队，奋战4个月，上堵石头口，下堵靖港口，由新康出口，开挖一条新河道，使沩水南移；在治理沩水的同时，兼垦团山湖，将八曲河改道南移，新增加良田5800余亩，雷锋参加了这场治沩的战斗。

  雷锋，用他包括在望城18年淬炼的人生历程，交上了一张完美的答卷，抒写出"有些人说我是傻子，是不对的。我要做一个有利于人民，有利于国家的人。如果说这是傻子，那我是甘心愿意做这样的傻子的。革命需要这样的傻子，建设也需要这样的傻子。我就是长着一个心眼，我一心向着党，向着社会主义，向着共产主义"的人生情怀和信念。

一论　雷锋精神的时代内涵

雷锋精神的时代光芒

谭铁安

在纪念毛泽东等老一辈革命家为雷锋同志题词60周年之际，习近平总书记对深入开展学雷锋活动作出重要指示强调："深刻把握雷锋精神的时代内涵，让雷锋精神在新时代绽放更加璀璨的光芒。"

雷锋，一个普通的战士。他用22岁的生命历程，走过了做个好农民驾驶拖拉机耕耘祖国大地、做个好工人建设祖国、做个好战士拿起枪用生命和鲜血保卫祖国的壮美人生。他用平凡铸就了伟大——由一个饱受旧中国苦难的少年成长为一名伟大的共产主义战士；他用短暂铸就了永恒——以雷锋的名字命名的雷锋精神成为中国精神的重要内容，永远绽放出璀璨的光芒。

雷锋精神在新时代的光芒主要体现在以下几个方面。

信念的光芒。"我就是长着一个心眼，一心向着党，向着社会主义，向着共产主义。"雷锋在日记中写的这段话，真切地表达了他坚定的共产主义信念，表达了他对党、对社会主义的无比热爱之心。正是在这种坚定信念的能量激励和推动之下，雷锋的人生之路才走得如此之稳、之美、之精彩。信念，是坚守，是情怀，是方向。人民有信仰，国家有力量，民族有希望。一个没有信念的民族是没有希望的民族，新时代新要求新作为，更加需要坚定的理想和信念；实现中华民族伟大复兴是民族的梦想、人民的信念。雷锋精神绽放出来的信念光芒，是引领人们不断奋进的精神力量。

道德的光芒。"当祖国和人民处在最危急的关头，我就挺身而出，不怕牺牲。生为人民生，死为人民死。"什么是道德？道德是人们共同生活及其行为的准则和规范。爱党爱国爱人民，就是大德，是公德，也是私德。雷锋的一生，深怀对党、对祖国、对社会主义、对人民、对中国人民解放军的无比感恩之心，始终践行着全心全意为人民服务的人生追求，凝结成了

雷锋精神简论

一种以人民为中心的向善向上的思想品质和道德情操，并将其贯穿于平凡的生活和工作当中。雷锋身上绽放出来的道德光芒，是新时代培育和践行社会主义核心价值观的精神养料，是社会主义道德殿堂中一处永恒的精神坐标。

大爱的光芒。"人的生命是有限的，可是，为人民服务是无限的，我要把有限的生命，投入到无限的为人民服务之中去……"这是何等高尚的境界！当一个人愿意把自己的生命为人民献出，说明他的这种爱是伟大的，是无私的，是真诚的。"雷锋出差一千里，好事做了一火车"，生动地阐释了雷锋爱的行动和爱的坚持，雷锋将奉献爱心展现在平凡的工作和生活当中，毫不做作，尤为可贵。雷锋精神，人人可学；奉献爱心，处处可为。新时代新征程，我们同样需要一个有爱有温度的社会，雷锋的奉献精神绽放出来的大爱光芒，是志愿服务精神在新时代的新标杆。

青春的光芒。"青春啊，永远是美好的，可是，真正的青春，只属于这些永远力争上游的人，永远忘我劳动的人，永远谦虚的人！"雷锋的生命定格在22岁，是永远的叔叔；雷锋的人生充满着奋斗的激情，是永远灿烂的青春年华。雷锋的耕耘梦、文学梦、工人梦、参军梦，无一不是青春梦想的绽放；雷锋在放飞梦想的过程中，不断敬业奉献，争当先进；不断扎实劳动，公而忘私；不断勤奋学习，谦虚谨慎，用自己的青春抒写出一个个不懈奋斗的篇章。雷锋的青春，是新时代最为嘹亮的歌声和动人的乐章。新时代，是逐梦者的时代，是奋斗者的时代，是青春焕发的时代，雷锋的青春光芒，必将在新时代更加闪亮。

驾驶室里的"时代闯将"

李富强

故事背景

2019年4月30日，在纪念五四运动100周年大会上，习近平总书记指出："新时代中国青年要增强学习紧迫感，如饥似渴、孜孜不倦学习，努力学习马克思主义立场观点方法，努力掌握科学文化知识和专业技能，努力提高人文素养，在学习中增长知识、锤炼品格，在工作中增长才干、练就本领，以真才实学服务人民，以创新创造贡献国家！"开辟建党伟业，开展社会主义建设，都需要干事创业的进取精神。雷锋驾驶机车的故事，突出体现了他在那个时代的干事创业精神。

故事剪辑

1958年2月，中共望城县委决定围垦团山湖，成立了国营农场。共青团望城县委号召全县共青团员和青年捐款为农场购置拖拉机。雷正兴（雷锋原名）省吃俭用，将预备添置棉絮等物积存的20元钱悉数捐出。当时他在县委担任通讯员，为更好地为社会主义建设服务，他还主动申请去当驾驶员。随后，县委选派他去团山湖农场学开拖拉机。正兴虚心向驾驶员师父学习，白天随师父出车，细心观察操作动作，晚上阅读有关拖拉机构造、驾驶、维修知识的书籍，一周后便能独立操作驾驶。3月10日，正兴和另外两位同伴成为全县第一批拖拉机手。他喜出望外，当晚写成文章《我学会开拖拉机了》，刊载在《望城报》上。

1958年11月，雷锋与400余名青年到鞍钢参加建设。到鞍钢后，雷锋被分配在鞍钢化工总厂洗煤车间当推土机手。领导了解他在家乡团山湖农场开拖拉机，现在开推土机按学徒工资起点标准为22元，收入减少，问他是否有意见，雷锋毫不迟疑地回答："没有意见！"他说到鞍钢是参加社会主义建设的，不是为钱来的。当时，洗煤车间有"斯大林80号"和"德特54号"两种推土机，前一种是车间最大的重型推土机，震动大，操作难。领导见雷锋个子小，安排他开小车。雷锋执意不肯，他说："开大车能多干活，开小车干活慢，我有十分力气决不只使九分九。"雷锋积极学习，很快掌握了驾驶技术，连师父都夸他年龄最小、技术进步最快。在操作时，雷锋由于身材矮小，坐在驾驶室看不见作业面情况，站立伸腰又头撞顶棚，大部分时间须站立弯腰作业，且车经常被煤粉沾满车身，他从没叫过累、嫌过脏。

1960年1月8日，雷锋光荣入伍，被分配在沈阳部队工程兵某部运输连四班任汽车驾驶员。雷锋没赶上一个多月理论课，刚到就学习实际驾驶了。他利用假日和晚上学习，把汽车的构造、各种机件的性能和操作的方法，同拖拉机、推土机作比较，找到和汽车的相同点和不同点。因连里运输任务重，实习用车有限，新兵二三十人，每人每天轮流驾驶不了一次车。雷锋提出用废旧材料造一个汽车教练台的建议，得到了排长的支持。雷锋刻苦学习，把落下的课程赶上了，还担任了技术学习小组长。实习结束，雷锋成了一名合格的汽车驾驶兵，第一个下到战斗班里。他坚持学习马列著作和《毛泽东选集》，他把"毛著"比作粮食和武器，比作汽车上的方向盘，成为驾驶座上一个有思想觉悟、有理想追求的时代闯将。雷锋所驾驶的苏联嘎斯51型13号车，投入过抗美援朝战争，经多次大修，因零件磨损严重，技术状况最差。为保养好这台功勋车，雷锋利用业余时间进行维修，为节约汽油，他苦练驾驶技术，汽车起步前不轰大油门，保养汽车不使用汽油清洗机件。雷锋勤动脑和手，这辆车成为全连的"节约标兵"车。雷锋根据行车实践，总结自己驾驶汽车的经验和体会："不要抢道，遇上会车、险道、便道、过桥过河、下坡、拐弯，要'慢、让、站、看'。正常行驶中保持40公里左右的行车速度。保证车况良好，安全生产，持续运行。从实际效果上看这种慢就是快，否则快就是害。""汽车是党和人民给我们建设社会主义的武器，每个驾驶员爱不爱这个武器，爱到什么程度，这决定于每个驾驶员的阶级觉悟。"

故事启迪

新时代呼唤干事创业的进取精神。习近平总书记指出："干事创业敢担当，重点是教育引导广大党员干部以强烈的政治责任感和历史使命感，保持只争朝夕、奋发有为的奋斗姿态和越是艰险越向前的斗争精神，以钉钉子精神抓工作落实，努力创造经得起实践、人民、历史检验的实绩。"[1]党的二十大吹响了向中国式现代化的进军号角。梦想凝聚人心，前景如何变成现实？我们唯有像雷锋一样，以时不我待、只争朝夕、勇立潮头的历史担当，主动担当作为、干事创业，方能做出无愧于新时代的光辉业绩。

---

[1] 详见2019年5月31日习近平总书记在"不忘初心、牢记使命"主题教育工作会议上的讲话。

深刻把握雷锋精神的时代内涵
应该遵循的基本原则

李玉上

2023年2月，在毛泽东等老一辈革命家为雷锋同志题词60周年之际，习近平总书记对深入开展学雷锋活动作出重要指示，强调："新征程上，要深刻把握雷锋精神的时代内涵，更好发挥党员、干部模范带头作用，加强志愿服务保障和支持，不断发展壮大学雷锋志愿服务队伍，让学雷锋在人民群众特别是青少年中蔚然成风，让学雷锋活动融入日常、化作经常，让雷锋精神在新时代绽放更加璀璨的光芒，为全面建设社会主义现代化国家、全面推进中华民族伟大复兴凝聚强大力量。"其核心思想是，在"新征程"这一现实和未来道路上，通过学习雷锋同志，弘扬雷锋精神，达到"为全面建设社会主义现代化国家、全面推进中华民族伟大复兴凝聚强大力量"的目的；其基本措施，一是"要深刻把握雷锋精神的时代内涵"，二是要"更好发挥党员、干部模范带头作用"，三是要"加强志愿服务保障和支持，不断发展壮大学雷锋志愿服务队伍"；其需要形成的局面或社会风尚（也可说是基本措施）是"让学雷锋在人民群众特别是青少年中蔚然成风，让学雷锋活动融入日常、化作经常，让雷锋精神在新时代绽放更加璀璨的光芒"。简言之，在新征程上，我们要采取切实可行的措施，"让雷锋精神在新时代绽放更加璀璨的光芒，为全面建设社会主义现代化国家、全面推进中华民族伟大复兴凝聚强大力量"。这就为我们在新时代学雷锋活动的开展提供了根本遵循和行动指南。其中，"要深刻把握雷锋精神的时代内涵"的指示，指明了在新时代深入开展学雷锋活动的立足点和出发点。

对此，我们应该深刻地认识到，要"让雷锋精神在新时代绽放更加璀璨的光芒，为全面建设社会主义现代化国家、全面推进中华民族伟大复兴凝聚强大力量"，其首要任务和基础性行为，就是要深刻把握雷锋精神的时代内涵。

要把深刻把握雷锋精神的时代内涵的工作落到实处，我们要做的事有很多，其中十分重要的一项就是要明确并坚持应有的基本原则。笔者作如此之说，目的就在于使本项工作能够以正确的立场、观点和方法向前推进，从而使本项工作能够契合时代发展的步伐，始终朝着党所指引的正确方向迈进。概括说来，深刻把握雷锋精神的时代内涵至少应该遵循以下四项原则。

一、以伟大思想为指南的原则

伟大的思想引领伟大的行动，这是一条颠扑不破的真理。大而言之，中国共产党率领中国人民以马克思列宁主义、毛泽东思想、邓小平理论、"三个代表"重要思想、科学发展观和习近平新时代中国特色社会主义思想为指南，取得了新民主主义革命、社会主义革命和建设、改革开放和社会主义现代化建设和新时代中国特色社会主义建设的辉煌成就，就是最好的证明。小而言之，无数的集体奇迹或个人先进事迹，都是在上述思想的指引下创造的。举例来说吧，20世纪60年代，在生产、生活物资极为匮乏，生产力水平极为低下的困境中，英雄的林县人民在毛泽东"为有牺牲多壮志，敢教日月换新天""水利是农业的命脉"以及"要把农业搞上去，必须大兴水利"等光辉思想的指引下，靠着一锤一铲两只手，苦战十个春秋，劈开太行山，引来漳河水，在悬崖峭壁上开凿出一道"人工天河"——红旗渠，彻底改变了林县"水缺贵如油，十年九不收"的穷厄面貌，创造了中华民族历史乃至整个人类历史上的宏伟奇迹，铸就了以"自力更生、艰苦创业、团结协作、无私奉献"为主要内容的伟大的红旗渠精神。在半封建半殖民地的旧社会受尽苦难的孤儿雷锋，到了人民当家作主的社会主义新社会，在毛泽东"全心全意为人民服务""毫不利己、专门利人"以及"做一个有益于人民的人"等光辉思想的照耀下茁壮成长，以其"信念的能量、大爱的胸怀、忘我的精神、进取的锐气"，成为我们民族精神的最好写照、民族的脊梁，成为我们时代的楷模、学习的榜样。

请特别注意，就雷锋个人而言，雷锋精神展现得最充分的时间段是1960—1962年；就林县人民集体而言，红旗渠精神的形成同样是1960—1962年这一时间段！同样的时段，同样在毛泽东思想光辉照耀下，在部队，雷锋同志在无私奉献、把有限的生命投入无限的为人民服务之中去，凝成了伟大的雷锋精神；在农村，林县人民在自力更生、艰苦创业、战天斗地、勇毅前行，重新安排林县河山，凝成了伟大的红旗渠精神。雷锋精神、红旗渠精神，这是一道多么伟大的思想奇观、创造奇观、精神奇观啊！

这就深刻地启示我们，在"深刻把握雷锋精神的时代内涵"的时候，我们也要以马克思列宁主义、毛泽东思想、邓小平理论、"三个代表"重要思想、科学发展观，特别是习近平新时代中国特色社会主义思想为指导，尤其要把习近平总书记关于弘扬雷锋精神的重要讲话、指示精神落实到具体行动中，只有这样，才有可能取得丰硕的成果。

二、以与时俱进为态度的原则

习近平总书记说，雷锋精神是永恒的。这是对雷锋精神价值的高度概括，但这并不意味着对雷锋精神内涵的把握是一成不变的。古语说："世易时移，变法宜矣。"众所周知，毛泽东思想是马克思主义在中国的与时俱进的结果，改革开放是中国社会主义建设与时俱进的必然选择。同理，雷锋精神的"热爱党、热爱祖国、热爱社会主义的崇高理想和坚定信念，服务人民、助人为乐的奉献精神，干一行爱一行、专一行精一行的敬业精神，锐意进取、自强不息的创新精神，艰苦奋斗、勤俭节约的创业精神"的内涵表达是雷锋精神的"憎爱分明的阶级立场，言行一致的革命精神，公而忘私的共产主义风格，奋不顾身的无产阶级斗志"内涵的与时俱进的结果，雷锋精神的"信念的能量、大爱的胸怀、忘我的精神、进取的锐气"的内涵表达又是上述雷锋精神内涵表达的与时俱进的结果。如此说来，对雷锋精神内涵的把握，必然要采取与时俱进的态度。

时代在变化，社会在发展。雷锋精神具有强烈的时代性，更具有鲜明的发展性。如果我们还教条主义地、刻舟求剑地对待雷锋精神的内涵，那就不是解放思想、实事求是、与时俱进的表现。试想，如果不是与时俱进地对待雷锋精神，对雷锋精神内涵的把握始终停留在"文革"时期，把雷锋精神理解为"造反精神""反潮流精神""阶级斗争精神"等，那岂不是严重歪曲了雷锋精神的实质，抹杀了雷锋精神强大的生命力，阻碍了雷锋精神的弘扬？

如何与时俱进地深刻把握雷锋精神的时代内涵？回答是，与时代同行。

一论　雷锋精神的时代内涵

20世纪60年代初期，我国经历着严重的"困难时期"，急需一种信仰来鼓舞和激励人民，需要人们尤其是青年具有共产主义理想和克服困难的坚韧不拔的精神，此时对雷锋精神内涵的把握重点在坚定共产主义信仰、一心跟党走、克己奉公、在平凡的岗位作出不平凡的业绩等诸多方面。1978年党的十一届三中全会以后，尤其是到20世纪80年代，改革开放成为时代大潮，此时对雷锋精神内涵的把握重点在听党指挥、螺丝钉精神、钉子精神、傻子精神等诸多方面。进入20世纪90年代，社会主义市场经济体制全面建立，时代与社会需要自强不息、艰苦创业的奉献精神，此时对雷锋精神内涵的把握重点在爱国主义、集体主义、艰苦奋斗、勤俭创业、刻苦钻研、忠于职守、精益求精等诸多方面，"岗位学雷锋，行业树新风"的主题得到凸显。进入21世纪初期，根据全面建设小康社会的时代要求，对雷锋精神内涵的把握重点在树立理想、发奋学习、艰苦奋斗、弘扬新风等诸多方面。可见，随着时代的变化，虽然雷锋精神的全心全意为人民服务的内涵本质没有变，但把握的侧重点是有所不同的。

2022年10月，党的二十大胜利召开，中国特色社会主义建设迈入了"全面建设社会主义现代化国家、全面推进中华民族伟大复兴"的崭新时代。在这样的时代，我们党肩负着"团结带领全国各族人民全面建成社会主义现代化强国、实现第二个百年奋斗目标，以中国式现代化全面推进中华民族伟大复兴"的使命任务。在这样的使命任务下，就"推进文化自信自强，铸就社会主义文化新辉煌"而言，我们需要"建设具有强大凝聚力和引领力的社会主义意识形态"，要做好"为国家立心、为民族立魂的工作"；需要"广泛践行社会主义核心价值观"，需要"弘扬以伟大建党精神为源头的中国共产党人精神谱系，用好红色资源，深入开展社会主义核心价值观宣传教育，深化爱国主义、集体主义、社会主义教育，着力培养担当民族复兴大任的时代新人"；需要"提高全社会文明程度"，需要"推动明大德、守公德、严私德，提高人民道德水准和文明素养"，需要"在全社会弘扬劳动精神、奋斗精神、奉献精神、创造精神、勤俭节约精神，培育时代新风新貌"，需要"推动全社会见贤思齐、崇尚英雄、争做先锋"；需要"增强中华文明传播力影响力"，需要"坚守中华文化立场，提炼展示中华文明的精神标识和文化精髓，加快构建中国话语和中国叙事体系，讲好中国故事、传播好中国声音，展现可信、可爱、可敬的中国形象"。这就成了我们在当前和未来深刻把握雷锋精神的时代内涵的最大、最要紧扣的社会背景、时代背景、政治背景和任务背景，亦即笔者在这里说的"与时俱进"的最大的"时"，脱离了这个"时"，再怎么"进"，也"进"不到更崇高、更壮美的境界。

三、以具体事实为依据的原则

雷锋精神是从雷锋同志的言行事迹中提炼出来的，要深刻把握雷锋精神的时代内涵，就一定要以雷锋全心全意为人民服务的具体事实为依据，不能任意挖掘，更不能凭空杜撰。例如，"文革"时期，把雷锋树立为"阶级斗争"的典型、"无产阶级专政下继续革命"的先锋，把雷锋精神定义为"造反精神"和"反潮流"精神等，都是毫无事实依据的。这些观点，理所当然地被时代摒弃了。除开这个特殊的时期之外，在其他的时代中，也有人在阐说雷锋精神的内涵的时候，自说自话，任意阐发，只重理论分析，不重事实证明，把雷锋精神说得玄而又玄。这种做法，既脱离了"雷锋这个人"的实际，又脱离了"人民群众这群人"的实际；这种做法，不仅无益反而有害，自然不能为人民所接受。

所以，我们必须坚持以具体事实为依据的原则。例如，在对雷锋精神的研究中，我们可以发现，雷锋精神的具体内涵中除了"螺丝钉精神""集体主义精神""傻子精神""钉子精神"等内涵元素之外，还有一种被常人忽略的、可与上述内涵元素相并列的精神元素，那就是"一滴水精神"。而要阐明"一滴水精神"的内涵，就要依据诸如"如果你是一滴水，你是否滋润了一寸土地""一滴水，只有放进大海里才永远不会干""一个人的力量总是沧海一粟"等雷锋名言，依据诸如宁愿自己饿肚子也要把午饭送给战友吃、宁愿自己受冻也要脱下自己的手套送给受冻的老太太、宁愿放弃休息也要在春节假期时捡粪支援人民公社等，如一滴一滴的水一样的雷锋事迹，进行实证。简单一点说，就是要依据雷锋是怎么说的、怎么做的具体事实来证明雷锋精神的实在性、可信性和可学性，并且在此基础上，进一步挖掘其蕴含着的"人尽其用"的精神、"准确定位"的精神、"投身集体"的精神、"谦虚谨慎"的精神和"无私奉献"的精神等内涵要素，从而让人们认识到，"一滴水精神"是能够使自己准确进行人生定位、正确处理人我关系、始终保持艰苦奋斗优良作风的精神，是使自己能在工作岗位上尽己之职、尽己之能、尽己之用时所必需的精神，并能运用于实际。这样一来，我们的阐说才会有动人心弦的说服力、催人奋进的感召力。

事实胜于雄辩，论说不能空洞。再华美的理论架构，如果没有事实作基础，那就不能成立，即使成立最终也只能因缺乏事实依据而崩塌。这是我们在深刻把握雷锋精神的时代内涵时必须把握的。

四、以全面深刻为目标的原则

办事情，做工作，肯定要有目标。深刻把握雷锋精神的时代内涵这一工作的目标是什么呢？我们认为，这个目标应该是"全面深刻"。所谓"全面"是从内涵广度上说的，所谓"深刻"是从内涵深度上说的。要知道，雷锋精神的内涵是十分丰富而深刻的，只有从广度、深度的角度出发，才有可能真正把握好雷锋精神的时代内涵。

笔者曾经不止一次问他人雷锋精神是什么精神，他们的回答，要么是"雷锋精神啊？钉子精神"，要么是"雷锋精神啊？螺丝钉精神"，要么是"雷锋精神啊？多做好人好事"，要么是"雷锋精神啊？有一分热发一分光"，诸如此类，不一而足。我们虽然不能说这样的回答完全错了，但是，显然，这种回答，对雷锋精神内涵的理解是片面的，甚至可以说是肤浅的。这就表明，学习雷锋同志，弘扬雷锋精神，首要的任务应该是让人们能够全面深刻把握雷锋精神的内涵，从而让人们明确开展学雷锋活动的基本方向。

当然，我们不能要求全社会的所有人——无论男女老少，无论姓甚名谁，无论工农兵学商，无论干部群众——都能对雷锋精神的内涵作出既有广度又有深度、带有学理价值的"标准答案"，但是，既然是在做深刻把握雷锋精神的时代内涵的工作，就要有"全面深刻"的目标，就要坚持以全面深刻为目标的原则。

如何做到全面深刻地把握雷锋精神的时代内涵呢？对这个问题，我们可以引用雷锋日记的一句话来回答，那就是他1960年11月×日日记中所说的"站得高些，更高些；看得远些，更远些"。如何才能做到"站得高些，更高些；看得远些，更远些"呢？回答是，要站在党的宗旨、人民信仰、民族希望、国家力量的高度，从中国共产党的初心使命出发，围绕全面建成社会主义现代化强国、全面推进中华民族伟大复兴的长远目标来认识雷锋精神，把握雷锋精神。概而言之，就是要既能把握雷锋精神的外延又能把握雷锋精神的内涵，既能把握雷锋精神的理论价值又能把握雷锋精神的实践价值，为雷锋精神的时代内涵注入全新的更加朝气蓬勃的生命力。

　　深刻把握雷锋精神的时代内涵这一工作应该坚持的基本原则肯定不止上述四项，其他诸如以守正创新为行动措施的原则、以通俗易懂为表达原则的原则、以理论与实践相结合为思想路线的原则等，都是我们必须坚持的。这些原则，大家可以自行领会，并运用于实践。

雷锋：望城18年

李玉上

雷锋1940年12月18日生于望城，1958年11月12日离开望城去鞍钢，在望城生活、学习、工作了18年。这18年，占据了雷锋22岁生命的80%多的时间。其中，新中国成立前，在旧社会苦苦挣扎了9年；新中国成立后，在新社会幸福生活了9年。中华人民共和国成立后，他在小学读书6年，在乡村、县委机关工作了1年多，在治沩工程指挥部和团山湖农场工作了1年多。这18年，是雷锋从苦难童年到幸福少年、再到奋进青年的18年；是雷锋生活由苦变甜、学习不断进步、工作能力和思想觉悟不断提高的18年，是雷锋精神萌发甚至凝成的18年。

一、望城18年，雷锋经历了苦乐年华

雷锋的望城18年，以1949年雷锋家乡解放的1949年为界，前后各占9年，且以前"苦"后"乐"为鲜明标志。

前9年，他生活在暗无天日的黑暗社会，受尽了地主、资本家和地方恶势力欺压、剥削。政治上，处于当时社会最底层的泥潭中，毫无政治权利可言；经济上，一贫如洗，上无片瓦遮身、下无立锥之地立身，有时要靠乞讨为生；文化上，从来就没有学文化的条件和机会，更不要说"进学堂，求知识"。家庭生活中，3岁时，祖父悲惨死去；5岁时，父亲悲惨死去；6岁时，哥哥、弟弟先后悲惨死去；7岁时，母亲悲惨死去，从此沦为孤儿。虽幸被六叔祖家收养，但也未能摆脱穷苦到极点的命运，能够生存下来，可以算是"老天的眷顾"。这个"老天"，当然是中国共产党帮助穷苦百姓打出来的"晴朗的天"。

后9年，他生活在欣欣向荣的崭新时代。政治上，他获得了彻底的翻身解放，能够扬眉吐气地生活在社会主义的土地上，加入了少先队和共青团；经济上，获得了强有力的保障，土改时获得了土地、房屋、家具还有其他

财物，[①]后来工作时还有薪金，生活得到足够的保障；文化上，在人民政府的关怀下，他从1950年夏到1956年7月上了6年小学，完成了小学学业，之后还参加了望城县机关干部业余文化补习班的学习，还读到了《毛泽东选集》和其他许多"红色"书籍；工作上，当上了"公务员"和"拖拉机手"，一切都获得了彻底的保障。

雷锋说，他在旧社会遭受了和广大劳动人民一样的深重苦难，在新社会感受到了党和毛主席带来的无比幸福。我们可以清晰地看到，正是这种从"苦难"到"幸福"的人生经历，奠定了他爱党爱国爱社会主义、全心全意为人民服务的情感与思想基础。

二、望城18年，雷锋孕育了爱憎情怀

周恩来在关于学习雷锋的题词中说，要向雷锋同志学习"憎爱分明的阶级立场"。雷锋在1960年10月21日的日记中告诫自己要牢牢记住这段名言："对待同志要像春天般的温暖，对待工作要像夏天一样的火热，对待个人主义要像秋风扫落叶一样，对待敌人要像严冬一样残酷无情。"[②]可见，雷锋的爱憎情感是强烈的，立场是坚定的。这种爱憎分明的情怀之所以产生，就是因为有从旧社会到新社会的人生感触和从苦难生活到幸福生活的人生感悟。

无须多言，读一读雷锋的《做毛主席的好战士》一文，我们对此就会有深切的体会。该文中，他自述家史说：他出生在一个贫苦的农民家庭。父亲给地主做长工，后来被日本鬼子折磨死了。哥哥给资本家做工，手指被机器轧断，脑袋被撞伤，无钱医治，不久也死了。母亲领着他抱着弟弟去讨饭，后来弟弟活活饿死了。母亲为了照顾他，不得不出去给地主做工，结果被奸污而死去。7岁的他，孤孤单单，无依无靠，过上了流浪的生活，凄苦难言。1949年夏天，解放了，乡长彭德茂把他送到人民医院，治好了

---

① 冯健.雷锋，从这里起步[M].长沙：湖南人民出版社，2013.作者冯健系雷锋生前同乡好友之一，她在该书中写道："按照土改相关各项政策，划分阶级成分，雷锋被划为雇农成分，属于农村赤贫阶层。在分配土改胜利果实时，按照政策，是雇农又是孤儿均应分予'双份'，故雷正兴分得水田2亩4分、山林4亩8分、山地3亩5分、茅屋两间，还有家具一套、浮财一批、稻谷600斤等物。"

② 雷锋.雷锋日记[M].西安：陕西师范大学出版总社，2018：12.

全身的疮疖。过年的时候，还给他换上了新衣服，给他压岁钱。他感动得流下了热泪，叫乡长为自己的救命恩人。乡长告诉他：毛主席、共产党、解放军才是我们的救命恩人；现在，他可以为自己的父母兄弟报仇了。他对此发表感想说：他是从阶级敌人、民族敌人的压榨下挣扎过来的，是在阶级友爱的革命大家庭里成长起来的。想想过去，看看现在，他知道恨谁，爱谁……知道把自己的青春献给祖国的伟大事业是他一生的最大光荣。

怨有头恨有绪，情有根爱有源。雷锋的爱憎情怀就是在这新旧社会两重天地、两种境遇的对比中孕育而生、蓬勃而长。

三、望城18年，雷锋奠定了文化基础

雷锋说，干革命不学习毛主席著作不行。仿此，我们说，学习毛主席著作、干革命工作没有文化基础不行。雷锋之所以能成为雷锋，基础性的因素之一，便是他在望城奠定了文化基础。

党把雷锋从苦海中救了出来时，一下就给了他开启新生活大门的三把"钥匙"：第一把是政治"钥匙"，使他从被奴役、被欺凌者成为国家的主人，而且担任了儿童团团长；第二把是经济"钥匙"，使他破天荒拥有了土地所有权；第三把是文化"钥匙"，新中国成立后的第二年就送他上学，学习文化科学知识。

在望城的18年中，雷锋有六年是在学校度过的，先后在龙回塘小学（1950年下半年入校）、上车庙小学（1952年下半年入校）、向家冲小学（1953年上半年入校）、清水塘完小（1954年下半年入校）、荷叶坝完小（1955年上半年入校），低年级时即学习周会、国语、算术、唱游、常识、图画、手工7门课程。求学过程可以用"不怕困难，勤俭自助，刻苦攻读，尊敬老师，友爱同学"来概括。在此过程中，他加入了少先队，在荷叶坝完小时还全票当选为少先队大队队委。学习结果可以用"品学兼优"来概括，在清水塘小学时就有班级墙报刊登的同学编的顺口溜说他"学习他最好，活动他最行"。

他的文化基础到底扎实不扎实、牢固不牢固，我们无法作量化分析。但是，我们从他1956年7月15日在小学毕业典礼上的发言就可以窥一斑而知全豹，那就是：出类拔萃，非同寻常。这次发言是即兴发言，事先没有任何准备，但主题十分突出，层次十分鲜明，语言十分简洁，情感十分饱满，既表达了自己"做个好农民""做个好工人""做个好战士"的宏大理想，

又赋予了同学们热情的鼓励，足见功力不浅。显然，他后来看问题、想问题、写日记、写诗文所表现出来的思想高度、思维广度以及非同一般的语言表达能力，就是以此功力为基础的。

特别值得强调的是，在望城，雷锋就开始了毛主席著作的学习。他先是读《为人民服务》《纪念白求恩》等著作的单行本，后来又读了《毛泽东选集》第一、二、三卷（雷锋应该是望城最早读到"毛选"的人之一，当时，"毛选"的发行量不大，只发到县委书记一级，一个县也只有那么一两套，很多干部都难得一见，雷锋能读到"毛选"，是县委张兴玉书记"特许"借读的），理论水平和思想觉悟得到了极大的提高。

四、望城18年，雷锋锻炼了工作本领

1949年6月至8月间，按照中共地下党组织的部署，在彭德茂等人的具体指挥下，他和小伙伴以行乞讨饭为掩护，在长沙河东大西门码头等多处地方，或单独或合作，秘密传递、张贴或散发革命传单或标语，彰显了机智和勇敢。

1956年上半年在荷叶坝完小就读时，他响应学校向"七一"献礼的号召，积极参与到学校组织的研制矿石收音机的献礼项目中，在没有图纸资料、没有零配件的"一张白纸"的情况下，经过参观学习和老师指导，最终研制出了一台矿石收音机，表现出了勇于创新的本领。

在望城县委工作时，县委书记张兴玉同志发现雷锋以为镇压了欺压他的地主也就给他报了仇了、不懂得什么是阶级的仇恨，对"仇恨"还停留在感性认识的阶段，就对他进行"阶级教育"，使雷锋懂得了"只有消灭阶级压迫和阶级剥削，才能报阶级的仇，才能使所有的劳动人民获得解放"的道理，提高了理性认识的能力。

还是在望城县委工作时，雷锋在周绍铭同志的启发下对写日记产生了浓厚的兴趣，于是向周绍铭"拜师学艺"；同时，他又听说县委组织部干部彭正元善于写日记，于是，他又向彭正元"拜师学艺"，进而，他懂得了"写日记既可提高自己的文化与写作水平，又可锻炼提高分析事物的能力"的道理，也明确了日记的写作要求，学会了写好日记的方法。从这里，我们可以看到，"雷锋日记"的"风行"，原来是有"童子功"的。

1958年2月下旬，雷锋到了团山湖农场，学习驾驶拖拉机。他虚心向师

父学习，勤学苦练，很快就于3月10日试驾成功。但他并没有满足，而是继续学习，钻研技术知识，掌握了机器的结构原理、部件名称与性能、驾驶规则等，最终完全掌握驾驶本领，成了优秀拖拉机手。

从上述事例可以看出，在望城，雷锋得到了各种本领的锻炼。就驾驶本领而言，如果没有开拖拉机的历练，那么后来他在鞍钢开推土机、在部队开汽车，恐怕都得"从零开始"。

五、望城18年，雷锋迈进了文学殿堂

或许是受到火热生活的感召，或许是受到身边"作家"的熏陶，或许是潜藏于心中的文学种子的萌动，在望城，雷锋产生了"当作家"的梦想，并且以实际行动追寻着这个梦想，脚步铿锵地迈进了文学殿堂。

他广泛地阅读。读过的作品有《毛泽东选集》《钢铁是怎样炼成的》《把一切献给党》《不朽的战士》《鲁迅小说选集》《青年近卫军》《绞刑架的报告》《董存瑞》《黄继光》《刘胡兰》等，难以确记。他不仅阅读文本，而且发表自己读后的心得，例如，1958年6月20日，他写了一则日记，记录了他读《沉浮》（《浮沉》）以后的心得体会，对书中人物进行了评判，并表达了自己的鲜明态度。这种阅读活动，不仅给他提供了丰富的思想和精神营养，而且给他的写作提供了十分有益的滋养。

他认真地写作。作品集中在1958年于团山湖工作期间。作品有：日记3则，即1958年6月7日、1958年6月20日、1958年6月×日日记；诗歌9首，即《南来的燕子啊》《歌颂领袖毛泽东》《台湾》《啄木鸟》《党救了我》《以革命的名义》《人定胜天》《排渍忙》《我的感想》；小说3篇，即《茵茵》《小说短章》《一个孤儿》；散文3篇，即《诗歌札记》《我学会开拖拉机了》《决心书》。此外还有赠言、书信等。

这些作品，有的彰显正确的价值观，有的展现新农村的崭新面貌，有的歌颂领袖毛泽东，有的表达自己的志向，有的赞美劳动场景，有的表达深厚的友谊，内容较为丰富。就思想性和艺术性而言，最为值得称道的有1958年6月7日日记《你带来了什么》（亦被常人称为"雷锋七问"）和《南来的燕子啊》《歌颂领袖毛泽东》等。这些作品，紧跟时代步伐，紧贴劳动生活，反映了时代的脉搏，表达了人民的声音，达到了较高的文学高度。

六、望城18年，雷锋树立了远大理想

著名诗人流沙河有诗说，"理想是石，敲出星星之火；理想是火，点燃熄灭的灯；理想是灯，照亮夜行的路；理想是路，引你走到黎明"，表明了理想之于人的极端重要意义。雷锋是一个有理想的人，在望城，业已树立了自己的理想，并且朝着理想奋进。这个理想的表达，从现在我们能见到的书面记载看，集中表达的应该有三次：

他第一次集中表达自己的理想，应该是在1949年8月欢迎解放军的时候。当时，有个连队在简家塘附近宿营。他跟着彭德茂大叔帮助解放军队伍安顿下来后，几经周折，找到连长说，要跟着连长去"当兵"，因为他太小，还不到9岁，自然没有得到同意（当然，要当兵也不可能一说就满足心愿）。显然，这是一种情感理想，因为解放军来了，他翻身解放了，他要去当兵，当属情感律动所致。

他第二次集中表达自己的理想，应该是1956年7月15日在小学毕业典礼上发言的时候。那次毕业典礼，本来没有安排雷锋在会上发言，但他自行走上主席台，作了简明扼要、激情飞扬的发言，表达了决心"做个好农民""做个好工人""做个好战士"的理想。显然，这是一种关于职业的理想，都是为着"祖国需要"而定下的理想。正是在这样的理想的引领下，他后来果然成了好农民、好工人、好战士。

他第三次集中表达自己的理想，应该是在1958年6月7日的"七问"日记中。显然，这是一种关于人生价值取向的理想，那就是，人生的价值追求在于尽职尽责、坚守岗位，为未来、为人类而无限奉献。

这三次表达之间，在内容深度上、思想高度上，有层层递进、步步登高的特征，表明了雷锋对理想的认识的不断扩大、不断升华。有理想就会有奇迹。雷锋最终在向着理想迈进的征途中实现了理想的目标。

七、望城18年，雷锋领悟了革命道理

在望城，通过上级领导的培养教育，通过政治理论学习，通过自己的生活工作实践，雷锋逐步领悟了许多革命道理。

例如，1957年秋的某一天，17岁的雷锋陪县委书记张兴玉下乡，路上看到一颗螺丝钉，不经意就把它踢走了。张兴玉书记捡起了这颗螺丝钉，

把它装进了自己的口袋。过了几天,雷锋要去县农机厂送文件,张书记把那颗螺丝钉交给雷锋,对他说:"把它送到工厂去吧。咱们国家底子薄,要搞社会主义建设,就得勤俭奋斗啊!"又说:"一颗螺丝钉,别看东西小,机器上缺了它可不行呀。我们每一个同志,不也都是革命这个机器上的一颗螺丝钉吗?就像你这个公务员,虽然职务不高,但我们的工作少了你也不行啊。"[①]这使雷锋懂得了要艰苦奋斗、勤俭建国的道理,也使雷锋懂得了无论岗位如何、职务高低都是为了革命事业的道理。以此为基础,"螺丝钉"的内涵不断得到丰富,雷锋的"螺丝钉精神"也因此形成。

又如,1958年6月,18岁的雷锋在上述被常人称为"雷锋七问"的日记中说,要"为未来的人类的生活付出"自己的劳动,"使世界一天天变得美丽"。这应该是他学习了马克思的有关著作之后悟到的道理。1835年8月,17岁的马克思在《青年在选择职业时的考虑》一文中,说"历史把那些专为公共谋利益而自己变得高尚的人称为伟大人物;经常赞美那些为大多数人带来幸福的人是最幸福的人",说要选择"最能为人类而工作的职业",还说"我们的幸福将属于千百万人"。雷锋日记中表达的愿望和马克思文章中的观点在内容实质上是完全一致的。正因有这种感悟,雷锋后来还有"我能帮助人民克服一点困难,是最幸福的""我觉得自己活着,就是为了使别人过得更美好""决心把自己锻炼成为一个名副其实的共产党员,为人类作出贡献"等思想表达,这就表明,为"人类谋幸福"的革命道理已经深入雷锋的思想骨髓。

在望城,雷锋领悟到的革命道理远远不止上述两项,其他如理论联系实际、爱岗敬业、毫不利己专门利人、又红又专、"只有好好学习,才能将来更好地为人民服务"等,都是他在望城时牢牢掌握的革命道理。

八、望城18年,雷锋培养了高贵品质

在望城,雷锋继承中华民族优良传统美德,发扬我党的优良传统和作风,培养了艰苦奋斗、谦虚谨慎、闻过即改、乐于助人、团结友爱、勤学好问、吃苦耐劳、敢于斗争、不惧艰险、乐观进取、扶贫帮困等许许多多

[①] 佟希文,董祖修,李健羽.让雷锋的生命在我们身上延续[M].沈阳:白山出版社,1990:117.

的高贵品质。

我们知道,"乐于助人"是雷锋精神的重要特征之一。但是,我们还应该知晓,雷锋的"乐于助人"不是到了工厂、到了部队才有的,而是从小到大一以贯之的。举例说吧,1955年5月15日,荷叶坝完小组织学生到长沙市参观。回校的路上,有个同学脚痛难忍,老师只得轮流背着他走。雷锋看到老师背得很辛苦,就不顾自己的劳累,争着背那同学。雷锋个子不高,那个同学块头不比他小,雷锋背得满头大汗,还是不放弃,和老师轮换时,总是要背着多走一段路,以减轻老师的负担。荷叶坝完小东边有一条流向东南的小河,河上有一座小桥,学生上学必须经过这座小桥,每逢刮风下雨时,桥下河水迅猛,一些小同学感到害怕,不敢过桥,老师必须接送。看到这些,每逢刮风下雨时,雷锋总要早早到校,然后到桥边去接小同学,或牵或背,帮助同学安全过桥。

再说他的"不惧艰险"吧。1958年4月底到5月中旬,大雨不止,团山湖农场抗洪抢险任务十分艰巨。雷锋不畏艰险,哪里有险情他就出现在哪里。有一天,洪水猛涨,眼看堆放在河滩上的甘蔗种株有被洪水吞没的危险,下午4点多钟,雷锋主动配合场长带领人员转运甘蔗种株。天快黑了,人手不够,他又建议调动其他工区的人员来支援,并主动担任送通知的任务。随后,他摸黑过河渡水,很快就将两公里之外的其他工区的40多名职工调来参战。之后,在洪水越涨越高逼近甘蔗种株堆时,雷锋又带头站在风浪口与参战的人员排成人墙顶住风浪。最终,圆满完成了突击转运甘蔗种株的任务。

诸如此类的事例不胜枚举。从上述事例中我们应该可以看到,雷锋高贵品质的养成总是存在于日常的、细小的事情之中。

九、望城18年,雷锋开启了服务人生

雷锋是全心全意为人民服务的楷模,他的一生是全心全意为人民服务的一生。这种全心全意为人民服务的人生就是在望城开启的。

还是举例来说吧。先说一个帮人拉车的故事吧。当年雷锋就读的龙回塘小学处在黄花岭上国家粮仓的旁边。1952年仲秋时节,农民都要推着土车送公粮到粮仓。一个星期天,雷锋主动帮助农民把送粮的土车拖上岭,然后又下来拖第二部,就这样一部一部地拖,直到不见送粮的车子了,他才回家。还有一次,雷锋和同学在上学的路上碰到一位老人推着土板车,

车上装了很多货物,上坡的时候,老人非常吃力,累得汗流浃背。见此情景,雷锋急忙跑上前去,帮助老人拖拉,同学也跟着帮忙,直到帮老人将车拉到岭上,他们才一溜小跑赶往学校。

再说一个"小学生"当"小先生"的故事吧。1955年,国家实行扫盲政策,要求农村扫盲。当时的安庆乡缺少扫盲教师,正在上小学六年级的雷锋,想到自己能进学堂是多亏了党和毛主席,现在乡里办夜校缺老师,自己就应该帮乡里解决难题,用自己所学的知识为扫盲出力,于是,主动找到乡长,请求到夜校为乡亲们上课,并约了一个同学一起去。他们一个教语文,一个教算术和珠算。雷锋教语文,没有教材,他就将农村常用字、俗话编成顺口溜,教学员识字。年底,在县里的夜校检查评比中,安庆乡的夜校名列榜首,雷锋也因此被评为望城县"模范群教",第一次获得县级奖励。

最后说一个把方便让给别人的故事吧。雷锋在县委工作时,县委机关仅有一家床位不多的小招待所。雷锋的床铺开在招待所的传达室里。来客人多床位不够时,他经常主动把自己的床铺让给客人。1957年冬的一个夜晚,天气寒冷,大约8点钟的样子,有两位从黑龙江到望城搞调查的同志来到招待所要求住宿,但没有床位了,两位客人急得不得了又冷得不得了。外出执行任务回来的雷锋了解了情况后,当即毫不犹豫地让两位客人睡自己的床铺,还把自己值夜班用的棉大衣加盖在被子上。他自己则睡到了食堂边的长木板凳上,过了一夜。[1]

诸如此类的小故事还有很多。从这些故事中,我们可以看到,雷锋的心里总是装着别人,每当遇到别人有困难时,他总能伸出热情的手。正如他后来在日记中所说的,是一滴水就要滋润土地,是阳光就要照亮黑暗,对待同志要像春天般的温暖,自己活着就是为了使别人过得更美好。

综上所述,我们可以说,望城18年,雷锋走过了一段"平凡"的路,也走过了一段"伟大"的路。他的事迹是平凡得不能再平凡的平凡事,但是其中蕴含的精神却能撼人心灵,以一种伟大的姿态屹立于世。望城养育了雷锋,雷锋精神照亮了望城,也照亮了大江南北,照亮了世界。雷锋是属于中国的,也是属于世界的,但首先是属于望城的。

愿雷锋永远年轻,愿雷锋精神永远年轻!

---

[1] 冯健.雷锋,从这里起步[M].长沙:湖南人民出版社,2013:232—233.

一颗红心永向党

李玉上

从一个无依无靠的苦难孤儿到一个中国人民解放军的战士,雷锋在党的培养和教育下茁壮成长;从一个无知无识的懵懂孩童到一个拥有共产主义觉悟的共产主义战士,雷锋的一生披拂着党的温暖光辉。他深知,没有共产党,就没有他雷锋,"伟大的中国共产党"领导中国人民"取得了革命的伟大胜利,取得了社会主义建设的巨大成就";他深信,我们的党"将来会建设一个更美好的共产主义社会"。回望雷锋走过的路,我们可以清晰地看到,雷锋的一生是"一颗红心永向党"的一生。其主要表现如下。

一、感激党的恩情

雷锋3岁时祖父悲惨死去,5岁时父亲悲惨死去,6岁时哥哥、弟弟相继悲惨死去,不到7岁时母亲悲惨死去,就此沦为孤儿。虽幸得叔祖收养,但在那暗无天日的社会,没能逃脱凄苦的命运。就在他上天无门、入地无路时,共产党来了,解放军来了,把他从苦海中拯救了出来,使他政治上翻了身、经济上有保障、生活上得稳定,使他"真感到生长在毛泽东时代是无比的幸福和温暖"。

他感激党的救命之恩。在1961年5月4日的日记中,他说:"党和毛主席救了我的命,是我慈祥的母亲。我为党做了些什么?当我想起党的恩情,恨不得立刻掏出自己的心。"他感激党的培养之恩。在1961年7月1日的日记中,他说:"今天,我有向党说不尽的话,感不尽的恩,表不完为党终身奋斗的决心……如果说这些年我在工作上作出了一点成绩的话,那首先要归功于党。我像一个学走路的孩子,党像母亲一样扶着我,领着我,教会我走路。我每成长一分,前进一步,这里面都渗透着党的亲切关怀和苦心栽培。"他感激党的抚育之恩。在1962年2月14日(参加团里的党代表大会时)的日记中,他说:"伟大的党啊——我慈祥的母亲,是您把我从虎口中拯救出来,抚育我成长。是您,给了我无产阶级的思想。是您,给我指出了前进的方向。是您,给了我前进的动力。是您,给了我一切……"

雷锋的感恩于党,不停留在口头上说说、本子上写写,而是发自内心地要以实际行动来回报。在1961年7月1日的日记中,他写道:"亲爱的党,我慈祥的母亲,我要永远做您的忠实儿子……为建设社会主义和实现共产主义而献出自己的全部力量,直至生命。"在1962年2月14日的日记末尾,他又写道:"敬爱的党——我慈祥的母亲,我只有以实际行动来感恩。一、坚决听党的话,一辈子跟着党走。二、刻苦学习,忘我劳动,积极工作,完成党交给我的任务。三、永远忠于党,忠于人民,为共产主义事业奋斗终生。"

由此可见,雷锋的感恩之情满含着赤子般的忠诚与坚贞,满含着共产主义的思想觉悟,更代表了亿万中国人民"翻身不忘共产党"的共同心声。

二、坚持党的领导

雷锋从自身经历中获得对党的领导的坚定信念和坚持党的领导的思想基础。他衷心感谢党和毛主席,把他从虎口中救出来,把他抚育成人,教给他无产阶级思想;他感谢政府对他的亲切关怀和照顾,感激人民对他的爱戴。他"深刻地认识到,只有在党和毛主席的正确领导下,才有我们穷人的天下,才有劳苦大众当家作主的权利,才有我们今天幸福的新生活"。在这里,雷锋从政治的高度,表达了坚持党的领导的伟大意义。

1959年8月30日,雷锋在日记(这是雷锋的第5则日记)中写道:"我深刻地认识到,做每一件工作,完成每一项任务,哪怕进行一次学习,都十分需要听党的话,听领导的话,争取领导的帮助和支持。党和领导叫怎样去做,就不折不扣地按党的指示去做。这样,就是有再大的困难,也有办法克服;再艰巨的任务,也能完成。相反,如果脱离了领导,不听党的话,光凭个人的心愿去做事情,是很难做好的,甚至要犯错误。有些同志思想进步慢,工作成绩差,是什么原因呢?我认为原因只有一个,就是自以为正确,不听党的话,不听群众的话,明明自己的看法不对,也不改正;明明领导和同志们的意见是正确的,也不诚恳地接受。这样,就会落后。党的声音,就是人民的声音。听党的话,就会开放出事业的花朵!"这则日记,从正反两方面阐明了坚持党的领导之于完成具体工作和促进个人成长进步的重大意义。

正因为有这样的认识,所以才有他"决心听党的话,听毛主席的话,永远忠于党,忠于毛主席,好好地学习,忘我地工作,学好本领,为党和人民的事业贡献自己的一切,做一个毫无利己之心的人"的铮铮誓言。

他坚信"我们的党,是英明的、伟大的、正确的",所以,他坚定地表示"要坚决听党的话,一辈子跟党走,认真贯彻党的方针政策,对党有利的话,有益的事,我就多说,多做;对党不利的话,没有益的事,我坚决不说、不做。我要全心全意为人民服务,永生为伟大的共产主义事业而奋斗",还表示"衷心拥护党,革命永继承。哪怕进刀山,永远不变心"。

三、学习党的理论

雷锋始终自觉学习党的理论,学习党的路线方针政策。其中最重要的学习内容便是毛主席著作。他通读了《毛泽东选集》第一、二、三、四卷,写有书眉笔记24则;学习了《毛泽东著作选读》,写有书眉笔记22则;学习了《实践论》(单行本),写有书眉笔记4则;学习了《矛盾论》(单行本),写有书眉笔记7则;还学习了《关于正确处理人民内部矛盾的问题》(单行本),写有书眉笔记2则;学习了《毛泽东在苏联的言论》,写有书眉笔记1则。

在雷锋日记中,直接写到有关学习毛主席著作情况的有34则,约占其163则日记总数的20.9%。这些日记,有的记录了学习之后受到的感动,如1960年2月15日的日记中说,他读了《纪念白求恩》之后,"深受教育,被感动得流下了热泪";有的记录了学习之后受到的思想教育,如1960年×月×日日记中说,他学习了《整顿党的作风》,认识到"对于马克思主义理论,要能够精通它、应用它,精通的目的全在于应用";有的总结了毛主席著作对革命工作的重要意义,如1961年4月×日的日记说,"毛主席著作对我来说好比粮食和武器,好比汽车上的方向盘。人不吃饭不行,打仗没有武器不行,开车没有方向盘不行,干革命不学习毛主席著作不行";有的记录了学习之后自己的决心,如1960年12月×日的日记说,他"一定要紧紧依靠党,依靠群众,永远做群众的小学生,永远听党的话,忠于党的事业,做毛主席的好战士";有的记录了学习之后自己的实际行动,如

1961年2月16日的日记说,他学习了毛主席"关心党和群众比关心个人为重,关心他人比关心自己为重"之后,"拿着1斤苹果,连同自己写好的一封慰问信送给了抚顺市望花区职工西部医院";有的记录了学习之后解决的实际问题,如1961年10月14日的日记说,班里新调来一名同志,因为"政治觉悟比较低"等原因,"有的同志对他看法不好……有的同志不大满意",他就组织大家学习毛主席"共产党员对于落后的人们的态度,不是轻视他们,看不起他们,而是亲近他们,团结他们,说服他们,鼓励他们前进"的教导,使大家"统一了认识,改变了态度"。所有这些,都充分表明雷锋的学习全在于学以致用。

最难能可贵的是,在学习实践中,他解决了学什么的问题。例如,1960年10月×日的日记说,要"学习毛主席的立场、观点、方法","学习毛主席著作要分析当时的历史背景。(一)分析每篇文章对当时革命运动起了什么作用。(二)主席为什么分析这个问题?(三)主席在文章中提出几个什么观点?(四)主席的方法论是什么"。还解决了怎么学的问题,例如,1961年2月21日的日记中,他总结了"以实际问题为中心,到毛主席著作中找答案,按主席指示办事"的学习规律;总结了"问题—学习,实践—总结"的"学习公式";总结了学习毛主席著作与改造自己的思想相结合,与改进自己的工作相结合,与搞好训练、提高技术相结合,与学习国内外形势、党的任务、方针政策相结合的"四结合"的学习方法。

不仅如此,他还总结出了应有的学习精神,那就是著名的"钉子精神"。

四、牢记党的教导

牢记党的教导,是雷锋"一颗红心永向党"的突出表现之一。新中国成立前夕,地下党员彭德茂大叔教导他认识"毛主席万岁"这几个字,他日夜盼望着毛主席领导的解放军的到来。从此,"毛主席"在他的心中生了根,始终不忘毛主席的教导,直到牺牲前6天(1962年8月10日)还在学习毛主席著作。1957年秋,望城县委书记张兴玉教导他,"一颗螺丝钉,别看东西小,机器上缺了它可不行呀",从此,"螺丝钉"在他的头脑中生了根,他的日记中至少有3次(时间跨度为4年)写到了"螺丝钉",并且凝成了著名的"螺丝钉精神"。《学习雷锋好榜样》中有一句歌词是"学习雷锋好榜样,毛主席的教导记心上",可见,牢记党的教导是雷锋的一个重要标志。

他善于运用党的教导提高思想觉悟。例如,在1961年11月×日,雷锋学习了《纪念白求恩》一文,当读到"一个人能力有大小,但只要有这种精神,就是一个高尚的人,一个纯粹的人,一个有道德的人,一个脱离了低级趣味的人,一个有益于人民的人"这段话,他就"决心听毛主席的话……事事大公无私,处处从党和人民的利益出发,全心全意为人民服务,决不让有一点肮脏的个人利益和低级趣味的东西来玷污自己。向白求恩学习,做一个毫不利己、专门利人的人,为共产主义奋斗终身"。又如,他"时刻牢记着马克思的教导:不学无术在任何时候,对任何人,都无所帮助,也不会带来利益",故而,他认为"为了人民的利益、阶级的利益、革命的利益,多学点本领就更为必要了",所以他总是虚心学习,刻苦钻研,力求学到真本领。

他善于运用党的教导解决遇到的具体问题。例如,工作中,他曾遇到有同志拈轻怕重、害怕累了自己,有同志不愿意淘厕所、怕脏怕累的问题,他一边干活,一边想:如果我们革命队伍中存在这种怕苦怕累的思想,对工作会有影响,对革命不利,如不及时纠正,会造成不良后果。他想来想去,想起了毛主席的教导:"什么叫工作,工作就是斗争。那些地方有困难、有问题,需要我们去解决……越是困难的地方越是要去,这才是好同志。"当天晚饭后,他就组织全班同志学习了这篇文章,提高了大家的认识,统一了大家的思想。第二天,大家主动放弃了星期天的休息,一早就去积肥支援农业生产了。从这以后,扫厕所、淘大粪,成了大家的自觉行动。在冬训中,他们班利用课余和假日休息时间积肥3500多斤。

五、服从党的需要

雷锋有很多名言被人铭记,甚至被作为座右铭,如"人的生命是有限的,可是,为人民服务是无限的,我要把有限的生命,投入到无限的为人民服务之中去",如"青春啊,永远是美好的!可是真正的青春,只属于这些永远力争上游的人,永远忘我劳动的人,永远谦虚的人",等等。但有一句话——应该同样属于雷锋名言之列——常常被人忽略,那就是"党的需要就是我的志愿"。这句话是雷锋于1960年11月5日作忆苦思甜报告时说的。其背景是，1956年雷锋高小毕业，当时正是党号召大办农业、发展农业生产的时候，老师要他们填志愿，很多人都填写了入技校、高中的志愿，而他填的则是"党的需要就是我的志愿"，老师让他继续升学，他却向学校写下了决心书，要求到农村参加农业生产，去建设新农村。在继续升学还是回乡务农的问题上，雷锋作出了回乡务农的选择，这种选择不是他学业成绩达不到继续升学的要求（他恰恰是个品学兼优的好少年），而是因为党有大办农业、发展农业生产的需要，他选择回乡务农就是服从党的需要，服从党的需要，这是雷锋一以贯之的言行。

1949年6—8月间，长沙解放前夕，因为地下党有需要，他就和小伙伴以乞讨为掩护，"在长沙河东大西门码头、客渡码头、溁湾镇街头、望城坡镇、长宁公路东段等多处地方，秘密传递或张贴、散发革命传单或标语，他们或单独或合作多次勇敢、机智、出色地完成了任务"。

1956年7月15日，在高小毕业典礼上，他发言说，他决定留在农村广阔的天地里，当一个新式农民。决心做个好农民，争取驾驶拖拉机，耕耘祖国大地，建设社会主义新农村。将来，如果祖国需要，他就去做个好工人，为我国的社会主义工业化建设出把力。将来，如果祖国需要，他就参军做个好战士，用自己的鲜血和生命去保卫我们伟大的祖国。后来，他都如愿以偿地当上了好农民、好工人、好战士。他的当农民、当工人、当战士的职业选择，完完全全是服从着党的需要和祖国的需要。

1956年12月，他服从党的需要，被调到望城县委工作。1958年，望城县委创办了国营团山湖农场，他主动申请到了农场。不久又被调回县委工作。县委要建立拖拉机站，团县委号召捐款买拖拉机，他立即捐款20元。农场需要拖拉机手，他又成了望城县第一个拖拉机手。

1958年，党号召大炼钢铁，鞍钢到望城招工，他再三要求到鞍钢去，才得到批准，成为一名鞍钢工人。1959年8月，鞍钢在辽阳弓长岭扩建焦化厂，很多人不愿意去，他选择去了条件十分艰苦的弓长岭，因为他想到最艰苦的地方也是党最需要他的地方。党的八届八中全会以后，人民公社成立了。他想着要为人民公社做点什么，于是就每天捡大粪，一个月捡了800多斤，送到了公社作为"礼物"。

1959年12月8日，他听了应征入伍的报告，便立即申请应征。几经周折，终于在1960年1月8日穿上了军装，成为一名解放军战士。

雷锋精神简论

事例不胜枚举，雷锋言行一致，自觉服从党的需要，真正实践了"党叫我干什么，我就干什么"的誓言。

六、践行党的宗旨

践行党的宗旨，雷锋有两个做法：一个是牢固树立宗旨意识，另一个是坚决付诸实际行动。

关于牢固树立宗旨意识，我们可以从他的文稿中看出。他写的《毛泽东选集》（第三卷）第1039页的书眉笔记上说："我是人民的子弟兵，一定要永远牢记党和毛主席的教导，无论什么时候都要关怀、爱护人民群众的利益，为人民群众的利益而战斗不息。"表现了他宗旨意识的确切性。在1959年12月8日的日记中，他说："一个革命者，当他一进入革命的行列的时候，就首先要确定坚定不移的革命人生观。……树立这样的人生观，就必须注意培养自己的思想道德品质，处处为党的利益、为人民的利益着想，具有大公无私、舍己为人的风格。"在1960年11月8日（这一天是雷锋入党的日子）的日记中，他说："我是一个共产党员，人民的勤务员……为了党和人民的事业……甘心情愿，头断骨粉，身红心赤，永远不变。"这些都表现了他宗旨意识的坚定性。

在1961年9月11日的日记中，他说："人民的困难，就是我的困难，帮助人民克服困难，贡献自己的一点力量，是我应尽的责任。我是主人，是广大劳苦大众当中的一员，我能帮助人民克服一点困难，是最幸福的。"表现了他宗旨意识中的幸福观。在1962年2月19日的日记中，他说："我要密切联系群众，相信群众，虚心向群众学习，团结带领群众一同前进，永不自满，永不骄傲，永远谦虚谨慎，紧紧地与群众团结在一起，共同为党的伟大事业而奋斗。"表现了他宗旨意识中的群众观。在1962年5月6日的日记中，他说："今天，我为了人民的利益，阶级的利益，革命的利益，多学点本领就更为必要了。我所以要虚心学习，刻苦钻研，学到真本领，就是为此目的。"表现了他宗旨意识中的本领观。

关于坚决付诸实际行动，我们可以从他的一系列事迹中看出。1957年3月，他向县委书记反映实际情况，为一名生活困难的农民争取到一笔生活贷款；1957年7月，他为偶然遇到的一名临产孕妇找来了医生；1957年夏天，他凑钱给人家买猪仔；1960年6月上旬，因公外出时在沈阳火车站帮助了一位老太太；1960年，他帮助一位文化程度比较低的战友学文化；1961年10月15日，他为战友洗褥单、补被子；1962年，他帮助战友端正学习态度。诸如此类的事例多得难以计数。所以，社会上流传一句话"雷锋出差一千里，好事做了一火车"；所以，毛泽东同志号召"向雷锋同志学习"，并说，学雷锋不是学他哪一两件先进事迹，也不只是学他的某一方面的优点，而是要学他的好思想、好作风、好品德；学习他长期一贯地做好事，而不做坏事；学习他一切从人民的利益出发，全心全意为人民服务的精神。概而言之，雷锋践行党的宗旨的实际行动，表现在思想上给人帮助，生活上给人援助，学习上给人辅助，工作上给人协助，彰显了"党的忠实的儿子""人民的勤务员"的动人风采。

习近平总书记说："办好中国的事情，关键在党。中国特色社会主义最本质的特征是中国共产党领导，中国特色社会主义制度的最大优势是中国共产党领导。坚持和完善党的领导，是党和国家的根本所在、命脉所在，是全国各族人民的利益所在、幸福所在。"[1]我们要以此为思想指针，像雷锋那样，一颗红心永向党，始终做到初心如磐、使命在肩，尽忠尽智，尽职尽责，积极献身党的事业，为实现中华民族伟大复兴的中国梦而不懈奋斗。

---

[1] 习近平.论中国共产党历史[M].北京：中央文献出版社，2021：133.

艰苦奋斗永向前
——试论雷锋对艰苦奋斗优良传统的继承和发扬

李玉上

中华民族总是在自强不息的道路上奋勇前进，总是在战胜各种艰难困苦中不断崛起。中国共产党的历史更是一部艰苦奋斗的历史。艰苦奋斗是我党鲜明的政治本色和强大的政治优势，是我党的传家宝。从上海石库门到贵州遵义城，从江西井冈山到延安宝塔山，从河北西柏坡到北京天安门，从新中国成立初期的社会主义改造和社会主义建设到改革开放和中国特色社会主义建设，在百年的历史征程中，一代又一代中国共产党人始终秉持艰苦奋斗的坚定信念，一次次从挫折中奋起，在奋起中胜利。雷锋能够成长为"毛主席的好战士"，雷锋精神能够成为一座不朽的精神丰碑，原因固然有很多，但最根本的一条，就是继承和发扬了我党艰苦奋斗的优良传统和作风。

一、饮水思源继承奋斗传统

雷锋出身贫苦，是一个"在旧社会受尽阶级压迫和民族压迫的孤儿"，是党把他从苦海中拯救了出来，他十分感恩领袖毛主席，感谢救星共产党。他饮水思源，缘木思本，"决心听党的话，听毛主席的话，永远忠于党，忠于毛主席，好好地学习，顽强地工作，为党和人民的事业贡献自己的一切"。他说他"就是长着一个心眼，心向着党，向着社会主义，向着共产主义"。

在1958年6月7日的日记中，他发出"人生七问"，以奋斗者的姿态将人生应有的价值定位在奉献社会与创造美好未来的坐标上。在1958年6月

一论　雷锋精神的时代内涵

13日的日记中,他列出"坚强不屈的意志""高尚的共产主义风格""克服困难的决心和信心""艰苦朴素的工作作风""对群众关怀"五项学习内容,以奋斗者的思维为自己的成长作了明确的方向定位。

他深知"青春啊,永远是美好的",他更深知"真正的青春"永远"只属于这些永远力争上游的人,永远忘我劳动的人,永远谦虚的人",永远只属于艰苦奋斗的人,所以他只愿"做暴风雨中的松柏",不愿"做温室中的弱苗"。他深深懂得"社会主义的今天是由无数革命先烈和战友艰苦奋斗、英勇牺牲得来的",深深懂得艰苦奋斗对巩固人民江山的意义。在《诉苦会》中,他最后说"艰苦奋斗永向前,人民的江山万万年"。所以,从"参加革命的那天起",他就"时刻准备着为了党和阶级的最高利益牺牲个人的一切,甚至最宝贵的生命"。

1960年11月8日,雷锋在入党的当天,就在日记中写下"伟大的党啊……为了全人类的自由、解放、幸福,哪怕高山、大海、巨川,为了党和人民的事业,就是上火海进刀山,我甘心情愿,头断骨粉,身红心赤,永远不变"的铿锵语句,以普通党员的身份立下了奋斗者的誓言。1960年11月27日,在全团授奖大会上,他说要"发扬艰苦朴素、勤俭节约的优良传统,不乱花一分钱,不乱买一寸布,不掉一粒粮,做到省吃俭用,点滴积累,支援国家",以模范共青团员的身份立下了奋斗者的保证。1962年2月19日,在参加沈阳部队首届团代会时的发言中,他又以主席团成员的身份许下"永远听党和毛主席的话,党指向哪里,我就冲向哪里,处处以整体利益为重,全心全意为革命工作,勤勤恳恳,踏踏实实,在平凡细小的工作当中,干出不平凡的业绩……我要积极肯干,做到说干就干,干就干好,脚踏实地、实事求是地干,千方百计地干,事事拣重担子挑,顺利时干得欢,受挫折时也要干得欢,扎扎实实地干,一定要把事情办好"等四个方面的奋斗者的决心。这些誓言、保证、决心,都不折不扣地落实到他艰苦奋斗的行动之中,最终,浑身流淌着党的艰苦奋斗红色基因的雷锋,践行了自己的承诺,为党和人民献出了22岁的年轻生命,成为伟大的共产主义战士,成为我们永远的榜样。

二、听党召唤迈开奋进步伐

"共产党员时刻听从党召唤,专拣重担挑在肩……明知征途有艰险,越是艰险越向前……"现代京剧《智取威虎山》中杨子荣的这段唱词，铿锵有力、酣畅淋漓地表现了共产党员为"为人民开出（那）万代幸福泉"而听党召唤、专拣重担、不畏艰险的奋斗精神和豪迈气魄。回顾雷锋事迹，披阅雷锋日记，我们可以清晰地看到，雷锋的一生，是听党召唤、不断奋进的一生。

新中国成立前夕，雷锋听从地下党的安排到湘江码头附近张贴"打倒蒋介石，解放全中国"等红色标语。新中国诞生不久，他得知有反动势力密谋杀害民兵队长，立即报告，使敌人的阴谋未能得逞。不久，他当上了儿童团长。在斗争地主的大会上，他愤怒控诉地主阶级的罪恶。1950年夏天，雷锋被乡政府保送免费上了小学。1954年，他加入了少先队，被选为中队委员。1955年，主动将土改时分到的3.6亩耕地全部入了社，并经常给农业社做些力所能及的事，还到夜校上课，参加扫盲工作。1956年7月，雷锋小学毕业；7—9月，雷锋到社里担任秋征助理员；9月，到安庆乡当通讯员；11月，到望城县委当机要员。1957年2月8日，雷锋加入共青团；夏天，参加沩水治理。1958年春，他为县里购买拖拉机捐款20元，又服从派遣到团山湖农场当了一名拖拉机手；11月，为服从工业化建设的需要，他远赴辽宁鞍山钢铁厂工作，被分配到化工总厂洗煤车间当了一名推土机手。1959年8月，主动报名到鞍钢弓长岭矿山参加新建焦化厂工作；12月，他发表《我决心应召》的申请书，表达积极参军的决心。1960年1月8日，雷锋入伍，成为一名中国人民解放军战士；11月8日，加入中国共产党。1962年8月15日，不幸牺牲。

雷锋的工作经历，可以简要地概括为从农村到机关、从机关到农村、从农村到工厂、从工厂到部队的过程。雷锋的每一次工作变动、每一次职业转换，都是以党的需要为根本动机、以党的号召为行动起点的。听从党的召唤，服从党的安排，真正做到党叫干啥就干啥，是雷锋职业生涯和干事创业的鲜明标志。他拿耕地入社，是执行党的大办农业、实行农业合作化的政策；他为购买拖拉机捐款，是为响应县委建立拖拉机站的号召；他到鞍钢，是为了当时钢铁生产发展的需要；他到弓长岭矿山，是为了钢铁生产不断增长的需要。征兵消息传来，强烈的保家卫国的责任感又在他的心里涌动，于是他成了一名战士。他入农场，是为了"建设社会主义新农村"；他入工厂，是为了"祖国人民过上幸福生活"；他入伍，是为了"全心全意保卫国防"；他入党，是为了"全人类的自由、解放、幸福"。雷锋就是这样展开他短暂而永恒、平凡而绚丽的人生和事业的画卷，成为"人民的勤务员""党的最忠实的儿子"和"毛主席的好战士"。

三、刻苦学习提高思想觉悟

我们党历来高度重视学习，并创造性地开展学习活动和学习教育。延安时期，毛泽东就提出"来一个全党的学习竞赛"，强调要克服"本领恐慌"，形成了"认字就在背包上，写字就在大地上，课堂就在大路上，桌子就在膝盖上"的宝贵的学习精神。"生长在幸福的毛泽东时代"的雷锋，以善于"挤"、善于"钻"、格外"韧"的"钉子精神"把学习贯穿到全部的生活和工作中。

他有对学习的深刻认识。1961年9月10日，他在一份《自我鉴定》中写道："关于学习方面，我深刻地认识到：要想工作好，就得学习好。工作和学习的关系就像点灯加油一样；点灯如果不加油，就会变得暗淡无光，只有不断地加油，灯才会明亮。人只有不断地努力学习，才不会迷失方向，做好工作，否则就会落后，甚至犯错误。我懂得这个道理后，越学越想学，哪怕有一点空余时间，我也要看看书报，增长自己的知识。"

他有对学习的生动实践。他向中华优秀传统文化学习。从收养他的叔祖那里，他收获了帮人助人的善良的种子；从家庭的苦难和获得解放的际遇中，他产生了对党对社会主义的无比热爱。通过学习，他奠定了成长的文化基础。他向毛主席著作学习。从1958年起长期坚持学习毛主席著作，"从来没有间断过政治理论学习"。每有所得，必定写下日记或者书眉笔记。他说"人生在世，只有勤劳，发奋图强，用自己的双手创造财富，为人类的解放事业——共产主义贡献自己的一切，这才是最幸福的"。通过学习，他明确了成长的思想方向。他向上级领导学习。无论在农村、在机关还是在工厂、在军营，他都能自觉接受上级领导和部队首长的教诲。从彭德茂乡长那里，他学到了报效祖国的思想；从张兴玉书记那里，他学到了螺丝钉精神；从部队首长那里，他学到了时刻检讨自己的行为。通过学习，他铺平了成长的道路。他向英模人物学习。他感动于张思德、白求恩、方志敏、邹顺义、张秀云等英雄人物的光辉业绩，以他们"毫不利己、专门利人""为共产主义事业奋斗终生"的思想行为为榜样，"坚决听党的话，一辈子跟党走"。通过学习，他树立了成长的人生路标。他向老师、同事、朋友和战友学习。思想迷惘时，他接受老师的引导；畏惧困难时，他接受同事的鼓励；犯下错误时，他接受朋友的批评；受到表彰时，他接受战友的警示。通过学习，他吸收了成长的进步营养。他向文化知识和科学技术学习。小学毕业后，他参加了望城干部业余文化补习学校的学习；在望城县委工作时，他是新华书店的常客；在农场，他学会了开拖拉机；在工厂，他学会了开推土机；在部队，他学会了驾驶汽车。通过学习，他练就了工作的本领。

雷锋，把学习当作一种生活方式、一种工作态度、一种自觉追求、一种提高思想觉悟和增强工作本领的手段，不愧是"勤学、苦学、发奋学""学习一生，战斗一生"的典范。

四、坚定信仰担负人生使命

信仰，力量无穷；信仰，价值无限。崇高的信仰，坚定的信念，是中国共产党人的政治灵魂。习近平总书记说："人民有信仰，国家有力量，民族有希望。"[①]又说："我们共产党人的根本，就是对马克思主义的信仰，对共产主义和社会主义的信念，对党和人民的忠诚。"[②]雷锋坚定信仰共产主义，信仰中国共产党，他一再向党表示："为了党和人民的事业，就是入火海进刀山，我甘心情愿，头断骨粉，身红心赤，永远不变。"他把实现共产主义这个党的最高纲领作为自己全部生活和工作的最高目的，并以实际行动实践着自己小学毕业发言中提出的"做好农民""做好工人""做好战士"的梦想。

1957年秋天，望城县委决定彻底整治沩水河。听到这个消息，雷锋激动不已，决定到治沩工地一线去工作，为使百姓远离水灾出力。第一份申请交到县委张兴玉书记手里时，张书记舍不得雷锋离开机关同时也想考验一下雷锋是真心想去还是做做样子，没有当即答应。雷锋急了，又写了一份申请，找到张书记说："治沩工程这么重要，我不去，会后悔一辈子的。"

---

① 详见习近平总书记2015年2月28日下午在会见第四届全国文明城市、文明村镇、文明单位和未成年人思想道德建设工作先进代表时的讲话。
② 详见2015年9月11日习近平总书记在十八届中央政治局第二十六次集体学习时的讲话。

直到第三份申请交到张书记手里，才得到同意。后来，他又服从需要，到团山湖农场工作。雷锋的"农民梦"得以实现。

1958年5月，党的八届二次会议确定了"鼓足干劲，力争上游，多快好省地建设社会主义"的总路线。接着，毛主席号召全国人民发奋图强，改变一穷二白的面貌，"写最新最美的文字""画最新最美的图画"。[①]雷锋深受鼓舞，决心到祖国最需要的地方去，作出最大的贡献。鞍钢招工的消息传到当时雷锋所在的团山湖农场，雷锋决心去鞍钢，向农场领导表达了自己的愿望，农场领导舍不得他，他就再三表明决心，农场领导只得答应了他的要求。于是，他的"工人梦"实现了。

1949年8月，雷锋和乡亲们迎接解放军。在与战士的接触中，雷锋表示"志愿当兵"。部队要离开时，雷锋找到连长，说想跟着连长去当兵。连长自然没有答应他，但送给了他一支钢笔作纪念，留下了一个难忘的念想。1954年，征兵工作开始，雷锋是当时安庆乡第一个报名参军的，先后4次找乡长要求参军，终因年龄太小未能如愿。新兵开赴部队时，雷锋跟在队伍后面走了10多里路才不舍地停下。1959年底，国家下达征兵令之后，辽阳市开始征兵工作。当时在鞍钢弓长岭焦化厂的雷锋，当即提交《我决心应召》的申请书。几经周折，最后，雷锋的"参军梦"如愿以偿。

从以上事例中，我们可以看出，雷锋始终把建设祖国和保卫祖国作为自己的人生使命。他始终坚持用毛泽东思想武装自己的头脑，不断改造自己的世界观，始终不渝站在党和人民的立场上，牢固树立"全心全意为人民服务"的思想。每当党有需要，他都"挺身而出，不怕牺牲和一切困难，永远忠于党、忠于人民"，做一个有益于人民的人，把自己可爱的青春献给祖国最壮丽的事业。是坚定的信仰成就了雷锋。

五、不畏艰辛战胜工作困难

毛泽东同志在党的"七大"闭幕词中说："就是要使全党和全国人民建立起一个信心，即革命一定要胜利。首先要使先锋队觉悟，下定决心，不

[①] 毛泽东.建国以来毛泽东文稿（第七册）[M].北京：中央文献出版社，1992：177—178.

怕牺牲，排除万难，去争取胜利。"①从此，"下定决心，不怕牺牲，排除万难，去争取胜利"成为中国共产党人排除万难、敢于胜利精神的写照。雷锋对这种精神的继承和发扬，从他学习开拖拉机、推土机和汽车的事迹中便可窥斑见豹。

1958年春，雷锋被派到团山湖农场去开拖拉机。到了农场后，他便立即投入工作中。每天，他都早早起床，对拖拉机进行系列检查。下班后，他没有马上离开，而是回顾这一天学到的技术要领。晚上，他自学关于拖拉机的驾驶和维修保养知识。一天下班后，他到食堂吃饭，脑子里仍思考着白天师父讲授的驾驶要领。只见他双手举着碗筷，不停地左右摆动，像是在转动方向盘，脚则一踏一踏的，像是在踩动离合器。仅仅一周时间，他就能熟练地驾驶拖拉机了。

1958年11月，雷锋被分配到鞍钢化工总厂洗煤车间当推土机手。他克服天气奇冷的困难开始了工作。每天，他早早地来到班上，提前作好准备。他从不放过任何学习的机会，尤其是在钳工检修的时候，他总要站在旁边帮忙，并学习推土机的构造和性能等知识。不久他就能独立驾驶推土机了。由于雷锋驾驶的那台推土机机头很高，个子矮小的雷锋遇到了困难：坐着开，他无法看到机铲；站着开，他的脑袋又会顶到车棚。他只好猫着腰操作。有人劝他换一辆小型的推土机，他没同意，因为他要多干活。为了避免推土机在铲煤时掺带泥土，他又苦心钻研铲煤技巧。为解决推土机上坡就熄火等难题，他细细琢磨研究，最后通过"调整气缸进油量"等方法解决了问题。

1960年3月，雷锋被分配到运输连当汽车驾驶员。不久，调到团里战士业余演出队，等回到运输连后，他已落下了一些课程，雷锋于是马不停蹄地学习《汽车驾驶》教材，想方设法把耽误的时间补回来，只要训练场上有车空闲，他就去对着教材钻研汽车的构造、特点和原理等知识。运输连任务重，训练车辆不够用，雷锋就和战友们建起了模拟驾驶的"汽车教练台"用于训练。只要有时间，他就到教练台上练习，踩离合器、挂挡、踩油门、操控方向盘，即使是躺在被窝里，他也反复练习着开车的动作。很快，他顺利通过了考核，成为一名合格的汽车兵。

---

① 毛泽东.毛泽东选集（第三卷）[M].北京：人民出版社，1966：1001.

困难时刻存在。雷锋战胜的困难远远不止上述事例中所呈现的时间、条件、技术等方面的困难。面对困难，他有三个法宝：一是坚信党的领导，他说"党和领导叫怎么做，就不折不扣地按党的指示去做。这样，就是有再大的困难，也有办法克服；再艰巨的任务，也能完成"；二是保持乐观的态度，他相信"困难里包含着胜利，失败里孕育着成功"，他说"困难都是暂时的、局部的，可以克服的"；三是迎着困难前进，他说"困难的实质，'纸老虎'而已"，我们不能"见虎而逃"，而要"遇虎而打"，更要"找虎而打"。正因为如此，他才能战胜困难不断成长。

六、厉行节约支援国家建设

我们党历来主张厉行节约，反对浪费。毛泽东同志反复强调"我们的国家一要勤，二要俭，不要懒，不要豪华"①，反复强调"要勤俭建国，反对铺张浪费，提倡艰苦朴素、同甘共苦"②，要"学会过日子"③。雷锋牢记毛主席教导，认识到"为了改变我国一穷二白的面貌，就必须奋发图强，增产节约"，因此他"处处注意节约，时时注意节约"，支援国家建设。

1958年1月，共青团望城县委发出建立青少年拖拉机站的号召，雷锋就把那个月的29元薪金中的20元捐给了拖拉机站，只留下9元作为伙食费，成为全县青少年为拖拉机站捐款最多的个人。

1960年春节，连队卖苹果，每人可以买两斤，很便宜，同志们都买了，但他没有买，他只花了2角5分理了个发，其他分文未花。同志们说他的袜子不像样子，应该换新的了，但他补了补照样穿着。1960年7月，他参加军区体育运动比赛大会，天气炎热，他口渴，准备用3角5分买瓶汽水喝，但想到一分钱一角钱来之不易，可以用这3角5分买笔记本学文化，就没有买汽水，而是喝了自来水。有人说他小气，他说，这不是小气不小气的问题，而是"不能好了伤疤忘了疼，国家有困难，大家来分忧，就要一点一滴地做"，他节余的钱用在了对人民公社和辽阳灾区的支援上。

1960年8月，望花区和平人民公社成立，为庆贺人民公社的诞生，雷锋

---

① 毛泽东.毛泽东选集（第五卷）[M].北京：人民出版社，1977：213.
② 毛泽东.毛泽东选集（第五卷）[M].北京：人民出版社，1977：317.
③ 毛泽东.毛泽东文集（第八卷）[M].北京：人民出版社，1999：81.

把自己两年来在工厂和部队积蓄下来的200元全部从储蓄所取出来，送到公社作为礼物。公社不肯收他的钱，他只好再三恳求，公社才收了100元。面对辽阳特大洪水灾害，他觉得灾区人民有困难，他不能袖手旁观，而要大力支援灾区人民，和灾区人民同甘共苦，于是就把和平人民公社没有收的那100元钱连同他写的一封热情洋溢的慰问信，一起寄给了中共辽阳市委，请他们转交给灾区人民。

在1961年4月28日的日记中，他写道："现在，我们国家处于困难时期。我们是国家的主人，应该处处为国家着想，事事要精打细算，不能今朝有酒今朝醉，明日愁来明日忧。我们要奋发图强，自力更生，克服当前存在的暂时困难，坚决反对大吃大喝，力戒浪费。"而且他以实际行动落实了这种"处处为国家着想，事事要精打细算"的思想。就在两天之后的4月30日那天，司务长发给他两套单军衣和两套衬衣时，他只各领了一套，剩下的就交给了国家，以减少国家的开支。

1962年8月1日，雷锋在望花区军烈属、复员退伍军人代表大会上作了发言，他最后保证"发扬勤俭建国、勤俭建军、勤俭持家、勤俭办一切事业的精神，永远保持艰苦朴素作风，厉行节约，反对浪费，爱护公物，树立坚定的共产主义思想，克服非无产阶级的思想意识"，目的就在于"鼓足干劲，力争上游……在社会主义各项事业中作出优异成绩，争取更大光荣"。

七、顶风冒雨抢救生命财产

人民立场是中国共产党的根本政治立场。人民至上，人民利益至上，实现好、维护好、发展好最广大人民根本利益，体现着我们党全心全意为人民服务的根本宗旨。每当人民生命财产安全受到威胁时，中国共产党人总是奋不顾身，冲锋在前，舍生忘死投入抢险救援的战斗中。雷锋始终不忘做党的忠实的儿子，做人民的勤务员，其顶风冒雨抢救人民生命财产的事迹感人至深。

1957年9月的一天晚上，他送通知到治沩工地，返回指挥部时，突然下雨了。走到一个新修的水闸上，看见有很多水泥堆放在那里，他想到不要让国家财产受损失，一时又无遮雨工具，便连忙脱下自己的衣服盖在水泥上，并急忙跑回指挥部找到雨布，和民工一起去把水泥盖好。无独有偶，两年多后，雷锋再次在工地抢救水泥。1959年11月4日晚上，雷锋坐在车间调度室里看一本学习毛泽东同志的思想方法和工作方法的书。突然下起雨来了。调度员说,建筑焦炉的工地上还散放着7200袋水泥,并急得手足无措。雷锋猛然想到党的教导,要我们爱护国家的财产,又想到了自己是一个共青团员,于是跑到了工地抢盖水泥,把自己的被子,还脱下自己的衣服盖在水泥上。又跑到宿舍,发动了20多个人,组织了一个抢救水泥的突击队,有的忙着找雨布,有的忙着找芦席,盖的盖,抬的抬,经过一场紧张的战斗,避免了国家财产受到重大的损失。

1960年8月,辽宁抚顺连降暴雨,抚顺郊外的上寺水库有可能决堤。运输连接到抗洪抢险命令时,雷锋正在拉肚子,加上前些天扑火时手上受的伤还没有好,连长决定把他留在营房值勤,雷锋说,这正是需要的时候,正是考验的时候,他不能在家,他虽有点病,但不影响。刚到水库,雷锋他们就看到洪水咆哮翻滚,很快就要漫过大堤,情况万分紧急。抚顺市委防汛指挥部要求部队连夜开掘溢洪道,部队立马投入挖掘溢洪道的工作之中。但在挖掘的过程中,雷锋被塌方的黏土砸倒,铁锹也被埋在塌下来的黏土下面。没有工具的雷锋并没有停下来,更没有浪费时间去挖铁锹,而是把自己的手当作工具,继续挖掘溢洪道。前些天烧伤的手磨出了鲜血。连长看到后,就让他搞宣传鼓动工作,于是他就马上收集连里的好人好事,进行口头广播,带领大家唱歌、喊口号,鼓舞了大家的干劲。一连干了四天后,雷锋病了,晕倒在堤坝上,被送到老乡家里休息。但他在黄继光事迹的鼓舞下,再次跑上工地。经过七天七夜的连续奋战,咆哮的洪水终于被驯服了。

前面提到扑火时雷锋手受了伤,指的是,前几天雷锋所在营区外的街道工厂发生了火灾,雷锋最先跑到失火现场参加救火。大火扑灭了,他自己的鞋子烧坏了,衣服烧破了,手也烧伤了。

就是这样,雷锋在水火风雨中实践着他"永远保持自己历史鲜红的颜色"和"时刻准备着为了党和阶级的最高利益牺牲个人的一切,直至最宝贵的生命"的誓言。

八、谦虚谨慎进行自我修炼

毛泽东同志在党的七届二中全会上教导全党:"务必使同志们继续地保持谦虚谨慎、不骄不躁的作风,务必使同志们继续地保持艰苦奋斗的作风。"把毛主席著作比作"粮食、武器和方向盘"的雷锋，则把"谦虚谨慎、不骄不躁"作为自我修炼、自我革命的思想武器和行动指南。

　　他时刻鞭策自己。雷锋工作认真负责，成绩突出，获得无数荣誉称号。在望城，获得县委机关"工作模范"1次、"治沩模范"1次。在鞍钢，获评"先进工作者"3次、"红旗手"5次、"标兵"18次，还获得"青年社会主义建设积极分子"称号。在部队，荣立二等功1次、三等功2次，获评"节约标兵"1次、"模范共青团员"1次，受团、营嘉奖多次，还被评为抚顺市"优秀校外辅导员"。荣誉满身的雷锋，并没有骄傲自满、故步自封。他总是认为自己"为党工作得太少，仅仅尽了一点本身应尽的义务"，他把自己取得的一切成绩和进步都归功于党的领导、毛主席的教导和同志们的帮助，从不居功自傲，而要"永远戒骄戒躁，不断前进"。

　　他时刻检省自己。1961年9月19日的《入党转正申请书》中，雷锋检省自己说："我所想，所做的，都是以感谢党的恩情来指导一切工作的。因此，干工作只是一个人单打鼓、独划船地干，不懂得发动群众，不懂得把个人的力量和集体的力量结合在一起。"他在其中还专门列举了"生活上形成了自由散漫的作风""对同志帮助不够""工作缺少方法""个性急躁"等"缺点"。

　　他时刻警醒自己。1962年春天，部队首长说起有同志反映"在一些会议上，雷锋不注意听首长的讲话。在火车上以及空闲的时刻里，他翻弄自己照片的次数较多……"得知首长说的同志们的反映后，从2月27日起，雷锋连续写下日记，多次提及要"警惕骄傲自满"情绪。他说："雷锋呀，雷锋！我警告你牢记：千万不可以骄傲。"他说："骄傲的人，其实是无知的人。"他说："要真正学到一点东西，就要虚心。"

　　他时刻修正自己。1962年3月24日吃早饭时，他在炊事班的饭盆里随手拿了一块锅巴吃，一个炊事员要他"自觉点"，他一听就生气了，赌气把锅巴摔回盆里，转身走了。回到宿舍，他思来想去觉得自己不对：人家炊事员说得没错，怎么能对人家发脾气呢？自己做错了事，还挑剔人家的态度，这怎么能使自己得到进步呢？他越想越惭愧，于是就返回炊事班，主动向那个炊事员道歉，表现了良好的自我修养的觉悟。

　　他认识到自己只是党的事业机器上的一颗"螺丝钉"，大海中的"一滴水"，春天里的"一朵花"，所以，他"多做事，少说话"，自觉践行"全心全意为人民服务"的宗旨,"高标准,严要求"及时检省和改正自身的缺点与错误,"不骄傲,不自满",正确对待荣誉、地位和批评,最终把自己修炼成为一个高尚、纯粹、有道德、有益于人民的人。

以上我们从饮水思源接续奋斗传统、听党召唤迈开奋进步伐、刻苦学习提高思想觉悟、坚定信仰担负人生使命、不畏艰辛战胜工作困难、厉行节约支援国家建设、顶风冒雨抢救生命财产和谦虚谨慎进行自我修炼8个方面对雷锋继承和发扬我党艰苦奋斗优良传统和作风的光辉事迹进行了简要的阐释,借此可以得出一个结论,那就是,雷锋的一生,是艰苦奋斗的一生,是为党的伟大事业和共产主义崇高理想艰苦奋斗的一生。他的艰苦奋斗精神还可以从积极抗争面对苦难人生、爱憎分明站稳阶级立场、严守纪律服从组织安排、刻苦钻研攻克技术难关、乐于助人服务人民群众、言行一致铸造革命精神、公而忘私淬炼崇高品德、笔耕不辍追求文学梦想、踏实勤勉创造幸福生活等诸多方面进行广泛而深入的探讨。让我们继承发扬党的优良传统和作风,大力弘扬雷锋精神,艰苦奋斗,为全面推进中国式现代化强国建设、民族复兴伟业贡献自己应有的力量!

"雷锋精神"内涵探析

李玉上

学习雷锋同志，弘扬雷锋精神，必定要对雷锋精神的具体内涵作全面而深刻的把握，以解决"学什么"的问题。

毛泽东同志号召"向雷锋同志学习"；周恩来同志将雷锋精神概括为"憎爱分明的阶级立场，言行一致的革命精神，公而忘私的共产主义风格，奋不顾身的无产阶级斗志"；邓小平同志说"谁愿当一个真正的共产主义者，就应该向雷锋同志的品德和风格学习"；江泽民同志说"雷锋精神的实质，是全心全意为人民服务，为了人民的事业无私奉献"；胡锦涛同志说雷锋精神是"中华民族传统美德与共产主义光辉思想相结合的时代精神"；习近平总书记说"雷锋精神是永恒的，是社会主义核心价值观的生动体现"。中共中央办公厅印发《关于深入开展学雷锋活动的意见》指出，雷锋精神是热爱党、热爱祖国、热爱社会主义的崇高理想和坚定信念，是服务人民、助人为乐的奉献精神，是干一行爱一行、专一行精一行的敬业精神，是锐意进取、自强不息的创新精神，是艰苦奋斗、勤俭节约的创业精神。所有这些题词或论述，都给我们探析雷锋精神的具体内涵指明了行动方向，提供了根本遵循。

有定义称，雷锋精神是以雷锋的名字命名的，以雷锋的精神为基本内涵在实践中不断丰富和发展着的革命精神。我们认为，雷锋身上所体现的"雷锋精神"至少包含以下10个方面的内容。

一、理想崇高、胸怀远大的思想灵魂

革命理想高于天。雷锋同志从小就有远大理想，远大的理想成了雷锋的思想灵魂。

1948年，雷锋家乡解放时，他在与解放军的接触中，就"志愿当兵"，并"缠"着解放军的连长带他去当兵。1956年，他小学毕业时，更是明确了决心"做个好农民""做个好工人""做个好战士"的宏伟理想。1958年,他在日记中写道:"要为未来人类的生活付出自己的劳动,使世界一天天变得美丽。"最后,他把自己的理想定位在为实现共产主义而奋斗。

他深情地说:"我觉得一个革命者活着,就应该把毕生精力和整个生命为人类解放事业——共产主义全部献出。我活着只有一个目的,就是做一个对人民有用的人。生为人民生,死为人民死。"他还坚定地说:"我要全心全意为人民服务,为党和阶级的最高利益,牺牲自己的一切。"思想是行动的指南。雷锋的一生始终朝着宏伟理想不懈奋斗,在农村,他成了优秀的拖拉机手;在工厂,他成了百炼成钢的好工人;在部队,他成了"毛主席的好战士"。

他以22岁的生命之光点燃理想之火,照亮道德殿堂,为我们树立了人生的路标、光辉的榜样。

二、信念坚定、对党忠诚的政治热忱

雷锋同志出生在"万恶的旧社会",深受苦难,直到共产党来了才政治上"翻身得解放",生活上"日子苦变甜"。他充满了对党的感恩之情,他说:"党和毛主席救了我的命,是我慈祥的母亲……当我想起党的恩情,恨不得立刻掏出自己的心……当党和人民需要我的时候,我愿意献出自己的一切。"

他充满了对党的忠诚之情,他说:"我就是长着一个心眼,我一心向着党,向着社会主义,向着共产主义。"又说:"我要永远忠于党,保卫党的利益,为党的事业奋斗终生。"政治上,他始终朝着党指引的方向前进,为我们留下了一条永不褪色的"红线":即将解放时,他为地下党散传单、贴标语;刚刚解放时,他担任儿童团大队长;1954年,他加入少先队;1955年,他把土改分得的全部土地加入农村合作社;1957年,他加入共青团;1960年,他加入中国共产党,出席了沈阳军区工程兵政治工作会议;1961年,他出席了沈阳军区工程兵第六届团代会、抚顺市第四届人代会;1962年,他出席了工程兵十团党代会、沈阳军区首届团代会。在所有的政治活动中,他都能"满腔热忱地去参加"各种工作。

三、刻苦钻研、终身学习的进取锐气

热爱学习,善于学习,终身学习,这是雷锋同志一生光辉事迹的重要组成部分。

从在戏班子听六叔祖父讲"桃园结义"等传统文化故事到在望城县委机关工作时听张兴玉书记讲"螺丝钉"所蕴含的革命道理，从在地下党员彭大叔那里学会认识"毛主席万岁"到牺牲前仍在学习毛主席著作，从在团山湖时学开拖拉机到在部队时学开汽车，雷锋的一生从来没有离开过学习。

他心明眼亮，学习意义明了；学以为用，学习目的明确；谦虚好学，学习态度端正；广采博取，学习内容丰富；坚韧不拔，学习动力强劲；持之以恒，学习过程扎实；随机应变，学习方法灵活；学以致用，学习效果显著。

他向中华传统文化学，向毛主席著作学，向上级领导学，向英雄模范人物学，向老师同事朋友战友学。学习，使他懂得了为人处世的道理，使他懂得了艰苦奋斗的真理；学习，使他掌握了为人民服务的本领，使他掌握了锐意进取的思想武器；尤其是对毛主席著作的学习，使他思想开阔，理想远大，胸怀广阔，立场坚定，斗志旺盛，品德高尚。

他刻苦钻研的"钉子精神"被人们奉为取得学习进步的"密钥"。

四、团结友爱、助人为乐的高尚情操

"对待同志要像春天般的温暖"是雷锋对自己的严格要求，"雷锋出差一千里，好事做了一火车"是人们对雷锋同志团结友爱、乐于助人高尚情操的热情赞美。

在团山湖农场，他曾坐在塘边陪伴摸黑洗衣服的几个女同志以为她们壮胆，也曾在堤坝被冲垮的危急时刻拼命将人疏散到安全地带。在部队，他曾饿着肚子把自己的盒饭送给没有带盒饭的战友吃，也曾在农忙时节帮村民犁田，风雨中送母子三人回家；他曾在火车上把自己的座位让给别人、帮乘务员打扫卫生，也曾义务为建设街小学、本溪路小学担任校外辅导员，参加人代会时为同是人代会代表的六位六七十岁的老大娘提供帮助。

"好事"不胜枚举，"深情"全付他人。他说："一个共产党员是人民的勤务员，应当把别人的困难当成自己的困难，把同志的愉快，看成自己的幸福。"又说，他是"人民的勤务员，自己辛苦点，多帮人民做点好事"，就是他"最大的快乐和幸福"。这种幸福观，既是对"同胞共气，家国所凭"优良传统的继承，更是对我党"全心全意为人民服务"宗旨和我军"军民团结一家亲"作风的生动体现。

五、言行一致、爱岗敬业的实干作风

雷锋从来都是言行一致，说到做到。

小学毕业时，他说他要响应党的号召，去当新式农民，驾驶拖拉机耕耘祖国大地，将来如果祖国需要，他就要做个好工人建设祖国，做个好战士保卫祖国。后来，这些志愿都一一得到实现。

他说"生活上要向水平最低的同志看齐"，于是他处处节俭，把节省下来的钱捐给了新成立的人民公社和辽阳灾区。他说他要做人民的勤务员、党的忠实的儿子，于是他时时不忘为人民服务，一辈子做好事。

雷锋爱岗敬业，兢兢业业。他干一行爱一行精一行，无论在乡政府当通讯员还是在县委机关当机要员，无论是在治沩工程指挥部当通讯员还是在团山湖农场当拖拉机手，无论是在鞍钢当推土机手还是在部队当汽车驾驶兵，他都能扎扎实实干好自己的本职工作，在平凡的岗位上干出了不平凡的业绩。

六、勤俭节约、艰苦奋斗的革命意志

雷锋深知，真正的青春永远只属于那些力争上游的人，永远只属于那些忘我劳动的人，永远只属于那些艰苦奋斗的人。

他曾应邀到一所中学作报告，希望同学们立下"发奋图强，建设社会主义强国""全心全意为人民服务，把一生献给共产主义事业""艰苦奋斗、勤俭建国""刻苦学习，攻克现代科学文化堡垒""四个志气"，其实，这也是他为自己立下的"志气"。

从实际情况看，他一直在"处处为国家着想，事事精打细算"。1957年，他在治沩工地抢护水泥；1958年，他捐款20元用于建设拖拉机站；1959年，他在弓长岭抢护水泥7200袋；1960年，他忍渴节约3.5角钱，给新成立的人民公社和遭受洪灾的灾区捐款200元，在街道工厂奋力扑火，在上寺水库奋力抗洪；1961年，他少领军衣、衬衣各1套，以减少国家开支；他还曾设立"节约箱"以避免浪费。

所有这些都深刻地表明，雷锋始终保持着我党我军艰苦奋斗的优良传统和作风。

七、谦虚谨慎、不骄不躁的谦逊情怀

雷锋认识到,自己只是党的事业机器上的一颗"螺丝钉"、大海里的"一滴水",故而常怀"谦虚谨慎、不骄不躁"之心。他说他要"永不自满,永不骄傲,永远谦虚谨慎""处处以整体利益为重,全心全意为革命工作……在平凡细小的工作当中,干出不平凡的业绩"。

他坚持"多做事,少说话",不以夸夸其谈的态度对待自身工作事务;坚持"高标准,严要求",不以自由散漫的态度对待自身缺点错误;坚持"不骄傲,不自满",不以骄傲轻狂的态度对待自身荣誉地位。取得成绩和进步时,他把一切归功于党的领导、毛主席的教导和领导、同事、战友的帮助,进而不断地鞭策自己、督促自己"永远戒骄戒躁,不断前进"。发现缺点和不足时,他能自我反省,时刻检查问题,进行自我警告、自我约束、自我修正。遭到误会受到委屈时,他能"有则改之,无则加勉",自觉接受组织考验。读书学习时,他能对照毛主席著作和英模人物的先进事迹激励自己。最为难能可贵的是,他能时刻注重自身的思想品德修养,能时刻运用"自我批评"的武器,对自己的思想行为进行"保养和清洗",以"提高自己的思想觉悟"。

八、舍己为人、大公无私的集体观念

雷锋的集体主义思想十分牢固,集体主义思想就是他的人生观。他深刻认识到"一滴水只有放进大海里才能永远不干,一个人只有当他把自己和集体事业融合在一起的时候才能有力量""行动从思想来,荣誉从集体来",认识到"单丝不成线,独木不成林。一个人是办不了大事的,群众的事一定要发动群众、依靠群众自己来办"。正因为如此,他在生活和工作中处处以集体利益为重,以党和人民的利益为重。

他意气风发地参加新农村建设、参加工业化建设、参加中国人民解放军,党指向哪里他就战斗到哪里,哪里有困难他就冲向哪里。他爱岗敬业做"机器的螺丝钉",勇担责任做"人民的勤务员",热爱集体做"革命的傻子",他把有限的生命投入无限的为人民服务之中。

九、奋不顾身、见义勇为的英雄气概

贫苦的出身，坚定的立场，党的教育，英雄人物的影响，使雷锋浑身充满奋不顾身、见义勇为的英雄气概。

新中国成立前，他勇斗欺压他的地主婆；即将解放时，他冒着危险为地下党张贴标语；刚刚解放后，他"勇助乡农会智擒顽敌"。小小年纪的雷锋，已然是"革命斗争的闯将"。

在1960年的抗洪斗争中，雷锋更是表现出强烈的大无畏精神。去上寺水库参加抗洪前，雷锋犯了肠炎，且参加街道工厂救火时手也受了伤，连长考虑到他的身体情况决定留他在家值班，但雷锋一再坚持，最后上了抗洪前线。开掘溢洪通道时，他的铁锹被垮下来的泥土打掉找不到了，他就徒手挖泥，受过伤的手指被磨出了血也不停歇。连长让他去广播站宣传好人好事，他完成任务后又回到溢洪道继续挖泥，直到干到昏厥被送到卫生室。在卫生室稍稍觉得轻松些，他又不顾卫生员的阻拦，顶风冒雨回到了抗洪的阵地。经过七天七夜的连续奋战，洪水被驯服了，他受到了战友的赞扬和团党委的奖励。这种不避艰险、不怕困难的行为，正是他"积极工作，勇敢战斗，保持和发扬人民军队的优良传统"的具体体现。

十、全心服务、无私奉献的忘我境界

无私奉献是雷锋最鲜明的品格，全心全意为人民服务是雷锋精神最本质的特征。

他的心里装着的，只有党的宗旨和人民的期盼，只有群众的困难和工作的需要，从来没有他自己。他从来没有考虑过自己的利害得失，他的全部奉献行为，都是发自内心的、主动而自觉地完成的。

他把祖国大地当作自己的"家"，把人民大众视为自己的"亲人"，把自己视为党的"儿子"，人民的"勤务员"，走到哪里就服务到哪里。他"关心他人比关心自己为重""把别人的困难当成自己的困难"，无限付出却不图任何回报，他说"我觉得一个真正的革命者，他是大公无私的，所作所为，都是对人民有益的"。

他心诚体勤，不怕苦不怕累不怕脏，"一辈子做好事"，没有空间的阻隔和时间的阻滞，不惧条件的好坏顺逆，不分对象的男女老幼，表现出无

雷锋精神简论

私奉献的自觉性、主动性、广泛性、持久性和纯粹性。他满腔热忱，心怀天下，达到忘我境界。

雷锋精神是十分丰富而深刻的，其具体内涵还需要我们不断挖掘和总结。我们应该深刻地认识到，雷锋精神是共产主义理想召唤和社会主义事业激励下产生的，是毛泽东思想哺育和党的教导下产生的，是中华民族传统美德滋润和中国革命精神滋养中产生的，是我党我军我国人民的优秀代表雷锋在社会主义建设实践中展现出来的，雷锋精神的内涵必将在新时代中国特色社会主义建设事业中得到进一步的丰富与发展。

我们应该坚信"崇高信仰、坚定信念不是高不可攀的"，更应该坚信"雷锋精神，人人可学；奉献爱心，处处可为"。让我们向雷锋同志学习，"做雷锋精神的种子，把雷锋精神广播在祖国大地上"[1]，使雷锋精神得到世世代代传扬。

---

[1] 新时代学习工作室.学习雷锋精神 听听习近平总书记的10句嘱托[OL].人民网-中国共产党新闻网，2019-3-5.

一论　雷锋精神的时代内涵

"螺丝钉精神"内涵探析

李玉上

"雷锋日记"中有个最为著名的词汇叫"螺丝钉","雷锋精神"中有个最为著名的词汇叫"螺丝钉精神"。"螺丝钉"这个物件意象随着"雷锋日记"的传播和"雷锋精神"的传承已经深深烙入人们的头脑。《学习雷锋好榜样》这首歌中有句歌词叫"学习雷锋好榜样,艰苦朴素永不忘,愿做革命的螺丝钉,集体主义思想放光芒",很多人就因此把"螺丝钉精神"理解为"集体主义精神";也有人把"螺丝钉精神"理解为"干一行、爱一行,专一行、精一行"的"爱岗敬业精神"。这些理解,都很精准,但未涉及"螺丝钉精神"内涵的全部内容。本文拟对雷锋"螺丝钉精神"内涵问题作些探讨,以期使"螺丝钉精神"得到较为全面的呈现。

在马克思主义思想体系中,最早采用"螺丝钉"这个词汇论述革命工作的,应该是列宁同志。1905年11月,他在《党的组织和党的出版物》(一译为《党的组织与党的文学》)一文中说:"写作事业应当成为整个无产阶级事业的一部分,成为由整个工人阶级的整个觉悟的先锋队所开动的一部巨大的社会民主主义机器的'齿轮和螺丝钉'。写作事业应当成为社会民主党有组织的、有计划的、统一的党的工作的一个组成部分。"很显然,列宁在这里用"齿轮和螺丝钉"比喻的是"写作事业",用"机器"比喻的是"整个无产阶级事业",意思是"齿轮和螺丝钉"(写作事业)是"机器"(整个无产阶级事业)的一部分,它们之间的关系是个体与集体的关系、局部与整体的关系。

将列宁同志这一思想在中国得以引用并发挥的应该是毛泽东同志。他在《在延安文艺座谈会上的讲话》一文中说:"革命文艺是整个革命事业的一部分,是齿轮和螺丝钉,和别的更重要的部分比较起来,自然有轻重缓急第一第二之分,但它是对于整个机器不可缺少的齿轮和螺丝钉,对于整

雷锋精神简论

个革命事业不可缺少的一部分。如果连最广义最普通的文学艺术也没有，那革命运动就不能进行，就不能胜利。不认识这一点，是不对的。"这句话有三层意思，第一层是从正面引用列宁的思想，第二层是从反面强调"革命文艺"这个"螺丝钉"对"革命事业"这个"机器"的"不可缺少"的价值，第三层还是从反面强调要充分认识前述两个观点。在这里，"螺丝钉"（革命文艺）与"机器"（整个革命事业）之间的关系仍然是个体与集体的关系、局部与整体的关系。

雷锋同志1958年开始学习毛主席著作，对毛泽东同志关于"螺丝钉"与"机器"之间的关系的论述应该有较为充分的理论认识。他在1962年4月17日的日记中说过："一个人的作用，对于革命事业来说，就如一架机器上的一颗螺丝钉。机器由于有许许多多的螺丝钉的连接和固定，才成了一个坚实的整体，才能够运转自如，发挥它巨大的工作能。螺丝钉虽小，其作用是不可估计的。"这个思想，完全是对毛泽东同志关于"螺丝钉"与"机器"之间关系论述的再版。但是，雷锋将"螺丝钉"与"机器"之间的局部事业与整体事业之间的关系转到了"个人"与"革命事业"之间的关系，思考的是"人生价值"和"人生位置"问题，这就赋予了"螺丝钉"新的内涵。在对"螺丝钉"含义探讨的过程中，我们可以发现，"螺丝钉"含义的这种变化，不是凭空而来的，自有其现实生活基础。

第一个基础是当时的望城县委书记张兴玉同志的教导给他夯筑的。"螺丝钉"的故事最流行的版本是：1956年11月，雷锋到望城县委机关当机要员。1957年秋，雷锋陪望城县委书记张兴玉下乡，路上看到一颗螺丝钉，雷锋不经意把它踢到了路边。张书记却把这颗螺丝钉捡起来装进口袋。过了几天，雷锋要去县农机厂送文件，张书记把那颗螺丝钉交给雷锋，说："把它送到工厂去吧。咱们国家底子薄，要搞社会主义建设，就得勤俭奋斗啊！"又说："一颗螺丝钉，别看东西小，机器上缺了它可不行呀。我们每一个同志，不也都是革命这个机器上的一颗螺丝钉吗？就像你这个公务员，虽然职务不高，我们的工作少了你也不行啊。"在这里，雷锋得到的教育是：要珍惜螺丝钉，要勤俭奋斗；每个同志都是革命机器上的螺丝钉，不管职务高低，都能平等地发挥作用。在这里，"螺丝钉"蕴含了"小物件大作用"的道理，"螺丝钉精神"具有"勤俭主义精神""奋斗主义精神"和"平等主义精神"的内涵。

第二个基础是当时望城县团山湖农场建设的火热生活给他奠建的。

一论　雷锋精神的时代内涵

1958年2月6日，雷锋到了团山湖农场学开拖拉机。3月10日，试车考核合格，第一次学会开拖拉机。随后，雷锋满怀兴奋，写下《我学会开拖拉机了》一文。农场建设中，雷锋发现个别青年伙伴嫌条件差、收入低、没前途，不安心农场工作时，雷锋找他们谈心，谈他自己对这些问题的看法。6月7日那天，他用《治沩工地报》的红格稿纸写下著名的"雷锋七问"（实际是"七问一答"），其中的"如果你是一颗最小的螺丝钉，你是否永远坚守在你生活的岗位上"，表达了爱岗敬业的思想主张和职业品质。在这里，"螺丝钉精神"具有了"爱岗主义精神""敬业主义精神"的内涵。螺丝钉，必须在自己的岗位上发挥作用，不能离岗，不能串位，不能懒惰，不能无为；具有"螺丝钉精神"的人就必须"干一行、爱一行、专一行、精一行"。

第三个基础是鞍山钢铁厂的工人师父给他搭建的。1958年11月，雷锋到了鞍钢，对组织上分配他当推土机手有点不理解，车间于主任对他解释说："你刚到，还不了解炼钢的复杂过程，让你开推土机就是为了炼钢啊。拿洗煤车间来说，如果不把煤炼成焦炭，炼铁厂的高炉就炼不出铁来。如果不把炼焦时生产的煤气输送到炼钢厂去，就炼不出钢来。所以，大工业生产就像一架机器，每个厂、每个车间、每个工种，都是这部机器上的零件和螺丝钉，谁也离不开谁。你想想，机器缺了螺丝钉能行吗？"在这里，雷锋关于"螺丝钉"的认识得到了进一步的强化：任何工作都是革命工作的组成部分，任何人都要安心本职工作，做好本职工作。在这里，"螺丝钉精神"具有了"本职主义精神"的内涵。当然，雷锋也因此安心于推土机手的工作，并且很快掌握了推土机的驾驶技术，并于1959年2月24日写下《我学会开推土机了》一文，与1958年3月16日在《望城报》发表的《我学会开拖拉机了》一文构成姊妹篇。

以上三个事例表明，在机关、农村、工厂，所到之处，雷锋都有对"螺丝钉"的认识和思考。"螺丝钉"这个意象，成为雷锋思想中一个极其重要的表意符号。正因如此，雷锋对"螺丝钉"极为敏感。1960年1月12日，他在一篇文章中看到"虽然是细小的螺丝钉，是个细微的小齿轮，然而如果缺了它，那整个的机器就无法运转了，漫说是缺了它，即使是一枚小螺丝钉没拧紧，一个小齿轮略有破损，也要使机器的运转发生故障的""尽管如此，但是再好的螺丝钉，再精密的齿轮，它若离开了机器这个整体，也不免要当作废料，扔到废铁料仓库里去的"这样两段话，便把它们抄在日记本上。显然，在这里，雷锋所取的是螺丝钉与机器所蕴含的个体与集体相互依存关系的内涵。也正因如此，雷锋日记中记载的"我愿永远做一个螺丝钉""听从党的教导，党叫我干什么，我就干什么，决不讲价钱"之类的誓言就有了深厚的思想基础。

时间来到1962年2月。被授予"毛主席的好战士"称号的雷锋和被授予"一颗不生锈的螺丝钉"称号的沈阳军区炮兵5040部队炊事班班长刘思乐在19日召开的沈阳军区首届共青团代表大会期间相遇。会上，刘思乐作了《做一颗不生锈的"螺丝钉"》的演讲。会后，雷锋、刘思乐、雷凯、任连付等同志组成了沈阳军区青年演讲团，为军民作巡回演讲。在沈阳军区第二招待所，刘思乐与雷锋同住一个房间。一天晚上，刘思乐请雷锋修改演讲稿，雷锋认真地读了稿子后，说："在标题中加一个'永'字。"刘思乐欣然接受。于是，原题变成了"做一颗永不生锈的'螺丝钉'"。在这里，雷锋加一个"永"字，加出了"做不生锈的螺丝钉"的革命意志的坚定性和长久性，加出了语言的铿锵和情感的豪迈。"螺丝钉精神"具有了"坚定主义精神"的内涵。从此，"做一颗永不生锈的螺丝钉"这句话就成了永远的经典。

当晚，他们还就人生价值问题作了长时间的探讨。在谈到"怎样当好螺丝钉"的问题时，雷锋说："要做一个品格如螺丝钉一样的人，最重要的是要牢记我党全心全意为人民服务的宗旨，树立毛主席教导的全心全意为人民服务的思想。把热爱党、热爱人民的一腔热血倾注在自己所担负的工作上，在岗位上创一流，多做贡献。"在谈到"怎样摆正自己在生活工作中的位置的问题"时，雷锋说："世界上一切大的和好的东西，全是由小的、不显眼的东西组成的。社会上大量的事是要做那些看来很平凡的工作，热爱平凡岗位的人，同样是最光荣的人。如同工人做工，农民种地，服务行业的补鞋、理发、养猪做饭，如果没有这些平凡而艰巨的劳动，如果没有千百万人民群众的革命实践，就没有伟大的事业。伟大出于平凡，平凡孕育伟大。我们所做的行行业业，都和伟大的共产主义事业紧密相连。依我看，只有热爱自己岗位的人才能把阶级的利益、革命的利益看得高于一切，把为人民服务看作最大的幸福和快乐。无保留地把自己的青春献给人民的人，才配得上'螺丝钉'称号，甘当螺丝钉的人，是属于那些为共产主义自觉奋斗的人。"在这里，雷锋道出了"伟大出自平凡，平凡孕育伟大"的真理，表明了"螺丝钉精神"应有的情感观、归属观、宗旨观、奉献观、幸福观和自觉奋斗观。"螺丝钉精神"的内涵得到了进一步升华,"螺丝钉精神"具有了"自觉奋斗主义精神"的内涵。1962年2月24日临别时,雷锋给刘思乐留下了"让我们携起手来,做一颗永不生锈的螺丝钉"的赠言。

怎样才能做一颗永不生锈的螺丝钉呢?雷锋对此也有深刻的思考。他在1962年4月17日的日记中写道:"螺丝钉要经常保养和清洗,才不会生锈。人的思想也是这样,要经常检查,才不会出毛病。我要不断地加强学习提高自己的思想觉悟,坚决听党和毛主席的话,经常开展批评与自我批评,随时清除思想上的毛病,在伟大的革命事业中做一个永不生锈的螺丝钉。"他强调,螺丝钉,必须经常进行保养,否则就会生锈,就无法发挥作用,人不学就落后,人应该经常修养、不断修养,具体措施是加强学习提高思想觉悟、用党的理论和毛泽东思想武装自己、经常开展批评与自我批评、随时清除思想上的毛病等。只有这样,"螺丝钉"才能永葆青春、永葆斗志。在这里,"螺丝钉精神"具有了"修养主义"精神的内涵。

从以上分析中,我们可以看出,"螺丝钉精神"包含着集体主义、爱岗敬业、勤俭奋斗、劳动平等、恪守本职、坚定信仰、甘于平凡、无私奉献、不断修养等丰富内容。一颗小小的螺丝钉,一个工业化背景下的机器零件,在雷锋的思想中,已经内化为一个精神符号和一种生命存在,蕴含了正确而丰富的社会关系观念、精神追求观念和生产生活观念,蕴含了高尚的社会公德、职业道德和个人品德要求,蕴含了强烈的岗位意识、奋斗意识、幸福意识和修养意识等。"螺丝钉精神"一经形成,便以其强大的生命力注入人们的思想和行动的血脉之中,为人生的价值追求和社会的发展进步提供了强大的正能量。

伟大的时代产生伟大的精神。雷锋"螺丝钉精神"来源于马列主义毛泽东思想,来源于轰轰烈烈的社会主义建设实践,是我们永远需要继承的精神财富。让我们循着习近平总书记"我们要见贤思齐,把雷锋精神代代传承下去。学习雷锋精神,就要把崇高的理想信念和道德品质追求融入日常的工作生活,在自己岗位上做一颗永不生锈的螺丝钉"[1]的重要讲话奋勇前进吧!

---

[1] 新时代学习工作室.学习雷锋精神 听听习近平总书记的10句嘱托[OL].人民网-中国共产党新闻网,2019-3-5.

"钉子精神"内涵探析

李玉上

问到什么是雷锋精神，很多人就会脱口而出回答说"雷锋精神就是钉子精神"。这个回答很不全面，因为雷锋精神内涵十分丰富，它包含了"钉子精神"，"钉子精神"只是雷锋精神的一个组成部分。但是，这个回答又反映出"钉子精神"在人们心目中的深刻印象，说明"钉子精神"已深入人心。问到什么是"钉子精神"，很多人也会脱口而出回答说"钉子精神就是善于挤和善于钻"，这个回答基本正确，因为雷锋就是这么说的，他说"钉子有两个长处：一个是挤劲，一个是钻劲。我们在学习上，也要提倡这种'钉子'精神，善于挤和善于钻"，但是这个回答也是不全面的，因为它未能涉及"钉子精神"内涵的全部内容，或者说没有涉及"钉子精神"的隐含内容。所以，我们觉得有必要对雷锋的"钉子精神"作些探讨，以提高对"钉子精神"的认识。我们认为，雷锋的"钉子精神"至少包括以下五个方面的内涵。

一是基于"坚"

钉子为什么敢于挤、能够钻？关键在于它自身的坚硬。打铁还需自身硬，钻木还须自身坚，这是最基本的道理。钉子，如果是坚硬的铁钉、钢钉，那么它挤起来、钻起来就会所向无敌；如果是软弱的木头钉、橡皮钉，那么它就挤也挤不动、钻也钻不进。所以，钉子精神首先得有基于"坚"的本质。

雷锋同志理想信念坚定，革命意志坚毅，战士情怀坚贞，阶级立场坚固，进取意识坚锐，奋进步履坚实，故而，在生活、学习和工作中他才能挤和钻，才能"善于挤和善于钻"。他有"是一滴水就要滋润一寸土地、是一线阳光就要照亮一分黑暗、是一颗粮食就要哺育有用的生命"的坚定信念,所以他"一辈子做好事而不做坏事"。他有"人民的困难,就是我的困难,帮助人民克服困难,贡献自己的一点力量,是我应尽的责任"的坚毅意志,所以他总是能够迎难而上,"就是有再大的困难,也有办法克服;再艰巨的任务,也能完成"。

无须再多举例,我们应该可以坚信,钉子精神首先是基于"坚"的。我们弘扬雷锋的"钉子精神",首先就要不断锤炼自己,使自己立场过硬、思想过硬、本领过硬、作风过硬,否则,一切都是天方夜谭。

二是源于"压"

雷锋说:"一块好好的木板,上面一个眼也没有,但钉子为什么能钉进去呢?这就是靠压力硬挤进去的、硬钻进去的。"这里说了一个道理,那就是,钉子要钉进木板,必定要有压力,没有压力就无法挤进、钻进木板。这里的压力实际就是动力。我们无论做什么事,都是需要动力的。所以,钉子精神中隐含着动力精神,动力越足,挤劲、钻劲也就越大。

雷锋的一切工作,均有强大的动力支撑,所以他挤劲、钻劲十足。他的动力,一方面来自远大理想、坚定信念,一方面来自工作的具体目标、具体要求,一方面来自自身的主观愿望。他说要"永远听党的话,忠于党的事业,做毛主席的好战士",所以,为了改造思想、提高觉悟,《纪念白求恩》一文,他学了20多遍。他说他"无论什么时候,都要关心爱护人民群众的利益,为人民群众的利益而战斗不息",所以他奋不顾身参与扑救火灾、抗洪抢险,利用休息时间为公社捡粪积肥、为战友洗衣补衣。正因为他要"生为人民生,死为人民死",所以他"处处以整体利益为重,全心全意为革命工作"。

我们弘扬雷锋的"钉子精神",就要不断给自己加压力、添动力、增马力。

三是善于"挤"

"善于挤"是雷锋"钉子精神"的基本内涵。在雷锋日记的表述中,"善于挤"就是要善于挤出时间来进行学习。比如,他学习毛主席著作时,给自己规定了"一项制度":每天早晨学习一小时,晚上要学到10点钟到11点钟。其实,"善于挤"还有挤出空间来学习的含义。他给自己的学习规定了"六点"："早起点，晚睡点，饭前饭后挤一点，行军走路想着点，外出开会抓紧点，星期假日多学点。"在鞍钢的露天煤场里，他有空就翻开《毛泽东选集》；刚到部队后，在给演出队烧开水的土灶旁，他读完了《毛泽东选集》第三卷。

不仅在学习上"善于挤"，他还在"做好事"上"善于挤"，善于"见缝插针"。例如，1960年6月上旬某天，他从沈阳坐火车回抚顺，"照顾一位老太太"上车、找座位，送老太太面包吃，最后又费尽周折帮老太太找到儿子。又如，1960年7月的某个星期天，看病回来的路上，看到团部前面的空地上在建筑楼房，他想着要发扬拥政爱民的传统，马上就跑到工地找了一辆手推车，帮助工人同志推起砖来，一干就干到快吃晚饭了才回连队。

我们弘扬雷锋的"钉子精神"，就是要"善于挤"，以延长学习和工作的"生命长度"。

四是勤于"钻"

勤于"钻"也是雷锋"钉子精神"的基本内涵。"钻"主要体现为深入钻研所学内容的本质，既注重广度，更注重深度，更注重实际运用。

例如，他学习了《纪念白求恩》之后，钻研出了怎样才能做一个有益于人民的人、怎样才能做一个道德高尚的人、怎样才能更好地为人民服务、如何对待同志对待人民等许多道理。又如，他学习了《党的好儿子龙均爵》之后，钻研总结出龙均爵同志"不畏艰难困苦，敢于斗争"等六种值得学习的精神、品质或思想，并决心贯彻于实际行动中。雷锋学习毛主席著作的最大特点就是，学了就用，活学活用。每当遇到一些解不开的难题、想不通的问题时，他就翻开毛主席的著作，从中汲取精神力量。他说，他们班以前不团结，有意见开会不提，背后乱议论。他学习了《反对自由主义》以后，看到哪位同志有缺点，就在每次开会的时候大胆提出，还把《反对自由主义》的文章给大家念。他还严厉批评了一个趁班长不在、乱议论班长的战士。后来，大家都开展了批评与自我批评，由原来的不团结达到了新的团结。

我们弘扬雷锋的"钉子精神"，就是要"勤于钻"，以拓展学习和工作的"质量深度"。

五是成于"韧"

"韧"就是有"韧性"、有"韧劲",就是坚韧不拔、持之以恒地学习和工作。"钉子精神"必然有"韧"的内涵,否则,所谓的"挤和钻"就会半途而废或者功亏一篑。可以说,雷锋是学习的一生、战斗的一生,更是持之以恒的一生、充满韧性的一生。

例如,上级号召大家"读毛主席的书,听毛主席的话,按毛主席的指示办事,做毛主席的好战士"。他把这句话抄在《毛泽东著作选读》扉页的空白处,还在"读毛主席的书"这句话的前面加上"天天"两字,用来鞭策自己加强学习的经常性、恒久性。他说:"时间紧,可是看一页是一页,积少成多。学习,不抓紧时间不行",足见其十足的"韧性"。他从1958年开始学习毛主席著作、开始写日记,直到牺牲前的第6天(1962年8月10日)还在学毛主席"虚心使人进步,骄傲使人落后"的教导并写下当天的日记。1960年1月至1962年8月,他连续在毛主席著作中作书眉笔记58则,而且没有一则不是经典性言论。如果没有"韧性",这是断然做不到的。至于工作方面的"韧性",这里就不举例了。

我们弘扬雷锋的"钉子精神",就要学习他坚韧不拔的精神,从而走向成功的彼岸。

基于上述分析,我们应该认识到,雷锋的"钉子精神"包含着"坚、压、挤、钻、韧"等诸多要素,包含着自身条件("坚")、动力来源("压")、基本方法("挤和钻")和行为意志("韧"),这些要素是有机的整体,缺一不可。弘扬雷锋精神,"钉子精神"一定要落实到我们的行动中。

"傻子精神"内涵探析

李玉上

"傻子",本是智力低下的俗称,是痴痴呆呆、傻里傻气的人的代名词,却因雷锋而发生了180度的词义转换,形成了"傻子精神",进而扬名天下,受到亿万人的尊崇。对雷锋的"傻子精神",我们可以从以下六个方面进行解读。

一、"傻子精神"是一心一意向着党的忠诚精神

1960年8月,抚顺望花区一个人民公社成立。雷锋在街上看到到处红旗招展,锣鼓喧天,成千上万的人穿着节日的盛装,庆贺人民公社的诞生。受到全民欢腾景象的鼓舞,雷锋决定表达一下自己的心意,于是把自己两年来在工厂和部队积蓄起来的200元全部从储蓄所取出来,送到人民公社,公社不肯收,经他再三恳求,才收了100元。当时,辽阳遭受了特大洪水灾害,雷锋想到自己是人民的子弟兵,灾区人民有困难,他绝不能袖手旁观,一定要大力支援灾区人民,和灾区人民同甘共苦,于是就把公社没收的那100元连同一封他自己写的慰问信,一起寄到了辽阳市委。对此,有人说雷锋是"傻子",意思是雷锋傻里傻气,把自己好不容易积攒下来的钱就这么白白送了出去。对此,雷锋态度鲜明,表明了自己的立场和看法。他说:"有些人说我是'傻子',是不对的。我要做一个有利于人民、有利于国家的人。"原来,之所以无偿捐钱给人民公社和辽阳灾区,是因为他只"长着一个心眼""一心向着党,向着社会主义,向着共产主义",因为他"要做一个有利于人民、有利于国家的人"。"傻子"雷锋的心里怀着的是对党和人民的无限忠诚。

二、"傻子精神"是哪里需要去哪里的奋进精神

1956年7月雷锋小学毕业后，先是在社里担任秋征员，后来因为工作需要于1956年9月到乡上担任通讯员，又因为工作需要先后于1956年11月到县委当机要员，1957年夏到治沩工程指挥部当通讯员，1958年春到团山湖农场当拖拉机手，1958年11月到鞍钢当工人，1960年1月到部队当士兵。有资料显示，雷锋在县委工作时的月收入是29元，在团山湖时的月收入是32元，在鞍钢时的月收入是36元，到了部队他的月津贴只有6元。从经济角度看，雷锋为什么要放弃每月36元的"高薪"而去拿每月6元的"低薪"呢？回顾他小学毕业典礼上的发言，我们就可以找到答案，原来他的"三个理想"中的最后一个是，"如果祖国需要"，他就要"参军做个好战士"，原来他的从军选择是服从祖国需要，根本就没有考虑什么经济收入多少的问题。到鞍钢后，随着钢铁生产不断增长的需要，鞍钢总厂决定在弓长岭矿山建设一个焦化厂，需要调集一批人到那里去搞基本建设。当时，弓长岭条件十分艰苦，所以当车间领导找人谈话说想要调他们去弓长岭时，有人很不情愿去。雷锋见是工作需要，立即主动报名说愿意去。事后，有个别觉悟低的青年说，去弓长岭是傻子，吃住和工作条件远远比不上鞍钢总厂，又不加工资给奖励。雷锋听了，说："党教导我们，哪里艰苦就到哪里去，哪里需要就到哪里去。我情愿做这种'傻子'。"

三、"傻子精神"是春天般温暖他人的友爱精神

雷锋日记中摘录过这样一段名言："对待同志要像春天般的温暖，对待工作要像夏天一样的火热，对待个人主义要像秋风扫落叶一样，对待敌人要像严冬一样残酷无情。"生活实际中，他是如何"对待同志"的呢？有资料显示，1957年至1962年，雷锋至少10次给9人捐款共计133元（另有粮票8斤），帮助解决困难。其中有群众1人、同学1人、同事2人、战友3人、朋友1人、亲友1人。在望城县委工作期间，他捐款10元给困难社员刘少先买猪。在团山湖工作期间，他听说同事张建文母亲病了，就偷偷寄去20元给予治病；同事刘大兴给母亲寄去50元，其中30元是雷锋给他的。在部队，他给战友乔安山捐款两次共30元。1961年9月，他接到河南省巩县驻驾庄公社干沟民办小学一位老师的来信，希望他给予他们经济援助以克

服自然灾害带来的困难，他就寄去了100元。1959年2月，他帮兄弟厂带了一个学员，厂里要给他36元师徒费，他拒绝了。他还帮助战友缝补衣服、帮战友理发、把午餐让给战友吃、送新日记本给战友、给少先队当辅导员。常人看来不必捐的他慷慨地捐了，不必做的他热心地做了，该收的他却坚决不收。

四、"傻子精神"是越是艰难越向前的革命精神

雷锋乳名"庚伢子"，正名"雷正兴"。后改名为"雷峰"，意在激励自己奋发图强、攀登高峰。后又在去鞍钢前改名为"雷锋"，意在结缘钢铁，为建设祖国打冲锋、当先锋，立志为祖国建设打冲锋、当先锋的雷锋发扬了"越是艰险越向前"的革命精神，生活和工作中时刻表现出一股使不完的"傻"劲。1960年8月，他带伤参加上寺水库的抗洪抢险，奋战七天七夜。1961年9月20日，他在哨所周围来回巡逻，守卫着汽车、油库、国家的许多财产以及全连的安全，长时间得不到休息，非常辛苦，但他想到，自己是人民的子弟兵、祖国的保卫者，他宁愿站岗到天亮。1962年5月2日下午，他在保养汽车时，突然下起了大雨，见到路上有一个妇女怀里抱着一个孩子、手里牵着一个孩子、肩上还背着两个行李包，正吃力地赶路，急忙上去了解了情况，然后跑回连队，拿了雨衣，并脱下自己的衣裳给冷得发抖的孩子穿上，走了1小时40分，将她们母子送回了家，又谢绝挽留，冒雨摸黑赶回连队。1962年5月6日，星期天，他没有休息。上午修路200米，把几个坑洼的地方填好了，受到了过路司机的赞扬。下午帮老百姓种地。他向老乡学习犁地，开始不熟练，慢慢就顺手了，两个小时过去也不肯休息。他之所以这么做，是因为他认为自己"是人民的勤务员，自己辛苦点，多帮人民做点好事"就是他"最大的快乐和幸福"。

五、"傻子精神"是大公无私为人民的忘我精神

时时关心集体、处处帮助别人，大公无私是雷锋"傻子精神"最鲜明的特征。他在一则书眉笔记中说："一个人，只要大公无私，处处从党和人民的利益出发，兢兢业业地为党工作，老老实实为人民服务，就是一个有益于人民的人。"又有一则笔记说："一个人，只要他不存私心，时时刻刻考虑人民的利益，全心全意为人民服务，他就能成为一个道德高尚的人。"

有一天，雷锋从弓长岭回鞍山开会，路上看到一位放羊的老人，那个老人穿着一身很薄的棉衣，他觉得老人年纪很大了，天气那么冷一定扛不住，就把一件棉上衣脱下来送给了那个老人。后来，他有时间就去看望那个老人，把他当作自己的父亲一样，帮他打柴、挑水，做些零活。在弓长岭建设厂房期间，他看到工地上到处都有大粪，心想，这些大粪是肥料，再说到处是大粪也不卫生，要是把它拾起来，既积了肥又搞了卫生，于是他每天早起捡大粪、中午不休息捡大粪、下班后大家都走了他还捡大粪，一个多月后，捡了800多斤大粪。一个星期天，他到附近的安平人民公社，说准备将800多斤大粪送给他们，一个副主任问他要多少钱，他说这是利用业余时间捡的，人民公社建立，就把这个当作礼物。当天，他就把大粪送到了公社的大门口。诸如此类的事例不胜枚举。他之所以这么做，是因为他认识到革命先烈换来了我们的幸福生活，我们没有理由忘记整个无产阶级的最大利益。

六、"傻子精神"是肯干苦干抢着干的实干精神

有责必担，知责思干，雷锋用极端负责、干就干好的态度对待革命工作。事实上，在他短暂的一生中，无论干什么，他都积极肯干、踏实苦干，千方百计把事情干好，表现出强烈的实干精神。1954年汛期，洞庭湖区遭受洪灾，全省人民捐钱捐物支援抗洪，身为小学四年级学生的雷锋无以为捐，便学着编草鞋，然后把编织好的草鞋送到乡政府捐给治湖民工。[①]这是一件不为常人所知的小事，但体现了雷锋的实干精神，面对救灾，他没有喊口号声援，而是以行动支援。至于为人熟知的他在安庆乡当社里秋征员时的忙上忙下、在县委当机要员时的吃苦耐劳、在团山湖学开拖拉机时的勤学苦练、在鞍钢学开推土机时的潜心钻研、在去弓长岭工作时的积极主动、在部队练习投弹学开汽车时的不达目的不罢休、在学习毛主席著作时的如饥似渴严肃认真、在执行党的增产节约号召时的不折不扣、在对待工作困难时的千方百计、在参加上寺水库抗洪抢险时的连续奋战、在担任少先队辅导员时的满腔热忱，等等，没有一件事不是在彰显着他脚踏实地的实干精神。

[①] 冯健.雷锋，从这里起步[M].长沙：湖南人民出版社，2013：152.

"聪"与"傻"相对而立。何谓"聪",何谓"傻",答案并不复杂。有道是:"聪不聪,要看人在为谁'聪';傻不傻,要看人在为谁'傻'。"雷锋以其"我要为人民的利益而死"的铮铮誓言和"我活着就是要做一个对人民有用的人"的实际行动,给了我们最好的回答。

"一滴水精神"内涵探析

李玉上

看到本文题目,也许有人会说,关于雷锋,我们知道有"钉子精神""傻子精神""螺丝钉精神"等,从来没听说过"一滴水精神"啊。没听说过不要紧,看看雷锋说的和做的就知道了。

翻开《雷锋日记》,我们读到的第一句话就是"如果你是一滴水,你是否滋润了一寸土地",往后,我们可以看到,雷锋在他的日记或文章中多次论说到"一滴水"。再看看雷锋的事迹,我们就可以强烈地感觉到,雷锋的思想和行为无时无刻不在散发着"一滴水"的精神光芒。我们可以坚定地说,《雷锋日记》(包括其他诗文、赠言)的全部论说都是以"一滴水"为起点的。因此,我们觉得有必要将雷锋的"一滴水精神"发掘出来,张扬开来,故而撰此小文,对雷锋的"一滴水精神"作肤浅探讨。

一、"一滴水精神"蕴含着"人尽其用"的精神

雷锋在1958年6月7日的日记中,将"一滴水"与"一线阳光""一粒粮食""一颗螺丝钉"组合起来,意在表达,水是滋润土地的,阳光是照亮黑暗的,粮食是哺育生命的,螺丝钉是要固守机器发挥作用的,物各有用,物必各尽其用,否则,物将枉有其用;人亦如此,如果是水就要去滋润土地,如果是阳光就要去照亮黑暗,如果是粮食就要去哺育生命,如果是螺丝钉就要坚守岗位,总之要尽职尽责,尽其所用,否则,人将枉有其用,亦即毫无所用。这种"人尽其用"的思想,影响着雷锋一生的行为。举个例子说吧,1961年8月,雷锋出席抚顺市第四届人民代表大会第一次会议期间,作为与会的人大代表,他参加大会听取报告,参加讨论建言献策,发挥着人大代表的作用;作为与会人员中的年轻人,他看见有6位六七十岁的老太太来参加会议,内心充满了"羡慕和尊敬",就"拉着她们的手,微笑

地向她们问好，并把她们一个个送到宿舍，给她们倒茶、打水……并和她们有趣地拉家常"，为其他代表做好了服务工作，发挥了"人民的勤务员"的作用。这正是他"人尽其用"的"一滴水精神"的具体体现。

二、"一滴水精神"蕴含着"准确定位"的精神

雷锋在1961年9月19日的《入党转正申请书》中说："一滴水，只有放进大海里才永远不会干，一个人只有和阶级结合在一起，才能最有力量。我深刻地认识到，我的利益也就在阶级利益之中。如果没有整个阶级的解放，也就没有我的一切。"这里说的"一滴水，只有放进大海里才永远不会干"，说的就是要找准人生定位的问题。准确给人生定位，才能脚踏实地，发挥应有作用。雷锋的人生位置，从政治面貌的角度看，他先是少先队员，后是共青团员，最后是共产党员；从所从事职业的角度看，他从生产队秋征助理员、乡政府通讯员、县委机关机要员、治沩工程指挥部通讯员、团山湖农场拖拉机手到鞍钢总厂洗煤车间推土机手，最后到部队运输连汽车驾驶员。每一种政治身份之下，他都能树立相应的思想，履行相应的义务；每一种职业身份之下，他都能爱岗敬业，出色做好相应的工作。除此之外，他还有另一种人生定位，那就是人生的思想道德定位。思想上，他把自己定位为党的"忠实的儿子""人民的勤务员""毛泽东时代的好战士""群众的小学生"；道德上，他把自己定位为"做一个毫不利己、专门利人的人""做一个对人民有用的人"。崇高的思想定位引领着雷锋伟大的行动，高尚的道德定位成就了雷锋光辉的人生。雷锋把自己这"一滴水"融进了伟大的共产主义事业，所以他才受到亿万人民崇高而长久的敬意。

三、"一滴水精神"蕴含着"投身集体"的精神

雷锋在1961年4月16日的日记中说："我真正懂得了群众的力量能移山填海，只有群众的力量是无穷无尽的，一个人的力量总是沧海一粟。"又在1962年3月9日的日记中说："一个人的力量毕竟是有限的，走不远，飞不高，好比一条条小渠，如果不汇入江河，永远也不能汹涌澎湃，一泻千里。"再联系前文所引的"一滴水，只有放进大海里才永远不会干"一句话来看，我们可以分明地看到，在雷锋的眼里，一滴水毕竟只是个体的一滴水，一个人毕竟只是个体的一个人，个体的力量毕竟是弱小的，要充分

发挥个体的作用,就必须拥有集体主义思想,努力把自己投身到集体中去,就像一滴水要汇入一条条小渠,一条条小渠要汇入江河、汇入大海一样。正因为有这样的认识,雷锋始终不忘把自己置身于"群众"这个集体之中,始终不忘把自己置身于"无产阶级"这个集体之中,始终不忘投身到党的伟大事业之中。也因如此,他能正确把握个人利益与集体利益的关系、个体利益与整体利益的关系、自我利益与革命利益的关系。他说"一个革命者就应该把革命利益放在第一位",又说"一个革命者,要树立牢固的集体主义思想,时刻把集体利益放在第一位"。正因如此,他"发愤图强,用自己的双手创造财富,为人类的解放事业——共产主义贡献自己的一切"思想指引下的全心全意为人民服务的行为尽在情理之中了。

四、"一滴水精神"蕴含着"谦虚谨慎"的精神

雷锋在1962年3月2日的日记中写道:"骄傲的人,其实是无知的人。他不知道自己能吃几碗干饭,他不懂得自己只是沧海一粟……"这里说的"沧海"与"一粟"的关系实际就是"沧海"与"一滴水"的关系。在辽阔浩瀚的"沧海"面前,"一滴水"永远也没有骄傲的资本,同理,在强大的集体面前,单独的个体永远只能保持谦虚的态度,因此,"一滴水精神"反映着雷锋"谦虚谨慎"的人生态度和学习态度。他始终牢记毛主席"学习的敌人是自己的满足,要认真学习一点东西,必须从不自满开始""虚心使人进步,骄傲使人落后"的教导,把作出的成绩看作"应该的",把取得进步归功于党的教导和同志们的帮助。他牢固树立群众观念和永不自满观念,说:"我要密切联系群众,相信群众,虚心向群众学习,团结带领群众一同前进,永不自满,永不骄傲,永远谦虚谨慎,紧紧地与群众团结在一起,共同为党的伟大事业而奋斗"。他定位谦卑,愿意永远做一名名副其实的好党员、人民的小学生、人民的勤务员,永远做集体大海里的一滴水、集体机器上的一颗螺丝钉、集体高楼上的一砖一石。他始终保持孜孜不倦的学习状态,做到时时学、处处学、事事学。他学习虚心,不懂就不懂,主动问;不会就不会,加紧学;不能就不能,刻苦练。他艰苦朴素,自我修炼,在"戒骄戒躁,不断前进"中使自己成为一个高尚、纯粹、有道德、有益于人民的人。

五、"一滴水精神"蕴含着"无私奉献"的精神

还是回到雷锋的"如果你是一滴水,你是否滋润了一寸土地?如果你是一线阳光,你是否照亮了一片黑暗?如果你是一粒粮食,你是否哺育了有用的生命?如果你是一颗最小的螺丝钉,你是否永远坚守在你生活的岗位上"的问题上来,"一滴水"滋润了土地,"一线阳光"照亮了黑暗,"一粒粮食"哺育了生命,"一颗螺丝钉"坚守了岗位,它们给自己收获了什么吗?或者说,从对象中索取了什么吗?没有,什么也没有。它们只是一味地付出和奉献,所以,我们说"一滴水精神"蕴含着"无私奉献"的精神。雷锋有远大的共产主义的人生观,他认定,他活着的全部意义就在于全心全意为人民服务,为人类的解放事业——共产主义而奋斗,决心"把有限的生命投入到无限的为人民服务之中去",并且实践了这个理想。雷锋有高尚的共产主义思想品德,他要做"一滴水"滋润每"一寸土地",做整个革命事业的一颗"永不生锈的螺丝钉"。雷锋有正确的幸福观,他把"毫不利己,专门利人"作为最大的幸福和快乐,始终保持艰苦奋斗的优良传统和作风,坚持同一切困难做斗争,敢于冲锋陷阵、迎难而上。正因为这样,他挺身而出,主动报名到艰苦的弓长岭工作;他牺牲休息时间,为战友理发,帮战友洗衣补衣;他勤俭节约,把节省下来的钱物用于支援祖国建设;他奋不顾身,参加扑火和抗洪战斗;他"一辈子做好事",却从来不图名不图利,成为无私奉献的光辉典范。

总之,"一滴水"折射着雷锋精神的光辉;"一滴水精神",是雷锋精神的重要组成部分。我们要大力弘扬"一滴水精神",准确进行人生和事业定位,正确处理个体和集体、个人和他人、自我和社会的关系,始终保持谦虚谨慎、艰苦奋斗的优良传统和作风,在自己的岗位上尽职尽责、尽己所能、尽己之用,为党和人民的事业无私奉献,在新时代中国特色社会主义建设的宏伟征程中作出自己应有的贡献。

"集体主义精神"内涵探析

李玉上

洪源作词、生茂作曲的歌曲《学习雷锋好榜样》中有一段歌词是:"学习雷锋好榜样,艰苦朴素永不忘,愿做革命的螺丝钉,集体主义思想放光芒。"其中的"集体主义思想放光芒"一句强调的就是雷锋精神中的"集体主义精神"。那么,雷锋的"集体主义精神"包含哪些具体内容呢?下面,我们对此作简要的探讨。

一、雷锋"集体主义精神"是一种"永远忠于党,忠于人民"的政治观

透过雷锋的日记诗文,我们不难发现,在雷锋的表述中,"集体"既是一个"大"概念,又是一个"小"概念,"大"则指抽象的"党""祖国""人民"或"革命事业","小"则指具体的组织、团体或群体。不管是"大"集体还是"小"集体,雷锋都表现出无限忠诚的政治态度。1959年10月×日,他在日记中说,要"把自己的全部力量献给党的事业"。1960年1月8日,他在日记中给自己提出的第一个"保证"就是"听党的话,服从命令听指挥,党指向哪里,我就冲向哪里"。1961年1月1日,他在日记中写道:"我要永远忠于党,保卫党的利益,为党的事业奋斗终生。"1962年2月14日,他在日记中说:"永远忠于党,忠于人民,为共产主义事业奋斗终身。"这种忠诚,不仅表现为他心里所想,更是表现为他身体力行。例如,1956年,党号召大办农业、发展农业生产时,他毅然放弃继续升学的机会,写下"党的需要就是我的志愿"的志愿,回到农村,参加农业生产。1958年,响应党的号召,捐款20元建设望城县拖拉机站,到团山湖农场担任拖拉机手;后又响应党的工业化建设的号召,到鞍钢当了一名推土机手。1959年,鞍钢要新建弓长岭矿区,他又主动申请到了条件更为艰苦

的弓长岭；为抢护集体的7200袋水泥，他把自己的被褥拿来覆盖水泥；年底，部队征兵，他写下入伍申请书和决心书。1960年1月，他终于成为一名解放军战士。综观雷锋的职业选择和具体言行，其忠诚的政治观是显而易见的。

二、雷锋"集体主义精神"是一种"事事大公无私，处处从党和人民的利益出发"的道德观

1960年8月，抚顺发生特大洪水，雷锋所在连接到上级命令，到郊外上寺水库去抗洪抢险。因雷锋几天前在扑救营房附近加工厂火灾时被烧伤的手还没好，连长让他在营区留守执勤。雷锋却跟连长讲起了"价钱"，坚决表示要上抗洪前线。到了现场，雷锋与战友们一起顶着暴雨，拼命地挖掘溢洪通道。正挖着时，他手中的铁锹被塌下的土方打掉了，天黑雨大没找见，他就用双手当铁锹挖泥，手指被磨破了皮。连长让他去搞宣传鼓动工作，于是他马上收集连里的好人好事，进行口头广播，带领大家唱歌、喊口号，使大家越干越欢。一连四天，他病倒了，晕倒在堤坝上，被送到一个老乡家里治病。他躺在老乡的炕上，外面的暴风雨撕裂了他的心，日记本上的黄继光像鼓舞着他的斗志，于是，他说服卫生员，又跑到水库工地上去继续战斗。这个事例中，为了集体的利益，为了抗洪抢险的胜利，他没有考虑自身的病痛，而是一心为着保卫人民的生命财产安全，充分表现了他"事事大公无私，处处从党和人民的利益出发"的高尚道德。

三、雷锋"集体主义精神"是一种"一个人只有和集体结合在一起才能最有力量"的力量观

雷锋在日记中说，他（以前）做事，总喜欢一个人去干，不爱叫别人，生怕人家不高兴。就拿扫地来说，他每天早上忙得不可开交，有的同志却闲着没事，而自己累得够呛，可扫的地段不大，有时室外卫生没有及时打扫。有一天，连长跟他说："火车头的力量很大，如果脱离了车厢，就起不到什么作用。一个人做工作，如果脱离了群众，就会一事无成。"于是，他进一步懂得了"一个人只有和集体结合在一起才能最有力量"的道理，注重发挥集体的力量，于是他发动了全部的同志打扫卫生，大家一齐动手，很快就把室内外打扫得干干净净。有一天下大雨，雷锋看到车场上放了两堆

苞米,虽然用雨布盖上了,但还是不放心,跑去一看,发现苞米被雨淋湿了不少,便立刻组织全班的同志拿大筐、麻袋,装的装,抬的抬,很快就把两千多斤苞米收拾好,使人民财产免受损失。有一次淘厕所,有的同志说这活应该叫别的连队来干,有的同志则怕脏怕累袖手旁观。针对这种情况,雷锋当即组织全班学习毛主席著作,使大家懂得"什么叫工作,工作就是斗争……我们是为着解决困难去工作、去斗争的。越是困难的地方越是要去"的道理,引导大家提高认识,统一思想。第二天,大家放弃了星期天的休息,主动淘厕所积肥支援农业生产,干得热火朝天。从此,扫厕所、淘大粪,雷锋都发动大家一起行动。把自己融入集体,充分发挥集体的力量干好革命工作,这是雷锋"集体主义精神"的一个重要特征。1960年3月×日,他在日记中说"一滴水只有放进大海里才能永远不干,一个人只有当他把自己和集体事业结合一起的时候才能有力量",又说"力量从团结来,智慧从劳动来。行动从思想来,荣誉从集体来",充分体现了他正确的力量观。

四、雷锋"集体主义精神"是一种"做一颗永不生锈的螺丝钉"的定位观

人之于世,无论生活、学习、工作,无论在家庭、在单位、在社会,无论于个人职业、革命事业,尤其是在个人与集体的关系上,都应有准确的定位,明确"我是何许人,我从何处来,我向何方去"的人生布局,唯其如此,才能书写好"我该干什么,我该干得怎么样,我该怎样去干"的人生篇章。在这个问题上,雷锋的认识十分深刻。他表示要"在伟大的革命事业中做一个永不生锈的螺丝钉"。除此之外,关于个人与集体的关系,雷锋还有"一朵花与春天""一滴水与大海""一粟与沧海""小渠与江河"之类的生动比喻。所有这些,都深刻地表现了雷锋的正确的人生定位。正因如此,他始终谦逊地对待党和人民,谦逊地对待集体,定位自己"永远是党的忠实儿女""人民的勤务员""群众的小学生",愿做集体"高楼大厦"的"一砖一石",愿"为党的利益、为集体利益不惜牺牲自己的利益",愿"为了党和人民的事业,就是入火海进刀山"也"甘心情愿,头断骨粉,身红心赤,永远不变"。

五、雷锋"集体主义精神"是一种"自觉遵守纪律"的纪律观

凡集体，总是有纪律的；凡纪律，总是要严格遵守的。雷锋曾经在日记中说："军队，它是战斗的集体，要有严格的组织纪律，一切要适应战斗的需要。很难设想一支锣鼓不齐、行动不一的军队，在战场上能打败敌人，取得胜利……我们革命部队，不仅有严格管理的一面，而且有耐心说服的一面；不仅存在着自上而下严格要求的一面，而且也存在着自下而上自觉遵守纪律、坚决服从管理的一面。"正因为有这种认识，当他发现有少数战友不遵守纪律、生活散漫，有同志不请假外出，有的同志吹了起床哨还睡着不动时，就觉得应该及时扭转。他还曾因自己"不自觉地就违反了纪律"而"心里难过极了"，并予以坚决改正。事情是这样的：雷锋刚入伍的时候，还是一个很幼稚的青年。有一个星期日，他认为放了假，就可以随便外出了，谁也没有告诉，就上街去照相。这件事被指导员知道了，吃过午饭后，指导员就找他谈话，对他进行了批评教育，说，如果军队没有严格的组织纪律，就会成为一盘散沙，就不能战胜敌人，并用毛主席说的"我们这个军队之所以有力量，是因为所有参加这个军队的人，都具有自觉的纪律"的教导和邱少云"为了不暴露目标，宁愿烈火烧身也不动一动，一直坚持到最后牺牲"的严守纪律的英勇事迹对他进行了启发，他感到十分难过和后悔。从那以后，他就再也没有违反组织纪律和各种制度。由此可见，雷锋身处集体中具有鲜明的纪律意识：是工人就不违反劳动纪律，是党员就要严格地遵守党的纪律，是战士就要自觉地遵守部队纪律和各种条令条例，总之是要"加强组织纪律性……严守纪律，听从指挥"。[①]

六、雷锋"集体主义精神"是一种"革命的利益高于一切"的利益观

雷锋曾告诫自己："牢牢记住，并且要贯穿到自己的生活和实际行动中去——革命的利益高于一切，处处为集体利益而不惜牺牲自己的一切。"所以，当他看到一位同志做损公利己的事，就心里过不去，立即进行了批评和制止。他认为，爱护国家和人民财产是他的责任，不能不管，今后还应

[①] 详见1959年8月26日的《雷锋日记》。

该大胆地管。这是他用行动制止别人损公利己的行为。1959年11月14日深夜11点多钟，突然下起了雨，他得知建筑焦炉工地还散放着7200袋水泥、国家财产即将受到损失时，急忙跑到工地，用自己的被子，并脱下衣服，抢盖在水泥上。后来，他又跑到宿舍，发动20多名同志，组织了抢护水泥的突击队。经过一场"有的忙着找雨布，有的忙着找芦席，盖的盖，抬的抬"紧张的战斗，保护了国家财产。这是他用行动保护集体物资利益的行为。1962年6月29日，他发现从部队驻地的一座大山上下来一个磨剪刀的人，鬼鬼祟祟的，像是要找什么东西似的，形迹十分可疑，他就进行了盘问，并把情况报告给了首长。最后，公安局的同志证实，"那个磨剪刀的人是个反革命分子"。这是他用行动维护国家政治利益的行为。所有这些行为，都是与他能正确认识和处理个人利益和集体利益之间的关系密不可分的。他曾经说，有些人对个人和集体的关系认识不清，因此做工作、办事情、处理问题等只顾个人，不顾整体。这样，就会给革命造成损失，给集体造成不利。他觉得正确认识个人和集体的关系是很重要的。他认为个人和集体的关系，正像细胞和人的整个身体的关系一样。当人的身体受到损害的时候，身上的细胞就不可避免也要受到损害。同样地，我们每个人的幸福也依赖于祖国的繁荣，如果损害了祖国的利益，我们每个人就得不到幸福。

七、雷锋"集体主义精神"是一种"发动群众，依靠群众"的群众观

我们党在领导中国人民进行革命斗争和社会主义建设实践中，创造和发展了马克思主义的群众观点，形成了一切为了群众、一切相信群众、一切依靠群众，从群众中来、到群众中去，密切联系群众的群众路线。这种群众路线，在雷锋身上得到了非常具体的体现。雷锋说，单丝不成线，独木不成林。一个人是办不了大事的，群众的事一定要发动群众、依靠群众来办。他说，当我们和群众交上了知心朋友，受到群众的拥护，就会给自己带来无穷的力量，就能克服更大的困难，就能在艰苦的环境中感到温暖和幸福。前述雷锋带领发动组织大家打扫室内外卫生、抢收遭遇雨水的苞米、淘大粪积肥、抢护水泥的事例就是很好的证明。他懂得，集体的力量、群众的力量是无穷的。他说，一朵鲜花打扮不出美丽的春天，一个人先进

总是势单力薄的，众人先进才能移山填海。还说，一个人的力量毕竟是有限的，走不远，飞不高，好比一条条小渠，如果不汇入江河，就永远也不能汹涌澎湃，一泻千里。正是在这种思想前提下，他把自己当作党的儿子、人民的勤务员、群众的小学生；他主动帮助战友乔安山学文化，以求得战友文化上的共同进步；他积极帮助"背后乱议论"的同志，以求得战友政治上的共同进步和实现全班同志的新的团结；他热情帮助佟占佩学技术，以求得战友汽车驾驶专业水平的提高。1962年2月19日，他在参加沈阳部队召开的首届团代会当天的日记中写道："我要密切联系群众，相信群众，虚心向群众学习，团结带领群众一同前进，永不自满，永不骄傲，永远谦虚谨慎，紧紧地与群众团结在一起，共同为党的伟大事业而奋斗。"这应可以算作雷锋"集体主义精神"群众观的最集中的体现。

　　以上我们从七个方面简要阐述了雷锋"集体主义精神"的基本内涵，所述不一定恰当、全面，因为雷锋"集体主义精神"的内涵是十分丰富的，如其中的"把有限的生命投入到无限的为人民服务之中去的"的服务观、"愿意把自己所有的东西，包括生命献给党和人民"的献身观、"能帮助人民克服一点困难，是最幸福的"的幸福观、"我活着就要做一个对人民有用的人"的价值观、"生为人民生，死为人民死"的生死观，等等，都值得我们作深入的学习和探讨。

　　最后，让我们高声唱响："学习雷锋好榜样，艰苦朴素永不忘，愿做革命的螺丝钉，集体主义思想放光芒，集体主义思想放光芒！"

满怀激情的人生叩问

——雷锋1958年6月7日日记解读

李玉上

关于雷锋和雷锋精神，胡锦涛同志1993年3月5日在纪念毛泽东等老一辈革命家为雷锋同志题词30周年大会上发表的讲话《发扬光大雷锋精神》中曾有高度评价，他说："一个只有22年短暂生命的普通共产党员，能够赢得亿万人民如此崇高和长久的敬意；一个普通的战士所表现的高贵品质，能够激励几代人的健康成长；一个群众性的活动，能够在几十年历史进程中延续不断，影响一个时代的社会风尚，这表明雷锋精神对于我们这个民族和社会过去具有、现在仍然具有重大价值和时代意义。"[1]这就告诉人们，雷锋的生命是短暂的，但也是永恒的；雷锋的地位是普通的，但也是高贵的；雷锋的崇高精神和高贵品质最能激励人们健康成长，最能影响和引领时代社会风尚。

关于雷锋和雷锋精神，中央文件有着全面而深刻的概括。2012年中共中央办公厅印发了《关于深入开展学雷锋活动的意见》，其中的"一、深入开展学雷锋活动的重要意义"中有一段文字，先概括说明了雷锋同志的崇高地位，即"雷锋是实践社会主义、共产主义思想道德的楷模，以短暂的一生谱写了无比壮丽的人生诗篇，树起了一座令人景仰的思想道德丰碑，是全国人民学习的光辉榜样"。随后概括说明了雷锋精神的宏大价值，即"雷锋精神是中华民族精神的重要内容，哺育和激励了一代又一代人成长……雷锋精神体现了中华民族的传统美德，顺应了社会进步的时代潮流，彰显了我们党的先进本色，内涵十分丰富、意蕴十分深刻，是一面永不褪

---

[1] 胡锦涛.胡锦涛文选（第一卷）[M].北京：人民出版社，2016：55-61.

色、永放光芒的旗帜"。最后概括说明了雷锋精神的精神实质以及学习雷锋同志、弘扬雷锋精神的行为要求，即"当前，要大力弘扬雷锋热爱党、热爱祖国、热爱社会主义的崇高理想和坚定信念，弘扬雷锋服务人民、助人为乐的奉献精神，弘扬雷锋干一行爱一行、专一行精一行的敬业精神，弘扬雷锋锐意进取、自强不息的创新精神，弘扬雷锋艰苦奋斗、勤俭节约的创业精神"。在此基础上，中共中央办公厅《关于深入开展学雷锋活动的意见》为"深入开展学雷锋活动，推动学雷锋活动常态化，大力弘扬雷锋精神"作出了全面部署。

我们学习雷锋同志、弘扬雷锋精神，必然要追寻雷锋足迹、阅读雷锋日记，从他的生活、学习和工作足迹中探寻全心全意为人民服务的实践路径，从他的光辉日记中领略他辉煌人生的精神奥秘。

一本《雷锋日记》，是一名普通百姓的人生实录，更是一位伟大战士的内心独白，一个民族的精神丰碑。诵读《雷锋日记》，聆听雷锋精神脉动，我们一定能获得"把有限的生命，投入到无限的为人民服务之中去"的无穷力量。翻开《雷锋日记》，第一则便是：

你带来了什么

"……如果你是一滴水，你是否滋润了一寸土地？如果你是一线阳光，你是否照亮了一分黑暗？如果你是一颗粮食，你是否哺育了有用的生命？如果你是一颗最小的螺丝钉，你是否永远坚守在你生活的岗位上？如果你要告诉我们什么思想，你是否在日夜宣扬那最美丽的理想？你既然活着，你又是否为未来的人类的生活付出你的劳动，使世界一天天变得美丽？我想问你，为未来带来了什么？在生活的仓库里，我们不应该只是无穷尽的支付者。"[1]

---

[1] 这则日记中，"你是否永远坚守着你生活的岗位上""使世界一天天变得美丽""我们不应该只是无穷尽的支付者"三句，有的《雷锋日记》版本分别录载为"你是否永远坚守在你生活的岗位上""使世界一天天变得更美丽""我们不应该只是个无穷尽的支取者"。根据冯健《雷锋，从这里起步》（湖南人民出版社2013年12月第1版）第207页所载"图15—3 雷正兴《你带来了什么？》手稿"判断，这三句的原稿即如本文所录，本文遵照原稿。

一论　雷锋精神的时代内涵

　　这则日记与其他很多"雷锋日记"不同，在雷锋的手稿中，冠有《你带来了什么》的标题。它是写在两页"赠给积极为本报写稿的同志"的稿纸上的，写作的时间是1958年6月7日，写作的地点是望城县团山湖农场，署名为雷锋的原名"雷正兴"。这里的"本报"当为《治沩工地报》。从稿纸页眉的文字"赠给积极为本报写稿的同志"看，其时，雷锋当为"积极为《治沩工地报》写稿的同志"。

　　这则日记的写作与面世，颇有点"传奇"色彩。据说，1958年11月12日晚，在离湘北上去鞍钢的列车上，雷锋与同去鞍钢的同伴谈到过：当时，《望城报》约请他为该报的"青年论坛"栏目写一篇文章，但过了好几天他也没有完全写好，只写了上述这么一段话，自己觉得不像一篇文章，也就没有给报社寄去，而是将其夹在《不朽的战士——湖南革命烈士传略》的书页里。这样这则日记就随这本书从望城带到鞍钢，又从鞍钢带到了部队。后来，被誉为"书写雷锋故事第一人"的军旅作家陈广生在回忆文章中谈到过：当年他在整理雷锋遗稿筹备展览时，不知什么原因竟然把雷锋1958年6月7日写在两页稿纸上的一篇文章夹在了自己的一本书里，被遗忘很长一段时间后才重新找出。1982年，中国人民解放军战士出版社特约他负责编辑出版一本《雷锋日记诗文选》，他就依据写作时间把上述《你带来了什么》这段文字作为雷锋日记的第一则编入了该书中。[①]据此，我们可以明白这则日记为什么有标题了，原来它本来应成为一篇文章的；也可以明白它的"来路"，原来它经历了"辗转"的历程。

　　这则日记，常被人称为雷锋"七问"，实际情况应该是"七问一答"——因为前有七个"问"句，后有一个"答"句，这从句子的意义单元角度就完全可以看出。

　　从内容上看，这则日记是雷锋对人生及其价值的激情叩问，体现了雷锋的人生价值观，这种价值观具体表现为以下五个方面。

　　第一，能以奉献社会为己任。"如果你是一滴水，你是否滋润了一寸土地？如果你是一线阳光，你是否照亮了一分黑暗？如果你是一颗粮食，你是否哺育了有用的生命？"这三问，说的是，如果是一滴水就要滋润土地，如果是一线阳光就要照亮黑暗，如果是一颗粮食就要哺育有用的生命，亦

[①] 冯健.雷锋，从这里起步[M].长沙：湖南人民出版社，2013：208.

即，一个人，无论怎样，哪怕力量很微弱，作用很微小，也都要能为社会发挥应有的作用，作出自己应有的贡献。这是在表明人生在世应该做什么的问题。

第二，能坚守自己的岗位。"如果你是一颗最小的螺丝钉，你是否永远坚守着你生活的岗位上？"这一问，是对前三问的概括总结，同时又是一个独立的意义单元，意思是，一个人，无论怎样，都要爱岗敬业，坚守岗位，在自己的岗位上"有一分热发一分光"。这是雷锋"干一行爱一行精一行"精神的最为生动的宣言，是在表明要完成服务他人、奉献社会的"己任"应该在何处做、怎么做的问题。

第三，有崇高的理想信念。"如果你要告诉我们什么思想，你是否在日夜宣扬那最美丽的理想？"这一问，是说，一个人是必须有思想的，一个人的思想，首先表现为"最美丽的理想"，而且要坚定不移，"日夜宣扬"。从雷锋的言语、事迹来看，这里所说的"思想"，当是马列主义、毛泽东思想以及一切有益于人民、有益于美好生活创造的思想；这里所说的"最美丽的理想"，当是伟大的共产主义理想和美好的人生理想。用雷锋自己的话来说就是"我活着，就是要做一个对人民有用的人"的思想和"更好地为人民服务，为人类的解放事业——共产主义而贡献自己的一切"的理想。这是在表明靠什么去做的问题。

第四，有面向未来的担当。"你既然活着，你又是否为未来的人类的生活付出你的劳动，使世界一天天变得美丽？我想问你，为未来带来了什么？"这两问，说的是，人要有面向未来的担当与付出，要为未来带来属于自己的贡献。这种担当与付出的行动就是"劳动"，愿景就是"使世界一天天变得美丽"。这是在表明应该朝什么方向去做的问题。

第五，有为生活仓库的积聚。"在生活的仓库里，我们不应该只是个无穷尽的支付者"，这是对前文的总结，亦即对前面"七问"所作的回答，意思是，人，不应该只向生活索取，更应该为生活付出。雷锋深谙提出问题还得解决问题的道理，所以在前面提出问题之后，对问题作出了自己的带有总结性质的回答，这就足以见出他思想上的成熟。

从形式看，这则日记无论是布局谋篇还是语言运用，都体现了雷锋高超的语言表达艺术水平，具体表现在以下三个方面。

第一，从思维逻辑的角度来看，"七问"的第一、二、三问是说人应该做什么，第四问是说应在何处做、怎么做，第五问是说应该靠什么作指导做，第六、七问是说应该朝着什么方向做；全文先"问"后"答"，步步向前，层层推进，其思维路线十分清晰，逻辑十分严密。

第二，从布局谋篇的角度来看，全文采取"先分后总"的结构方式，使结构十分完整。先以"七问"展开表述要表达的思想，最后以"在生活的仓库里，我们不应该只是个无穷尽的支付者"作为结语，构成"七问一答"的结构模式，使思维从"扩散"到"集中"、语言从"分说"到"总说"的表达结构得到了完美的呈现。

第三，从语言表达的角度来看，全文采用了设问、排比、比喻、比拟等修辞手法，抒情与议论相结合，发人深省、气势酣畅、形象生动地揭示了坚守理想信念、坚守工作岗位，为社会、为未来无私奉献才是最有价值的人生的道理。语言的形象，思想的深刻，使它成为"经典永流传"的文章。

仔细研读，我们不难发现，这则日记乃是雷锋人生理想的又一次集中表达。从现在我们能见到的书面记载看，雷锋集中表达自己的人生理想至少有三次：第一次是在1949年8月欢迎解放军的时候；第二次是1956年7月15日在小学毕业典礼上发言的时候；第三次则是这则日记所表达的要为未来带来什么。这三次理想表达之间，在内容深度上、思想高度上，有层层递进、步步登高的特征，表明了雷锋对理想的认识的不断扩大、不断升华。从某种意义上说，情感倾向所致的理想、职业倾向所致的理想等，当属感性性质的理想，唯有价值取向所致的理想才算得上理性性质的理想。正是在这种价值取向所致的理想指引下，雷锋成就了他全心全意为人民服务的辉煌人生。

仔细探究，我们不难发现，雷锋这关于"你带来了什么"人生叩问的"七问一答"绝不是凭空杜撰的，至少应该有两个基本来源。

第一个来源是生活和工作的实践。1957年11月，雷锋申请参加了望城县治理沩水工程建设。治沩工程建设完成后，1958年2月下旬，雷锋申请参加围垦团山湖农场建设，被安排学开拖拉机。3月上旬，参加拖拉机手培训。3月10日，从团山湖新田组下田，正式独自试开拖拉机犁田，成为望城县第一批拖拉机手；当天，他满怀兴奋，创作了散文《我学会开拖拉机了》（3月16日发表于《望城报》）。6月，向县委组织部干事彭正元请教如何写日记。在农场建设中，雷锋发现有青年伙伴们有所谓"在农场工作条件差、收入低、没前途"的思想，产生了不安定的情绪，于是就找他们谈心，谈他自己对这些问题的看法。6月7日那天，他便写下了《你带来了什么》。这些史实，表明了这则日记有着扎实的生活基础和鲜明的对象指向性。这个对象，当然包括了雷锋自己在内的所有人。

第二个来源是学习中得到的思想收获。雷锋爱学习，好读书看报，并能做到学用一致。通过学习，他的政治觉悟和思想觉悟得到不断提高。他读过《把一切献给党》《钢铁是怎样炼成的》等名著，前者的"我们要永远记住毛主席的教导，做一个毫无自私自利之心的高尚的人，纯粹的人，把我们的力量、我们的智慧、我们的生命、我们的一切，都交给祖国、交给人民、交给党吧"，后者的"人最宝贵的是生命，生命每个人只有一次。人的一生应该这样度过：回首往事，他不因虚度年华而悔恨，也不因碌碌无为而羞愧。临死的时候，他能够这样说，我的整个生命和全部精力都献给了世界上最壮丽的事业——为人类的解放而斗争"等名言，他都能一字一句地背诵出来。自然，这些名言的思想种子播撒在了雷锋的心田。

此外，青年马克思的思想对他有着积极影响。1835年8月，时年17岁的马克思在他所写的中学毕业作文《青年在选择职业时的考虑》中说"历史把那些专为公共谋福利因而使自己变得高尚的人称为伟大人物；经常赞美那些为大多数人带来幸福的人是最幸福的人"，说要选择"最能为人类福利而劳动的职业"，还说"我们的幸福将属于千百万人"。雷锋这则日记所表达的愿望和马克思文章的观点在内容实质上是完全一致的。虽然我们无从考证雷锋是否读到过马克思的这篇文章，但我们可以确信，在当时的思想宣传、文化教育的背景下，雷锋肯定受到过这篇文章思想光辉的照耀，肯定也由此生发了许多关于人生价值问题的思考，并且得出了自己的答案。正因如此，雷锋后来还有"我能帮助人民克服一点困难，是最幸福的""我觉得自己活着，就是为了使别人过得更美好"以及"决心把自己锻炼成为一个名副其实的共产党员，为人类作出贡献"等思想表达。这就足以表明，日记中表述的"为未来的人类生活付出你的劳动，使世界一天天变得美丽"的未来观、幸福观自有其确切的思想来源。

对宇宙、对人生的叩问，古往今来大有人在，大诗人屈原有过，大文豪苏轼也有过。屈原有"天问"，他的《天问》一诗，洋洋洒洒、汩汩滔滔提出了170（一说150）多个问题，指向对"天地万象之理，存亡兴废之端,贤凶善恶之报,神奇鬼怪之说"的探究,堪称"奇"文。苏轼有"月问",他的《水调歌头·明月几时有》表达了"但愿人长久,千里共婵娟"的美好祈愿。雷锋有"七问",他的《你带来了什么》无一字不在表达"无私奉献"的主题。比较而言,屈原的"天问"、苏轼的"月问","问"的都是"天",雷锋的"七问""问"的却是"人"。有道是:"天意从来高难问,目尽青天书难成。问天问地谁为答?靠天靠地靠自身。"所以,雷锋的"七问"更具有人世的、现实的、生命的、实践的价值。屈原的"天问"带有些许玄幻,没有答案;苏轼的"月问"带有些许凄惶,有答案但答案是意愿性的"但愿人长久,千里共婵娟";雷锋的"七问"有答案亦即"在生活的仓库里,我们不应该只是个无穷尽的支付者",而且洒满了阳光、充满了力量。与屈原的"天问"、苏轼的"月问"相比较,我们应该更能真切而深刻地感受到雷锋"七问"更有催人奋进的力量。

人生是个大主题,其价值取向的正确和宏大与否决定着人生价值的高低优劣。司马迁在《报任安书》中说:"人固有一死,或重于泰山,或轻于鸿毛,用之所趋异也。"它表明,生也好,死也罢,关键在于"用之所趋",亦即在于价值取向。毛泽东同志在悼念张思德同志的演讲时说:"为人民利益而死,就比泰山还重;替法西斯卖力,替剥削人民和压迫人民的人去死,就比鸿毛还轻。"鲜明地表达了中国共产党人的价值取向在于"为人民利益而牺牲",在于"为人民服务"。雷锋在《你带来了什么》中满怀激情叩问人生价值之所在并作出了有力的回答,不仅为他自己而且为我们每一个生活在伟大时代的人指明了人生价值的方向,其价值必将穿透未来!

让我们伴随雷锋的铿锵之声、和着新时代行进的节拍走向远方:是水就去滋润,是阳光就去照耀,是粮食就去哺育,是螺丝钉就去坚守,用我们最美丽的理想和付出的劳动,使世界一天天变得美丽!

一则读书心得，五道精神光芒

——雷锋1958年6月20日日记解读

李玉上

读书，往往有得。心有所得，思有所悟，口以述之，笔以记之，谓之读书心得。雷锋读书无数，亦爱写读书心得，他的思想、感情，很多都流露在他的读书心得中，闪烁着耀眼的精神光芒。他的第二则日记便是一则"读书心得式"日记，请看：

> 1958年6月20日
>
> 读《沉浮》以后，这本书给了我深刻的印象，沈浩如和简素华的恋爱故事教育了我。我认为简素华的那种坚强不屈的意志，那种高尚的共产主义风格，那种克服困难的决心和信心，那种艰苦朴素的工作作风，对群众那样的关怀，这位女同志是值得我学习的。沈浩如同志是一个有严重资产阶级意识的人，处处只为个人打算，怕吃苦，他那些可耻的行为，我坚决反对。

这则日记记录的是雷锋"读《沉浮》以后"的心得，这里说的《沉浮》应该是《浮沉》的笔误。《浮沉》是著名作家艾明之创作的一部小说，1958年由新文艺出版社出版，后被改编为电影《护士日记》。该小说以20世纪50年代中期我国东北社会主义建设为背景，描写了上海护士学校毕业的女青年简素华正确对待爱情和事业，克服重重困难，投身到东北建设行列的动人故事，歌颂了东北建设者们的献身精神和高贵品质，鞭挞了个别青年贪图安逸、追求虚荣的个人主义行为。小说一经发表，就得到了青年人的喜爱，简素华也成为青年人学习的楷模，大批知识分子、青年学生以简素华为榜样，主动放弃优越的城市生活，奔赴艰苦的、祖国最需要的地方。雷锋就是在这种背景下读到这部小说、写下这则日记的。

从思想内容的角度来看，这则日记表达了三个层面的意思：一是记述了从"沈浩如和简素华的恋爱故事"中得到的教育；二是记述了女主人公简素华"坚强不屈的意志""高尚的共产主义风格""克服困难的决心和信心""艰苦朴素的工作作风"和"对群众那样的关怀"的品格；三是记述了男主人公沈浩如"有严重资产阶级意识""处处只为个人打算，怕吃苦"的"可耻行为"。

从情感态度的角度来看，也表达了三个层面的意思：一是对《浮沉》的肯定的态度，说"这本书给了"他"深刻的印象"；二是对简素华行为和品质的学习的态度，说"这位女同志是值得我学习的"；三是对沈浩如行为的反对态度，说"我坚决反对"。

从行文思路的角度来看，它采取了先总说后分说的方式。这则日记只有三句话，思路十分清晰，第一句是总说，第二、三句分别从正、反角度进行分说，言简意赅地表达了自己受到的教育。

这则日记，篇幅虽短，但主题明确，态度鲜明，内容充实，语言朴实，结构完整，可以说是一篇比较典型的读书心得。特别是其中"坚强不屈的意志""高尚的共产主义风格""克服困难的决心和信心""艰苦朴素的工作作风"和"对群众那样的关怀"这五个方面的概括总结，不仅是对小说女主人公简素华个人精神品质的说明，而且是对自己向简素华学习方向的明确。它像五道闪耀的精神光芒照亮了雷锋前行的路，从此以后的雷锋，几乎就是顺着这条路一路高歌、奋勇向前的。

他葆有"坚强不屈的意志"。首要地表现为对党、对毛主席、对祖国、对人民的无限忠诚，对共产主义的坚定信念。他说，他"觉得一个革命者活着就是应该把毕生精力和整个生命为人类解放事业——共产主义全部献出"；他说，他"活着，只有一个目的，就是做一个对人民有用的人"；还说，"当祖国和人民处在最危急的关头"，他"就挺身而出，不怕牺牲。生为人民生，死为人民死"。这种"坚强不屈的意志"，也表现在对待同志像春天般的温暖，对待工作像夏天一样的火热，对待个人主义像秋风扫落叶一样，对待敌人像严冬一样残酷无情。

雷锋精神简论

　　他发扬"高尚的共产主义风格"。这种"高尚的共产主义风格"在雷锋的一生中有着最光辉的体现。雷锋在日记中说："我要牢记这样的话：永远愉快地多给别人，少从别人那里拿取。这种共产主义精神，我要在一切行动中贯彻。"1960年10月21日这一天，雷锋和战友们自带盒饭一起去割草。午饭时，他发现一个战友没有带盒饭，就拿出自己带的盒饭给那个战友吃，而自己却饿着肚子。1961年10月12日这一天，他听一个战友说，没有日记本了，手中无钱买。他立即就把自己的一本新的日记本送给了那个战友，还表示"这仅仅是一点小意思"，他"愿意把自己所有的东西，包括生命献给党和人民"。此类事例不胜枚举，都十分生动地展现了他"高尚的共产主义风格"。

　　他拥有"克服困难的决心和信心"。在如何对待困难、战胜困难的问题上，雷锋有过很多的论述，也有很多的行动，他的日记提到或专论"困难"这个问题的，不少于14则，此外还有《怎样对待困难》一文和《困难不可怕》一诗。我们可以毫不夸张地说，雷锋的成长过程就是他不断克服困难的过程。例如，为了克服学习上的困难，他发扬"钉子"精神，善于"挤"和勤于"钻"。又如，为了克服在帮助战友理发中遇到的"手不顺心"的困难，他坚定信心，鼓足勇气，一而再，再而三地到理发店向理发师父学习理发技术，最终做到得心应手，得到了战友们的肯定。

　　他保持"艰苦朴素的工作作风"。艰苦朴素是雷锋的鲜明特征。例如，1960年11月27日，被工程兵党委授予"模范共青团员"称号的雷锋在授奖大会上发言时保证："发扬艰苦朴素、勤俭节约的优良传统，不乱花一分钱，不乱买一寸布，不掉一粒粮，做到省吃俭用，点滴积累，支援国家建设。"1961年4月30日，司务长发给了他两套单军衣和两套衬衣，但他只各领了一套，剩下的那两套衣服交给了国家，以减少国家的开支，支援祖国的建设。1961年10月17日，他看到厕所的粪池满了，就立即动手淘大粪，牺牲了一上午的休息时间，把厕所打扫得干干净净。可见，雷锋的艰苦朴素是言行一致的。

　　他"对群众那样的关怀"。这里的"那样"不是一般的"事物所具有的性质、方式、状态等"的"那个样子"的指代性说法，而是"关怀态度好，关怀行动实，关怀程度深，关怀效果好"的意思。雷锋关心群众，关怀他人，表现了极大的热忱，更有切实的行动。例如，1961年2月2日，他从营口乘火车到兄弟部队作报告。下车时,寒风刺骨,他见到一位老太太没戴手套,两手捂着嘴,口里吹一点热气暖手,就立即取下自己的手套,送给了那位老太太,而他自己却被冻得像针扎一样。1962年4月3日,由于前一天下了一场大雪,这天显得格外的寒冷。吃过早饭以后,他到团里去开会,路上遇到了一个十来岁的小孩,见小孩衣服穿得很单薄,冻得直打哆嗦,心里很是不好过,就立即脱下自己的棉裤,送给了那个小孩,他感到说不出的高兴。

写下这则日记之后,雷锋还写过很多"读书心得式"日记,如1960年1月12日"看了一篇文章"、1960年2月15日读了《纪念白求恩》、1960年3月×日学习了毛主席著作、1960年12月×日学习了《整顿党的作风》、1961年2月16日学习了毛主席著作、1961年3月3日学习了毛主席著作、1961年6月×日学习了《论人民民主专政》、1961年11月×日学习了《纪念白求恩》、1962年看完《中国青年》杂志上徐特立写给晚辈的几封家信、1962年2月8日阅读《向秀丽》、1962年4月15日阅读《黄继光》、1962年4月16日阅读《党的好儿子龙均爵》、1962年4月×日学习了《论联合政府》、1962年6月×日学习了《中国社会各阶级的分析》、1962年6月×日学习了《论军队生产自给,兼论整风和生产两大运动的重要性》、1962年8月10日学习了毛主席著作以后,均写有心得,表述自己所受到的教育和由此而生发的思想情感,记述了今后的学习、生活与工作打算,也记录了许多为人民服务的亲身实践。

其中,1962年4月16日的日记,他是这么写的:"我今天一口气读完了《党的好儿子龙均爵》这本书。这本书太好了,对我的教育极深,对我的启发和帮助很大。我处处要以龙均爵为榜样,永远学习他不畏艰难困苦、敢于斗争的精神;学习他关心爱护同志的高贵品质;学习他大公无私、舍己为人的精神;学习他刻苦学习钻研技术的毅力;学习他爱护国家财产和爱护自己生命的精神;学习他处处把国家的利益和人民的利益放在个人利益之上的思想。坚决学习他,并贯彻于实际行动中,一定要在保卫祖国和建设祖国的事业中,贡献自己的力量。"与前述1958年6月20日的日记相比较,在写法上可谓异曲同工。最让人敬佩的是,其中的"不畏艰难困苦、敢于斗争的精神""关心爱护同志的高贵品质""大公无私、舍己为人的精神""刻苦学习钻研技术的毅力""爱护国家财产和爱护自己生命的精神""处处把国家的利益和人民的利益放在个人利益之上的思想"六项要学习的内容,无一不在他的行动中得到了彻底的体现。

通过上述分析,我们可以得出这么一个结论,读书心得不是说说而已、写写而已,心得心得,不仅仅是心中有得,还应该是得后有行,将心中之得化为切切实实的行动,只有这样,才能算作真正的读书心得,否则,心得再多,也是空话一句,大话一篇,最终成为"百无一用"的废话。

二论 雷锋精神的永恒价值

时代楷模雷锋的楷模性特征

刘宏伟

众所周知，所谓时代楷模，是指在某个特定的社会历史时期内，对人们的思想和行为产生巨大而深远的积极影响的、值得全体社会成员崇仰和学习的榜样人物。他们充分体现着"爱国、敬业、诚信、友善"的价值准则，充分体现着中华传统美德和红色革命文化的精髓。2014年以来，中共中央宣传部先后授予朱彦夫、文朝荣、尕布龙、陆军某部"大功三连"、航天员群体、其美多吉、敦煌研究院文物保护利用群体、福建省"漳州110"、钱海军、万步炎、海军南昌舰党委等140多个个人和群体"时代楷模"光荣称号。雷锋以其热爱党、热爱祖国、热爱社会主义的崇高理想和坚定信念，服务人民、助人为乐的奉献精神，干一行爱一行、专一行精一行的敬业精神，锐意进取、自强不息的创新精神，艰苦奋斗、勤俭节约的创业精神，成为全国人民学习的好榜样，引导了良好的社会风尚，影响了一代又一代中国人。习近平总书记称"雷锋是时代的楷模"，显然给予雷锋的是极为崇高的赞誉，表明雷锋是"时代楷模"中最杰出的代表。下面，我们从5个角度来阐述时代楷模雷锋的楷模性特征。

一、政治立场无比坚定

人生在世，总有一定的政治立场。雷锋一生，始终站在无产阶级的立场上，站在人民的立场上，站在党的立场上，始终服从党、祖国和人民的召唤，表现出政治立场的坚定性。他认识到，没有共产党就没有新中国，没有共产党就没有包括他自己在内的我们每一个人的幸福生活。在他的思想语系中，"把自己的全部理想献给党的建设事业""一定要把自己可爱的青春献给我们的祖国""做一个有利于人民的人、有利于国家的人""一心向着党，向着社会主义，向着共产主义"等声音时刻涌动于他的心胸，不断见之于他的日记和其他文稿。

　　正因如此，所以，他能做到党叫干啥就干啥，党指向哪里他就冲向哪里，绝不讲价钱。1954年，还在上小学的他，积极响应湖南省政府的号召，主动学习编织草鞋，为缺少草鞋的整修洞庭湖的民工送上了自己编织的草鞋。1956年，小学毕业的他，积极响应党"农村是一个广阔的天地，在那里是可以大有作为的"的号召，决定回到农村去，最后到生产队当了记工员。1957年，望城县决定治理沩水，已经是望城县委机关通讯员的他反复申请，最后加入工作条件十分艰苦的治沩战斗中。1958年，为了祖国的钢铁事业，他积极报名参加招工，在招工单位湘钢、武钢、鞍钢中选择了远离家乡、条件艰苦的鞍钢，成为鞍钢的工人。1959年，征兵工作开始后，他又"决心应召"，要为建设现代化的强大的国防军贡献自己的青春，最后成为一名中国人民解放军战士。可见，从学生到农民、从农民到工人、从工人到战士，雷锋的从业生涯始终坚守着正确的政治立场，服从着党的需要和人民的需要。

　　从具体的事例来看，雷锋的政治立场也是十分坚定的。例如，1962年8月6日，他在日记中说："我们吃饭是为了活着，可活着不是为了吃饭。我活着是为了全心全意为人民服务，为人类的解放事业——共产主义而斗争。"8月8日，他和战友给部队拉粮食。这趟车是副司机开的，由于副司机缺乏经验，遇到紧急情况就手忙脚乱起来，因此轧死了老乡的一只鸭子。雷锋立刻叫他停车，向老乡道歉，并给老乡赔了两元钱，使老乡没意见并很感动。将这日记和这事迹联系起来看，时间上，不过是两三天之间的事，"我活着是为了全心全意为人民服务"等语表明的是他的政治立场，轧死鸭子后给老乡道歉、赔钱就是坚守这种政治立场的具体表现，因为党的教导是要维护群众利益，"损坏东西要赔"。试想，如果没有坚定的政治立场，如果不是站在党的立场、人民群众的立场上来看问题，那么轧死鸭子后给老乡道歉、赔钱的事恐怕就没有了。雷锋毕竟是雷锋，他以自己的实际行动维护着自己的政治立场，维护着人民群众的利益。

二、人生理想无比远大

　　人生在世，总是要有理想的。雷锋是一个理想远大的人。总起来看，他的理想就是"要永远保持自己历史鲜红的颜色""做一个毛泽东时代的好

二论 雷锋精神的永恒价值

战士""做一个真正的共产主义革命战士""为人类最美好幸福的生活而斗争""为共产主义奋斗终身"。分开来看,他有自己的政治理想、生活理想、职业理想、学习理想和工作理想。政治理想上,他把"实现共产主义"作为自己的最大的追求,思想上始终保持向党中央看齐,组织上始终服从党的领导,行动上始终朝着共产主义的宏伟目标奋进。生活理想上,他说他"觉得自己活着,就是为了使别人过得更美好",因而总是舍己为人、乐于助人。职业理想上,他说他要做好农民、好工人、好战士,要为未来的人类的生活付出自己的劳动,使世界一天天变得美丽。学习理想上,他要"求得政治、文化、技术各方面的提高",以便更好地为人民服务。

1958年6月7日雷锋在短文《你带来了什么》中有一句话是"如果你是一颗最小的螺丝钉,你是否永远坚守在你生活的岗位上",显然,这是针对现实而言的,而紧接着的几句话是"如果你要告诉我们什么思想,你是否在日夜宣扬那最美丽的理想?你既然活着,你又是否为未来的人类的生活付出你的劳动,使世界一天天变得美丽?我想问你,为未来带来了什么",显然,这是针对未来而言的,表明他既看到现实又放眼未来,着眼长远。以此为思想源头,他在1960年11月×日的日记中说,"处在一个翻天覆地、千变万化的时代,一个英雄辈出、百花盛开的时代,一个6亿人民精神振奋,斗志昂扬,意气风发的时代",就应当"鼓足更大的革命干劲,激发更大的革命热情,站得高些,更高些;看得远些,更远些"。他"站得高些,更高些;看得远些,更远些"的一个突出表现就是,他坚信"我国人民在工人阶级先锋队——伟大的中国共产党的正确领导下,取得了革命的伟大胜利,取得了社会主义建设的巨大成就,将来会建设一个更美好的共产主义社会",并因此而"决心为党和阶级的最高利益斗争到底",即使遇到天大的困难也"有恒心克服各种困难……更好地为人民服务,为人类的解放事业——共产主义而贡献自己的一切"。

树立了理想,必定要为这个理想而奋斗。那么,雷锋是如何为理想而奋斗的呢?请看下面的实例。1962年1月16日,当天下了大雪,刮着刺骨的北风。为了使车辆经常保持良好的技术状态,随时开得动,他和一名战友主动到车场保养车辆。双手拿着冰冷的工具,调整和修理铁的机器,的确冷得很,有时手拿着铁的机件,就把手和机件粘在一起了。特别是双手伸到汽油里去清洗机件,更把手指冻得像针扎一样,他真想去烤烤火。可是，一想起连长在军人大会上的报告"在三九天里保养车是一个艰巨的战斗任务，过硬的功夫是在冰天雪地里锻炼出来的"，他就感到有一股暖流立刻传遍了全身，觉得有了无穷的力量，打消了烤火的念头，继续清洗机件。经过8个多小时野外苦战，他们终于把汽车保养好了。事后，他认为，虽然自己的手冻裂了口子，但是锻炼了自己的意志，提高了技术。什么叫"更好地为人民服务，为人类的解放事业——共产主义而贡献自己的一切"？这就是最生动的答案。

三、爱憎情怀无比深厚

雷锋出生在旧社会，家庭境遇十分凄苦。据有关资料记载，长沙雷氏世代平民，祖业无几。雷锋，自其曾祖父以来，历代居家简家塘，以佃种地主家田土为主业，农闲则兼谋其他生计。自其祖父以来，三代都租种唐姓地主的田土，是唐姓地主的老佃户。所住则是唐姓地主的"庄屋"，自家无房无屋。他于1940年12月出生，3岁时祖父积劳成疾又遭地主年关逼债不幸而亡，4岁时父亲遭日寇毒打在重病中不幸而亡，6岁时哥哥、弟弟在贫病交加中不幸而亡，7岁时母亲因不堪地主凌辱自尽而亡，从此沦为孤儿。短短4年内，一家5个亲人相继不幸离开了他，可以说，家庭境遇再没有比他更凄苦的了。可以说，生活在旧社会的雷锋，完全是在黑暗中煎熬着、挣扎着的。生活，对他来说，简直就是一场噩梦。

新中国成立后，雷锋获得了新生。在党的培养教育下，他的思想觉悟、阶级觉悟得到了极大的提高。1960年1月×日，他在日记中说，他出身于贫苦家庭，在旧社会过着缺衣少吃的苦日子。那种受奴役、被欺凌的仇恨，他永远铭记在心。1961年4月17日，他在日记中说，从记事那天起，党和毛主席便成了他心中的太阳，对阶级敌人更加憎恨。1961年8月3日，他在日记中说，像他那样一个给地主放猪出身的穷孩子，能够参加抚顺市第四届人民代表大会，心里有说不出的高兴和感激，他感激党和毛主席把他从虎口中救出来，感激政府对他的亲切关怀和照顾，感激人民对他的爱戴。1961年11月26日，他在日记中说，他学习了《毛泽东选集》一、二、三、四卷以后，感受最深的是，懂得了怎样做人，为谁活着，还说，他觉得自己活着，就是为了使别人过得更美好，他要做一个热爱祖国、热爱人民，永远忠于党、忠于人民革命事业的人。1962年3月6日，他在发表于沈阳军区1962年第5期《民兵之友》中的文章《做毛主席的好学生》中说,他是从阶级敌人、民族敌人的压榨下挣扎过来的,是在阶级友爱的革命大家庭里成长起来的。想想过去,看看现在,他知道恨谁,爱谁,他知道保卫可爱的祖国,是自己的神圣职责。从这些话语中,我们可以深深地感到,雷锋的爱憎界限十分鲜明,爱憎情感十分强烈。

恨有多深,爱有多深。所以,他把自己的爱全部献给了党,献给了祖国,献给了人民。1961年8月初,出席抚顺市第四届人民代表大会时,他利用会议的空隙,主动照顾同是参加会议的6位六七十岁的老太太,一个个送她们到宿舍,给她们倒茶、打水。8月6日这一天,他在日记中说,从阶级友爱出发,他不但爱这些老太太,而且爱全国人民,爱全世界的劳苦大众,他们都是他的亲人,他要为他们的自由、解放、幸福贡献自己的全部精力甚至最宝贵的生命。

正因如此,无论何时、无论何地、无论何人,当别人遇到困难时,他都能伸出热情的手,为他们排忧解难,谱写了一支"雷锋出差一千里,好事做了一火车"的时代新曲,以自己的实际行动,彰显出党的好儿子、毛主席的好战士、人民的勤务员的动人风采。

四、工作作风无比踏实

雷锋工作作风无比踏实,这应该是有目共睹的。我们先来看看他的工作岗位。1956年7—9月他在生产队担任记工员,9—11月他在乡政府担任通讯员,11月被选到望城县委机关担任通讯员。1957年冬,他到望城县治沩工程指挥部担任通讯员。1958年春,他到团山湖农场工作,成为一名拖拉机手;7月,被调回望城县委机关继续任通讯员;10月,到五星人民公社任通讯员;11月,到鞍钢化工总厂工作,成为一名推土机手。1959年8月,到鞍钢弓长岭矿山焦化厂工作。1960年1月入伍,1961年5月、8月先后任沈阳军区工程兵工兵十团技术营运输连二排四班班长。据此,我们可以看到,他所在的岗位是十分平凡的,所在的位置是十分普通的,工作的性质是十分琐碎的,但是,他能苦干、实干、巧干,展现出"干一行爱一行、专一行精一行"的工作特点。

所以,工作中,面对岗位地位,他能深化定位认识;面对岗位选择,他能不惧艰难困苦;面对岗位安排,他能坚决服从组织;面对职责要求,他能自觉提出保证；面对本领不强，他能做到勤学苦练；面对自身缺点，他能积极加以改正；面对工作困难，他能坚持主动出击；面对工作同伴，他能加强团结友爱；面对急难危险，他能勇于牺牲自我；面对工作成绩，他能永葆谦虚谨慎。总之，他以踏踏实实的工作作风，实践着"付出自己的劳动使世界一天天变得美丽""为人类最美好幸福的生活而斗争"等誓言。

例如，在苦学苦练工作本领方面，他能虚心向师父学习拖拉机、推土机、汽车驾驶技巧，学习技术理论，达到了全神贯注、废寝忘食的地步，做到了"不懂就问，不装懂"，做到了"走到哪学到哪"，做到了"学人之长，补己之短"。特别是在练习投弹时，为了克服"个子小，臂力不足"的困难，他"起早贪黑"地练，"借着月光，偷偷地从床上爬起"来练，忍受"胳膊疼得很厉害"的苦痛不停地练，最终"达到了要求"。又如，在站岗的问题上，有的同志晚上不愿意站岗，他能想到站岗是党和人民交给的一项光荣而艰巨的任务，所以每次轮到他站岗的时候，不管是白天还是黑夜，烈日还是严寒，他总能很愉快地去执行。再如，在执行临时任务时，他能听从指挥，服从命令，不折不扣完成任务。1962年6月22日这一天，他从今早6点钟开始工作，清洗了燃油系统，检查调整了电路，给底盘各部机件打了黄油。当他把全车螺丝检查完毕的时候，接到首长的指示，叫他马上出车，护送一个重病号到卫生连。他急忙收拾工具，出车护送。临走前，他看了下手表，已是下午1点了。这时他的肚子也感到有些空了。凑巧，炊事员给他送来了一盒午饭，大家叫他吃了饭再走。但是他想：阶级兄弟病重，处在紧要关头，抢救同志要紧，不能耽误时间，于是发动车出发。经过两个多小时急行，终于把病号按时送到了卫生连，顺利地完成了任务。

五、精神境界无比崇高

在学习和工作中，雷锋积极进取，兢兢业业，取得了令人瞩目的成绩和令人欣喜的进步。在望城，他先后被评为望城县"模范群教"、荷叶坝完小"毛泽东时代的好学生"、望城县"建设社会主义青年积极分子"和望城县"下放干部先进生产者"，加入了共青团。在鞍钢，他先后获评"标兵"18次、"红旗手"5次、"先进生产者"3次，还获得"社会主义建设青年积极分子"称号。在部队，他荣记三等功2次、二等功1次，获得了"艰苦奋斗节约标兵""模范共青团员""学习毛主席著作积极分子"和抚顺市"优秀

二论　雷锋精神的永恒价值

校外辅导员"等称号,加入了中国共产党,出席了沈阳军区团代表大会、抚顺市第四届人民代表大会和沈阳军区工程兵工兵十团党代会,还先后被提拔为副班长、班长。面对这些成绩、荣誉和进步,他始终保持谦虚谨慎的态度,把它归功于党,归功于帮助他的同志们,并告诫自己"千万不可以骄傲",表现出崇高的精神境界。当然,这只是他崇高精神境界的一个组成部分。

我们应该看到,在雷锋身上体现出来的"螺丝钉精神""一滴水精神""钉子精神""傻子精神""集体主义精神"等,都以其"共产主义风格"底色而光耀于世。所以,毛泽东同志说"学习他一切从人民的利益出发,全心全意为人民服务的精神",邓小平同志题词说"谁愿当一个真正的共产主义者,就应该向雷锋同志的品德和风格学习"。总之,雷锋站在人类未来的角度去行动,把共产主义作为人生的大理想;站在祖国需要的角度去行动,把服从安排作为人生的大格局;站在人生价值的角度去行动,把无私奉献作为人生的大追求;站在提升自我的角度去行动,把终身学习作为人生的大内容;站在人民利益的角度去行动,把服务人民作为人生的大作为,最终,他以其"信念的能量、大爱的胸怀、忘我的精神、进取的锐气"筑起了"雷锋精神"这样一座辉煌灿烂的精神丰碑和道德高地。

以上,我们从5个角度简要介绍了时代楷模雷锋的楷模性特征。毋庸置疑,时代楷模雷锋的楷模性特征当然不止上述5个方面,其他如终身学习学以致用、自我修炼快马加鞭、团结友爱暖如春风、辛勤劳动力争上游、直面困难敢于斗争、我心无我无私奉献等,都是十分值得我们深入探究和学习的,此处不再赘述。

雷锋何以成为时代楷模

刘宏伟

雷锋能成为时代楷模，绝对不是偶然的，而是有其深厚的优良传统文化渊源，有其社会主义新社会的社会基础，有雷锋自身艰苦奋斗结果的凝结，更有党和人民对雷锋教育与培养结果的凝聚。具体来说，雷锋能够成为时代的楷模大略有如下主客观因素。

一、中华民族优良传统美德的滋养

中华民族是一个有着优良传统美德的民族。其爱国爱民的仁爱情怀、大公无私的宽广胸襟、自强不息的顽强意志、舍生取义的英勇气概、勤俭节约的高贵品质、艰苦奋斗的进取精神等要素汇聚而成的优良传统美德都深深地根植在雷锋的心田。

例如，雷锋的祖父雷新庭，虽深受阶级压迫和剥削，但具有勤劳质朴、正直明理、勤俭持家、与人为善等典型的中国农民的特质。雷锋的父亲雷明亮，担任过农民协会自卫队队长，大革命失败后，到长沙市仁和福油盐号做工，后来回乡种田，农闲时节则在长宁公路上抬轿，赚取微薄收入养家，他一生勤劳，向往新的生活，并为此而不断努力。雷锋的母亲张元满，出生没几天就被送到了育婴堂，一生厄运不断，最终因受尽地主凌辱而自缢身亡，她勤劳善良，吃苦耐劳，以死抗争，表现出不屈的斗争精神。长辈身上所具有的这些传统美德，无疑在家庭日常生活中给了幼小的雷锋以耳濡目染的作用。

又如，7岁的雷锋沦为孤儿以后，六叔娭毑一家收养了他，几乎算是给他捡了一条命。他先是跟着六叔祖父到长沙河西一带学唱皮影戏赚钱，以求能够养活自己；六叔祖父因为身体原因不能唱戏之后，雷锋为了减轻六叔娭毑的家庭负担，偷偷外出讨饭，受尽了地主老财的冷眼和欺凌；雷锋在外乞讨期间，生了背花疮，回到六叔娭毑家之后，六叔娭毑抱住雷锋，为他找药医疮，叫他不要再外出讨饭，并说只要有她一口饭吃，就不会饿着雷锋。六叔娭毑一家的行为，无疑给雷锋幼小的心灵播下了人心向善、自强不息的种子。

再如，雷锋沦为孤儿以后，他父亲的生前好友彭德茂对他很是关心、疼爱，在生活上给予了他很多的帮助。长沙解放前夕，作为地下党员的彭德茂跟雷锋说："现在就要解放了，我们要多撒些传单，多贴些标语，向人民群众宣传革命道理，迎接解放。"在彭德茂的指导下，雷锋和他的小伙伴一起，装扮成讨饭的小乞丐，将革命标语贴到了地主家里，贴到了长宁公路上，贴到了国民党反动军队的驻地里，为宣传革命斗争发挥了作用。彭德茂这些行为，无疑将向往未来、不怕牺牲、英勇斗争的品格植入了雷锋的血脉。

无数事例表明，中华民族优良传统美德的滋养奠定了雷锋成长的文化基础。

二、马列主义、毛泽东思想的哺育

雷锋认真学习毛主席著作。学习过程中，他有"学习毛主席著作，是为了改造思想"的纯正动机，有"干革命不学习毛主席著作不行"的深刻认识，有"一定要把毛主席著作学到手"的坚定决心，能把握"学习毛主席的立场、观点、方法"的学习重点，能采用"联系实际，活学活用"的科学方法，在思想和行动上都取得了常人难以取得的显著效果。例如，《纪念白求恩》一文，使雷锋学到了对人民群众应有"毫不利己，专门利人"的道德品质，学到了对专业技术应有"刻苦钻研，精益求精"的职业精神，树立了自己做"一个高尚的人……一个有益于人民的人"的人生目标，树立了自己"永远站在无产阶级立场上……做一个真正的共产主义革命战士"的人生理想。《愚公移山》一文，使他学到了"不怕困难，敢于斗争，敢于胜利"的敢于同困难作斗争的精神。《反对自由主义》一文，使他能时刻用毛主席的教导检查自己，能对班里的"不团结，有意见开会不提，背后乱议论"现象进行了纠正，使班里"由原来的不团结达到了新的团结"。

总之，是马列主义、毛泽东思想使他树立了共产主义人生观，确立了为共产主义而奋斗到底的雄心大志；使他树立了高尚的道德观，具有了"处处为党的利益，为人民的利益着想"的"大公无私，舍己为人的风格"；使他树立了为人民服务的幸福观，他说他"是人民的勤务员，自己辛苦点，多帮人民做点好事"，就是他"最大的快乐和幸福"；使他树立了又红又专的职业观，能够干一行爱一行精一行，无论在什么岗位都能以出色的成绩展示出毛泽东时代奋进青年的卓越风采；使他树立了艰苦奋斗的奋进观，能不畏艰险战胜各种困难，厉行节约支援国家建设，顶风冒雨抢救国家财产，持之以恒为民排忧解难。

无数实例表明，马列主义、毛泽东思想指引了雷锋成长的正确方向。

三、党组织和上级领导的培养教育

无论在农村、在工厂还是在军营，无论是在生活上、学习上还是工作中，雷锋都得到了党组织和上级领导的悉心培养、谆谆教诲、亲切关怀。

例如，1957年秋，望城县委书记借一颗雷锋毫不在意的螺丝钉对他进行了教育，说，咱们国家底子薄，要搞社会主义建设，就得勤俭奋斗；还教导他说，一颗螺丝钉，别看它小，机器上缺了它可不行啊，我们每一个同志都是革命这个机器上的一颗螺丝钉。在这里，雷锋受到了"要珍惜螺丝钉，要勤俭奋斗"的思想教育。后来，雷锋的"螺丝钉精神"大放异彩。

又如，1958年12月，雷锋听到了征兵的消息，激动不已，当天深夜，他连棉衣都没有穿就去向车间总支李书记询问他能不能入伍的问题，李书记对他大加鼓励，说他身强力壮，参军是顶呱呱的，还把一件棉衣披在了他的身上，使雷锋大为感动，当即写下入伍申请书和决心书，第二天一早就报了名，最终实现了他多年来的参军梦想。

再如，1960年11月21日，他在沈阳军区工程兵部见到了上级首长，首长们像慈父般关爱他，使他感到无限幸福。政委教导他，革命不能忘本，要继续做好工作，要更加虚心，对领导要尊敬，对同志要团结，要努力做毛泽东时代的好战士，要做一个好的共产党员。他深受教育，表示"一定要好好学习和工作，永远听党的话，听毛主席的话，跟党走，做毛主席的好战士"。政委的话，使雷锋得到了一次很好的政治教育，提高了雷锋的政治觉悟。1961年1月1日，雷锋在日记中总结过去一年的工作时说，在党和首长的培养教导下，他学会了很多军事技术，是连、排首长手把手地教，他才学会了射击、投弹、汽车驾驶等技术，而且成绩优秀；不仅如此，而且政治上也有很多的提高,思想和眼界变得更加开阔和远大了,干劲也越来越足了。

无数实例表明,党组织和上级领导的培养教育铺平了雷锋成长的道路。

四、英雄模范人物的积极影响

雷锋所处的时代是一个英雄辈出的时代。雷锋爱英雄,学英雄。张秀云、向秀丽、张思德、白求恩、刘胡兰、董存瑞、郅顺义、黄继光、龙均爵、聂耳、安业民、方志敏、王若飞、郑春满等英雄模范人物的先进事迹,激励着雷锋一心向着党、向着社会主义、向着共产主义,始终让他心怀祖国、心怀人民、心怀全心全意为人民服务的思想,成为雷锋的精神引领。

1962年4月16日,雷锋读完《党的好儿子龙均爵》一书后,写下日记,并表示"要以龙均爵为榜样"。请看他此后的行动:一是在出差途中为群众服务。在写这篇日记之后的第3天,即1962年4月19日,在出差途中,他帮助了一位老太太,"还帮助乘务员扫车厢、擦车厢,给旅客们倒开水,帮炊事员卖饭"。二是冒雨送人回到家。第16天,即1962年5月2日,冒雨送带着两个孩子艰难赶路的妇女回家,又摸黑赶回驻地。三是义务修路、种地。第20天,即1962年5月6日,星期天,"上午修路200米,把几个坑洼的地都填好了",受到称赞,"下午保养了一个小时车,其余时间帮老百姓种地"。四是节约国家开支。第22天,即1962年5月8日,少领了一套单军装、一双胶鞋和其他用品。五是连续7个小时保养车辆,又执行新任务。第64天,即1962年6月22日,从早上6点到下午1点钟保养汽车,来不及吃饭,又经过两个多小时急行车护送重病号到卫生连。六是识别一个反革命分子。第71天,即1962年6月29日,当天下午,发现一个磨剪刀的人形迹可疑,警惕地盘问,并把情况报告给首长。最后确定,那人是反革命分子。七是利用星期天休息时间保养汽车。第108天,即1962年8月5日,"上午调整了汽车各部间隙,换了手制动片。下午送工作组首长到我团工作"。八是纠正了一个人生观错误。第109天,即1962年8月6日,有人认为"人活着就是为了吃饭",而他认为"这种说法不对,我们吃饭是为了活着,可活着不是为了吃饭。我活着是为了全心全意为人民服务,是为人类的解放事业——共产主义而斗争"。由此可见,龙均爵的事迹对他的影响有多么深远。

无数事例表明,英雄模范人物的积极影响为雷锋成长树立了人生路标。

五、身边人的帮助激励

一个英雄人物的成长离不开身边人凝聚而成的肥沃土壤。老师、同事、朋友和战友等身边人总与雷锋一路同行，细心地帮助着雷锋，激励着雷锋。思想迷惘时，有人引导他；遇到困难时，有人鼓励他；犯下错误时，有人批评他；受到表彰时，有人警示他；走向远方时，有人期待他。他们修正着雷锋的缺点，弥补着雷锋的不足，淬炼着雷锋的思想，端正着雷锋的行为……

举例来说吧。1958年11月，雷锋将去鞍钢，临别之际，当时与雷锋一起在望城县团山湖农场劳动锻炼的同事王佩玲以"你姐黄丽"的名义，在一本烫金日记本扉页上给"亲如同胞的弟弟"雷锋写下了350多字的"临别赠言"，祝愿雷锋"把光和热发遍世界"，预言雷锋"人们都会知道你的名字""都会热爱你敬佩你"。这些话语，无疑给了雷锋巨大的激励。

1962年春天，有同志反映，"在一些会议上，雷锋不注意听首长的讲话。在火车上以及空闲的时刻里，他翻弄自己照片的次数较多……"他有"骄傲自满"的表现和"自我陶醉"的表现。这个反映，使雷锋深刻地认识到了自己身上存在的问题，于是从2月27日起，连续写下7篇日记，多次提及要"警惕骄傲自满"情绪。

无数事例表明，身边人的帮助和激励营造了雷锋成长进步的氛围。

六、雷锋自身的艰苦奋斗

外因是变化的条件，内因是变化的根据，外因通过内因而起作用。雷锋能够成为时代楷模，关键在于他能沿着党指引的方向而艰苦奋斗，奋力拼搏。

长沙解放前夕，他机智地帮助地下党张贴标语。解放后，他丢掉讨米棍、扛起红缨枪，勇助农会智擒顽敌。上学期间，他"学习他最好，活动他最行"；毕业时立下做好农民、好工人、好战士的志向。在安庆乡工作期间，他拼尽全力，做好秋征公粮工作和通信员工作。在县委机关工作期间，他不辞劳苦，上下奔忙，忘我工作，参加文化补习，向别人学写日记、学使用手摇式计算机，学革命道理，捐款支持社员发展养猪事业，曾被评为"建设社会主义青年积极分子"。在治沩工程指挥部和团山湖农场工作期

二论　雷锋精神的永恒价值

间,他奋发向上,努力劳动,成为望城县第一代拖拉机手,写下《南来的燕子啊》《你为未来带来了什么》等著名的诗歌日记,并且一直坚持学习毛主席著作,曾被推选为"全县下放干部先进生产者"。钢铁厂来望城招收工人时,他选择了远离家乡、条件最为艰苦的鞍钢。在鞍钢工作期间,他服从分配,忘我劳动,学会了开推土机,尤其在新建焦化厂时更是吃苦耐劳;曾3次被评为先进生产者,5次被评为红旗手,18次被评为标兵,获得"青年社会主义建设积极分子"称号。在部队,他听党指挥,服从领导,刻苦训练,锻炼能力;他学军事技术,学毛主席著作,学英雄模范,提高思想觉悟,做到"生为人民生,死为人民死",真真切切"把有限的生命投入到无限的为人民服务之中";他加入了中国共产党,被评为"模范共青团员",被记功多次,而且担任了班长、校外辅导员,当选为人大代表;其事迹登上了《解放军画报》,被毛主席翻阅。

雷锋一生的事迹表明,坚持党的领导、坚守理想、艰苦奋斗、忘我工作,全心全意为人民服务,是自身成长进步的必由之路。

七、精神永恒成为楷模

时代楷模的倡树,是一个历史的过程,是一个发展的过程,也是一个不断被证明的过程。雷锋成为时代的楷模,这个"时代",不是物理意义上的静止时间,而是踏着潮头浪尖与时俱进的一个个时代。雷锋成为时代楷模,是因为雷锋精神具有永恒性,是引领时代进步发展的精神力量。

1963年3月5日,《人民日报》《红旗》杂志等各大报刊发表毛泽东主席"向雷锋同志学习"的题词,接着,周恩来、刘少奇、朱德、邓小平、陈云、董必武等党和国家领导人分别发表题词,周恩来同志题词"向雷锋同志学习,憎爱分明的阶级立场,言行一致的革命精神,公而忘私的共产主义风格,奋不顾身的无产阶级斗志",对雷锋精神作出了具体的概括。从此,全党、全军和全国人民掀起了学习雷锋的高潮。

2012年3月,中共中央办公厅印发的《关于深入开展学雷锋活动的意见》中指出:"要大力弘扬雷锋热爱党、热爱祖国、热爱社会主义的崇高理想和坚定信念,弘扬雷锋服务人民、助人为乐的奉献精神,弘扬雷锋干一行爱一行、专一行精一行的敬业精神,弘扬雷锋锐意进取、自强不息的创新精神,弘扬雷锋艰苦奋斗、勤俭节约的创业精神",对雷锋精神做了新时

雷锋精神简论

代的阐释。雷锋精神,以其贴近民众而令人景仰的魅力,成为社会的呼唤、时代的强音、党和国家的宝贵精神财富。

党的十八大以来,习近平总书记就学习雷锋、弘扬雷锋精神发表了系列重要讲话。习近平总书记指出,"雷锋、郭明义、罗阳身上所具有的信念的能量、大爱的胸怀、忘我的精神、进取的锐气,正是我们民族精神的最好写照,他们都是我们'民族的脊梁'"[1],强调"雷锋是时代的楷模,雷锋精神是永恒的"。在中国共产党成立100周年之际,雷锋精神被纳入中国共产党人精神谱系。

一种精神具有多大的历史穿透力,就具有多大的时代价值和当下意义。雷锋精神历久弥新,常学常新,植入社会主义核心价值观肌理,融为社会主义道德范畴精髓,成为激励人们报效国家、献身社会、实现人生价值的重要精神动力,雷锋成为当之无愧的时代楷模。

---

[1] 详见2013年3月6日习近平总书记在参加十二届全国人大一次会议辽宁代表团审议时的讲话。

雷锋精神的基本特征

刘宏伟　谭铁安

雷锋，作为时代楷模，已经不是一个生理意义上的人名，也不是独属于他个人的姓名权利，而是一个具有公共文化价值的精神符号，是一种得到社会普遍认同的向善向上的道德引领。雷锋精神的特性，是雷锋作为时代楷模的具体体现。

一、雷锋精神具有深厚的人民性

雷锋是时代的楷模，在于雷锋精神具有深厚的人民性。

其一，雷锋所走的人生之路，是一条平凡的路，却走出了精彩。雷锋，是一个在旧中国饱受苦难、在中国共产党的领导下得到了解放、在新社会心怀感恩艰苦奋斗的活生生的人，他是千千万万个普通人民群众中的一员，他的人生之路是平凡的，虽然他有在生产组当记工员、到乡政府当通讯员、到县委机关当公务员、到国营农场当拖拉机手、到工厂当工人，最后参军入伍当战士这一系列的经历，但他的人生之路既没有暴风骤雨，没有烈火硝烟，也没有跌宕起伏，没有激流险滩，和许许多多的普通群众所走的人生路一样，甚至可以说，有很多人所走过的人生之路，要比雷锋的人生之路丰富得多。然而，正是许许多多的普通人所走的人生路，却被雷锋走出了风采，走出了精神，走出了希望，成为大众心中的航标。

其二，雷锋行走在人生旅途中，将自己的一切奉献给了人民。在雷锋的心里，装着的是党，是人民，是社会主义。少年雷锋，关心同学，帮学校周边的农户施肥；在望城县委机关当公务员时，乐于助人，关心他人；在治沩工地上，他乐当通讯员、监督员和宣传员，一心为着工程的顺利推进。在国营团山湖农场，他帮助他人学习、激发同事进步；到了鞍钢之后，雷锋不计个人得失，组织安排干什么就干什么，关心集体，用自己的被子盖住水泥免遭雨淋；参军之后，雷锋雨夜送大娘，将自己的饭菜让给战友，生病了到工地上搞支援，将自己省吃俭用节约的钱捐献给人民公社、捐献给灾区。"雷锋出差一千里，好事做了一火车"成了战友对他的基本评价。这些平凡的小事，无不体现出雷锋的为民情怀。"我就是长着一个心眼，一心向着党，向着社会主义，向着共产主义"，这就是雷锋内心的真实想法。

其三，雷锋精神是一名普通的战士用自己的人生淬炼出来的，得到了广大人民群众的高度认同。1963年3月6日，周恩来总理为雷锋题词"向雷锋同志学习，憎爱分明的阶级立场，言行一致的革命精神，公而忘私的共产主义风格，奋不顾身的无产阶级斗志"，对雷锋精神的内涵作了高度概括。

爱憎分明的阶级立场：是雷锋热爱党、热爱祖国、热爱社会主义的根本体现，是雷锋根植于血脉的人民观的根本反映。试想一想，如果雷锋不具有人民至上的思想，又何来他爱憎分明的阶级立场，何来他全心全意为人民服务的永恒坚守？

言行一致的革命精神：言行一致，是为人处世的基本准则，是公共道德对人的基本要求。在雷锋的人生道路上，雷锋始终坚持说到做到，表里如一。他虚心接受批评和意见。他在鞍钢当工人时买了一件皮夹克，家乡的领导写信教育他，希望他不忘本，坚守艰苦奋斗勤俭节约的作风，他认识到自己的错误之后，坚决改正，在他之后的人生中，勤俭节约几乎伴随着他，他被评为节约标兵。

公而忘私的共产主义风格：全心全意为人民服务，是贯穿雷锋一生最突出、最动人、最完美的主旋律，也是雷锋精神的核心内容，反映了雷锋无私奉献的人生态度。雷锋时时处处都以党、人民和祖国的利益为重，把帮助别人看作最大的幸福和快乐，把有限的生命投入无限的为人民服务中去。言行一致、不图名利、不计报酬、坚持不懈、始终如一。

奋不顾身的无产阶级斗志：雷锋吃苦耐劳，艰苦朴素，乐于奉献。雷锋把"生为人民生，死为人民死"作为自己的人生信条，"时刻准备着为党和阶级的最高利益，牺牲个人的一切，甚至生命"。雷锋始终保持着昂扬的精神状态和勇往直前的革命干劲，在平凡的岗位上作出了不平凡的成绩，用生命践行了为共产主义事业毕生奉献的誓言。

二、雷锋精神具有强烈的时代性

雷锋是时代的楷模,这里所称的"时代",不是一个特定的、具体的时代,更不仅仅是雷锋所生活的那个年代,而是说,无论是什么时代,雷锋都是一个楷模。雷锋精神具有强烈的时代特征,只有将雷锋精神置于一定的时代背景之下,才能深刻地认识到这一点。

其一,雷锋始终是一面焕发出时代精神的旗帜。雷锋无论是在读书、当通讯员、当拖拉机手或是当工人、当战士的时候,他都获评过先进工作者、红旗手、工作模范、节约标兵等,荣立过二等功、三等功等荣誉。据长沙市望城区雷锋精神研究会统计,他的一生获得过42次(其中生前38次)荣誉,他的先进事迹一直都是人们学习的光辉榜样。雷锋因公殉职之后,他的模范事迹依然激励着人们向善向上。2009年9月10日,雷锋被评为"100位新中国成立以来感动中国人物"之一;2018年9月,被中央军委政治工作部评为"全军10位挂像英模"之一;2019年9月25日,雷锋被授予"最美奋斗者"荣誉称号。以"雷锋"的名义命名的各类典型成为一道独特的风景,"雷锋"已经成为一种文化现象。

其二,雷锋精神始终代表着一个时代的主旋律。在社会主义革命和建设时期,雷锋用自己的具体行动,展现出他热爱党、热爱毛主席、热爱人民、热爱祖国的赤子情怀;他克己奉公、乐于助人、艰苦朴素、勤俭节约,是这个时代人们的价值理念;他热爱学习、积极上进、关心集体、服务他人,是当时的好人标准。在改革开放时期,不同的思潮冲击着人们对社会的认知,精神文明建设的意义越来越重大。雷锋精神在这个时代虽然经过了一定曲折,但依然能够被广大人民群众高度认同,成为社会道德建设的基本标杆,进一步证明了雷锋精神具有强大的道德魅力。进入21世纪,雷锋精神成为引领公民道德建设和践行社会主义核心价值观的重要内容,雷锋精神的时代内涵得到了新的提升。

其三,雷锋精神始终具备时代特征。雷锋精神是一座精神富矿,无论在什么时代、无论时代需要什么,都能够在这座富矿中找到答案。理想信念是精神支柱,雷锋坚定的共产主义信念,始终是学习的榜样;志愿服务是情怀担当,雷锋用他的青春谱写了一曲全心全意为人民服务的赞歌;创新创业是时代要求,雷锋的"钉子"精神作了深刻的诠释;进取奋斗是时代责任，雷锋"在生活的仓库里，我们不能只是无穷尽的支付者"给了人们最好的回答。

三、雷锋精神具有伟大的榜样性

雷锋是时代的楷模，楷模就是标杆，就是榜样。

其一，雷锋是一个爱党爱国爱人民的榜样。在雷锋的心目中，是党救了他，给了他新的生命，在他的人生中，他永远心怀着对党、对祖国、对人民的感恩之心。1960年11月8日，雷锋光荣地加入了中国共产党，他在日记中写道："我要永远听党的话，在您的教导下尽忠效力，永远做祖国人民的忠实儿子。我要全心全意为人民服务，永远做人民群众的忠实的勤务员。为了党的事业，为了全人类的自由、解放、幸福，就是入火海上刀山，我也心甘情愿！就是粉身碎骨，也是赤胆红心，永远不变！"铮铮誓言，体现出雷锋是一个爱党爱国爱人民的好榜样。

其二，雷锋是一个不懈奋斗的榜样。雷锋少年立志。在高小毕业的典礼上表达的三个人生梦想，无疑是最崇高、最美好、最具激发人们正能量的志向。雷锋在他的人生旅途中，凭着"我愿做高山岩石之松，不做湖岸河旁之柳。我愿在暴风雨中——艰苦的斗争中锻炼自己，不愿在平平静静的日子里度过自己的一生"的坚忍，用非常人可以理解的艰辛、执着与追求，锚定目标，心怀理想，一步一个脚印走稳走实，用短短六年的时间，最终实现了他的三个人生梦想。

其三，雷锋精神是实现中华民族伟大复兴中国梦的精神力量。中华民族伟大复兴中国梦的基本内涵是实现国家富强、民族振兴、人民幸福。中国梦是强国梦，是民族复兴梦，是每个中国人的梦。梦想的实现，需要精神支撑，需要力量鼓舞。雷锋精神作为中国共产党人精神谱系的重要内容，体现了中国共产党人"坚持真理、坚守理想，践行初心、担当使命，不怕牺牲、英勇斗争，对党忠诚、不负人民"的精神追求，是实现中华民族伟大复兴中国梦的精神力量。

四、雷锋精神具有鲜明的发展性

雷锋精神最鲜明的特征，就是与时俱进、常学常新，在实践中不断得到发扬。

二论 雷锋精神的永恒价值

其一，雷锋精神的内涵随着社会的发展而不断丰富，有着与时代要求相一致的崭新特征。1963年3月5日，毛泽东主席题词"向雷锋同志学习"发表之后，周恩来等党和国家领导人相继为雷锋题词，对雷锋精神进行了高度概括。这一轮的雷锋精神，是对雷锋政治品格的高度肯定，代表着当时的政治形势和政治需求。在之后的十多年里，虽然对雷锋和雷锋精神的认识走了一些弯路，但全社会学雷锋活动却没有停止过，学雷锋活动的形式在社会发展中不断创新，学雷锋始终是全社会的共同价值追求；改革开放以来，人们的思想道德观念和价值理念日益多元化，西方国家的自由化思潮给人们的思想带来强烈冲击，用雷锋精神培育社会主义一代新人成为必然，以"热爱党、热爱祖国、热爱社会主义的崇高理想和坚定信念，服务人民、助人为乐的奉献精神，干一行爱一行、专一行精一行的敬业精神，锐意进取、自强不息的创新精神，艰苦奋斗、勤俭节约的创业精神"为主要内涵的雷锋精神得到了发展；进入中国特色社会主义新时代，以"信念的能量、大爱的情怀、忘我的精神、进取的锐气"为核心的雷锋精神，成为激发社会正能量、实现中华民族伟大复兴中国梦的强大精神动力。

其二，学雷锋活动被赋予了新的内容。60年来，雷锋精神的价值体现通过学雷锋活动反映出来，学雷锋活动形式与内容的变化，反映出雷锋精神的与时俱进性。活动兴起之初，学雷锋的形式和内容带有明显的政治色彩，这一点，从老一辈党和国家领导人为雷锋的题词就可以看出来。20世纪80年代至21世纪初，学雷锋活动主要放在学雷锋、做好事方面，通过学雷锋活动的开展，推动全社会形成"人人为我，我为人人"的社会风尚。进入21世纪，雷锋精神"爱党爱国、助人为乐、敬业奉献、锐意创新、艰苦奋斗"的时代内涵成为推进社会主义精神文明建设的有力思想武器。党的十八大以来，学雷锋活动得到深化和拓展，"要倡导社会文明新风，带头学雷锋，积极参加志愿服务，主动承担社会责任，热诚关爱他人，多做扶贫济困、扶弱助残的实事好事，以实际行动促进社会进步"[1]，学习雷锋，推动志愿服务，成为新时代文明实践的重要内容。

其三，"当代雷锋"的产生使雷锋精神永远具有时代魅力。60年学雷锋活动中，每一个阶段都产生了"当代雷锋"。老一辈党和国家领导人为

---

[1] 习近平.论党的青年工作[M].北京：中央文献出版社，2022：21-22.

雷锋的题词发表之后,"学雷锋,看行动"成为最响亮的声音,涌现出廖初江、丰福生、黄祖示等学习毛主席著作积极分子,涌现出在平凡的工作岗位上做出不平凡事迹的好司务长孙乐义,涌现出舍身救列车的共产主义战士欧阳海等。1966—1976年,虽然有组织的学雷锋活动大部分停止,但群众性的学雷锋活动却没有间断,涌现出接替雷锋担任望花区建设街小学校外辅导员的金国吉,"关心党和群众比关心个人为重,关心他人比关心自己为重"的于泉洋,以雷锋为榜样、坚持学习和宣传雷锋精神的雷锋亲自辅导过的学生有孙桂琴、陈雅娟、王忠慧等。改革开放至21世纪之初,学雷锋活动不断创新,涌现出当代的新雷锋朱伯儒、镶玻璃个体劳动者辛福强、优秀乘务员王桂荣、新时期英模青年海员严力宾、人民铁道卫士陈善珉、当代活雷锋张子祥等。21世纪以来,学雷锋活动进入了与时俱进的新阶段,涌现出郭明义、罗阳、郑培民、杨利伟、丁晓兵、王顺友、洪战辉等一大批道德模范和先进人物。这些当代雷锋,充分反映出雷锋精神与时俱进的特征。

五、雷锋精神具有永恒的引领性

雷锋是时代的楷模,楷模的作用在于对社会道德的影响,对社会行为的引导,对社会风气的引领。

其一,雷锋精神是社会主义道德建设的重要标杆。在雷锋的一生中,他心怀感恩,心存善念,以帮助和服务他人为乐;他奉献他人,关心别人胜过关心自己,心里总是装着人民,全心全意为人民服务是他毕生的追求。雷锋助人为乐、服务人民的奉献精神正是社会主义人际道德的充分体现,也可以说,雷锋精神的时代内涵,是社会主义人际道德的标杆和引领。

其二,雷锋精神是锻造社会价值理念的重要抓手。用社会主义核心价值观引导构建社会价值理念,是新时代公民道德建设的重要内容,也是社会主义核心价值体系建设的重要举措。社会主义核心价值观于人的层面是爱国、敬业、诚信、友善,与雷锋精神的时代内涵高度契合。通过学习雷锋、弘扬雷锋精神,深刻领会雷锋精神的时代内涵,可以将雷锋精神转化为实现中华民族伟大复兴中国梦的精神力量。把学习和弘扬雷锋精神与践行社会主义核心价值观统一起来,既可以推动学雷锋活动"走新""走稳",又可以促进社会价值理念锻造"走实""走深"。

其三，雷锋精神是倡树文明新风的重要引领。文明新风的倡树过程，需要向善向上的道德品质引领，需要社会普遍认同的公序良俗的张扬，需要代表时代主旋律的正能量的传播。雷锋精神所蕴含的时代内涵中，雷锋高尚的道德品质、积极向上的人生追求、与时俱进的精神实质，正是倡树文明新风的重要引领。

雷锋精神的时代价值

刘宏伟　谭铁安

雷锋是时代的楷模，雷锋精神具有极强的时代价值。这种价值，内容十分丰富，表现十分广泛，对此，我们作如下简述。

一、有利于新时代公民道德建设

《新时代公民道德建设实施纲要》指出，党的十八大以来，以习近平同志为核心的党中央高度重视公民道德建设，立根塑魂、正本清源，作出一系列重要部署，推动思想道德建设取得显著成效。但是，由于种种原因，道德领域依然存在不少问题。一些地方、一些领域不同程度存在道德失范现象，拜金主义、享乐主义、极端个人主义仍然比较突出；一些社会成员道德观念模糊甚至缺失，是非、善恶、美丑不分，见利忘义、唯利是图，损人利己、损公肥私；造假欺诈、不讲信用的现象久治不绝，突破公序良俗底线、妨害人民幸福生活、伤害国家尊严和民族感情的事件时有发生。这些问题必须引起全党全社会高度重视，采取有力措施切实加以解决。

要解决上述问题，方式方法可以多种多样，其中，以雷锋精神作引领，就能找到相应的答案。例如，针对"拜金主义、享乐主义、极端个人主义"的问题，我们可以从雷锋的思想和行动中找到解决问题的武器。他说"我们吃饭是为了活着，可活着不是为了吃饭。我活着是为了全心全意为人民服务，是为人类的解放事业——共产主义而斗争"，他说"有理想有出息的青年必定是乐于吃苦的人"，他认为"一个革命者，要树立牢固的集体主义思想，时刻都要把集体利益放在第一位。同时还要坚决打消个人主义，因为个人主义对革命不利，对集体有损害"，最终，他把自己的生命都献给了党、祖国和人民。

又如，针对"美丑不分"的问题，我们可以拿雷锋的一段名言作为引导，这段名言就是:"什么是时代的美?战士那褪了色的、补了补丁的黄军装是最美的,工人那一身油渍斑斑的蓝工装是最美的,农民那一双粗壮的、满是厚茧的手是最美的。劳动人民那被烈日晒得黝黑的脸是最美的,粗犷雄壮的劳动号子是最美的,为社会主义建设孜孜不倦地工作的人的灵魂是最美的。这一切构成了我们时代的美。如果谁认为这并不美,那他就不懂得我们的时代。"

再如,针对"损人利己、损公肥私"的问题,我们可以拿雷锋的一件事作为参照,那就是:1961年5月3日这一天,他看到一位同志做了一件损公利己的事,立即进行了批评和制止,还表示,爱护国家和人民财产是他的责任,不能不管,今后还要大胆地管。总之,要解决公民道德建设方面的问题,我们可以从雷锋精神中找到思想清洗剂、行为方向标。

二、有利于培育和践行社会主义核心价值观

习近平总书记2014年5月4日在北京大学师生座谈会上提出:"要倡导富强、民主、文明、和谐,倡导自由、平等、公正、法治,倡导爱国、敬业、诚信、友善,积极培育和践行社会主义核心价值观。""三个倡导"24个字,凝练概括了国家的价值目标、社会的价值取向和公民的价值准则,是社会主义核心价值观的基本内容。

雷锋精神,是社会主义核心价值观的核心内容在新时代的生动体现,也是被历史检验了的符合全社会普遍崇尚的道德标准。雷锋精神的向善向上的精神内涵,与国家层面的价值目标高度契合,向善向上的目的就是国家的富强、民主、文明、和谐;雷锋热心公益、乐于助人、扶贫济困、见义勇为、善待他人、奉献社会,全心全意为人民服务的思想境界,是社会价值取向的崇高标准;雷锋具有坚定的理想信念,他的奉献精神、敬业精神、创新精神和创业精神,是公民价值准则的全面体现。

以"和谐"为例,我们可以从雷锋身上学到构建和谐社会关系的思想和方法。看一个事例吧:1962年8月8日,他和战友去运送粮食,那位战友开车,但由于缺乏经验,遇到紧急情况就手忙脚乱,结果轧死了老乡的一只鸭子。这时,他立即叫战友停车,向老乡道歉,并给老乡赔偿了两块钱,使老乡没意见,而且很感动。从这个事例中,我们可以看到,他的行为体现了"群众利益无小事"的思想,既维护了群众利益,又和谐了军民关系,

完完全全是党的群众路线的生动实践。

以"敬业"为例，我们可以从雷锋身上汲取无穷的力量。思想上，他始终做到"党叫我干什么，我就干什么，绝不讲价钱"；行动上，他始终做到干一行、爱一行、精一行。在农场，为了学会拖拉机驾驶技术，他虚心、苦学、苦练。吃饭的时候，还好像坐在拖拉机上似的，不停地摇晃着；拿起筷子，像握住拖拉机的操纵杆一样，随手拽动。在工厂，为了克服推土机机头高、他个子矮、无法正常驾驶的困难，他就猫着腰操作；为了避免推土机在铲煤时掺带泥土，他又苦心钻研铲煤技巧；为解决推土机上坡就熄火等难题，他细细琢磨研究，最后通过"调整气缸进油量"等方法解决了问题。在部队，为了解决因个子小、臂力小而使手榴弹投掷达不到要求的问题，他虚心向连、排首长学习，起早贪黑地练，常常晚上借着月光练，胳膊疼得很厉害也不放弃，最终取得了优秀的成绩。总之，雷锋精神对培育和践行社会主义核心价值观具有无可替代的示范引领作用。

三、有利于弘扬中国共产党人精神谱系

2021年9月29日，党中央批准了中央宣传部梳理的第一批纳入中国共产党人精神谱系的伟大精神，雷锋精神在列。雷锋精神被纳入中国共产党人精神谱系，彰显出雷锋精神的灿烂光辉，也说明雷锋精神具有为实现中华民族伟大复兴凝聚起奋勇前进的强大精神力量的价值。

坚定信念，呈现出雷锋的崇高品质。崇高的理想和坚定的信念，是雷锋最为突出的品质特征，是雷锋坚持真理与坚守理想最为生动的表现，也是伟大建党精神在雷锋身上的突出表现。雷锋这种崇高的理想信念，不是与生俱来的，是在党的光辉照耀之下生成的，是在许许多多的革命先烈和前辈的影响之下而坚定的。没有伟大的中国共产党，就没有这位共产主义战士，也没有永恒的雷锋精神。"我就是长着一个心眼，一心向着党，向着社会主义，向着共产主义"，雷锋的铮铮誓言，阐释了一名共产党人的政治信仰。

服务人民，呈现出雷锋的使命担当。全心全意为人民服务是党的根本宗旨，也是雷锋精神的核心内容，雷锋的一生，始终将为人民服务作为自己的毕生追求。雷锋从走进新社会起，他的感恩党、感恩毛主席、感恩人民的心情就非常强烈，他把自己的生活融入了全心全意为人民服务之中。

雷锋具有宽阔的情怀，只要是为党工作，为人民服务，无论在什么岗位，他都无怨无悔。雷锋的这种奉献精神，彰显出中国共产党人全心全意为人民服务的使命担当。

大爱胸怀，呈现出雷锋的英雄气概。雷锋大爱的胸怀和忘我的精神，体现出中国共产党人的道德境界。他的这种胸怀和精神，是革命先烈的影响产生的，是革命前辈的引领形成的，是在社会主义革命和建设事业的实践中提升和淬炼的，闪烁着革命英雄主义气概。

敬业进取，呈现出雷锋的高尚情操。雷锋的一生是奋斗的一生，他为党和人民的事业而奋斗，始终奔跑在奉献、敬业、创新、创业的征程中。雷锋曾在他的日记中写道："我觉得一个革命者活着就应该把毕生精力和整个生命为人类解放事业——共产主义全部献出。我活着，只有一个目的，就是做一个对人民有用的人。当祖国和人民处在最危急的关头，我就挺身而出，不怕牺牲，生为人民生，死为人民死。"雷锋在这篇日记中，全面阐释了人生的意义，真实反映了他的精神世界，同时也反映了一个共产党员对党忠诚、不负人民的境界。

学习和弘扬雷锋精神，有利于加深对中国共产党人精神谱系的理解。

四、有利于推进中国特色志愿服务

中国特色志愿服务是社会文明进步的重要标志，是加强精神文明建设、培育和践行社会主义核心价值观的重要内容。习近平总书记多次作出重要指示，充分肯定志愿服务的重要作用，勉励志愿者作出更大贡献。雷锋精神是志愿服务精神的时代表现。

雷锋精神蕴含以人民为中心的理念。雷锋在其短暂的人生中，以服务人民为最大的快乐，人民至上的理念深入骨髓。雷锋精神，经历了60年的淬炼与提升，其中蕴含的志愿服务特质历久弥新，是中国特色志愿服务的实践要求，也是新时代志愿服务的行动指南。

雷锋精神凝聚志愿服务的群众力量。志愿组织作为基层最活跃的社会力量，可以最大限度凝聚社会共识，彰显志愿服务的影响力和感召力，弘扬和促进向上向善、诚信互助的社会风尚。雷锋精神的社会功能同样如此，而且，雷锋作为一个时代的楷模，更容易被时代、被社会、被人民所接受，得到广大基层组织和人民群众的高度认同。

雷锋精神是展现志愿服务精神的永恒载体。2019年7月，习近平总书记在致中国志愿服务联合会第二届会员代表大会的贺信中勉励广大志愿者、志愿服务组织、志愿服务工作者立足新时代、展现新作为，弘扬奉献、友爱、互助、进步的志愿精神，继续以实际行动书写新时代的雷锋故事。习近平总书记的谆谆寄语，是中国特色志愿服务新的使命和追求，也是雷锋精神通过志愿精神在新时代彰显魅力的新途径。

五、有利于推进新时代文化发展

60年来，雷锋和雷锋精神已经成为一种文化现象；学习雷锋和弘扬雷锋精神已经成为一种发展先进文化的生动实践。

雷锋精神具有深厚的文化特质。习近平总书记指出："雷锋是时代的楷模，雷锋精神是永恒的，它是五千年优秀中华文化和我们红色革命文化的结合。"①雷锋精神的文化特质，来源于中华优秀传统文化的传承：雷锋出生于"惟楚有材，于斯为盛"的湖湘文化重要源头之一的岳麓山畔，勤劳善良的乡亲在其成为孤儿之后收养了他，感恩与回报成为雷锋服务人民的初心；雷锋精神的文化内涵，来源于红色革命文化的培育：雷锋生在旧社会，阶级仇和民族恨在雷锋身上集中反映，使雷锋形成了对红色革命文化的无比向往和高度认同；雷锋精神的文化魅力，彰显了当代中国特色社会主义先进文化的发展。学习雷锋、弘扬雷锋精神，已成为当代中国的一种文化现象。

雷锋精神具有引领先进文化发展的功能。文化作为一种精神力量，能够在人们认识世界、改造世界的过程中转化为物质力量，对社会发展产生深刻的影响。这种影响，不仅表现在个人的成长历程中，而且表现在民族和国家的历史中。先进的、健康的文化对社会的发展产生巨大的促进作用，反动的、腐朽没落的文化则对社会的发展起到重大的阻碍作用。雷锋精神是一种向上向善的、先进的、健康的文化力量，是新时代文化发展不可或缺的文化营养。

雷锋精神与新时代文化发展目标高度契合。"彰显新时代中国自信自

---

① 详见2018年9月28日习近平总书记在辽宁省抚顺市向雷锋墓敬献花篮并参观雷锋纪念馆时的讲话。

二论　雷锋精神的永恒价值

强、守正创新的文化底色，焕发中国人民团结奋斗、昂扬向上的精神风貌"是新时代文化发展的重要目标之一，雷锋精神在不断地与时俱进中形成的文化内涵，与新时代文化发展的目标一致。

综上所述，把握雷锋时代楷模的由来，认识雷锋精神的特征，领悟雷锋精神的价值，有利于发挥好雷锋这一时代楷模的作用，进一步续写好新时代的雷锋故事。

让我们高举中国特色社会主义伟大旗帜，全面贯彻落实习近平新时代中国特色社会主义思想，以雷锋为榜样，大力弘扬雷锋精神，在全面建设社会主义现代化国家、全面推进中华民族伟大复兴的宏伟事业中踔厉奋发，勇毅前行。

充分发挥雷锋精神的时代价值

刘宏伟　谭铁安

雷锋精神是社会主义革命和建设时代孕育出来的，与时代一起脉动，其时代价值难以尽述。下面我们对充分发挥雷锋精神时代价值的问题作简要阐述。

一、用雷锋精神助力思政教育

2016年12月，习近平总书记在全国高校思想政治工作会议上强调，高校思想政治工作关系高校培养什么样的人、如何培养人以及为谁培养人这个根本问题。深刻地指出了思政教育的重要意义、主要目标和本质要求，是高校思想政治建设的根本遵循。培养什么人的问题不是一个简单的问题，而是需要实实在在的具体实践，是一个系统工程，需要用榜样来引导、用标杆来衡量。雷锋，就是引领，就是标杆。我们认为，用雷锋精神助力思政教育，要做好如下工作。

要加强平台建设。积极开展新时代雷锋精神研究，形成适合学生接受的雷锋精神研究成果并加强成果转化，让成果进校园、进课本、进课堂；搭建教学平台，把握教学的重点，创新教学方法，将雷锋精神与新时代要求结合起来，与思想政治教育的需要结合起来，与培养一代有崇高理想道德的时代青年的目标结合起来，推进教学迈上新水平。

要加强榜样建设。在学校思政教育当中，树立学雷锋的榜样，树立思想政治教育有成效有特点的榜样，让师生可以直接感知到身边的人和事，感知到榜样的力量，使榜样的力量转化为自觉行动的动力。

要加强活动建设。让学生走出校门，走进更大的社会，参加社会实践活动，使学生在社会实践中得到锻炼，受到教育，感悟人生的精彩，让学生通过社会实践活动树立正确的世界观、人生观和价值观。

要加强机制建设。建立人才保障机制。加强雷锋精神融入高校思想政治教育的理论研究，建立和完善雷锋精神融入高校思想政治教育专家库，充分发挥专家库的作用，深入探求雷锋精神在学校思想政治教育上的价值意义，深刻把握雷锋精神在学校思想政治教育各层面的特征特点和基本规律，夯实雷锋精神融入高校思想政治教育的理论基础。建立社会激励机制。高校思想政治教育是素质教育的重要内容，是社会人才需求供给侧的重要发展方向，全社会要将培育担当民族复兴大任的时代新人作为培育年青一代的出发点和落脚点，推进形成关心思想政治教育、支持思想政治教育、参与思想政治教育的良好氛围。

二、用雷锋精神助力乡村振兴

习近平总书记在党的二十大报告中提出"全面推进乡村振兴"。用雷锋精神助力乡村振兴要多方发力。

要确定基调。当前，推进乡村振兴战略实施要围绕"产业兴旺，生态宜居，乡风文明，治理有效，生活富裕"的要求全面展开，"治理有效"是乡村振兴的基础环节和关键举措。要进一步确定乡村全面振兴的新基调，确保治理有效。雷锋是一个道德楷模，雷锋精神是被人们高度认同的精神标杆，确定以雷锋精神引领乡村社会治理的新基调，具有深厚的群众基础，也是被历史证明了的具有非凡价值的实践过程。要夯实基础。在农田水利等基础设施建设中，引入雷锋元素，抒写雷锋故事，彰扬学雷锋典型，激发群众爱国爱家爱集体的热情，让雷锋无私奉献、感恩党回报社会的情操在新时代以新的形式得以彰扬；在乡村群众文化活动中，利用群众文化体育活动阵地，建设文化长廊，彰显雷锋特色，让雷锋精神潜移默化、润物无声；在发掘本土文化、深耕地域文化过程中，积极树立和讴歌时代雷锋、身边雷锋，用群众喜闻乐见的文化活动方式弘扬雷锋精神，彰显雷锋精神价值；在倡树文明乡风民俗的过程中，加大学雷锋力度，用雷锋的感恩、奉献、乐观、上进等精神，引导和激发群众的荣誉感、自信心、进取心和新时代集体主义情怀，夯实学雷锋的群众基础，营造弘扬雷锋精神的社会氛围，促进形成社会治理的良好社会环境。

要强化保障。在全面推进乡村振兴中弘扬雷锋精神，是一种实践的创新，需要进一步强化保障。要有思想保障。能够从心底里自觉认同雷锋精神对社会治理的作用，善于从当地的社会实际出发，找到社会治理与弘扬雷锋精神的切入点和结合点并推进工作开展。要有组织保障。要建立既懂乡村振兴又懂雷锋精神、既善于讲求法治又能够做到德治善治、既在群众当中德高望重具有深厚影响力又热心公益事业助人为乐讲求奉献的"雷锋"式社会治理服务团队。要有制度保障。通过完善学雷锋志愿服务的体制机制，切实解决乡村振兴与学习雷锋、弘扬雷锋精神过程中存在的具体问题，使正义和正气得以弘扬。

三、用雷锋精神助力治理创新

用雷锋精神助力治理创新，是实践的需要、群众的需求和社会文明发展的体现。用雷锋精神助力治理创新，应该做好如下几项工作。

要做到"四真"。雷锋，是一个永恒的道德标杆，对于社会治理中"德治"层面具有积极的引领意义。要真正学懂弄通雷锋精神，真正掌握雷锋精神的全心全意为人民服务的本质，真正相信雷锋精神对弘扬公序良俗、倡导文明建设的价值作用，真正将雷锋精神转化为榜样力与实践力，在社会治理的具体实际当中不断彰显与弘扬。

要坚持"四有"。有对社会治理创新不是空谈而是实干、雷锋精神也不是教条而是动力的充分认识，形成在社会治理实践中弘扬雷锋精神的高度自觉；有在平凡的社会生活中高扬雷锋旗帜、积极践行和弘扬雷锋精神的具体措施，使雷锋精神能够融入社会治理的每一个环节；有创新性地在社会治理中注入雷锋元素的最新觉悟，让雷锋精神成为社会治理德治之魂的明显特色；有将雷锋精神融入社会治理的保障机制，在新时代公民道德建设、新时代文明实践等过程中强化雷锋精神引入，构建雷锋精神融入社会治理的常态化机制。

要体现"四实"。在社会治理创新上发实力，责任落实，力量下沉，工作到位；在弘扬雷锋精神过程中务实策，将雷锋精神的时代特征和现实作用充分融合于社会治理，推动文化振兴、改善社会关系、共建文明和谐；在实现雷锋精神与社会治理有机融合上出实招，通过用雷锋精神淬炼基层公共服务、构建社会治理的学雷锋志愿者参与模式和机制、在公共道德涵养中弘扬雷锋精神等方式，推进社会治理；发挥人民群众的积极作用，动员和组织群众学习雷锋、发扬雷锋精神，务求学习弘扬雷锋精神与社会治理产生实效。

要实现"四提升"。大力推进雷锋文化建设,发挥文化"以文化人"的社会功能,将雷锋元素注入社会治理的各个层面和环节,切实提升雷锋精神与社会治理的融合度;培育学雷锋典型,树立学雷锋标杆,切实提升雷锋精神与社会治理结合力,实现"社会治理+雷锋精神"质的飞跃;深入挖掘雷锋精神的时代特征和最新体现,凝练雷锋精神与时俱进的高贵品质,培育以"雷锋"式好人为主的时代"雷锋"和身边"雷锋",发挥榜样作用,提升雷锋精神在社会治理当中的新价值;广播"雷锋"种子,培育"雷锋"情怀,在家风家教、敬亲孝老、邻里相守等社会生活中弘扬雷锋精神,提升学习雷锋、践行雷锋精神的覆盖面,使雷锋精神成为社会治理的一道亮丽风景。

雷锋：新时代公民的"人生标杆"

刘俊杰

中共中央国务院印发的《新时代公民道德建设实施纲要》强调，我们弘扬民族精神和时代精神，要在全社会倡导"幸福源自奋斗""成功在于奉献""平凡孕育伟大"的理念。雷锋被亿万中国人民誉为"道德楷模"和"最美奋斗者"。他的一生，是平凡的一生、奋斗的一生和奉献的一生。他是新时代公民的"人生标杆"。

雷锋是"平凡孕育伟大"的新时代英雄。习近平总书记指出，雷锋精神，人人可学。[①]它不受年代、环境、背景等条件制约，只要有心，任何人在任何时间、任何地点、任何岗位都可以学雷锋。诗人贺敬之在《雷锋之歌》中写道："看，站起来/你一个雷锋/我们跟上去/十个雷锋/百个雷锋/千个雷锋！……"可见，雷锋的精神、品质是大家可以学习效仿的。事实也是如此。论职位，雷锋只不过是一位普通的学生、普通的农民、普通的公务员、普通的工人和普通的战士，他所做的一切，也是极其平凡的。他牺牲时年仅22岁，是一名普通士兵，从未上过战场，没有赫赫战功，他只是在和平年代，在平凡的岗位上，在平静的生活中，认真完成每一项任务，认真对待每一件小事。可雷锋的一生却又是不平凡的。无论是当学生、当农民，还是当公务员、工人、解放军，无论是在家乡望城，还是在东北辽宁，雷锋都在自己平凡的岗位上做出了不平凡的业绩，干出了非凡的事业，书写了辉煌的人生。在简家塘，他是新中国的好少年，在雷锋读书的班级墙报上刊登的"小小雷正兴/家里贫又穷/赶路十几里/早到第一名/学习他最好/活动他最行/大家学习他/争做好学生""顺口溜"是最好的印证；在望城县委当公务员，他是县委机关最年轻的共青团员；在治沩工程指挥部，

[①] 详见2014年3月4日习近平总书记给"郭明义爱心团队"回信。

二论　雷锋精神的永恒价值

他是未参评的"治涝模范";在团山湖农场当农民,他是全县第一批拖拉机手,在这里,他写下的日记"人生七问",对人生作了最好的诠释,写下的诗歌《南来的燕子啊》,至今仍让人们充满遐想、充满期待。1958年到辽宁鞍钢当工人时,雷锋也只不过是一个普通的推土机手,但他对工作充满热爱,他不怕吃苦,即使工作任务十分艰巨,每天工作十几个小时,他也还要主动参加炼钢的工作,忙得吃不下饭、睡不好觉,但他干劲十足。到鞍钢当工人不到半年,他就为焦化厂解决了存在多年的推土机技术难题。雷锋一生所做好事也是极其平凡的。在出差的火车上,雷锋只不过把自己的座位让给了老大娘;当看到乘务员因为旅客很多而忙不过来时,雷锋只不过是自己找把笤帚,帮助乘务员打扫车厢、擦擦玻璃、照顾旅客……这些都是极其普通,也极为平凡的,然而,就是这些平凡的小事,铸就了雷锋不平凡的人生。在他身后,留下了"雷锋出差一千里,好事做了一火车"的美谈;雷锋的战友乔安山说:"他的理想就是要做一颗'永不生锈的螺丝钉',全心全意为人民服务。"毛主席夸奖他说,一个人做点好事并不难,难的是一辈子做好事,不做坏事。1960年1月8日,雷锋光荣入伍,穿上了梦寐以求的"黄军服",加入了中国人民解放军行列,短短两年多的时间荣立了三等功和二等功,加入了中国共产党,成为抚顺市第四届人大代表之一。他却在日记里剖白道:"为了党和人民的事业,我总想多贡献一点力量,那些个人的军衔级别,我真没时间考虑。"由此可见,雷锋之所以能够成为"雷锋",是因为无论雷锋的身份是什么,无论他多么平凡,他在人群中总是最突出的那一个;进而言之,源自他在时代的淬炼下升华了自身的人生观;源自他当很多人根本还不知道为了什么而活,或是只知道为了自己而活的时候,雷锋已有了坚定的心愿:"我觉得要使自己活着,就是为了使别人过得更美好。"回顾雷锋的一生,它像一颗划过天际的流星,十分短暂,然而,就在这短暂的瞬间,却释放出了惊人的亮光。正是雷锋从平凡的点滴小事做起,才构筑伟大人格的大厦,才有10万抚顺市民自发地走上街头,为殉职的雷锋送行的壮观场面;也就有了自1963年以来,中国大地上最响亮的歌曲就是《学习雷锋好榜样》;也就有了人们一提到好人,就想起雷锋;一提起雷锋,人们会自然地想起雷锋写的日记、想起雷锋做过的好人好事。2012年3月,大世界吉尼斯上海总部负责人在人民大会堂为北京学雷锋基金管委会会长颁发奖牌,上面刻着"2012年通过吉尼斯世界纪录,雷锋是党和国家领导人题词最多的士兵"。可见雷锋是"新中国最著名的士兵"一点不假,也毫不夸张,"士兵"是对他平凡身份的确认,"最著名"是对他人生的评价。他是"平凡孕育伟大"的时代英雄。

雷锋是"成功在于奉献"的新时代楷模。雷锋的一生,是成功的一生。1950年,10岁的雷锋加入了少先队,当上了儿童团团长,他积极参加土改。1958年春,18岁的雷锋到团山湖农场,只用了一周的时间就学会了开拖拉机。1959年8月,在鞍钢当推土机手,年仅19岁的雷锋主动申请到条件艰苦的弓长岭焦化厂参加基础建设,他带领伙伴们冒雨奋战保住了7200袋水泥,当时的《辽阳日报》就报道了他的事迹。在鞍山和焦化厂工作14个月期间,雷锋3次被评为先进工作者、5次被评为标兵、18次被评为红旗手,并荣获"青年社会主义建设积极分子"的光荣称号。1960年,20岁的雷锋参加了人民解放军,编入工程兵某部运输连四班,任班长。他全心全意为人民服务,只要是对人民有利的事,他都心甘情愿地去做。他被评为节约标兵和模范共青团员,并多次立功。1960年11月入党,并被选为抚顺市人民代表。1962年8月殉职。1963年1月7日,国防部命名他生前所在班为"雷锋班"。2月26日,朱德题词:"学习雷锋,做毛主席的好战士。"3月5日,毛泽东同志亲笔题词:"向雷锋同志学习。"刘少奇题词:"学习雷锋同志平凡而伟大的共产主义精神。"周恩来题词:"向雷锋同志学习:憎爱分明的阶级立场,言行一致的革命精神,公而忘私的共产主义风格,奋不顾身的无产阶级斗志。"

雷锋的一生,也是奉献的一生。他始终忠诚于党,为党奉献;始终与人民同心,为民奉献;始终爱岗敬业,为岗奉献;始终淡泊名利,正确对待荣辱得失,为义奉献。他热爱集体,关心战友,关心群众,把"毫不利己、专门利人"看成人生最大的幸福和快乐;他身体力行,认真实践,"把有限的生命投入到无限的为人民服务之中去"成为他一生的价值追求。他把自己省吃俭用积存起来的钱,寄给受灾人民,送给家庭困难的战友;他担任校外辅导员,以自己的模范行动影响和激励少年一代健康成长。他谦虚谨慎,从不自满自炫,受到赞誉不骄傲,做了好事不留姓名。他的价值,在于他把自己火热的青春全部献给了党,献给了人民。他常说:"革命需要我去烧木炭,我就去做张思德;革命需要我去堵枪眼,我就去做黄继光。"雷锋之所以能够从贫苦农民家里的孤儿成长为一个伟大的共产主义战士、

二论　雷锋精神的永恒价值

全心全意为人民服务的楷模,究其原因,是雷锋有忠心向党、克己奉公的"赤子"精神;热心助困、舍己为人的"傻子"精神;潜心履职、忘我进取的"钉子"精神;倾心付出、取义舍利的"孺子"精神,而这正是其奉献精神的最好诠释,是雷锋精神的核心。

雷锋是"幸福源自奋斗"的新时代先锋。马克思曾经说"奋斗就是幸福"。习近平总书记指出,"幸福都是奋斗出来的"。[①]在全国"最美奋斗者"表彰大会上,习近平总书记强调,在我国社会主义革命、建设、改革的非凡历程中,一代又一代奋斗者顽强拼搏、不懈奋斗,涌现出无数感天动地的英雄模范。他们用智慧和汗水、甚至鲜血和生命,为国家富强、民族振兴、人民幸福书写了可歌可泣的壮丽篇章。各个历史时期的英雄模范都值得我们敬仰和学习。要广泛宣传"最美奋斗者"的先进事迹,传承弘扬爱国奋斗精神,奏响新中国奋斗交响曲,高唱新时代奋斗者之歌,用英雄模范的感人故事激励全党全国各族人民坚守爱国情怀、坚定奋斗意志,为实现中华民族伟大复兴的中国梦凝聚起强大的精神力量。[②]也就是在这次全国"最美奋斗者"表彰大会上,雷锋被全国人民赞誉为"最美奋斗者",成为"最美奋斗者"的典型代表。我们可以毫不夸张地说:雷锋的一生是奋斗的一生。他在日记中这样写道:"不经风雨,长不成大树;不受百炼,难以成钢。迎着困难前进,这也是我们革命青年成长的必经之路。有理想有出息的青年人必定是乐于吃苦的人。"雷锋人生短暂,只活了22岁,但是在他短暂且有限的生命里,始终是为人民的幸福、为国家的富强不懈地奋斗着、不懈地努力着。22年里,处处都留下了他奋斗的印迹。无论是在望城的机关大院、山间小道、湘江堤岸、团山湖畔,还是在鞍钢的铁炉旁、弓长岭的工地上,都有他不知疲倦的身影、艰难跋涉的足迹和战天斗地的歌声。雷锋在曾经生活过的热土上挥洒了自己奋斗的青春和汗水。雷锋无论是当公务员、到农场当农民、到鞍钢去当钢铁工人,还是在部队里,他始终是用自己的双手为社会主义创造财富,去努力工作、勤奋学习,去把每一项工作做到最好。在望城是优秀拖拉机手、在鞍钢是优秀的推土机手、在部

[①] 详见习近平总书记2018年新年贺词。
[②] 详见2019年9月习近平总书记对"最美奋斗者"评选表彰和学习宣传活动作出的重要指示。

队是一名优秀的驾驶员,走到哪里都是先进和模范。雷锋22年短暂的生命,短暂的青春年华,为新时代的我们作出了一个响亮的回答:人应该怎样活着,怎样去为社会创造出怎样的价值,他的生命才有意义。奋斗的青春是最美的。雷锋干一行爱一行、专一行精一行的"螺丝钉精神",既是他爱岗敬业的写照,也是他生命不息、奋斗不止的体现。那一本本"红旗手""劳动模范""先进生产者"和"社会主义建设积极分子"的奖章,是他为社会主义建设不懈奋斗的具体体现。

新时代是奋斗者的年代。奋斗本身就是一种幸福,只有奋斗的人生才称得上幸福的人生。作为"最美奋斗者"雷锋的家乡,半个多世纪以来,望城一直坚持以雷锋精神兴区育人,望城人民始终把雷锋精神作为一种信仰来追求、一种情感来守护、一种传统来传承、一种习惯来延续。望城人民持续传承无私奉献、艰苦创业、奋发向上的雷锋精神,以"功成不必在我"的精神境界和"建功必须有我"的历史担当,为建设美丽幸福的名望之城而不懈奋斗。

雷锋：中华民族的"伟大脊梁"

刘俊杰

雷锋是中华民族的"民族脊梁"，是亿万人民心中的"时代楷模"，是新时代"最美奋斗者"，是人们心中一座永恒的精神灯塔。习近平总书记先后20余次对雷锋、雷锋精神进行了深入的、精辟的阐释。2013年3月6日，习近平总书记在参加十二届全国人大一次会议辽宁代表团审议时指出："雷锋、郭明义、罗阳身上所具有的信念的能量、大爱的胸怀、忘我的精神、进取的锐气，正是我们民族精神的最好写照，他们都是我们'民族的脊梁'。"

什么是民族的脊梁？鲁迅先生在他的《中国人失掉自信力了吗》一文中说，我们从古以来，就有埋头苦干的人，有拼命硬干的人，有为民请命的人，有舍身求法的人……虽是等于为帝王将相作家谱的所谓"正史"，也往往掩不住他们的光耀，这就是中国的脊梁。在鲁迅先生的笔下，那些为了国家、民族的利益，执着于某一项事业，不畏艰险，奋斗不息而"埋头苦干"的人；那些置身家性命于不顾，揭竿而起、斩木为兵的农民领袖和精忠报国、壮怀激烈的民族英雄；那些为老百姓请求保全生命或解除疾苦"为民请命"的人；那些为追求公平、正义，不惜牺牲性命而"舍生取义"的人，这些人是民族的脊梁。

一般人认为，民族脊梁应该是高大、伟岸、挺拔、巍峨的，所从事的事业应该是轰轰烈烈、惊天动地的。然而，被习近平总书记誉为"民族脊梁"的雷锋，论职位，他是一个极为普通的人。在学校，他是一个普通的学生；在团山湖农场，他是一名普通的农民、拖拉机手；在望城县委机关，他是一名普通的公务员、通讯员；在辽宁鞍钢，他是一名普通的工人、推土机手；在部队，他是一名普通的战士。雷锋殉职时年仅22岁，最高职务是班长，从未上过战场，没有赫赫战功。他所做的一切，也是极其平凡的：

雷锋精神简论

在和平年代，在平凡的岗位上，在平静的生活中，认真完成每一个任务，认真对待每一件小事。可在习近平总书记心中：雷锋的一生虽然平凡，但他所做的一切，他的精神、品质是极不平凡的，是伟大的。雷锋用平凡的人生，将自己淬炼为伟大的共产主义战士，锻造为中华民族的脊梁。事实亦是如此，在雷锋短暂的生命中，无论是当学生、当公务员，还是当新式农民、当工人、解放军战士，无论是在家乡望城，还是在东北辽宁，雷锋都在自己平凡的岗位上作出了不平凡的业绩，干出了非凡的事业，书写了辉煌的人生。在家乡，他"七问人生"，畅述美丽的青年之梦；北上鞍钢，他对工作充满热爱，勇于创新；出差途中，他给老大娘让座位，帮助乘务员擦玻璃、扫车厢，照顾旅客……正是这些平凡的小事，铸就了"雷锋出差一千里，好事做了一火车"的好人"名片"。雷锋成为"党和国家领导人题词最多的士兵"，这是对雷锋人生的最高评价。雷锋信念的能量、大爱的胸怀、忘我的精神、进取的锐气；雷锋诚实守信、廉洁奉公、严于律己、勤俭节约的传统美德；热爱集体，关心战友，关心群众，"毫不利己、专门利人"的人生哲学；身体力行，认真实践，"把有限的生命投入到无限的为人民服务之中去"的价值追求，都是中华民族伟大复兴强大的凝聚力、感召力，都能为实现中华民族伟大复兴的中国梦注入强大的精神动力。雷锋忠心向党、克己奉公的"赤子"精神；热心助困、舍己为人的"傻子"精神；潜心履职、忘我进取的"钉子"精神；倾心付出、取义舍利的"孺子"精神，都体现着中华民族脊梁的特质。雷锋是鲁迅先生笔下"埋头苦干的人，拼命硬干的人，为民请命的人，舍身求法的人"。他是我们中华民族的脊梁，是亿万中国人民心中一座不朽的丰碑，是一座永恒的精神灯塔。

伟大的时代呼唤伟大的精神，崇高的事业需要崇高的追求。当前，我国已进入全面建设小康社会的关键时期和深化改革开放、加快转变经济发展方式的攻坚时期，推动科学发展、促进社会和谐，迫切需要大力弘扬社会主义核心价值体系，大力弘扬雷锋等先进模范人物的崇高精神，广泛开展向榜样学习活动，发挥时代楷模引领作用，培育文明社会道德风尚，进一步凝聚起促进改革发展、实现中华民族伟大复兴的强大精神力量。

雷锋精神：诚信的最高境界

刘俊杰

诚信是社会和谐的基石。诚，即真诚、忠诚；信，即信用、守信。古人云："人而无信，不知其可也。"可见，真诚守信在构建和谐社会及为人处世上是多么重要。为此，中共中央、国务院颁布的《新时代公民道德建设实施纲要》指出，持续推进诚信建设，要继承发扬中华民族重信守诺的传统美德，弘扬与社会主义市场经济相适应的诚信理念、诚信文化、契约精神，激励人们更好地讲诚实、守信用。雷锋是中国人民心中的道德楷模。雷锋平凡的一生，处处体现其真诚守信的道德品质。雷锋精神是诚信的最高境界。

雷锋永远忠于党、忠于人民的铮铮誓言是他对党、对人民、对事业赤胆真诚的真情表白

言为心声，语言是行动的先导。在雷锋日记里，我们见得最多的是他的"永远忠于党、忠于人民"的闪亮字眼。他说："我永远忠于党、忠于人民"，"我恨不得把我的心掏出来献给党才好"。他还说："为了党和人民的事业，就是入火海进刀山，我甘心情愿，头断骨粉，身红心赤，永远不变。"这些平凡的文字，质朴的语言，是他真诚的表白；字里行间，充分表达出他对党、对人民的无限热爱之情，无不流露出他对党、对人民、对革命事业的无限真诚的拳拳之心。

毛泽东同志指出，世上决没有无缘无故的爱，也没有无缘无故的恨。[①]同样，雷锋对党、对人民、对事业的热爱和忠诚也不是无缘无故的、偶然的，它有其历史的必然性。雷锋出生在旧社会，饱受阶级压迫，阶级仇、民族恨在他幼小心灵里打下了深深的烙印。中国共产党把他从水深火热的苦海中救了出来，他倍感党和人民给他的温暖，十分珍惜来之不易的幸福生活，

---

① 详见1942年5月毛泽东《在延安文艺座谈会上的讲话》一文。

正是这样的背景，孕育了雷锋的真诚守信美德，铸就了雷锋"憎爱分明的阶级立场，言行一致的革命精神"，也铸就了雷锋"对待同志像春天般的温暖，对待敌人像严冬一样残酷无情"的革命情怀，更铸就了他对党、对人民赤胆真诚的赤子之情。试想，如果雷锋没有对党、对人民的赤胆真诚之心，又何来他对党、对人民、对革命事业无限热爱之情呢？中华大地上，为什么学雷锋的大旗会始终飘扬，永不褪色？为什么雷锋精神这座永垂不朽的精神丰碑，能在历史长河之中得到不断积淀和升华？一言以蔽之，是雷锋精诚所至，金石为开。雷锋把自己的一颗赤子之心，奉献给了他的时代和人民。唯有如此，才会有无数雷锋的继承者、传播者、拓展者为弘扬中华美德而终生追求，不懈奋斗。也正是雷锋有"永远忠于党、忠于人民"的赤诚之心，他才能对社会、对人民言行一致，表里如一；对组织、对同志襟怀坦白，忠诚老实；对党、对人民胸怀坦荡，忠诚不贰。雷锋的一生，是同党、同人民、同祖国心心相印、血脉相通、呼吸与共、休戚相关的一生。

雷锋"干一行爱一行、专一行精一行"的螺丝钉精神是他对党、对人民、对事业忠心耿耿的真实体现

言行一致，表里如一，是真诚守信的最高境界。雷锋对党、对人民、对事业无限忠诚，不但溢于言表，而且付诸行动。他爱岗敬业，恪尽职守的"螺丝钉精神"就是他对党、对人民、对事业忠心耿耿的真实体现。他在日记中这样写道："一个人的作用，对于革命事业来说，就如一架机器上的一颗螺丝钉……我愿永远做一颗螺丝钉。"在雷锋短短的22个春秋中，他先后当过通讯员、拖拉机手、推土机手，后来报名参军，成为一名光荣的解放军战士。雷锋当通讯员，一个人做几个人的事，被评为县委机关工作模范、"治伪模范"；他当拖拉机手，认真学习技术，成为望城县第一批拖拉机手，被评为劳动先进分子；他当工人，先后3次评为先进工作者、5次评为红旗手、10多次评为标兵；他入伍后，更是刻苦学习技术，努力提高军事本领，入伍两年，多次获嘉奖、记功。雷锋几易岗位，都做到了"干一行爱一行、专一行精一行"，这是他在寻找更好的方式、更好的机会，实现自己的人生价值，是他对党、对人民、对事业的最好表现。雷锋短暂的一生，就像一颗永不生锈的螺丝钉，拧在哪里就在哪里闪闪发光，党叫干啥就干啥。雷锋立足岗位、恪尽职守的工作作风，兢兢业业、一丝不苟的

工作态度，是他永远忠于党、忠于人民、忠于事业的真切体现。

雷锋全心全意为人民服务的无私奉献精神是他对党、对人民、对事业无限忠诚的真实写照

思想是行动的指南。一个人只有在思想上谦虚老实，光明磊落，实事求是，他才能够做到诚实劳动，忠于职守；与人交往时坦诚相待，信守诺言，才会"做老实人，说老实话，办老实事"。当今社会，为什么会出现"真情缺失、人情冷漠"的状况？有人认为祸根是市场经济体制、是"金钱社会"造成的。但如果我们从更深层次去探究，从人的世界观、人生观、价值观中去寻找根源，"真诚缺失"其实是因为"思想道德缺失"。正是因为人们的"思想道德缺失"，它使人在思想领域，特别是道德领域产生许多困扰、许多疑惑、许多"误区"。而正是由于人们思想上的这些困惑、"误区"，导致他们在行动上不讲信用，缺失真诚。让这个社会出现老人摔倒了不敢扶、不去扶、不能扶；"老人摔倒了到底该不该去扶"这个不是问题的问题，竟然成为这个社会的核心问题。雷锋"全心全意为人民服务"的无私奉献精神，是雷锋精神的本质，体现了雷锋的价值取向、道德观念、思想情操，他说："人的生命是有限的，可是，为人民服务是无限的，我要把有限的生命，投入到无限的为人民服务之中去""人总有一死，有的轻于鸿毛，有的却重于泰山，我觉得一个革命者活着就应该把毕生的精力和整个生命为人类的解放事业——共产主义全部献出"。正是因为雷锋处理好了"有限"与"无限"的关系，掂量好了"个人"与"人民"的轻重，懂得"生"与"死"的价值，才形成了"我活着，就是为了使别人活得更好"的人生观、价值观、道德观，形成了一种无私无我的奉献精神，才能够把一切献给党，甘当人民的勤务员，他才会觉得为人民服务最幸福、为社会贡献最值得、为革命当"傻子"最光荣。

由此观之，雷锋平凡的一生，其思想、其言行、其精神，无一不体现出他对党、对人民的无限真诚，他是人们心中真诚守信的表率。我们应该以雷锋为榜样，大力弘扬雷锋精神，继承发扬中华民族重信守诺的传统美德，激励人们更好地讲诚实、守信用，不断引导人们遵守"真诚守信"的准则，陶冶"真诚守信"的情操，铸就"真诚守信"的品质，营造"真诚守信"的氛围，形成"真诚守信"的风气，为社会主义物质文明、政治文明和精神文明建设提供强大的智力支持和思想保障。

雷锋精神：红色基因密码的集中体现

刘俊杰

雷锋热爱党、热爱祖国、热爱社会主义的崇高理想和坚定信念，锐意进取、自强不息的创新精神，艰苦奋斗、勤俭节约的创业精神，服务人民、助人为乐的奉献精神，干一行爱一行、专一行精一行的敬业精神，是红色基因密码的集中体现。

雷锋热爱党、热爱祖国、热爱社会主义的崇高理想和坚定信念是红色基因密码的精神内核

热爱党、热爱祖国、热爱社会主义的崇高理想和坚定信念，是一个共产党员必须具备的优良品质，贯穿于每一个共产党员的一生。邓小平在《庆祝刘伯承同志五十寿辰》一文中说："热爱国家，热爱人民，热爱自己的党，是一个共产党员必须具备的优良品质。"他还说："我是中国人民的儿子，我深情地爱着我的祖国和人民。"习近平总书记在十八届中央纪委三次全会上强调："我们共产党人特别是领导干部都应该心胸开阔、志存高远，始终心系党、心系人民、心系国家，自觉坚持党性原则……任何时候都与党同心同德。"他要求我们每一位党员干部都要爱党，要把党作为自己的母亲来爱戴和敬仰，要始终怀着对党、对国家、对人民的深情厚爱，对党忠诚、为党奉献，坚定信念跟党走，高举红旗把党颂，把自己的一生交给党，自觉把个人命运同党、国家、民族的兴衰紧紧联系在一起，积极投身全面深化改革的伟大事业中去，始终把自己当成一面旗帜，听党指挥，埋头苦干、敬业奉献，做一颗永不生锈的螺丝钉。这样，干事创业才有深厚的动力与信念支撑。

雷锋精神的灵魂是"热爱党、热爱祖国、热爱社会主义的崇高理想和坚定信念"。雷锋在党和人民的培育下，从一个苦孩子成长为一个伟大的共产主义战士。新中国成立后,雷锋以积极的热情投入社会主义建设当中。入党以后,雷锋更加严格要求自己,时常利用休息时间学习马克思列宁主义和毛泽东思想,从党组织的教诲中不断汲取思想养分,以此提高自身的思想觉悟。通过不断地学习和实践,雷锋的理想信念变得更加坚定,政治立场也更加鲜明。雷锋说:"我就是长着一个心眼,我一心向着党,向着社会主义,向着共产主义。"这是雷锋对崇高理想和坚定信念的鲜明表达。雷锋一辈子为党和人民奋斗,没有崇高理想、坚定信念是做不到的。新时代学习雷锋热爱党、热爱祖国、热爱社会主义的崇高理想和坚定信念,就是要做真学真懂真信真用马克思主义的表率,用习近平新时代中国特色社会主义思想筑牢信仰之基、补足精神之钙,淬炼思想、涵养正气、升华境界、指导实践,不断增强道路自信、理论自信、制度自信、文化自信,把共产主义远大理想与中国特色社会主义共同理想统一起来,自觉地把个人的追求和奋斗同党的事业、国家的命运、民族的前途联系起来,为国家的繁荣发展贡献自己的智慧和力量。当今世界正处于百年未有之大变局,我国正处于中华民族伟大复兴的关键时期,外部环境不利因素增多,国内经济下行压力增大,改革发展稳定、内政外交国防、治党治国治军各方面任务之重前所未有,面临的风险挑战之严峻前所未有,坚定的理想信念是激励我们克难制胜、奋勇向前的精神力量。新时代弘扬和践行雷锋精神,就要勤于检视心灵、洗涤灵魂,不忘初心、牢记使命,自觉做共产主义远大理想和中国特色社会主义共同理想的坚定信仰者和忠实实践者,深刻领会和系统掌握马克思主义的基本原理以及所蕴含的立场、观点和方法,深入学习和贯彻习近平新时代中国特色社会主义思想,增强"四个意识"、坚定"四个自信"、做到"两个维护"。

雷锋锐意进取、自强不息的创新精神和艰苦奋斗、勤俭节约的创业精神是红色基因密码的文化内涵

中华优秀传统文化蕴含着勤劳勇敢、奉献牺牲、团结协作、自强不息等民族精神。中国共产党领导人民在革命、建设、改革的伟大实践中,熔铸了井冈山精神、长征精神、延安精神、西柏坡精神、"两弹一星"精神、铁人精神、北大荒精神、红旗渠精神、载人航天精神、抗震救灾精神等,这些精神是红色文化的内核,是凝聚国家力量和社会共识的精神动力,昭

示出一个道理：伟业成于苦干实干，幸福源于艰苦奋斗。从井冈山到西柏坡，中国共产党领导的新民主主义革命何等波澜壮阔，何等艰苦卓绝！"两弹一星"精神、铁人精神、北大荒精神、雷锋精神，其中展现的社会主义建设者艰苦奋斗、自强不息的形象是何等崇高伟岸！20世纪60年代，30万林县人民面对极度缺水的生存困境，在党组织的坚强领导下，靠一锤一钎一双手，以宁愿苦干、绝不苦熬的艰苦奋斗精神，苦战10个春秋，在太行山悬崖峭壁上修筑起全长1500公里的"人工天河"——红旗渠，创造了人间奇迹，又是何等的雄伟！几十年间，一代代航天人前赴后继、攻坚克难、勇于创新、顽强拼搏，成就了中国航天大国的地位，彰显了永远艰苦奋斗的精神底色，又是何等的气贯长虹！由此可见，任何幸福美好的生活，都不可能唾手可得，都离不开筚路蓝缕、手胼足胝的艰苦奋斗精神。艰苦奋斗精神历久弥新，始终是我们推进中国特色社会主义伟大事业的精神动力。

毛泽东同志在党的七届二中全会上告诫全党："务必使同志们继续地保持谦虚、谨慎、不骄、不躁的作风，务必使同志们继续地保持艰苦奋斗的作风。"在党的八届二中全会上，毛泽东同志又说："现在部队的伙食改善了，已经比专吃酸菜有所不同了。但根本的是我们要提倡艰苦奋斗，艰苦奋斗是我们的政治本色。"可见，艰苦奋斗、勤俭节约不但是我们中华民族的传统美德，更是我们党的事业发展壮大、创造辉煌的重要保证。我们党在长期的革命实践中，正是把艰苦奋斗精神作为"传家宝"，融入共产党人的血脉中，抒写了一曲曲战天斗地的精神赞歌，凝聚起党心民心，使党领导的革命队伍成为一支无坚不摧的力量。新时代新征程，我们虽然没有了雪山草地的艰难险阻，少了缺衣少粮的生活境况，但应对"四大考验"、防止"四大危险"，打赢脱贫攻坚战、推动乡村振兴，实现中国梦，仍然考验着广大党员干部的精气神，仍然需要每一位共产党员继承艰苦奋斗、勤俭节约精神。

雷锋精神是以雷锋的精神为基本内涵、在实践中不断丰富和发展着的红色革命文化。周恩来同志将其概括为"憎爱分明的阶级立场，言行一致的革命精神，公而忘私的共产主义风格，奋不顾身的无产阶级斗志"。雷锋一生锐意进取、自强不息。他说："我愿做高山岩石之松，不做湖岸河旁之柳。我愿在暴风雨中——艰苦的斗争中锻炼自己，不愿在平平静静的日子里度过自己的一生。"雷锋只有小学文化程度，但是在22年的短暂生命中却做出了那么大的成绩，成为全国人民学习的楷模，靠的就是锐意进取、自强不息的创新精神，积极向上的人生态度和百折不挠、勇往直前的奋进意志。在雷锋的身上，也鲜明地体现了艰苦奋斗和勤俭节约的中华传统美德和中国共产党的优良传统。他说："我们是国家的主人，应该处处为国家着想，事事要精打细算，不能'今朝有酒今朝醉，明日愁来明日忧'。我们要发愤图强，自力更生，克服当前存在的暂时困难……发扬艰苦奋斗，勤俭节约的优良传统，不乱花一分钱，不乱买一寸布，不掉一粒粮，做到省吃俭用，点滴积累，支援国家建设。"

习近平总书记指出："不论我们国家发展到什么水平，不论人民生活改善到什么地步，艰苦奋斗、勤俭节约的思想永远不能丢。艰苦奋斗、勤俭节约，不仅是我们一路走来、发展壮大的重要保证，也是我们继往开来、再创辉煌的重要保证。"[1]在实现中华民族伟大复兴的新征程上，必然会有艰巨繁重的任务，必然会有艰难险阻甚至惊涛骇浪，特别需要我们发扬艰苦奋斗精神。崇尚艰苦奋斗是中华民族自强不息的精神基因。在逐梦新时代的伟大征程中，大力弘扬红色文化，不断从中汲取矢志不渝、艰苦奋斗的精神动力，具有重大而深远的意义。这是因为，从外部环境来看，虽然和平与发展是当今时代的主题，但我国改革发展之路并不平坦，当前和今后一个时期发展的矛盾与问题、面临的挑战与风险前所未有，更加需要大力弘扬艰苦奋斗、勤俭节约精神，为实现中华民族伟大复兴的中国梦提供精神动力。艰苦奋斗、勤俭节约的创业精神，是中国特色社会主义事业不断发展壮大的重要法宝，也是实现中华民族伟大复兴征程中不断攻坚克难、勇往直前的锐利武器。中国特色社会主义进入新时代，党员、干部要充分认识红色文化的丰富内涵和雷锋精神的当代价值，把红色基因融入党的全面建设中；把学雷锋活动贯穿于全党党史学习教育的始终，深刻了解我们党带领人民进行艰苦卓绝斗争的奋斗历程和辉煌成就，从历史叙事中探寻奋斗足迹、感悟艰苦奋斗精神。深挖红色文化资源，依托地方红色文化和爱国主义教育基地、革命博物馆等社会资源，创新红色文化表现形式和呈现**载体**，开展制度化、常态化的红色教育。同时，通过雷锋的文献、歌曲、

---

[1] 详见2019年3月5日习近平总书记在参加十三届全国人大二次会议内蒙古代表团审议时发表的讲话。

影像、雕塑以及声光电等现代技术手段，结合讲述雷锋平凡而又伟大的一生，讲述老一辈无产阶级革命家、革命先烈和先进典型的光辉历史和英勇事迹，用他们艰苦奋斗、无私奉献的崇高品格感召人、鼓舞人，把红色文化资源转化为精神力量。激励党员、干部学习和传承红色文化，坚守如磐初心、勇担时代使命、永葆奋斗精神，以永不懈怠的精神状态和一往无前的奋斗姿态，把中国特色社会主义伟大事业不断推向前进。

雷锋服务人民、助人为乐、干一行爱一行、专一行精一行的优良品质是红色基因密码的应有之义

服务人民、无私奉献、爱岗敬业是共产党员先进性的重要内涵，是检验共产党员是否合格的重要标准。在中国革命和建设进程中，共产党员舍生忘死、冲锋陷阵、艰苦奋斗，诠释着共产党员带头奉献、无私奉献的先锋模范精神，也激励着一代又一代共产党人宵衣旰食、心底无私地为国家富强不懈奋斗。正是这些伟大的奉献，推动着中华民族朝着伟大复兴不断迈进。《中国共产党廉洁自律准则》第四条规定，共产党员要"坚持吃苦在前，享受在后，甘于奉献"。在中国共产党入党誓词中明确提出每一个共产党员都要："为共产主义奋斗终身，随时准备为党和人民牺牲一切，永不叛党。"这说明共产党员讲奉献是必须履行的基本义务，奉献精神是做一个优秀共产党员的基本品质。由此可见，全心全意为人民服务的宗旨，勇于奉献、乐于奉献、甘于奉献，立足岗位，无私奉献，是党员终生追求的政治目标，是中国共产党红色基因的具体体现。

雷锋精神高度凝练了中华民族的传统美德，顺应了我国社会发展进步的时代潮流，彰显了社会主义先进文化的本色，内涵丰富、意蕴深刻，是一面永不褪色、永放光芒的精神旗帜。雷锋一生始终坚持人民利益至上，以服务人民为最大幸福，以帮助他人为最大快乐，这种服务人民、助人为乐的奉献精神是为人民服务人生观的重要体现。雷锋在日记中写道："人的生命是有限的，可是，为人民服务是无限的，我要把有限的生命，投入到无限的为人民服务之中去。"雷锋正是用一件件平凡的小事成就了不平凡的人生，用矢志不渝的坚守筑起了中华民族的道德坐标，至今温暖着我们的社会，感动着我们的时代。雷锋是爱岗敬业的模范。他干一行爱一行、专一行精一行。短短22个春秋，在多个岗位上奋斗过，先后当过通讯员、拖

二论　雷锋精神的永恒价值

拉机手、推土机手、汽车兵，但无论做什么工作他总是发扬"螺丝钉精神"，做到干一行热爱一行、干一行精通一行。他说："我一定要更好地听从党的教导，党叫我干什么，我就干什么，决不讲价钱。"这是雷锋敬业精神最形象的表达。新时代学习雷锋的敬业精神，就是要学习这种"螺丝钉精神"，把它转化为爱岗敬业的原动力，立足本职、忠于职守、兢兢业业、精益求精，努力以钉子的"挤"劲和"钻"劲，在岗位上脚踏实地为中国特色社会主义事业添砖加瓦。如果14亿中国人、9100多万名党员、400多万个党组织都能弘扬这种"螺丝钉"精神，都能在自己的岗位上做一颗永不生锈的螺丝钉，必将形成无比强大的凝聚力、战斗力，中国特色社会主义事业必将无往而不胜。

　　总之，雷锋精神是红色革命文化的结晶，是红色基因密码的具体体现和应有之义。当前，全党开展党史学习教育，如何做到"学史明理、学史增信、学史崇德、学史力行"？习近平总书记指出："雷锋精神，人人可学；奉献爱心，处处可为。"我们要按照总书记的要求，每一个共产党员都要做雷锋精神的忠实传承者和社会主义核心价值观的模范践行者，以实际行动弘扬雷锋精神，让学习雷锋精神在祖国大地蔚然成风，为实现中华民族伟大复兴的中国梦发光发热。这样才能使党史学习教育达到"明理、增信、崇德、力行"的目的。

雷锋红色基因密码形成初探

刘俊杰

"基因"又称遗传因子。中国共产党"红色基因"是中国共产党领导人民群众在革命、建设和改革实践中形成的先进思想因子的总和，是中国共产党在长期革命斗争和红色政权建设实践中产生和发展起来，伴随着社会主义建设和改革开放的实践不断被验证、不断传承下来的中国共产党的优良传统、革命道德、思想路线以及先进本质的集中体现。2013年2月，习近平在兰州军区视察时首次提出"红色基因"这一概念。他强调，要把中国共产党"红色基因"一代代传下去。雷锋精神蕴含着坚定信念、人民至上、勤奋忘我、锐意进取的红色基因，是中华优秀传统文化、红色革命文化、社会主义先进文化的伟大结合，是中国共产党人精神谱系的重要组成部分。

一、雷锋精神具有中国共产党"红色基因"拥有的共同特质

生物学认为，基因在种族繁衍过程中是遗传生命的基本信息，在细胞复制过程中能构造出生命的有机体。中国共产党"红色基因"，是中国共产党在马克思主义中国化的进程中，将马克思主义先进文化因子和中华优秀传统文化因子相结合而形成极具中国特色的基本文化单元。这些文化单元共同构成红色革命文化。红色基因处于红色文化内部，并通过红色革命历史外显出来。人们既可以从党的行为实践中观察和理解红色基因，也可以从红色基因中去考察和分析红色历史。因此，它是中国共产党得以从成立到不断发展壮大的过程中"遗传生命"的基本信息，也是中国共产党得以从成立到不断发展壮大的过程中能构造出的"新生命的有机体"。雷锋精神，是以雷锋的名字命名、以雷锋的品质和情怀为内蕴、以全心全意为人民服务为实质和核心、在时代实践中不断丰富和发展、为人们所敬仰

和追求的一种红色精神,是对雷锋积极进取、艰苦奋斗、勤俭节约、爱岗敬业、尽职尽责、乐于助人、甘于奉献等言行和事迹所表现出来的先进思想、高尚品德、优良作风与模范行为的理论概括和境界升华,它是雷锋和千千万万雷锋式的先进人物崇高思想、优秀品质与模范行为的结晶。是中国共产党人精神谱系的光辉一页,它体现了中华民族的传统美德,顺应了社会进步的时代潮流,彰显了共产党人的先进本色,是社会主义核心价值观的生动体现。雷锋精神中所蕴含的每一份"基因",与井冈山精神、红船精神等红色文化一样,具有所有红色基因所具有的可遗传、可复制的特性。2014年3月11日,习近平出席十二届全国人大二次会议解放军代表团全体会议,亲切接见部分基层代表时指出:"雷锋精神是永恒的,是社会主义核心价值观的生动体现。你们要做雷锋精神的种子,把雷锋精神广播在祖国大地上。"习近平总书记还指出,雷锋精神,人人可学;奉献爱心,处处可为。积小善为大善,善莫大焉。可见,习近平总书记将雷锋精神比作"种子"。而作为"种子",它就具有"种子"所应有的遗传功能;也具有"人人可学、处处可为"的"可复制"的特性。

二、雷锋精神的"红色基因密码"及其形成过程

雷锋精神是中国共产党人精神谱系的重要组成部分。其"红色基因密码"被周恩来同志概括总结为"憎爱分明的阶级立场,言行一致的革命精神,公而忘私的共产主义风格,奋不顾身的无产阶级斗志";邓小平同志概述为"谁愿当一个真正的共产主义者,就应该向雷锋同志的品德和风格学习";习近平总书记强调,雷锋精神的核心是"信念的能量、大爱的胸怀、忘我的精神、进取的锐气"。可见,雷锋的"红色基因密码"是以全心全意为人民服务为实质和核心、在时代实践中不断丰富和发展、为人们所敬仰和追求的一种红色精神。

(一)雷锋"红色基因密码"中蕴含的"热爱党、热爱祖国、热爱社会主义的崇高理想和坚定信念",源自党和人民的培育教育、革命大熔炉的淬炼。对共产主义的信仰是"红色基因密码"的主要内涵,是党永葆先进性和纯洁性的重要因素。习近平指出:"理想信念就是共产党人精神上的'钙',没有理想信念,理想信念不坚定,精神上就会'缺钙',就会得'软

骨病'。"① 当共产主义信仰坚定时，党则具有"健康的机体"，表现出极强的创造力、凝聚力和战斗力；当共产主义信仰弱化时，党的建设则可能受到各种挑战。共产主义信仰所蕴含的集体主义、自由平等、友爱互助、无私奉献等"遗传信息"，指引着党为中国人民谋福祉，为中华民族谋复兴；锻造了伟大建党精神、井冈山精神、长征精神等，形成了中国共产党人的精神谱系。雷锋精神的灵魂是"热爱党、热爱祖国、热爱社会主义的崇高理想和坚定信念"。雷锋的一生虽然短暂，但共产主义信仰却异常坚定。是党和人民的培育、革命大熔炉的锤炼，让雷锋从一个苦孩子成长为一个伟大的共产主义战士。雷锋的父亲雷明亮在大革命时期就加入了农民协会，并担任了农民自卫队队长，为此，雷锋在日记里将革命烈士夏明翰英勇就义前写下的"砍头不要紧，只要主义真，杀了夏明翰，还有后来人"的就义诗，改写为"砍头不要紧，只要主义真，杀了雷明亮，还有后来人"，可见父亲雷明亮对其有多大的影响。受革命的影响，雷锋8岁时便在地下党员杨东泽的引导下为革命散发传单；9岁便投身到家乡解放的革命洪流之中，他帮助中共地下党员戴耕耘躲避敌人的追捕；在彭德茂等地下党员的指挥下，以乞讨作掩护，在长沙的大西门码头、客渡码头、荣湾镇街头、望城坡、长宁公路等地为我党秘密传递或张贴革命传单和标语；1950年，雷锋家乡成立农民协会，进行土地改革，雷锋当上了儿童团长，他为革命站岗、放哨、巡逻，防止敌人破坏。自1957年2月8日加入中国共产主义青年团，1960年11月8日加入党组织，至1962年8月15日为党、为人民因公殉职，雷锋一直树立牢固的共产主义信念。

（二）雷锋"红色基因密码"中蕴含的"锐意进取、自强不息，艰苦奋斗、勤俭节约的创新精神和创业精神"，源于中华民族精神的熏陶、中国红色革命文化的影响。民族精神是一个民族在长期共同生活和社会实践基础上所表现出来的富有生命力的优秀思想、高尚品格和坚定志向的集中体现。中华民族是一个自强不息的民族，在中华民族五千多年的发展历程中，形成了以爱国主义为核心的团结统一、爱好和平、勤劳勇敢、自强不息的伟大民族精神，蕴含着勤劳勇敢、奉献牺牲、团结协作、自强不息等民族气节。在中华民族历史长河中，人们常常把那些为了国家和民族的利益"舍

---

① 详见2012年11月17日在十八届中央政治局第一次集体学习时的讲话。

生取义、杀身成仁"勇于牺牲的民族英雄,不惜抛头颅、洒热血的爱国男儿,"鞠躬尽瘁、死而后已"的仁人志士誉为民族的脊梁。雷锋受中华优秀传统文化的熏陶、红色革命文化基因的影响,他一生锐意进取、自强不息。雷锋精神,是对我们中华民族艰苦奋斗、自强不息的民族"基因"的遗传、复制、传承和发扬。

（三）雷锋"红色基因密码"蕴含的"服务人民、助人为乐、无私奉献、爱岗敬业"的优良品质,源自中华民族的优秀传统美德的浸润,中国共产党宗旨意识的锤炼。中华民族的传统美德是中国五千年历史流传下来的,具有深远影响力,可以继承,并得到不断创新发展,有益于下一代的优秀道德遗产。它也是我国人民两千多年来处理人际关系、人与社会关系和人与自然关系的实践的结晶。人和人之间,它强调应建立一种和谐协调的人伦关系；利和义之间,它要求"见利思义""见得思义",主张"义以为上""以义统利""先义后利",社会利益高于个人利益；它提倡"仁者爱人""君轻民重"的"民本"思想；它倡导"格物、致知、诚意、正心、修身、齐家、治国、平天下"的人生理想模式。服务人民、无私奉献、爱岗敬业是共产党员先进性的重要内涵,是检验共产党员是否合格的重要标准。在中国革命和建设进程中,共产党员舍生忘死、冲锋陷阵、艰苦奋斗,诠释着共产党员带头奉献、无私奉献的先锋模范精神,也激励着一代又一代共产党员宵衣旰食、心底无私地为国家富强不懈奋斗。正是这些伟大的奉献,推动着中华民族朝着伟大复兴不断地迈进。

弘扬雷锋精神是提升全社会文明程度的有效途径

刘俊杰

党的二十大报告提出："提高全社会文明程度。实施公民道德建设工程，弘扬中华传统美德，加强家庭家教家风建设，加强和改进未成年人思想道德建设，推动明大德、守公德、严私德，提高人民道德水准和文明素养。"那么，如何才能提高全社会文明程度，引导全社会公民"明大德、守公德、严私德，提高人民道德水准和文明素养"呢？60年学雷锋的伟大实践告诉我们：雷锋精神是提高全社会文明程度的基石，弘扬雷锋精神是提升全社会文明程度的有效途径。

一、弘扬雷锋"热爱党、热爱人民、热爱社会主义"的高尚情怀，引导全社会公民"明大德"

引导全社会公民"明大德"，必须让人们首先明白什么是"大德"。2014年5月4日习近平总书记考察北京大学，在师生座谈会上发表重要讲话，着重谈了社会主义核心价值观。习近平指出："核心价值观，其实就是一种德，既是个人的德，也是一种大德，就是国家的德、社会的德。国无德不兴，人无德不立。"可见，"践行社会主义核心价值观"就是社会主义新时代的"大德"。我们要积极引导全社会"明大德"，就是引导人民践行社会主义核心价值观。作为党员干部，"明大德"就是铸牢理想信念、锤炼坚强党性，在大是大非面前旗帜鲜明，在风浪考验面前无所畏惧，在各种诱惑面前立场坚定，全心全意为人民服务；作为中国特色社会主义国家的普通公民，就是热爱我们的党、热爱我们的国家、热爱我们的人民，一心想着为党、为国、为人民作贡献，这是每一个公民的"大德"。

雷锋精神作为中国共产党人精神谱系的重要组成部分，是我们践行社会主义核心价值观的一面精神旗帜，是中国特色社会主义文化中的一个重要符号，是亿万中国人民心中一座巍峨的道德丰碑，是建设社会主义文化强国的精神动能。周恩来总理将雷锋精神阐释为"憎爱分明的阶级立场，言行一致的革命精神，公而忘私的共产主义风格，奋不顾身的无产阶级斗志"。习近平总书记以"信念的能量、大爱的胸怀、忘我的精神、进取的锐气"的高度凝练，对雷锋精神作了最新概括。我们要提高社会文明程度，引导人们"明大德"，必须大力推进学雷锋活动，大力弘扬雷锋"热爱党、热爱人民、热爱社会主义"的高尚情怀，深入贯彻落实《新时代爱国主义教育实施纲要》《新时代公民道德建设实施纲要》，广泛践行社会主义核心价值观，持续深化爱国主义、集体主义、社会主义教育，着力提高社会文明程度，提高人民道德水准和文明素养，培育时代新风新貌，让向上向善的文明之风充盈每个角落。

二、弘扬雷锋"无私奉献""公而忘私"的高尚情操，引导全社会公民"守公德"

立德，除了明大德，其次就是要守公德。所谓"公德"，就是公众之德、公权之德和工作之德。党员干部守公德，就是要强化宗旨意识，树立全心全意为人民服务思想，恪守立党为公、执政为民理念，自觉践行人民对美好生活向往就是我们的奋斗目标的承诺，做到心底无私天地宽；引导人民群众"守公德"，就是引导广大人民群众坚守良好的职业道德、职业操守。雷锋是守公德的典范。雷锋"全心全意为人民服务"的无私奉献精神，是雷锋精神的本质，体现了雷锋的价值取向、道德观念、思想情操，也是他"守公德"的核心。大力弘扬雷锋"无私奉献""公而忘私"的高尚情操，是引导全社会公民"守公德"的重要途径。

三、弘扬雷锋言行一致、表里如一的高尚情怀，引导全社会公民"严私德"

孔子说："志于道，据于德。"立德，除了"明大德、守公德"外，还要"严私德"。百行德为首，品洁人自高。严私德就是要严格约束自己的操守和行为。党员干部严私德，必须戒贪止欲、克己奉公，切实把人民赋予的权力用来造福于人民。廉洁修身，廉洁齐家，防止"枕边风"成为贪腐的导火线，防止子女打着自己的旗号非法牟利，防止身边人把自己"拉下水"。

雷锋精神简论

道不可坐论，德不能空谈。雷锋精神是人们向上向善的心灵家园，是社会进步的价值标杆，是社会风气的净化器，也是社会文明新风的催化剂。一位哲学家说："只有在全体公民中力倡雷锋精神，人人善小而为，添砖加瓦，方能筑起社会主义核心价值体系大厦。"习近平总书记在号召全国人民学雷锋时深刻指出："'积小善为大善，善莫大焉'，这和我们党为人民服务、做人民的勤务员是一脉相承的。"如何引导人们"严私德"？2013年5月4日习近平总书记在同各界优秀青年代表座谈时强调，要倡导社会文明新风，带头学雷锋，积极参加志愿服务，主动承担社会责任，热诚关爱他人，多做扶贫济困、扶弱助残的实事好事，以实际行动促进社会进步。我们一定要牢记习近平总书记的谆谆嘱托，引导人们养成良好的职业道德、家庭美德、个人品德，严格约束自己的操守和行为，践行新时代"好人精神"，争当"中国好人"。然而，现实生活中并非那么美好。当"躺平""佛系""内卷"成为热词，当"好人得不到好报"的网帖大肆传播，当善良被冤枉、被打击、被损害，当功利、市侩、冷漠的"浮云"不时遮蔽着人们的心灵家园的时候，我们一定要充分发挥雷锋精神"净化社会风气、治理社会乱象，匡正道德失范，矫正诚信缺失"的作用，用雷锋精神积极引导人们言必信，行必果，始终做到言行一致，像雷锋那样"知行合一"，从而实现中华民族的"道德崛起"和"全社会文明程度的跃升"。

党的二十大报告提出了"提高全社会文明程度"的新目标，提出了"推动明大德、守公德、严私德，提高人民道德水准和文明素养"的新任务。雷锋精神是弘扬中国精神的"原动力"，是凝聚中国力量的"向心力"，更是实现伟大复兴中国梦的"驱动力"。它是中国精神的集中展现、中国价值的时代符号，中国力量的思想支撑、中国文化的鲜明标识。雷锋精神是中国共产党人精神谱系的重要组成部分，我们必须大力弘扬雷锋精神，积极引导人民"明大德、守公德、严私德"，从而不断提高人民道德水准和文明素养，不断提高全社会文明程度。

弘扬雷锋精神，做到"三个务必"

刘俊杰

习近平总书记在党的二十大报告中对全党提出了"务必不忘初心、牢记使命，务必谦虚谨慎、艰苦奋斗，务必敢于斗争、善于斗争"，即"三个务必"的要求。这是进入中国特色社会主义新时代习近平总书记对全党提出的新要求，也是习近平总书记对每一个共产党人更严、更新、更高标准的政治召唤。如何牢记习近平总书记的嘱托，坚守"三个务必"，本人认为，大力弘扬雷锋精神，是每一个共产党人对如何坚守"三个务必"的响亮回答。

一、弘扬好雷锋永远忠于党、忠于人民的坚定理想信念，全心全意为人民服务的奉献精神，方能做到"不忘初心，牢记使命"

"务必不忘初心、牢记使命"，是全面建设社会主义现代化国家、全面推进中华民族伟大复兴的根本动力。习近平总书记在党的二十大报告中告诫全党"务必不忘初心、牢记使命"，旨在警示全党同志要以钉钉子的精神，在新的历史坐标下践行党的初心使命，坚定把好"方向盘"，发挥历史主动性，为实现党在新时代的历史使命而不懈奋斗。

那么，我们党如何才能高举"不忘初心、牢记使命"这面旗帜，永葆生机活力，在奋战新征程中夺取新胜利、创造新辉煌？习近平总书记在党的二十大报告中指出："广泛践行社会主义核心价值观……弘扬以伟大建党精神为源头的中国共产党人精神谱系。"雷锋精神作为中国共产党人精神谱系的重要组成部分，是中国共产党人的政治标识，它承载着我们中国共产党人的初心使命。所以我们党"务必不忘初心、牢记使命"，必须把雷锋资源利用好、把雷锋精神发扬好、把雷锋基因传承好，把雷锋精神代代传下去。纵观雷锋短暂的一生，他所做的一切都体现了对理想信念的追求，对党、对人民、对祖国、对社会主义的无限热爱。雷锋说："我就是长着一个心眼，我一心向着党，向着社会主义，向着共产主义。"这是雷锋的崇高理想和坚定信念的鲜明表达，也是雷锋精神的根本属性。雷锋一辈子为党和人民奋斗，如果他没有树立崇高的理想、坚定的信念是做不到的。同时，为人民服务是雷锋精神的重要体现，是雷锋精神的核心内容。它既体现了党的坚定信念、根本宗旨、优良作风，也凝聚着共产党人的人民情怀，是党的初心和使命的文化载体和精神依托。"雷锋出差一千里，好事做了一火车"，他把为人民服务当成了应尽的义务，把为人民办实事、办好事当成一种行动自觉。雷锋做的每一件帮助别人的好事，看似很小，也很平常，但都是一个共产党员初心使命的体现，是全心全意服务人民的担当，是他毫不利己、专门利人高尚品格的自然表现。习近平总书记在党的二十大报告中指出："江山就是人民，人民就是江山。中国共产党领导人民打江山、守江山，守的是人民的心。"雷锋一生秉承"自己活着，就是为了使别人过得更美好"的信条，他以其短暂而辉煌的一生，树起了一座"为人民服务"的不朽的思想道德丰碑，成为社会的呼唤、时代的强音、党和国家的宝贵精神财富。

二、弘扬好雷锋艰苦奋斗、勤俭节约的创业精神，方能做到"谦虚谨慎，艰苦奋斗"

中华民族伟大复兴，绝不是轻轻松松、敲锣打鼓就能实现的。艰苦奋斗、勤俭节约的创业精神，是中国特色社会主义事业不断发展壮大，是实现中华民族伟大复兴征程中不断攻坚克难、勇往直前的锐利武器。党的十九届六中全会要求我们的党要"始终谦虚谨慎、不骄不躁、艰苦奋斗""以咬定青山不放松的执着奋力实现既定目标"。所以，1949年3月，当中国共产党人面对新民主主义革命即将胜利后党的建设和国家前途如何打破"历史周期律"，如何在"进京赶考"中不做"第二个李自成"的时候，毛泽东同志冷静思考，用积极的心态和精神状态在党的七届二中全会上代表全党响亮提出："务必使同志们继续地保持谦虚、谨慎、不骄、不躁的作风，务必使同志们继续地保持艰苦奋斗的作风。"这是这一特定历史时代中国共产党对每一位中国共产党人提出的历史要求。今天，当我们党领导人民迈上全面建设社会主义现代化国家新征程、向第二个百年奋斗目标进军的关键时刻，习近平总书记再一次开宗明义地告诫全党"务必谦虚谨慎、艰苦奋斗"，这是我们党走过百年历程后，在成功实现全面建成小康社会第一个百年奋斗目标基础上，迈上全面建设社会主义现代化国家新的"赶考"之路上，习近平总书记向全党发出的动员令。党的十八大以来，我国经济社会发展取得了辉煌的成就，成绩斐然，但随着我国进入全面建设社会主义现代化国家的新发展阶段，以中国式现代化全面推进中华民族伟大复兴所面临的历史性任务却依然十分艰巨，我们党还远没有到喘口气、歇歇脚、松松劲的时候，我们还要随时准备经受风高浪急甚至惊涛骇浪的重大考验。我们党仍然强调"务必谦虚谨慎、艰苦奋斗"。所以说，习近平总书记在这个时候再一次提出它，不仅没有过时，而且与西柏坡时期相比，其重要性有过之而无不及。

艰苦奋斗、勤俭节约作为一种传统美德、时代精神、文明行为，也是人们推崇、追求的思想境界和行为方式的人生态度，它有巨大的感召力，能够提升自己、吸引他人。《大学》有言："心浮气必躁，气躁则神难凝，不成大事，贻害无穷。"2012年3月，中共中央办公厅印发《关于深入开展学雷锋活动的意见》指出，要弘扬雷锋艰苦奋斗、勤俭节约的创业精神。雷锋的身上，鲜明地体现着谦虚谨慎、艰苦奋斗和勤俭节约的中华传统美德和中国共产党的优良传统。按照习近平总书记所说的"艰苦奋斗、勤俭节约，不仅是我们一路走来、发展壮大的重要保证，也是我们继往开来、再创辉煌的重要保证"的指示精神，将雷锋精神发扬光大。

三、弘扬雷锋锐意进取、自强不息的创新精神，方能做到"敢于斗争、善于斗争"

"务必敢于斗争、善于斗争"，是全面建设社会主义现代化国家、全面推进中华民族伟大复兴的制胜法宝。党的百年辉煌历史，就是一部波澜壮阔的斗争史。建立中国共产党并取得新民主主义革命的胜利、成立新中国并取得社会主义革命和建设的成功、实行改革开放并取得社会主义现代化建设的成就，中国共产党在斗争中诞生、在斗争中发展、在斗争中壮大。当前，我国发展所面临的风险和考验一点也不比过去少，甚至更加凶险和重大。百年变局和世纪疫情相互交织，世界之变、时代之变、历史之变正以前所未有的方式展开，新的历史条件下，新形势新任务对我们的斗争精神、斗争本领、斗争艺术提出了更高的要求，我们要以狭路相逢勇者胜的气概战胜前进道路上的一切艰难险阻。"最美奋斗者"雷锋是"务必敢于斗争、善于斗争"的楷模。周恩来总理在为雷锋同志的题词中，把雷锋精神概括为"憎爱分明的阶级立场，言行一致的革命精神，公而忘私的共产主义风格，奋不顾身的无产阶级斗志"。字里行间，鲜明地诠释了雷锋锐意进取、自强不息的斗争精神。雷锋作为全国人民学习的楷模，靠的就是锐意进取、自强不息的斗争精神，积极向上的人生态度和百折不挠、勇往直前的奋进意志。雷锋无论是在工作中还是在生活中，都饱含着锐意进取、自强不息的无穷的斗争精神。他在日记中这样写道："我愿做高山岩石之松，不做湖岸河旁之柳。我愿在暴风雨中——艰苦的斗争中锻炼自己，不愿在平平静静的日子里度过自己的一生。"1957年，雷锋在县委机关当公务员，当时，社会上有一些人对共产党的领导表示怀疑。雷锋对此极为愤慨，坚定勇敢地站出来捍卫党的领导。当有人闯进县委机关污蔑党的领导时，他挺身而出，与之进行斗争。雷锋也是"勇于斗争、善于斗争"的表率。1957年10月，为了根治沩水和八曲河的水患，原中共望城县委员会、望城县人民委员会作出了"关于彻底整治沩水尾闾洪道和围垦团山湖的决定"。治沩工程刚刚启动的时候，一天，雷锋正在当时的治沩指挥部杲山庙值班。突然有二三十个人闯进了指挥部，他们气势汹汹，其中一个人在门口大骂："你们这班人，赶快出来，这一方水土全叫你们破坏了！现在龙王迁都，水鬼乱游，我们要遭大灾了。"听到吵闹声，雷锋连忙从屋子里跑出来，叫他们不要吵闹，那些人一看出来的是一个矮矮瘦瘦的细伢子，根本没有把雷锋放在眼里，指着雷锋叫嚷："还我鱼塘，还我祖坟！"雷锋没有畏惧，他继续用自己的笑脸对待众人："你们都是居住在这里的人们，种的粮食不是颗粒无收就是损失过半，还不是因为沩水没有治理好？整治沩水河就是为了让你们不再遭受水灾，是给你们办好事啊！"在雷锋的和言细语下，人群稍稍平静，但还是有些顽固不化的声音在叫嚣吵闹。雷锋义正词严地指着指挥部前面不远处的十婆桥大声说："你们知道，这十婆桥每天有千人走万人过，千万人都在怀念那造福乡邻的十个婆婆，难道你们还不如她们？你们要眼看着沩水河泛滥成灾，让百姓又到外面去讨米吗？全县人民都来治理沩水，造福子子孙孙，唯独你们要搞封建迷信，闹事阻止，你们的良心何在？"正是雷锋的正气把闹事的人彻底镇住了，不等指挥部的领导回来，这些人就离开了指挥部。指挥部领导赵阳城和其他领导回来以后，知道了事情的始末，称赞雷锋既是"单刀赴会"的关云长，又是"舌战群儒"的诸葛亮，充满了斗争的智慧、勇气和才气。新的伟大斗争中要创造出新的历史伟业，必须接受更加严格的思想淬炼、政治历练、实践锻炼、专业训练；要善于在斗争中争取团结，在斗争中谋求合作，在斗争中争取共赢。因此，我们必须进一步学习雷锋锐意进取、自强不息的创新精神，紧跟时代步伐，自觉致力于经济社会发展各领域创新，坦然面对困难，欣然接受挑战，以顽强的意志、不懈的努力，敢于压倒一切困难而绝不被任何困难所压倒的气概，攻坚克难，施展才华，为中国特色社会主义事业作出力所能及的贡献。

党的二十大报告对全党提出的"务必不忘初心、牢记使命，务必谦虚谨慎、艰苦奋斗，务必敢于斗争、善于斗争"的新要求，进一步阐释了我党遵循的宗旨、坚守的作风和发扬的精神，鲜明体现了百年大党与时俱进的特征，是我们党对治乱兴衰历史的深刻思考和对执政规律的新的总结，是一种历史性升华。我们要牢记"三个务必"，大力弘扬雷锋精神，像雷锋那样坚定理想信念，不忘初心，继续前进；像雷锋那样谦虚谨慎、艰苦奋斗；像雷锋那样锐意进取、自强不息。全面贯彻习近平新时代中国特色社会主义思想，忠于党、忠于人民、忠于中国特色社会主义事业，政治上时刻保持清醒坚定，重大问题上态度旗帜鲜明，关键时刻冲在前面，勇做走在时代前列的奋进者、开拓者和奉献者。

雷锋精神：伟大建党精神的时代呈现

谭铁安

习近平总书记在庆祝中国共产党成立100周年大会上指出："一百年前，中国共产党的先驱们创建了中国共产党，形成了坚持真理、坚守理想，践行初心、担当使命，不怕牺牲、英勇斗争，对党忠诚、不负人民的伟大建党精神，这是中国共产党的精神之源。"伟大建党精神，既是中国共产党人的思想基石，又是中国共产党人的鲜明标识；既是中国共产党人的政治品格，又是中国共产党人的价值追求；既为我们奋斗新时代、开启新征程提供了强大的精神支撑，又为我们赓续红色血脉、实现中华民族伟大复兴提供了力量源泉。

雷锋精神，是一种与时俱进的时代精神，是伟大建党精神的时代表现，也是中国共产党红色谱系中闪烁着时代光芒的精神之魂，同样是激励人们不断向善向上的精神动力。

崇高理想和坚定信念，呈现出雷锋坚持真理与坚守理想的高贵品质

雷锋生在旧社会，长在新中国。为了迎接解放，童年雷锋参与了这场走向胜利的革命，他在地下党员彭德茂、杨冬泽等的带领下开展革命活动。1949年8月，一支解放军队伍路过雷锋的家乡。雷锋找到部队的连长，表达了要参军的愿望，连长说雷锋太小，要他好好学习，临走时把自己的一支钢笔送给了他。雷锋接过解放军连长送给他的钢笔，心中种下了一颗军人梦的种子。

中华人民共和国成立后，不到9岁的雷锋和千千万万穷苦的劳动人民一样翻了身，走进了新社会，当家作主人，开始过上了幸福的生活。雷锋投身到了伟大的革命洪流之中。他跟随彭德茂大叔做一些有意义的事情。

当时，望城的阶级斗争状况很复杂，国民党特务、土匪和恶霸地主不甘心失败，他们勾结在一起，在乡里组织了假农会，阴谋破坏土地改革和清匪反霸斗争。一天，雷锋到假农会院内玩耍，听到屋里有人在议论要杀害民兵队长，阴谋夺取民兵的枪支。雷锋知道这是大事，立即跑去向彭德茂汇报这个情况。之后，彭德茂发动群众摧毁了假农会，缴获了土匪武装的枪支。雷锋还在彭德茂的具体部署和安排下，带头联络了一些小伙伴，组建安庆乡儿童团。雷锋扛着红缨枪，当上了小团长，他站岗放哨搞宣传，配合农民协会和民兵打击敌人，生活中充满了翻身做主人的幸福和激情，心中充满着对共产党和人民政府的希望与感恩。

服务人民和助人为乐，展现出雷锋践行初心与担当使命的精神风貌

中国共产党人的初心与使命是什么？就是为中国人民谋幸福，为中华民族谋复兴。这个初心与使命，既是中国共产党人向中国人民和中华民族最为庄严的承诺，也是中国共产党百年征程从胜利走向新的胜利的最亮航标；既是激励中国共产党人不断前进的根本动力，也是中国共产党百年光辉历程的生动再现；既是每一位中国共产党人为之奋斗的起点，也是中国共产党团结和带领全国各族人民共同奋斗的催征号角。也正是这一初心与使命，使全体中国共产党人与中国人民同呼吸、共命运、心连心，中国共产党人成为最广大人民根本利益的真实代表。这一初心与使命，和每一位中国共产党人的坚守与不懈奋斗分不开。

雷锋，在他的人生中，始终深怀着一种对党、对人民、对社会主义的感恩之情，在平凡的生活和工作中，践行着初心与使命。他除了很好地完成本职工作外，还主动承担最艰苦最危险的工作任务，甘当治沩工地上的通讯员、义务质检员和监督员。他曾经在笔记本上写道："以革命的名义，想想过去；以革命的精神，对待现在；以革命的志气，创造未来。"

1958年春天，望城团县委提出要捐献一台拖拉机给团山湖农场，雷锋把自己省吃俭用节约下来的20块钱全部送交了团组织，成为全县青少年中捐献最多的一个，因此受到了团县委的表扬。县领导决定派雷锋去团山湖农场学开拖拉机。雷锋仅用了一个星期就可以单独驾驶拖拉机了，他也因此成为望城县的第一代拖拉机手，成了一名真正的"新式农民"。

敬业进取和创新创业，呈现出雷锋对党忠诚与不负人民的高尚情操

  在工作劳动之余，雷锋的生活充满生机和乐趣，他喜欢打快板、吹口琴，热爱写作，他将学到的诗歌创作知识和理论用来指导自己的创作实践。1958年8月1日，雷锋在团山湖农场创作了一首65行长诗《南来的燕子啊》。在这首诗歌里，他将寻觅温暖的"南来的燕子"作为自己的感情、决心和理想载体，借以歌颂共产党，歌颂劳动者。他的思想遨游在万里长空，飞向更加美好的未来。雷锋崇尚真善美，他热爱生活，热情乐观，朝气蓬勃，他爱美且又积极创造美。他写诗，他歌唱，他打鼓，他拉手风琴，他还爱摄影，在他的新社会生活里，充满了灿烂阳光。雷锋在团山湖勤于思考，他叩问人生，写下了著名的"雷锋七问"。

  1958年10月下旬，辽宁鞍钢来人到望城招工。雷锋闻风而动，积极要求参加鞍钢建设，为"钢铁元帅升帐"贡献力量，后获得批准。1958年11月8日，雷锋北上鞍钢，开启新的人生历程。在鞍钢，他被分配在鞍钢化工总厂洗煤车间当推土机手，他爱岗敬业，乐于奉献，不久，就出席鞍山市青年社会主义建设积极分子代表大会。1960年1月8日，雷锋入伍，在军营，他参加上寺水库抢险救灾，带病连续奋战七天七夜；他把平时节约下来的200元钱分别支援抚顺市望花区人民公社和辽阳水灾区；他团结友爱，帮助老人，甘当"傻子"，是人民的勤务员；雷锋始终怀着一种对党对人民的感恩之心，始终以一种高昂的奋斗姿态，播撒青春，放飞梦想，全心全意为人民服务，成为一座永恒的道德丰碑。

  1962年8月15日上午8时，雷锋与战友乔安山在准备前去洗车时，雷锋下车指挥倒车，车轮打滑，碰倒了一根木杆，这根木杆打到了雷锋左太阳穴上，雷锋当即昏迷过去，经中国人民解放军第202医院抢救无效，于当日12时5分以身殉职，年仅22岁。雷锋，用他年轻的生命，在平凡的岗位上谱写了一曲曲不怕牺牲、英勇斗争的青春之歌。

  习近平总书记在庆祝中国共产党成立100周年庆祝大会上寄语："未来属于青年，希望寄予青年。一百年前，一群新青年高举马克思主义思想火炬，在风雨如晦的中国苦苦探寻民族复兴的前途。一百年来，在中国共产党的旗帜下，一代代中国青年把青春奋斗融入党和人民事业，成为实现中

二论　雷锋精神的永恒价值

华民族伟大复兴的先锋力量。新时代的中国青年要以实现中华民族伟大复兴为己任，增强做中国人的志气、骨气、底气，不负时代，不负韶华，不负党和人民的殷切期望！"雷锋，是新时代中国青年的楷模。雷锋，属于时代；雷锋精神，属于永恒。

雷锋家乡学雷锋活动60年宣传机制概述

谭铁安

宣传工作是粮草，是喉舌，是利剑。这句话，既体现了宣传工作的价值，又反映出其重要作用；既是对宣传工作的评价，也是对其的期望。中国共产党百年奋斗史上，一直对宣传工作高度重视，才有了我们党从胜利走向胜利的辉煌成就，才有了在党领导之下广大人民群众的理想追求，才有了社会主义革命、建设和改革道路上庄严、宏伟的壮丽诗篇，才有了中华民族伟大复兴中国梦历史征程中的一曲曲可歌可泣的英雄赞歌。做好宣传工作，使命光荣，责任重大。

宣传工作，既是一种理论，也是一种实践。说宣传工作是理论，在大众的认知中，做宣传工作的人都是理论工作者，是理论家。既然是理论家，必然具有深厚的理论功底，也必须有深厚的理论作为支撑。说宣传工作是理论，因为宣传工作具有强烈的政治性，宣传工作是党的宣传工作，是为党为民服务的宣传工作。做宣传工作，要坚持正确的方向，用正确的理论武装头脑，只有在用正确理论武装起来的宣传工作中，才能真正做好宣传工作。说宣传工作是实践，就是说，宣传工作本身就是一个实践过程，是一个将正确的理论转化为生动的实践的过程，是一个通过实践证明该理论正确的过程，也是一种理论能够正确发挥作用的过程。宣传工作是一个将理论与实践有效结合的过程。宣传工作不是为了宣传而宣传，也不是为了形成理论而理论，宣传工作本质上是将实践上升为理论、用理论指导实践，是实践与理论的协调与统一。做好宣传工作，需要体制机制作为保障。

雷锋，是一个时代的楷模，雷锋精神是永恒的，是社会主义核心价值观的生动体现；雷锋精神，是中国共产党人精神谱系中的重要元素；学习雷锋，践行雷锋精神，需要在学雷锋的基础上形成理论体系，让学雷锋理

二论　雷锋精神的永恒价值

论体系建设成为推动学雷锋活动持续开展的理论基础。学雷锋理论体系建设，是宣传工作的要求、重点和特色。做好学雷锋和雷锋精神宣传工作，是用科学的理论武装头脑的实践，是实践推动理论升华的创新，是理论与实践相结合的生动体现。做好学雷锋和雷锋精神宣传工作，是推动学雷锋和践行雷锋精神走常走长、走深走新的关键举措，是学习雷锋践行雷锋精神的生动实践，是用雷锋精神引导人、教育人、培养人和武装人的重要方法。

雷锋家乡望城，一直以来高度重视学雷锋活动，坚持以雷锋精神兴区（县）育人，在学雷锋和践行弘扬雷锋精神等方面出效果、创特色、积经验、推理论，形成了雷锋家乡学雷锋活动良好的宣传模式。

一、雷锋家乡学雷锋宣传活动的主要特点

立足家乡宣传学雷锋。望城是雷锋的故乡，雷锋在望城生活了18年。雷锋的成长、雷锋精神的孕育与形成，都离不开望城这一片土地。望城丰富的红色文化、优秀的传统文化和先进的当代文化，使雷锋和雷锋精神得到了滋养，望城"出了雷锋学雷锋，学了雷锋出雷锋"成为一种独特的社会现象。望城立足于雷锋家乡的优势，广泛开展学雷锋宣传活动。利用湖南雷锋纪念馆、雷锋故居、雷锋就读过的学校、雷锋工作过的望城县委机关旧址、西塘农业社、治沩工程指挥部旧址、团山湖农场以及"一脚踢出颗螺丝钉的地方"、郭亮旧居、湘江码头等承载着雷锋生前足迹的地方，深挖雷锋故事，深耕雷锋精神在望城孕育与生成的历史渊源，在大力宣扬雷锋和雷锋精神的同时，彰扬望城学雷锋优势与特色，推动雷锋文化的宣传与发展。望城充分尊重和敬仰杨东泽、彭德茂、张兴玉、赵阳城、冯健、冯正其、张建文、李湘枚、雷孟轩、谭荒芳等一大批雷锋生前领导、偶像、同事、故交和雷锋精神宣讲者等，让这些雷锋精神的传播者宣传雷锋、传播雷锋，把雷锋精神的种子广播在祖国的大地上，使望城学雷锋宣传走出湖南、走遍全国、走向世界。望城主动发挥雷锋故乡集聚优势，在走出去的同时引进来，加强学雷锋宣传交流，实现学雷锋资源共享，成就了望城学雷锋宣传的活水源头。

立足时代宣传学雷锋。雷锋精神具有与时俱进的时代特征，不同的时代有着不同的表现形式。20世纪60年代初，雷锋殉职之后，老一辈无产

雷锋精神简论

阶级革命家毛泽东主席发出"向雷锋同志学习"的号召，周恩来总理将雷锋精神概括为"憎爱分明的阶级立场，言行一致的革命精神，公而忘私的共产主义风格，奋不顾身的无产阶级斗志"。在这一阶段，望城宣传学雷锋活动具有当时明显的时代特征，同时带有较为强烈的政治色彩，学毛主席著作与学雷锋融合起来宣传是当时的一大特点，将雷锋式的先进人物和先进事迹的形成，冠之以毛泽东思想的教导已经成为一种宣传样本。改革开放至世纪之交，望城学雷锋的典型宣传注重于基层基础，同样与时代要求结合起来宣传，学雷锋做好人好事成为一种风尚。这一阶段涌现出了许许多多的见义勇为、扶危济困等人物和事件，成为望城学雷锋活动开展的典型代表，也是望城宣传学雷锋的重要内容。进入新时代，学雷锋活动迎来了新的高潮，雷锋精神也被赋予了"热爱党、热爱祖国、热爱社会主义的崇高理想和坚定信念""服务人民、助人为乐的奉献精神""干一行爱一行、专一行精一行的敬业精神""锐意进取、自强不息的创新精神""艰苦奋斗、勤俭节约的创业精神"等内涵，望城学雷锋宣传工作，也立足于时代要求，从兴区（县）育人的高度、从体制机制建设的高度、从践行和弘扬社会主义核心价值观的高度，从加大学雷锋宣传的高度、广度和力度，登上了一个新起点，迈上了一个新台阶。

　　立足行业宣传学雷锋。20世纪中叶至21世纪初的望城县，是一个典型的农业县，粮食生产、生猪养殖等曾经是望城县的主导产业。在较为艰苦的农业生产劳动中，望城出现了张兴玉、吴吟钦、冯健、萧玉林等一批农业劳动模范，这些农业劳动模范中，既有雷锋生前的领导、同事和朋友，也有一直以来坚持学雷锋、在农业生产过程中取得了好成绩的先进典型。同时，在各类学雷锋的先进典型中，民兵、退伍军人、基层干部等也是宣传重点。粮食系统、教育系统、卫生系统、公安系统、共青团等群体，也是学雷锋宣传的重要阵地。进入新时代，望城撤县设区，城区特征明显，工业兴区、园区兴工成为望城经济社会发展的新特点，学雷锋活动也具有明显的城市特点。立足行业宣传学雷锋活动，已经成为宣传工作的重要任务。在这一阶段，望城各行各业广泛掀起了学雷锋活动的热潮，学雷锋宣传也随着行业的特点全面展开。一大批"雷锋式"共产党员、基层干部和机关干部、企事业单位工作人员乃至普普通通的人民群众，都成为学雷锋的典型代表，成为被宣传和彰扬的对象。主题宣传、宣传主题成为望城学雷锋宣传工作的重头戏。青少年雷锋号、身边"雷锋"、道德模范、望城好人、长沙好人、湖南好人、中国好人等以及敬业奉献、见义勇为、孝老爱亲、助人为乐等好人好事层出不穷，成为宣传学雷锋的主场，充分反映了望城学雷锋活动已经全面开花，深入到了普通民众之中，而学雷锋的宣传，也不仅仅停留在媒体层面，各行各业都根据自身的特点，利用一切可以利用的宣传平台和手段进行宣传，形成了百花齐放的新气象。

立足本职宣传学雷锋。雷锋精神，人人可学；雷锋事迹，处处可为。正是因为学雷锋活动已成为望城人民生活的日常，成为望城经济社会发展的精神营养，宣传学雷锋，也成了一种日常和习惯。立足本职岗位学雷锋，在机关，便有了一批又一批"雷锋"式公仆，他们立足岗位、立足本职、兢兢业业、敬业奉献；在企业，便有了一批又一批"雷锋"式团队和员工，他们以企业为家，攻坚克难，创新创业，默默奉献；在学校，便有了一批又一批的"雷锋"式园丁，他们热爱教育事业，教书育人，从望城走出去，走进大山，走进贫困，广播希望；在医院，便有了一批又一批的"雷锋"式逆行者，他们不畏艰险，不怕困难，面对疫情，面对突发的急难险重，冲锋在前，忘记了个人安危，只记着肩头责任；在城市，便有了一群群身穿马甲的"志愿红"，他们或立于道口疏导交通，或立于校门口殷殷护学，或踟蹰于背街小巷打理环境；在乡村，便有了一群群同样的"雷锋"志愿者，他们或携带着工具走在田间地头守护青山绿水，或来到敬老院里陪护老人拉家常，或在集镇的街头守着他人遗落的钱包手机……而他们都有一个共同的名字：我是雷锋家乡人。望城学雷锋宣传，从平凡处发力，从细微处发力，从老百姓生活当中的点点滴滴发力，宣传了一个又一个的身边"雷锋"，形成了一个又一个的"雷锋窝子"，彰显了一代又一代"雷锋"传人的风采。望城学雷锋活动广泛持久深入地开展，为宣传工作创新发展打造了高地，凸显出富矿，呈现了家乡特色。

二、雷锋家乡学雷锋宣传活动的显著成效

在60年的学雷锋及学雷锋宣传活动中，雷锋家乡学雷锋取得了明显的成效，在以下几个方面体现得尤为突出。

阵地建设得到加强。阵地建设，是学雷锋及宣传学雷锋的基础，是推

雷锋精神简论

动学雷锋活动宣传走实走新的关键，也是推进学雷锋活动和宣传常态化的重要途径。60年来，雷锋家乡怀着深厚的情怀，在纪念宣传雷锋和开展学雷锋活动的实践中，定期举办跨地区学雷锋理论研讨会，策划并印制专门的宣传海报、简介、旅游宣传光盘等宣传资料5万余册，编辑出版《永远的榜样——雷锋》《雷锋在故乡》《走近雷锋的世界——雷锋日记》《湖南当代雷锋》等书籍、期刊和长沙旅游十景明信片等。着力健全雷锋精神理论研究机构，创办《雷锋精神研究》杂志、"雷锋精神论坛"和"雷锋讲坛"，适时组织开展多种形式的理论研讨活动，为学雷锋活动开展及雷锋精神研究赋予全新的时代内涵。强化阵地建设，形成了"一馆"（湖南雷锋纪念馆）、"一网"（中国雷锋网）、"一院"（湖南雷锋学院）、"一课"（雷锋主题党课）、"一会"（长沙市望城区雷锋精神研究会）、"一站"（学雷锋志愿服务总站）的学雷锋宣教阵地，并以阵地为依托，充分发挥阵地的不同功能和作用，主动开展宣传宣讲、学习交流、研究践行、创新推进等工作，使雷锋家乡学雷锋普遍开花；利用阵地优势，凸显阵地功能，积极推行走出去和引进来相结合的办法，推动学雷锋活动与宣传走深走实；强化学雷锋阵地保障，所有阵地工作经费都由财政保障，确保阵地作用发挥。学雷锋阵地建设，倒逼学雷锋宣传工作创新，为擦亮雷锋家乡品牌发挥了重要作用。

　　活动形式得到丰富。活动，是学雷锋的主要形式，是彰显学雷锋特色的重要平台，也是深入推进学雷锋常学常新的关键措施。60多年来，雷锋家乡学雷锋活动层出不穷，活动形式不断创新，活动内容贯穿到人们日常生活当中，活动效果深刻影响着人们的一言一行。这些活动形式，有几个特点：一是活动的内涵越来越深。由过去的学雷锋做好事变为将学雷锋的价值上升为兴区（县）育人，随之而来的必然是活动的引领层次更高，推动力度更大，宣传价值更积极。二是活动的品位越来越高。可以说，学雷锋由原来的"下里巴人"上升到了"阳春白雪"，由过去单一的"学"变为"学"+"研"+"谈"+"新"，学雷锋活动在望城已经不再是一种简单的活动，而是一种全民的浓厚氛围和文化崇尚。三是活动的力度越来越大。全民学雷锋、常态化学雷锋已成为望城学雷锋的基本事实，雷锋志愿者已成为望城学雷锋活动的一大品牌，全区30多万名雷锋志愿者不断开展学雷锋志愿服务行动，成为望城志愿者之城建设的重要力量。四是活动的效果越来越明显。全民学雷锋，使望城文明程度得到提升，雷锋文化元素遍布城乡，用雷锋精神兴区育人取得了明显成效。

典型人物得到彰显。宣传的目的就在于典型得到彰扬，正能量得到积极传播，学雷锋的一个重要目的也就在于通过对学雷锋的宣传，而达到引导人、教育人、激励人、鼓舞人、影响人的目的。60年来，望城出了雷锋学雷锋，学了雷锋出雷锋，一大批先进的典型人物得到了彰扬。雷锋精神在望城发扬光大，学雷锋的英雄、模范人物和感人事迹不断涌现。望城学雷锋活动从未间断过，对雷锋精神的传播从未停止过，走在了全国学雷锋的前列。从1978年恢复望城县建制到2010年，全县共涌现各类英模人物450多人，其中被授予革命烈士称号的就有近40人。有"对越自卫反击战"中的战斗英雄吴建国及23位牺牲的烈士；有舍己救人的杨反修、李锡成等烈士；有救火英雄冯石其、抗洪模范侯德云等。走进望城县，人们到处都可听到学雷锋的感人事迹，很多的机关单位都荣获学雷锋先进集体称号，很多人都获得学雷锋先进个人称号。《在雷锋家乡的土地上》《希望之城》两部宣传片中就有300多位学雷锋先进典型人物形象，同时也反映了用雷锋精神建设新望城的成就。各条战线涌现出了众多的劳动模范和模范集体。例如，在乡镇企业中有突出贡献的全国劳动模范张湘平，在农业科技上有重大科研成果的全国劳动模范杨松荣，在全县公路管理建设上有卓越贡献的荣获全国先进工作者的程德明；获得省（部）级劳动模范称号的有李利君、易建坤、肖万祥等；有身残志坚的全省学雷锋标兵、雷锋纪念馆工作人员谭荒芳。高塘岭镇曾被评为"全国百强乡镇"，县公路管理局被评为全国精神文明建设单位。而近十年来，望城消防大队获全国学雷锋模范消防大队和时代楷模光荣称号。周美玲获全国道德模范。望城消防大队和胡海涛、郭德高、李群庆、向铁梅、卢松柏、胡丙炎、姚建刚、陈金华、徐正祥等获"中国好人"称号。周锐驰获全国最美孝心少年称号。望城公安消防大队、湖南雷锋纪念馆获全国学雷锋活动示范点。"580"学雷锋紧急服务中心获全国志愿服务优秀项目奖，湖南雷锋纪念馆正兴学雷锋志愿服务中心获全国最佳志愿服务组织奖。还有"湖南好人"33位及一大批省市级的学雷锋志愿服务百强社团、优秀志愿者、最美文明实践志愿者、最佳志愿服务项目、最美文明实践志愿服务组织、疫情防控先进志愿服务组织等。这些，都离不开望城学雷锋宣传工作的艰苦努力和不断奋斗。

体制机制得到健全。学雷锋宣传，离不开体制机制作为保障。望城学雷锋的宣传机制，主要体现在以下几个方面。媒体宣传方面：一是主流媒体的宣传。60年来，望城学雷锋活动开展和典型事迹，在《人民日报》《光明日报》《解放军报》以及《湖南日报》《长沙晚报》《望城报》等报纸上多有宣传，而且每年的3月、8月和12月，都是学雷锋宣传的重要节点，已经成为一种宣传自觉。与此同时，一些党刊和机关内刊也将学雷锋活动作为宣传重要内容，《新湘评论》《长沙通讯》《新望城》（《名望之城》）等刊物，都是学雷锋宣传的重要平台。二是融媒体的宣传。随着信息化时代的到来，网络宣传已成为一种便捷的传播方式，望城学雷锋的宣传，也搭上了网络的快车。三是社会媒体的宣传。现阶段，微信、抖音等自媒体发展迅速，人人都是记者，学雷锋的宣传也成为人们日常生活中的一项内容。雷锋元素植入：雷锋元素的植入，是雷锋宣传的重要方法。一是以雷锋命名的公共设施，如雷锋大道、雷锋公园、雷锋影视文化中心、雷锋图书馆、雷锋书屋、雷锋文化街、雷锋讲堂、望城雷锋驿站等。二是以雷锋命名的公共服务阵地，如雷锋学校、雷锋社区、雷锋大剧院、雷锋志愿服务团队、雷锋法庭、雷锋书画院等。三是以雷锋命名的公益活动项目，如青少年雷锋号、雷锋论坛、雷锋沙龙、雷锋班组、雷锋岗、雷锋580热线、雷锋哨等。四是雷锋元素在社会层面的植入和宣传，如青年雷锋logo、雷锋雕塑、雷锋文化长廊、雷锋主题公园、雷锋志愿服务项目等。与此同时，在全区文明创建工作中，雷锋元素也成为党建文化的重要内容，被基层党建工作者普遍接受，被广大人民群众高度认同。学雷锋保障机制：由公共财政统筹的学雷锋活动保障有力。为全面提升学雷锋人员合法权益的保障水平，推进学雷锋制度化、规范化、常态化，在全区形成崇尚雷锋式人物、崇尚好人好事的良好氛围，让"雷锋家乡学雷锋"成为社会风尚，2018年3月5日，望城区发布《长沙市望城区学雷锋鼓励保护暂行办法》；为发挥雷锋故乡优势，打造最具影响力的"志愿者之城"，2020年3月4日，发布《长沙市望城区关于加强学雷锋志愿服务　建设"志愿者之城"的实施方案》；为不断提升学雷锋志愿服务水平，2020年9月20日正式发布《长沙市望城区雷锋志愿者星级认证和激励嘉许办法》。这些保障机制的形成，为学雷锋活动创新发展提供了坚实保障。

三、对推动宣传雷锋家乡学雷锋走深走实走新提出几点建议

学雷锋活动是一项长期性的活动，随着意识形态领域建设的加强和宣传工作重要性的进一步凸显，必将高潮迭起，不断创新。立足雷锋故乡实际，现对推动宣传雷锋家乡学雷锋走深走实走新提出几点建议。

进一步加强对雷锋"家乡元素"的保护。望城是雷锋故乡，家乡血脉是不可复制的，也是难能可贵的。雷锋在望城生活了18年，在他22年的人生历程中，有80%以上的时间是在望城度过的。在望城，有雷锋的亲人、朋友、同事和领导，有雷锋的故居、曾经读书的学校、工作过的单位、耕耘过的土地、走出望城的湘江码头等，而这些，无疑承载着雷锋曾经的点点滴滴，承载着雷锋精神在家乡的积淀，对学习雷锋、宣传雷锋、研究雷锋精神，都是不可多得的宝贵资源。然而，沧海桑田，随着时间的推移，雷锋生前的那些相识相交的人也必然老去，那些雷锋遗迹也可能会逐渐淡化。因此，对雷锋"家乡元素"的保护，就显得更加急迫和必需。要进一步加强对雷锋"家乡元素"的摸排。依托雷锋生前的生活学习工作等经历，查证相关史实，该留声的留声，该留影的留影，该留图像的留图像。分门别类，建立档案，确保遗迹不遗失。进一步推动对雷锋"家乡元素"的管理。雷锋离开我们已经60年，离开望城60多年了，他成长为一名伟大的共产主义战士之后，他的"家乡元素"，完全也应该作为一种文物保护起来，免遭破坏。特别是在一些开发建设过程中，更应该强化雷锋"家乡元素"的保护，要对雷锋的"家乡元素"厚爱一层，高看一筹，坚持以保护为主，制定措施，落实人员和责任，确保管理效果。进一步彰显雷锋"家乡元素"的特色。宣传，可以说是一种最好的保护。要在保护的原则之下，切实加大对雷锋"家乡元素"的宣传力度，激活雷锋"家乡元素"中蕴含的积极意义，激发人们对雷锋"家乡元素"的关注和敬畏，使雷锋"家乡元素"发挥出更大的社会效益。

进一步加强对雷锋"精神溯源"的研究。雷锋精神是与时俱进的，不同的时代有着不同的解读，这一点毋庸置疑。但是，不管时代如何变化，雷锋精神中对党、对人民、对社会主义无比忠诚的价值取向不能变，雷锋

雷锋精神简论

助人为乐、甘于奉献的精神实质不能变，雷锋干一行爱一行、专一行精一行的敬业精神不能变，雷锋善于思考、敢于创新、不断进取的奋斗精神不能变，雷锋艰苦朴素、大公无私、先国家集体后个人的创业精神不能变，雷锋向善向上的道德品质和深厚情怀不能变。究其原因，雷锋精神的形成，不是与生俱来的，也不是凭空造出来的，而是有其深刻的历史原因。这个原因的分析，离不开故乡望城。要进一步加强望城对雷锋精神形成的社会基础的研究，深刻认识湖湘文化对雷锋精神形成带来的影响，将雷锋精神的形成放在望城优秀传统文化的环境中去认识。雷锋的童年虽然饱受磨难，但亲情乡情依然使他顽强地生存下来，而这些亲情乡情，无不反映出血脉里存在的团结与奋斗基因；要加大对望城红色资源的保护利用力度，将雷锋精神放在望城红色革命历史的背景之下去把握。雷锋爱党爱国爱人民，感恩党、感恩毛主席、感恩人民解放军，离不开望城红色革命文化的影响。没有望城红色革命文化，就没有雷锋一心向着党、一心向着社会主义、一心向着共产主义的坚定的理想信念与深厚情怀；要深化对望城先进当代文化的挖掘，将雷锋精神放在望城社会主义革命和建设的浓厚氛围里去研究。20世纪50年代，望城人民战天斗地建设新中国、建设新家园，雷锋积极投身到了这场伟大的社会主义建设当中，亲历了这场伟大的社会变革，也为雷锋精神中创新精神和创业精神的形成提供了实践依据。对雷锋精神的研究，要做到精神溯源，做到知其源也能够知其所有源。

进一步加强对雷锋"时代推崇"的推动。学习、宣传、践行、研究和弘扬雷锋精神，其目的就在于发挥出雷锋精神的时代价值与意义。雷锋生于望城，长于望城，雷锋精神在望城孕育成长，也在望城生根开花结果。新的时代，如何将雷锋精神融入望城的各个层面，需要对雷锋"时代推崇"。一是要强化雷锋精神在新时代的解读。以时代的眼光、时代的要求、时代的理念来认识雷锋精神、诠释雷锋精神、践行和弘扬雷锋精神，赋予雷锋精神更加明显的时代特征，推动雷锋精神时代价值的不断张扬。二是要强化雷锋元素在新时代的彰显。在深刻理解雷锋精神实质的基础上，不断创新发展雷锋元素，使望城雷锋更加符合望城特点，反映望城风貌，实现望城雷锋形象在望城人心目中的高度认同。三是要强化雷锋精神在新时代的引领。在望城，就要以雷锋的名义来突出特色。进一步推动雷锋志愿者、雷锋式典型、雷锋号、雷锋岗等雷锋品牌的倡树，让雷锋元素成为望城最重要的元素之一，雷锋精神成为望城的精神引领。通过雷锋元素在望城的推崇，真正实现以雷锋精神兴区育人的目的。四是要强化雷锋行动在新时代的价值引领。常态化、创新性地开展各种学雷锋活动，加大对望城"雷锋"、身边雷锋、平民雷锋的宣传，让学雷锋活动成常态，宣传成常态，彰扬成常态，创新成常态。

　　进一步加强对雷锋"文化引领"的创新。一项活动要做到历久弥新，最有效的方法就是使这一活动成为一种文化现象。学雷锋活动已经在全社会开展了60多年，同样也在家乡望城开展了60多年，虽然在60多年的时间里有过一些起伏，但整体上来说，学雷锋在任何一个时期都是精神文明建设的重要载体，这一点从来没有被改变过。学雷锋活动之所以能够长盛不衰，就是因为雷锋精神逐渐发展成为一种文化现象，具有以文化人的文化功能。新的时代，新的要求，望城要在雷锋文化上不断探索与创新，推动发展。要加大对雷锋精神的研究，强化对雷锋精神的观点创新。从望城的实际出发，进一步阐释雷锋精神的文化特质。要培育望城雷锋文化特色，在乡村振兴、城市管理、文明创建等方面植入雷锋元素，深耕本土文化，将本土优秀的传统文化、红色革命文化和先进当代文化与雷锋文化结合起来，推进雷锋文化的丰富与发展。要加大雷锋文化的创新力度。大胆创作时代雷锋、身边雷锋的新形象，以神似而形不似的手法，解决雷锋形象在不同年龄阶段的不同认知问题，让雷锋文化创新成为学习雷锋、宣传雷锋、彰显雷锋精神的一种新时尚。要强化对雷锋文化的促进。建立雷锋文化信息库或雷锋文化传播平台，鼓励社会层面开展民间雷锋文化研究创新及传播，推动雷锋文化生根落地、开花结果，真正达到润物无声的目的。

望城雷锋元素集锦

李富强

望城,是雷锋成长的地方,也是雷锋精神的发祥地。在这里,雷锋度过了苦难的童年,成长为优秀的少先队员,锻炼成出色的公务员,被评为治理沩水工程的模范,写下了多篇闪光的日记。在故乡的岁月里,雷锋总是以强烈的先锋意识严格要求自己,总是以春天般的真情对待群众,总是以火一般的热情对待事业,总是以坚强的意志战胜困难。其精神穿越时空,历久弥新。为了永远记住雷锋这个光辉的名字,望城人民将"雷锋"冠名在基础设施建设、政治文化建设和思想道德建设的多个领域,深深地烙进家乡的记忆,在传承雷锋精神上发挥了重大作用,使雷锋精神成为全区人民的坚强支柱,让雷锋精神这面鲜红的旗帜在望城建设中高高飘扬!

一、含雷锋元素的场馆

(一)雷锋纪念馆。1966年11月,经省委批准,在坪山人民公社长城大队(今雷锋街道雷锋村)柳塘湾兴建雷锋纪念馆,1968年11月建成开放。此后又历经3次大的改扩建,建设成为全国爱国主义教育示范基地、全国青少年教育基地,国家4A级景区。1991年3月16日,江泽民同志专程来馆视察并亲笔题写馆名。现纪念馆总面积10.8万平方米,建筑面积约700平方米,绿化面积8.1万平方米,集会广场面积2万平方米。分为军事主题厅、中国国防教育展厅、长沙国防历程展厅、兵器模型展厅、长沙驻军风采展厅和军事演示厅6个展厅。建馆至今,雷锋纪念馆人以"播雷锋精神,做雷锋传人,促社会和谐"为己任,始终坚持社会效益第一的原则,弘扬雷锋精神,共接待国内外观众3000余万人次,外出宣讲300多次。

(二)雷锋影视中心。1992年7月16日,以雷锋的名字命名的雷锋电影院在县城关镇落成,占地面积7000平方米,2002年,改名雷锋影视中心。

（三）雷锋图书馆。1993年12月，望城图书馆更名为雷锋图书馆，文化部部长刘忠德题写馆牌。为国家二级图书馆。

（四）雷锋故居。2000年8月25日，雷锋故居被批准列为长沙市文物保护单位。

（五）雷锋大剧院。2014年，雷锋大剧院建成开放。大剧院剧场可容纳1273人同时进行会议或演出。区人民政府在大剧院为望城百姓主办了多场"文化惠民"文艺演出活动。

二、含雷锋元素的单位

（一）雷锋学校。1967年，为纪念伟大的共产主义战士雷锋，将雷锋读书的母校——荷叶坝完小更名为雷锋学校。学校始创于1951年，原名荷叶坝小学，1954年扩建为完全小学，1956年雷锋在这里毕业。1967年创办初中。1991年12月，李铁映同志为雷锋学校题写了校名。1998年与望城七中合并发展成为完全中学。现学校校园面积11.2万平方米，建筑面积6.6万平方米，有53个教学班，师生员工3000余人。

（二）雷锋学院。1968年，中共望城县委党校并入长沙县五七干校。望城复置后，重新建立中共望城县委党校。位于望城区乌山街道喻家坡路，设办公室、教务科、教研室、后勤科4个科室，是对党员、干部培训和轮训的机构。2018年，扩建时长沙市望城区委党校更名为雷锋学院。

（三）雷锋街道。1968年9月，坪山公社更名为雷锋公社，长城大队更名为雷锋大队。1984年，实行政社分设，撤销雷锋公社设立雷锋乡，雷锋大队改为雷锋村。1993年3月撤销雷锋乡设立雷锋镇。2015年11月，撤雷锋镇设雷锋街道。

三、含雷锋元素的地标

（一）雷锋路。1982年，新建的贯穿县城中心广场东西走向的大道被命名为雷锋路。这是第一条以雷锋的名字命名的道路。

（二）雷锋大道。南北向主干路，起于岳麓区玉兰路，止于雷锋北大道。线路长16.71千米，宽60米。1992年11月26日，动工建设。这是境内首条高标准、高等级公路。建设过程中，打出"以雷锋精神建设雷锋大道"口号，克服种种困难，于1996年11月硬化通车。当时路面宽18米，后进行多次改造，2008年改造完成拓改通车，是望城区南部最长的一条城市道路。

（三）雷锋北大道。南北向主干路，起于雷锋大道，止于柳林江大桥。长23.2千米，宽23米。2008年7月开建，2009年2月建成通车，是城区内一条南北城市道路。系望城的南北主干线，取名雷锋北大道，即有象征"雷锋精神是全区人民的主心骨"的意义。2012年再次拓宽。

（四）雷锋日记雕塑。2013年，在金星路与银杉路交界处，设置雷锋日记雕塑。设置此地标，意在告诉人们，雷锋留下的日记，记录了雷锋对党、对国家、对人民、对事业的深深情怀，对理想信念、对人生追求的深入思考，对诠释"雷锋精神"具有深远的意义。

（五）雷锋故居。位于雷锋街道荷花塘社区简家塘，故居原为谭氏庄屋，因雷锋祖辈佃种谭家的田而住在谭家的庄屋内。庄屋原有房屋两进12间，三面环山，西面有塘，从塘基进出。1940年12月18日至1956年11月，雷锋在故居生活了16年。1958年故居房屋因年久失修被拆，后由雷锋堂叔雷明光在原址重建了3间茅房。1993年重新修复。

（六）雷锋雕像。属于长沙市文物保护点，位于雷锋街道雷锋社区雷锋纪念馆内。塑像于1991年3月5日落成。石雕塑像高5米，平台基座高3米，象征毛泽东同志"向雷锋同志学习"题词发表日，即3月5日。雕塑所处的位置在纪念馆主体建筑中轴线广场上方。雷锋塑像材质采用望城特产灰白色花岗岩麻石，整个雕塑线条流畅、质朴、气势恢宏，内容为雷锋挎枪大步向前，寓意雷锋回到家乡，作者朱惟精系湖南省著名雕塑家。该雕像对纪念世界好人雷锋具有十分重要的历史价值。2002年5月19日被公布为湖南省重点文物保护单位。

（七）雷锋皮影雕塑。2013年，在雷锋大道南入口处，以雷锋皮影雕刻形式雕塑建成。望城是皮影戏的故乡，采用本土艺术形式皮影雕刻的雷锋雕塑，旨在提醒人们，要将弘扬传统文化融入新时代弘扬雷锋精神中去，不断推陈出新，让雷锋精神焕发强大的生命力。

（八）雷锋公园。位于高塘岭街道莲湖社区雷锋北大道东侧，是望城最大的公园，也是"望城之眼"。因此，以"雷锋"命名，就是要让市民在游玩中，时刻像雷锋一样，文明礼让、守望相助。2014年10月建成并向市民开放，是自然生态、现代简约，集游憩、休闲、健身、观赏等功能为一体的综合性公园。公园占地面积0.73平方千米，内有水域0.33平方千米。公园依托莲湖社区150亩低洼湿地，打造了湿地岛屿、亲水平台、《湘歌渔火》大型水秀等，其中水秀长100米，最宽21.48米，利用水、光、声、电科技，展现望城深厚的历史文化底蕴。公园采用海绵城市建设技术，实现公园的水汇集到中心湿地区进行循环再利用。

四、含有雷锋元素的社团

（一）学雷锋基金会。1988年县委设立学雷锋基金会，奖励各条战线、各个岗位学雷锋先进典型。

（二）雷锋网站。2012年5月15日，"中国雷锋网"（http://www.chinaleifeng.com）在望城区雷锋纪念馆开通，将雷锋生平介绍、优秀事迹、党和国家领导人的题词、外国友人赞扬雷锋、雷锋纪念馆的情况介绍等，以图文并茂的形式上网展示。

（三）雷锋艺术团。2001年3月，县花鼓戏剧团改组成"雷锋艺术团"，推出《雷锋之歌》文艺专场，在区内巡回演出。雷锋艺术团发扬雷锋精神，把戏台搭到老百姓中间，多次到村、社区为群众义演。

（四）湖南省雷锋精神研究会。位于高塘岭街道斑马湖社区，1995年成立，是研究雷锋精神的机构。2006年7月15日，湖南省雷锋精神研究会和望城雷锋纪念馆共同主办的《雷锋精神研究》（双月刊）创刊号出版发行，这是湖南省一本反映雷锋精神理论研究和学雷锋创新实践活动的学术性期刊。在雷锋精神的研究和弘扬上发挥了不可替代的作用。

（五）雷锋慈善事业基金会。2008年2月3日，雷锋慈善事业基金会成立。基金会倡导"乐善好施，扶贫济困"的慈善美德，将多渠道募集善款，广泛开展慈善安老、慈善助学、助医、助孤、助居、助困等各类慈善救助活动。此后，各街镇又相继成立雷锋慈善事业基金会分会。为社会慈善事业发展搭建了一个良性的平台，为慈善人士和困难群众搭建了一座有益的桥梁。

（六）"雷锋580"24小时紧急求助热线。2013年2月8日，"雷锋580"24小时紧急求助热线开通。热线开通后，多次为群众解决了急难问题，成为"好人故里"一张闪亮的名片。

（七）雷锋文学艺术奖。2013年9月29日，望城区设立"雷锋文学艺术奖"，为全区文学艺术最高奖。2015年、2019年先后举办了两届"雷锋文学艺术奖",评选出了长篇报告文学《乡村国是》等大量优秀作品。

（八）长沙市望城区雷锋精神研究会。2018年8月,望城区成立雷锋精神研究会。望城区雷锋精神研究会坐落于高塘岭街道文源中路30号。该会以宣传宣讲、研究探讨、学习弘扬雷锋精神为职责,是全国最新成立的县（区）级雷锋精神研究会。同时,望城区成立雷锋精神研究会并加挂了长沙市望城区雷锋文化促进会的牌子。

三论

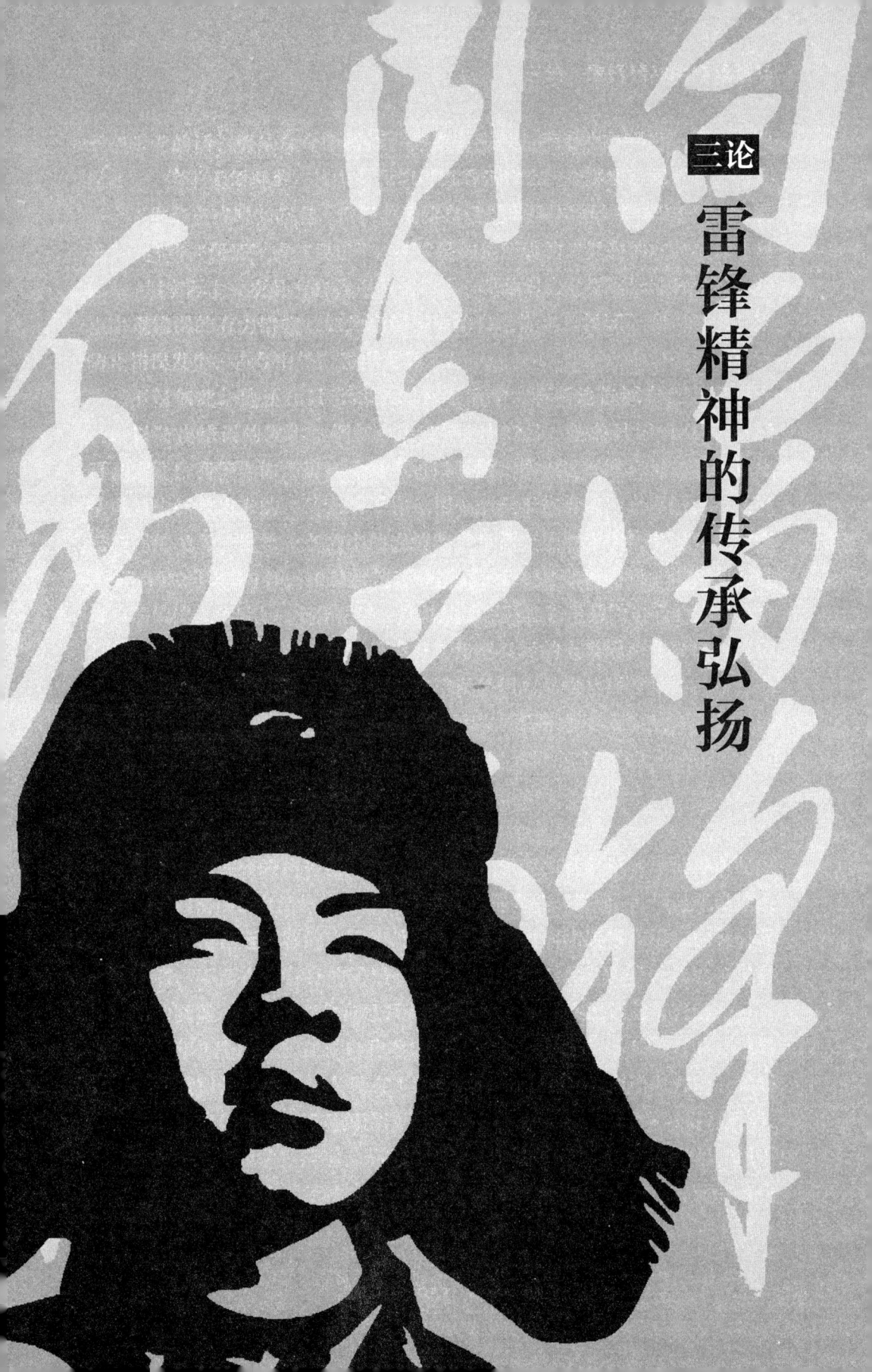

雷锋精神的传承弘扬

雷锋精神在望城的赓续与践行

刘宏伟

雷锋家乡湖南省长沙市望城区，是中国共产党的重要策源地之一，伟大领袖毛泽东同志曾多次来到望城这片土地上探求革命真理，指导和领导开展工农革命斗争。郭亮、周以栗、刘畴西等革命先烈和毛泽东等老一辈无产阶级革命家共同战斗，袁仲贤、谭希林、杨汉章、周竹安等望城籍的革命前辈，为望城这片土地增加了红色浓度。望城，作为雷锋家乡，是雷锋精神的主要发源地。雷锋在望城出生、求学、成长、参加工作。望城的红色历史，是雷锋成长和雷锋精神形成的深厚沃土。将雷锋精神列入中国共产党人精神谱系，是学史明理、学史增信、学史崇德、学史力行的生动实践。

一、树旗帜，雷锋成为一个时代的楷模

1963年3月，毛泽东主席向全国人民发出"向雷锋同志学习"的号召，周恩来、朱德、刘少奇等党和国家领导人相继为雷锋同志题词，总结和提炼出雷锋精神的主要表现，掀起了一个又一个学雷锋的高潮，使雷锋成为一个时代的楷模。邓小平也提出："谁愿当一个真正的共产主义者，就应该向雷锋同志的品德和风格学习。"1990年3月5日，江泽民同志为雷锋题词："学习雷锋同志，弘扬雷锋精神"，再次把学习雷锋活动推向新高潮。2010年8月1日，时任中共中央总书记胡锦涛，在对郭明义学雷锋的先进事迹作出重要批示时强调："郭明义同志是助人为乐的道德模范，是新时期学习实践雷锋精神的优秀代表。"党的十七届六中全会着眼巩固团结奋斗的共同思想道德基础，对推进公民道德建设提出新的要求，突出强调深入开展学雷锋活动，中共中央办公厅印发《关于深入开展学雷锋活动的意见》，对推动学雷锋活动常态化做出具体安排。党和国家领导人的题词或讲话，使雷锋

和雷锋精神得到了彰扬，在中国共产党人精神谱系中得以赓续和传承。

二、续血脉，雷锋的红色基因不断勃发

雷锋的家乡雷锋街道（原长沙县望岳乡），新中国成立前就是易子义、杨东泽、彭德茂等地下党活动的主要地方，具有深厚的红色文化底蕴。雷锋的父亲雷明亮，早在大革命时期，就参加了农民自卫队，并担任队长，在轰轰烈烈的农民运动中勇当先锋。正是这种红色基因传承，雷锋在长沙和平解放之前，就向往革命，要求参军，他参加了地下党组织的发传单、迎解放等活动；新中国成立后，雷锋参加了儿童团，他为新生的红色政权站岗放哨，彰显出革命情怀。新中国成立之后，雷锋在土地改革斗争中分到了房子、耕地和粮食，并由安庆乡乡长彭德茂亲自送他免费上学。雷锋小学毕业之后，在安庆乡工作不久，就由彭德茂推荐带领到望城县委机关工作，在南下干部、县委书记张兴玉的教育培养之下不断成长，懂得了许多革命道理，"螺丝钉"精神开始萌芽；之后，雷锋到治沩工程指挥部当通讯员，得到了革命前辈、时任望城县委副书记的治沩工程指挥长赵阳城等领导的关心与帮助，在治沩工地上得到锻炼；治沩工程结束后，雷锋又留在新成立的团山湖农场，当起了一名拖拉机手，实现了他当一名新式农民的梦想。在这一过程中，望城籍的全国农业劳动模范吴吟钦、全国青年社会主义建设积极分子冯健等，都对雷锋的成长和雷锋精神的形成产生了一定的影响。

三、铸忠魂，雷锋成为望城的精神坐标

一直以来，长沙市望城区（原湖南省望城县）以雷锋精神兴县（区）育人，雷锋家乡出雷锋，出了雷锋学雷锋，学了雷锋出雷锋，雷锋已经成为望城之魂，雷锋精神引领着一代又一代的望城人不懈奋斗，望城的三个文明建设始终走在前列。自20世纪90年代起，在望城县委宣传部设立"向雷锋同志学习指导科"，推进全县学雷锋活动规范化建设；在全县（区）开展学雷锋"双十优"（十个优秀集体、十个优秀个人）评比表彰活动，有武警望城中队、望城消防大队、杨反修等单位及个人先后获得国家和省级荣誉；开展"五朵金花""雷锋之星"等评比活动并长期坚持，有力推进了望城学雷锋活动的常态化，使雷锋精神成为望城打造精神高地的一面鲜艳旗帜。

四、建高地，雷锋精神代代相传

为了传承与弘扬雷锋精神，早在1965年，当时的县委就立项建设雷锋生平事迹陈列馆，并于1968年对外开放。20世纪90年代初期与2000年期间，还多次对纪念馆进行提质改造，建成了现在占地面积10.8万平方米的规模。2012年以前，湖南雷锋纪念馆就接待了江泽民、宋平、乔石、李长春、刘云山、李铁映等党和国家领导人，极大地提高了湖南雷锋纪念馆的知名度和影响力；同时，望城还恢复雷锋故居并多次修缮，对雷锋读书的荷叶坝小学旧址进行保护，并设立了陈列室；对雷锋在望城县委机关工作时的原望城县委大礼堂、治沩工程指挥部、雷锋栽下的樟树桂花树等进行保护，留下了许多雷锋记忆。在此基础上，望城注重打造"四个阵地"，彰扬雷锋精神，即湖南雷锋纪念馆、雷锋故居、雷锋学校等纪念阵地；以湖南雷锋纪念馆为主，雷锋艺术团、雷锋影视中心、"五老"宣讲团、少先队宣讲队、老馆长故事吧、张建文家庭陈列馆、名人工作室等为辅的宣传宣讲阵地；雷锋580、学雷锋志愿服务队、雷锋书屋、青年雷锋号等实践践行阵地；湖南雷锋纪念馆、郭亮烈士纪念园、中共湖南省委旧址等革命传统教育阵地，将雷锋精神纳入红色精神谱系，不断赓续和传承。

高扬旗帜再出发

刘宏伟

雷锋,一个普通战士,他的平凡,成就了他的伟大;雷锋精神,一种平民精神,引领了一个时代;望城有幸,诞生了雷锋这样一位平民英雄;雷锋有幸,诞生于望城这一片湖湘文化厚土和红色文化沃土;我们亦有幸,在这片孕育和成就英雄的土地上高扬着雷锋精神旗帜,奋斗新时代。

2020年9月16日至18日,习近平总书记在湖南考察时提出了打造"三个"高地、担当"四新"使命的新要求,为湖南发展锚定了新坐标、明确了新定位、赋予了新使命。"三高""四新"战略,既是一种全新的理论,又是一种生动的实践;既是一个需要不断奋斗的宏伟目标,又是一个高屋建瓴的战略安排;既是对以"心忧天下,敢为人先"为主要表现的湖湘精神的高度肯定,也是对"惟楚有材,于斯为盛"的新时代新湖南的激励与鞭策。雷锋精神,具备推动"三高""四新"战略实施的精神特质,作为雷锋家乡人,我们应该在构建高质量新发展格局、开启全面建设社会主义现代化国家新征程的伟大实践中,不断展现新担当、体现新作为。

学深悟透习近平总书记重要讲话精神。习近平总书记打造"三个"高地的要求,是站在"两个一百年"重要交汇处的历史起点上对湖南高质量发展的新定位,是全球视野之下湖南构建新发展格局的新愿景,是湖湘人民在建设现代化国家新征程中的新目标;习近平总书记担当"四新"使命的期望,是立足于湖南内陆地区、中部地区的区位特点,立足于长江经济带发展新环境,立足于湖南从农业大省向国家重要先进制造业大省的发展新格局背景下提出的新希望。望城坐拥各种资源优势,更加真切地感受到习近平总书记对湖湘人民的关心,感受到望城的改革发展迎来了新机遇。唯有将习近平总书记的期望转化成发展的信心和力量,才能不负新时代要求,不负习近平总书记厚望。

三论　雷锋精神的传承弘扬

切实提高区域发展的政治站位。作为省会长沙新区的望城,撤县设区已近10年,城乡统筹发展的新模式已经基本形成,产业创新发展功能日渐完备,园区兴工、工业兴区的优势日渐凸显,发展质量和发展前景在同类型区县间排进全国百强。成绩和基础只能代表过去,前进的目标既是动力也是压力。望城只有进一步提高政治站位,将区域发展特别是园区的改革发展放在湖南打造"三个"高地的目标中、放在构建长江经济带高质量发展的新格局中、放在经济全球化的大视野和背景中来把握与推进,才会看到短板,看到不足,看到需要努力之处,也才会有的放矢、大胆作为、勇于担当,百尺竿头,更进一步。

找准雷锋精神融入区域发展的结合点。打造"三个"高地、担当"四新"使命不但是一项战略安排,而且还是一种为国分忧、为民服务的情怀彰显,其根本目的就在于满足广大人民群众对美好生活的愿望和需求。望城推进这一战略实施的主阵地是园区,雷锋服务人民、助人为乐的奉献精神,干一行爱一行、专一行精一行的敬业精神,锐意进取、自强不息的创新精神,艰苦奋斗、勤俭节约的创业精神,正是打造"三个"高地、担当"四新"使命所不可或缺的精神支撑。学习和弘扬雷锋精神,将雷锋的敬业精神与园区文化建设结合起来,将雷锋的创新精神与科技创新要求结合起来,将雷锋的创业精神与创出新路子结合起来,让园区成为改革创新的高地。

用雷锋精神引领望城社会事业发展。牢记习近平总书记"人民对美好生活的向往,就是我们的奋斗目标"[①]的教导,坚持以人为本,进一步加大望城志愿者之城建设的力度,用雷锋精神铸魂城市发展,铸魂乡村振兴,引领社会治理。切实推进雷锋百姓城管建设,实现人民城市人民管,管好城市为人民;在乡村建设和治理过程中大力弘扬雷锋精神,培育群众的爱国爱家和感恩情怀,推进移风易俗,构建和谐邻里关系;切实发挥雷锋精神在新时代公民道德建设和践行社会主义核心价值观中的积极作用,使雷锋和雷锋精神成为人们的道德养成和崇尚自觉,为推进望城高质量发展营造良好环境。

[①] 详见2012年11月15日习近平总书记在中国共产党第十八届中央政治局常委同中外记者见面时的讲话。

把学校建设成为弘扬雷锋精神的主阵地

刘宏伟

党的十八大以来,习近平总书记就学习弘扬雷锋精神多次作出重要指示,强调"要从娃娃抓起,让雷锋精神在全社会蔚然成风,世世代代弘扬下去"。2019年10月中共中央、国务院印发的《新时代公民道德建设实施纲要》提出:"深入推进学雷锋志愿服务……广泛开展学雷锋和志愿服务活动,引导人们把学雷锋和志愿服务作为生活方式、生活习惯……推进学雷锋志愿服务制度化常态化……"为新时代学习雷锋、弘扬雷锋精神指明了方向,明确了目标,提供了根本遵循。

雷锋精神,是中国共产党人红色谱系中的重要内容,是伟大建党精神在一个时代的新呈现;学习雷锋,弘扬雷锋精神,是开创伟大时代、建设崇高事业、铸就伟大梦想、培育一代新人的基本举措和重要途径。少年强则中国强!少年强,既需要强健的体魄,也需要向善向上的精神品格。学雷锋从娃娃抓起,既是学习雷锋弘扬雷锋精神的要求,也是方法,还是让雷锋精神成为永恒道德标杆的新形式。学雷锋从娃娃抓起,就是要让雷锋精神成为人们成长过程中的道德营养。学校,既是学习文化科学知识之地,也是教授品格、塑造精神之处,把学校建设成为弘扬雷锋精神的主阵地,是时代的要求、现实的需要。

要让像雷锋一样"立志"成为学校教育的新起点。人无志不立。一个人只有在少年时期就立下崇高的志向和远大的理想,在成长过程中才不会丧失动力而迷失方向;一个人如果没有志向,没有理想,就会丧失目标而碌碌无为。雷锋,作为一个从旧社会走过来的苦孩子,他在荷叶坝小学的高小毕业典礼上,畅想了自己的人生理想:"我响应党的号召,去当新式农民,一定做个好农民,驾起拖拉机耕耘祖国大地;将来,如果祖国需要,我就去做个好工人建设祖国;将来,如果祖国需要,我就去参军做个好战士,拿起枪用生命和鲜血保卫祖国,做人类英雄……"可见,雷锋要当一个好农民,报效祖国;当一个好工人,建设祖国;做个好战士,保卫祖国的人生理想,在学校就形成了。雷锋的人生理想,既是他在新旧社会对比之下产生的一种对祖国和人民的感恩,也是在学校老师们的教导之下逐步树立起来的崇高理想。

学校,作为人生成长最重要的地方,既是启迪心智、学习知识的过程,也是积淀人生、开启梦想的时候,一定要将学生"立志"作为学校教育的重点,要以雷锋为榜样,让学生在学习中树立人生理想,树立正确的世界观、人生观和价值观,让学生成长为对社会有用的人才。

要让像雷锋一样"立行"成为学校教育的新实践。思想是行动的先导,有什么样的思想,就会产生什么样的行为。先进的思想必将产生积极上进的行为,落后的思想必然会导致颓废的行为。雷锋在他的"人生七问"中深刻地阐明了思想与行动的关系。雷锋,正是有了这种对于思想与行为深刻的认识,才有了他在人生路上的"把有限的生命投入到全心全意为人民服务之中去"的具体行动;也正是由于雷锋将思想付诸行动,才使其能够在小学期间就获得了2次奖励,在望城县委机关工作时获得了优秀共青团员、先进工作者和治伪模范等荣誉,在鞍钢工作期间荣获18次标兵、5次红旗手、3次先进工作者,在部队荣立二等功1次、三等功2次,荣获"学习毛主席著作积极分子""五好战士"等荣誉,使其成为一个时代的楷模,一个永恒的精神标杆。

师者,传道授业解惑者也。所谓"传道授业",本质上就是教师要告知学生如何来"立行",走好自己的人生之路。因此,学校要将学生"立行"当成重要的责任,要强化为人师表的师道,认真理解雷锋的"五种精神"并贯穿于学教活动的始终,让雷锋精神走进校园、走进思政课本、走进学生的行为当中,在推进学雷锋活动常态化的同时,使学生的思想受到启迪,行为受到熏陶。

要让像雷锋一样"立言"成为学校教育的新境界。古人立言,通过言传身教、著书立说等形式,意在为当世作启发、为后来留下点什么,故有了老子的道家思想、孔子的儒家思想、韩非子的法家思想。雷锋立言,重在表达心声,他的《雷锋日记》记录了他最为真实的内心世界。言为心声,雷锋在日记中写道:"我就是长着一个心眼,我一心向着党,向着社会主义，向着共产主义""吃饭是为了活着，但活着不是为了吃饭""一朵鲜花打扮不出美丽的春天，一个人先进总是单枪匹马，众人先进才能移山填海"，这里没有什么高谈阔论，没有什么高深学问，有的只是雷锋对党、对祖国的倾情表达。这种立言，在雷锋日记中还有很多。雷锋的这些"言"，并非有意而为之，也不是要向他人炫耀什么，而是一种发乎心出乎情的真实表达。这种"言"是质朴的、真诚的，但却表达出雷锋高贵的思想品德和崇高的理想信念。

"三人行，则必有我师。"说的是哪怕是很平凡的普通人，也都有其长处，有值得自己学习的地方。也就是说，要学别人的长处，不一定非得是高深的理论。立言，也是这个道理，不一定都要求得名垂后世，但一定要给人以启迪，给人以正能量。学校要敢于也要善于让学生"立言"，要用雷锋精神来引导学生"立言"，让雷锋精神成为学校教育的新境界。

"雷锋学校"，是一种学习雷锋、弘扬雷锋精神的新模式，要以培育学生学员"立志""立行""立言"为出发点和落脚点，推动学雷锋"三立"实现从小学、中学、大学到职业培训、干部教育学院等层面的全覆盖，构建学校学雷锋的立体式、多层面的新体制，使学习雷锋、弘扬雷锋精神成为新时代社会教育机制之下的一种新常态。

用雷锋精神铸魂现代化新城区建设

刘宏伟　谭铁安

党的十九届四中全会提出，要"发展社会主义先进文化、广泛凝聚人民精神力量……更好构筑中国精神、中国价值、中国力量"，将社会主义先进文化的重要作用充分表达出来，为国家治理体系和治理能力现代化建设提供了文化发展遵循；《中共湖南省委关于深入学习贯彻党的十九届四中全会精神为加快建设富饶美丽幸福新湖南提供有力制度保障的决议》，为落实党的十九届四中全会精神、加快新湖南快速发展提供了制度保障；雷锋故乡望城区委，提出了建设美丽强盛幸福的现代化新城区的奋斗目标，为全区经济社会的发展描绘了新蓝图、吹响了新号角、发布了新指南。

现代化新城区不仅仅是物质文明层面的现代化，还是政治、经济、文化和社会层面的现代化；望城建设长沙市美丽强盛幸福的现代化新城区，是历史的选择，时代的要求和人民的期盼；望城建设现代化新城区，既要有高屋建瓴的历史定位，又要有独具特色的时代特征；既要有绿水青山的自然生态，又要有丰富多彩的文化涵养；既要有独领风骚的人文特色，又要有广大人民群众普遍认同的区域情怀，能够真正成为老百姓共建共治共享的美丽强盛幸福新家园。

现代化新城区建设，不但要在格局上有新高度，在品质上有新气象，而且，在铸魂城市内核上还需要一种被人们普遍认同的价值理念和道德依存。望城，是伟大的共产主义战士雷锋的故乡，雷锋在望城留下了许许多多奋斗的足迹，雷锋精神也在望城孕育成长并走向成熟；雷锋是望城一张最为亮丽的名片，雷锋精神也为望城打造了一片永恒的道德高地；雷锋是望城人民的骄傲，一代又一代的雷锋传人在雷锋精神的激励之下不断演绎着崭新的雷锋故事。用雷锋精神铸魂现代化新城区建设，是望城底蕴的彰显、人民的愿望、新时代的要求。

实施现代化新城区建设，既是一种理论创新，又是一种实践探索，不会一蹴而就，不会坐等到来，也不会一劳永逸。实现现代化新城区建设的宏伟目标，需要信念支撑，需要精神引领，也需要不断地解放思想，不断地与时俱进，不断地攻坚克难，不断地在奋斗中奔跑、在奔跑中奋斗。雷锋精神，正是推进现代化新城区建设实践过程中的精神内核和力量源泉。

用雷锋精神铸魂现代化新城区建设，可从以下四个方面发力。

一、用雷锋精神激发干事创业激情。1958年6月7日，雷锋在团山湖农场驾驶拖拉机耕耘祖国大地的时候，激情满怀地发出了他的"人生七问"。雷锋的"人生七问"，既是对自己人生的一种畅想，又是对他人人生的一种激励，是一首生命的赞歌，饱含着理想，饱含着激情，饱含着责任，阐释着信念，彰显着情怀，焕发着青春的力量，是雷锋精神的时代反映。望城现代化新城区建设，同样需要敢为人先的担当精神、不断奔跑的奋斗斗志、真切为民的深厚情怀。用雷锋精神激发干事创业激情，要进一步研究、凝练和彰显雷锋精神的时代价值，发扬雷锋是时代楷模的标杆意义，高扬雷锋精神旗帜，在各行各业各个岗位上培育时代雷锋，使雷锋精神在望城发展中不断弘扬、雷锋因子在望城改革中全面发散、雷锋文化在望城建设中不断释放新魅力。

二、用雷锋精神淬炼望城发展速度。"单丝不成线，独木不成林。一个人是办不了大事的，群众的事一定要发动群众、依靠群众自己来办……我一定虚心向群众学习，永远做群众的小学生。只有这样，才能做好工作，才能不断进步。"1960年6月，雷锋在他的日记中写出了群众观点，写出了群众力量，也写出了要虚心向群众学习、以群众为师的出发点和落脚点。一个地方的发展，离不开暖心的政务公共服务。近年来，望城的政务公共服务由过去的7个月到70天再到7个工作日，服务的意识更强了，质量更优了，群众的反映更好了，经济发展的速度也更快了。公共服务上的"望城速度"成就了经济社会发展的"望城速度"。毋庸讳言，无论是在公共服务还是经济发展上，新时代面临新问题，新问题有新要求，新要求需要用新的改革方式来应对。雷锋精神，是一种与时俱进的精神动力，是被各行各业和广大人民群众普遍认同的价值理念，雷锋精神中体现出来的群众观点和民本情怀，在新时代仍然有着巨大的生命力。望城经济社会的全面发展，要进一步将弘扬雷锋精神和服务经济社会发展融合起来，将雷锋元素融入服务发展的每一个环节，淬炼和提升"望城速度"，使雷锋精神成为推进现代化新城区建设的新动能。

三、用雷锋精神引领公共道德建设。"我要做高山岩石之松，不做湖岸河旁之柳。我愿在暴风雨中，艰苦的斗争中锻炼自己，不愿在平平静静的日子里度过自己的一生。"1962年3月，雷锋通过日记抒怀，表达出他昂扬的斗志和不断进取的奋斗精神，也对自己的人格有了一个再定位。现代化新城区建设，不是简简单单的楼林广厦，不是庸庸碌碌的我往他来，而是一个充满激情与梦想的奋斗者平台，一种散发着创新与进步的现代化气息，一片洋溢着文明与和谐的新时代高地。基于此，现代化新城区建设，必须加强新城区内人民群众的个人品德、家庭美德和社会公德建设。望城是雷锋故乡，也是雷锋精神的肇始之地，"出了雷锋学雷锋，学了雷锋出雷锋"已经成为望城独特的社会现象。要进一步夯实学雷锋的基层基础，使学雷锋成为望城新时代文明实践的基本内容；完善学雷锋的体制机制，使学雷锋成为望城人民发自内心的一种道德自觉；高扬学雷锋旗帜，使时代雷锋、雷锋事迹、雷锋故事等各种雷锋文化现象成为望城现代化新城区建设和望城新时代公民道德建设的亮丽风景线。

四、用雷锋精神推进社会治理创新。"力量从团结来，智慧从劳动来，行动从思想来，荣誉从集体来。"1959年11月，雷锋用他饱含哲理的文字，向人们表达了一种对实践与认识的科学态度，这对于新时代推进社会治理创新依然有着重要的价值。治理体系和治理能力建设，是社会治理的根本依存。望城现代化新城区建设，既要建设，也要治理；既要法治，也要德治。望城定位于现代化新城区，不可否认其城乡并存的现实条件，不可割裂其以城带乡的历史缘由，在社会治理过程中，应该城乡统筹，齐头并进，不能顾此失彼，也不能有轻有重。用雷锋精神推进社会治理，要在社会治理当中积极倡导助人为乐的奉献精神，倡导艰苦创业的奋斗精神，倡导积极进取的创新精神，用雷锋精神滋养人们的精神境界；要充分发挥群众的智慧，依靠群众的力量，在基层社会治理模式建设上求创新，在民风民俗引导上树榜样，在诚信建设、集体主义、家国情怀上立标杆；要大力推进雷锋文化建设，发挥望城雷锋故乡优势，探求、实践和弘扬雷锋精神的时代价值，用雷锋精神兴区育人，推进社会治理，实现法治、德治和自治的有机融合，让望城现代化新城区成为社会治理现代化的新高地。

沿先模足迹，与时代同行

刘宏伟　谭铁安

8月15日，一个普通的日子，却因为一个平凡而又不平凡的名字，让人们记住了它。1962年的这一天，在抚顺望花区工程兵某部的营地上，一名年轻的军人在指挥倒车时，不幸被一根晾衣木杆击中头部，虽经紧急送医，然其生命却永远定格在22岁，这名青年军人就是雷锋。几个月之后，雷锋牺牲的消息传到了他的家乡望城（时为长沙县坪山公社），家乡人民为雷锋举行了公祭。

1963年3月5日，毛泽东主席"向雷锋同志学习"题词发表，从此，雷锋，一个普通战士，成为被国人传颂的一位先进模范人物，也成了引领一个时代潮流的精神符号。在社会发展中不断与时俱进的雷锋精神，也成了人们道德养成的新标杆。2019年9月，中共中央宣传部表彰新中国成立以来的"最美奋斗者"个人，雷锋的名字在列。雷锋，无愧于先模，无愧于"最美奋斗者"光荣称号。这是雷锋的荣耀，也是雷锋家乡望城的自豪。

雷锋生于望城，在旧社会，他7岁成为孤儿，是六叔娭毑等朴素的乡邻养育了他，使他顽强地活了下来；新中国成立后，雷锋沐浴着党的阳光雨露，分到了房子、土地和粮食，还能够免费上学读书。高小毕业时，他立下了誓言：要当一个新式农民，驾驶拖拉机耕耘在祖国的大地上；要当一名好工人，建设伟大的祖国；要当一名战士，用鲜血和生命保卫祖国。雷锋22岁的人生历程，有18年是在望城度过的。望城的土地上，留下了他一脚踢出个"螺丝钉"的真情感悟，留下他参加沩水治理、围垦团山湖的激扬青春，也留下了他"如果你是一滴水，你是否滋润了一寸土地？如果你是一线阳光，你是否照亮了一分黑暗？如果你是一颗粮食，你是否哺育了有用的生命……"的人生叩问等，这些都是雷锋精神孕育与形成过程中最为纯真的理想之光。

三论　雷锋精神的传承弘扬

雷锋牺牲63年了。60多年来，家乡望城始终坚持以雷锋精神兴区育人，不断推进学雷锋活动深入、持久、常态化开展。在学习和弘扬雷锋精神的实践中，"出了雷锋学雷锋，学了雷锋出雷锋"，学雷锋成为望城人民的情感坚守和自觉行动。截至目前，全区共有学雷锋志愿者30多万人，涌现各类学雷锋英模人物400多位，其中被授予"革命烈士"称号的有近40人，如在汽车爆炸危险中抢救出几十名遇险乘客而身负重伤的退伍战士梁宽；为抢救落水儿童而双双献出生命的赵汝萍、赵雅萍小姐妹；为抢救他人财产在烈火中永生的青年冯石奇；为抗击洪魔而献身大堤的农民侯德云、何德祥；还有全国道德模范"小雷锋"周美玲、全国学雷锋模范集体——望城消防大队，7名中国好人，等等。在抗击新冠疫情阻击战中，同样有勇敢逆行、奔赴武汉驰援建设的青年志愿者杨帅，日夜守护居民安全的"凌晨三点提灯人"黄世锋，爱心妈妈刘建华，一家三口齐上阵的邓赛雄、邓革来和杨丹家庭等，他们成为雷锋家乡抗击疫情的一道道美丽风景。他们以我是雷锋家乡人、学习雷锋甘当志愿者是应尽之责，共同举起了新时代弘扬雷锋精神这面鲜艳的旗帜。

现阶段，长沙市望城区为了进一步倡导全社会学习雷锋、争当志愿者的良好风尚，正着力建设全国最具影响力的志愿者之城，这是沿着雷锋足迹、践行雷锋精神的生动实践，是落实新时代公民道德建设实施纲要的具体行动，也是倡树文明新风共建和谐社会的最新途径。建设志愿者之城，作为雷锋家乡，望城具有独特的政治优势和工作基础，应从以下几个方面发力，扩大志愿者之城建设的影响力。

进一步构建志愿服务的平台和体系。望城在学雷锋志愿服务中形成了良好基础，学雷锋志愿服务队、雷锋百姓城管志愿者协会、青年"雷锋"号、雷锋驿站等学雷锋志愿服务形式层出不穷，雷锋家乡的"雷锋之花"尽情绽放。构建统一、有序、规范的志愿服务平台和体系，已经成为必要。应建立有专门机构负责的被公众普遍了解和认同的志愿服务联络、管理和引导平台，建立健全志愿服务制度和机制，为学雷锋志愿服务提供服务；通过开展志愿者线上线下注册相结合、建立适合望城实际的志愿者评价机制、提质提档现有志愿服务组织等，建设独具望城特色的志愿服务平台与体系。

进一步丰富志愿服务的内涵和外延。志愿服务是人性使然，是一种精神追求，也是人们在社会生活当中的一种发自内心的自觉。雷锋，已经成

雷锋精神简论

为望城人民心底的一个精神标杆，也是望城经济社会发展当中的一种文化现象。让学习雷锋、开展志愿服务融入人们的社会生活，既是志愿服务的初衷，也是雷锋精神深入人心的必然结果。应进一步发掘志愿服务的内涵、延伸志愿服务的外延，在政治建设、经济建设、生态建设、乡村振兴、社会治理等各个层面，倡导志愿服务精神，引入志愿服务机制，全面提升学雷锋志愿服务的社会参与度，使学雷锋志愿服务成为一种文化，达到以文化人的目的。

进一步提升志愿服务的品质和价值。志愿服务是一项高尚的实践活动，是人们道德情操的真实体现，是一个地方民情民风民俗的真实反映，也是社会文明程度的一个重要指标。要立足于望城是雷锋故乡这一独特优势，深挖望城湖湘文化、红色革命文化、当代社会主义先进文化底蕴，进一步探究雷锋精神形成的源流，将弘扬雷锋精神、促进雷锋文化发展与"志愿者之城"建设结合起来，提升志愿服务的品质；创新志愿服务方式方法，围绕学雷锋这一主题，探索网络与现实志愿服务共生共进的新途径；加强学雷锋志愿服务宣传宣讲，实行走出去、引进来，扩大学雷锋志愿服务交流，播撒雷锋精神种子，提高望城学雷锋志愿服务的美誉度和影响力。

进一步彰扬志愿服务的典型和效果。推进学雷锋志愿服务社会化，需要榜样的力量，需要典型的带动。雷锋是时代楷模，雷锋精神具有与时俱进的时代魅力，在新时代依然需要彰显。要进一步挖掘雷锋在望城18年的人生历程，彰扬雷锋在新旧社会两重天强烈对比之下形成的感恩中国共产党、感恩伟大领袖毛主席、感恩社会主义新中国的真切情怀，彰扬雷锋在这种情怀影响之下而形成的理想信念、奉献精神、敬业精神、创新精神和创业精神；大力培养和彰扬"时代雷锋""身边雷锋""平民雷锋"等，用群众身边的典型人物和典型事迹引导、教育、感化人，在全社会形成自觉学习雷锋、崇尚志愿服务、积极向善向上的良好氛围。

让雷锋精神成为乡村文化振兴的新动力

刘宏伟　谭铁安

党的十九届四中全会提出,"坚持共同的理想信念、价值理念、道德观念,弘扬中华优秀传统文化、革命文化、社会主义先进文化,促进全体人民在思想上精神上紧紧团结在一起",为社会主义先进文化建设和全体人民的精神追求提供了基本遵循,将全社会的共同理想信念和道德观念等上升到了一个前所未有的高度,也为发展社会主义先进文化描绘了蓝图、指明了方向、提供了动力。中共湖南省委十一届九次全体会议通过的《中共湖南省委关于深入学习贯彻党的十九届四中全会精神为加快建设富饶美丽幸福新湖南提供有力制度保障的决议》(以下简称《决议》)指出,要"坚定文化自信,牢牢把握社会主义先进文化前进方向,坚持马克思主义在意识形态领域指导地位的根本制度,坚持以社会主义核心价值观引领文化建设",将全省社会主义先进文化建设的目标、本质和最终价值进行了充分表达,是当前和今后全省社会主义先进文化建设的宣言书,为推进全省乡村文化振兴进一步提出了要求,落实了措施,明确了努力方向。

省委的《决议》目标,就在于富饶美丽幸福的新湖南建设,而要实现这一目标,离不开乡村振兴战略的实施。现阶段,推进乡村振兴战略实施,最重要、最具体、最广泛、最切身的振兴愿景就是乡村文化振兴,即乡村振兴离不开乡村文化振兴。乡村文化振兴,是乡村振兴战略实施的重要内容,是乡村振兴的灵魂之所在,是移风易俗和倡树文明新风的主要目标,也是广大农民群众丰富和发展精神文化生活的基本体现。

推进新时代社会主义先进文化建设,实现乡村文化振兴,是一个事物的两个方面,推进社会主义先进文化建设是手段,是过程,是实践;实现乡村文化振兴是目标,是愿景,是追求。无论是建设社会主义先进文化,还是推进乡村文化振兴,都需要新的实现载体、新的建设内涵和新的表达元素。"雷锋是时代的楷模,雷锋精神是永恒的……把雷锋精神代代传承下去。"①习近平总书记对雷锋和雷锋精神的定位,既是对雷锋和雷锋精神的高度肯定,也为乡村文化振兴树立了标杆和旗帜。

毋庸讳言,现阶段,在乡村文化振兴方面,依然存在一些短板,乡村文化层次不高、表现形式不灵活、乡村文化缺乏有效的形式和手段等问题依然存在;乡村文化振兴人员缺乏、机制不全、关注乡村文化建设不足的状况还比较普遍;个别地方农村先进文化土壤缺失、封建糟粕盛行、人民群众对社会主义先进文化的要求无法满足的问题难以解决。这些问题的存在,给乡村文化振兴带来了压力,应该切实加以解决。

全面实现乡村振兴,让雷锋精神成为乡村文化振兴的新动力,是践行社会主义核心价值观的具体体现,是构建新时代先进乡土文化的现实要求,也是雷锋精神在乡村文化振兴中价值意义的生动反映。在乡村文化振兴中弘扬雷锋精神,还需做好以下几篇文章。

做好结合文章。切实做好乡村振兴和传承弘扬雷锋精神的结合文章,在乡村振兴战略实施中树立新的道德标杆,通过道德标杆激发和引领人们对乡村振兴战略的全新认识;利用电视网络等各种媒体和平台,切实加强对乡村振兴战略实施的宣传力度,通过宣讲、解读等方式让广大农民群众对乡村振兴战略有全面的了解;鼓励广大干部群众认真研读中央文件精神,提高人们对乡村振兴的政治站位和认识;让广大农民群众积极参与到乡村振兴战略中来,成为乡村振兴的实践者和主人,使乡村振兴战略更加符合农民群众的要求,使农民群众更加珍惜乡村振兴的成果。

做好融合文章。要根据乡村文化振兴的基本要求,深耕群众文化和乡土文化,全面提炼和凝结具有浓郁地方特色的文化元素,使之成为广大农民群众喜闻乐见的文化涵养;进一步理解雷锋精神的时代价值和蕴含在雷锋精神当中的文化因子,用与时俱进的观点来解读雷锋精神的时代内涵、最新表现和在新时代公民道德建设中的引领作用,使雷锋精神成为广大农民群众的一种共同的道德崇尚和文化追求;将乡村文化振兴与弘扬雷锋精神融合起来,相得益彰,共同发展。

---

① 详见2018年9月28日习近平总书记在辽宁省抚顺市向雷锋墓敬献花篮并参观雷锋纪念馆时的讲话。

三论 雷锋精神的传承弘扬

做好整合文章。无论是乡村文化振兴还是弘扬雷锋精神,绝不是一句停留在口头上的说辞,而是实实在在的生动实践。实践是行动,实践是过程,实践是目的,实践还是提升。要将乡村文化振兴与弘扬雷锋精神的阵地建设、队伍建设、方式方法和表现形式等整合在一起,在农村基层组织建设和社会治理过程中大力倡导学雷锋,用学雷锋志愿服务活动淬炼乡村文化品格,用时代雷锋故事充实乡村文化内涵,用践行雷锋精神的先进事迹和先模人物引领乡村文化发展,使弘扬雷锋精神成为乡村文化振兴的新实践。

做好提升文章。乡村文化振兴和弘扬雷锋精神,其根本目的就在于促进农村经济社会的全面发展。要积极宣传雷锋精神的时代表现,加大对雷锋精神的传承弘扬力度,积极弘扬社会主义核心价值观,培育农民群众爱党爱国爱家乡的家国情怀;积极倡导以雷锋精神为集中体现的文明新风,崇尚文明向上的乡风民俗,丰富群众文化生活,使农民群众在乡村文化振兴的伟大实践中更具获得感和幸福感。

让雷锋精神成为望城强省会、勇担当、走前列的精神力量

刘宏伟　谭铁安

2018年9月28日,习近平总书记在辽宁省抚顺市向雷锋墓敬献花篮并参观雷锋纪念馆时强调,雷锋是时代的楷模,雷锋精神是永恒的。实现中华民族伟大复兴,需要更多时代楷模。习近平总书记的谆谆教导,既是对雷锋和雷锋精神的科学定位,也是对雷锋精神时代价值的高度肯定。学习雷锋,弘扬雷锋精神,培育和锻造更多的时代楷模,是民族复兴与发展的需要,是不断推进新时代公民道德建设的需要,是长沙建设更高水准文明城市的需要,也是望城用雷锋精神兴区育人、建设幸福美丽新望城的需要。

学习雷锋,平凡的战士

1962年8月15日,雷锋不幸因公殉职。1963年3月,毛泽东主席发表"向雷锋同志学习"的题词,掀起了全国学雷锋的高潮。雷锋以"憎爱分明的阶级立场,言行一致的革命精神,公而忘私的共产主义风格,奋不顾身的无产阶级斗志"得到了周恩来等老一辈党和国家领导人的高度评价和充分肯定。雷锋,不是一名战斗英雄,没有英雄壮举,也没有丰功伟绩,而正是他的平凡,闪烁着人性的光辉,释放出向善向上的魅力,更加彰显出平凡中的伟大。

雷锋是一个真正的共产主义者。"我一定要把自己最可爱的青春献给我们的祖国,做一个真正的共产主义战士……"1959年12月4日,雷锋在他的日记中写道。这是一句质朴的语言,质朴得有些倔强,这是雷锋心底里对党、对社会主义、对共产主义的衷情表达,是雷锋为党、为祖国、为人民甘洒热血的坚定决心,也是雷锋崇高理想信念的真实彰显。雷锋在他的人生中,也正是怀着这种理想信念在不懈奋斗。雷锋,用他的青春和热血,

阐释了什么是真正的共产主义者。

雷锋是全心全意为人民服务的奉献者。在雷锋的人生历程中，无论是在望城县委机关当公务员还是在团山湖农场开拖拉机，无论是在鞍钢当工人还是在军营当战士，雷锋始终坚持在平凡的工作岗位上默默奉献，克己奉公，乐于助人，不求回报。枞树港的悠渡上，留下了他热情的身影；治沩工程工地上，布满了他一心为公监督的足迹；西塘社对困难户的一片真情，望花区人民公社的爱心奉献……无一不反映出雷锋全心全意为人民服务的高尚风格。雷锋，无愧于江泽民同志的题词——"学习雷锋同志，弘扬雷锋精神"。

雷锋是社会主义思想道德建设的先行者。一个不满18周岁的青年，他用心叩问人生，思索人生，之后更是用实际行动谱写了自己的人生。雷锋的这种为社会、为未来而孜孜以求的情怀，散发出时代的光辉。无论是在过去、现在还是将来，都永远不会过时。这就是一种精神的力量，一种道德的呈现。雷锋，被胡锦涛同志定义为"推动学雷锋活动、学习宣传道德模范常态化"中的"道德模范"，实至名归。

雷锋是"民族的脊梁"。"我们是国家的主人，应该处处为国家着想……我们要奋发图强，自力更生。"1961年4月28日，雷锋在他的日记中写道。雷锋是一名普通的战士，但他却将自己放在了国家主人的位置上，心中装着祖国、装着人民，发出了要为祖国的崛起而奋发图强的最强音。在那个年代，这是何等的激情在燃烧，这是何等的力量在迸发，这是何等的声音在呐喊！在社会主义革命和中国特色社会主义建设事业中，正是有了这一股股攻坚克难、不畏艰难险阻的磅礴精神力量，才使中华民族在伟大复兴的大道上取得了一个又一个的胜利，立于世界民族之林。习近平总书记说，雷锋、郭明义、罗阳身上所具有的信念的能量、大爱的情怀、忘我的精神、进取的锐气，正是我们民族精神的最好写照，他们都是我们"民族的脊梁"。

学习雷锋，我是雷锋家乡人

望城是雷锋故乡。"出了雷锋学雷锋，学了雷锋出雷锋"，已经成为望城独特的社会现象。一直以来，不管形势如何变化、社会如何变迁，望城历届区（县）委坚持以雷锋精神兴区（县）育人，雷锋成为望城的形象标志，成为望城的一道亮丽风景线。学雷锋成为望城人民的自觉行动，全区目前已有雷锋志愿者30多万人，涌现各类学雷锋英模人物400多位，形成了被

雷锋精神简论

《人民日报》等媒体报道的"雷锋窝子"现象……特别是在抗击新冠疫情阻击战中，涌现出了一大批逆行者和奋斗者，他们勇往直前，无所畏惧，众志成城，共克时艰，用生命阐释大爱，用激情张扬青春，彰显了雷锋精神的时代价值和最新表现。与此同时，望城还率先在全省推进疫情中复工复产，坚持"六保""六稳"，彰显了雷锋家乡人的使命与担当。他们有一个最为响亮的名字——我是雷锋家乡人。

望城立足于雷锋家乡这一独特优势，在坚持学习雷锋、弘扬雷锋精神的基础上，加强对外宣传和交流，坚持走出去和引进来相结合，通过各种媒体，发挥湖南雷锋纪念馆、中国雷锋网等平台的优势，将望城学雷锋的情况积极向外宣传推介，将区外学雷锋的好经验好做法引进来，丰富开展学雷锋的方式方法，将雷锋种子播向全国，播向世界；坚持与时俱进的科学态度，发挥雷锋生前同事、好友等的积极作用，建设了"老馆长故事吧"、冯正哆工作室、红房子（张建文工作室）等一批雷锋精神宣传宣讲的新阵地，讲好新时代雷锋故事；坚持宣讲与传承相结合，支持雷锋生前同事好友到学校、到机关、到军营、到企业、到村（社区）宣传宣讲雷锋，还人们一个真实的、有血有肉的雷锋。让我们真切地感受到：雷锋属于望城，雷锋也属于中国和世界。

雷锋精神的养成，离不开湖湘文化的浸润，离不开红色革命文化的熏陶。望城为了探究雷锋精神的生成机制，自2010年以来，先后举办了9次雷锋精神研讨会。开展雷锋精神的故乡溯源活动，率先在全国成立了第一个区级雷锋精神研究会和雷锋文化促进会，在全国范围内特聘了一批研究雷锋精神的专家学者、研究员、雷锋志愿者等，组建雷锋精神研究团队，认真办好《雷锋故里》会刊，编辑好雷锋精神文集，深溯雷锋精神源流，弘扬雷锋文化。同时，采取线上与线下相结合的方式，举办了以"雷锋精神　筑梦新时代"等为主题的雷锋精神论坛，开展重走雷锋路、雷锋故乡行等活动，积极撰写有关雷锋精神的文章向各级媒体推荐发表，有效提升了雷锋故乡望城学习雷锋、弘扬雷锋精神的知名度和美誉度。雷锋精神生成于过去，涵养着今天，引领着未来。

在学习雷锋、弘扬雷锋精神的实践中，望城持续推进全国一流的"雷锋精神宣传阵地、文化高地和道德殿堂"建设的雷锋纪念馆工程；用雷锋精神铸魂城市管理，让老百姓主动参与到城市管理和文明实践活动中，推进城市社会治理的雷锋百姓城管志愿者协会；60多个春秋，接棒举起传扬雷锋精神的艺术大旗，以动人热情在平凡岗位上演绎"雷锋"，将雷锋之路越走越宽、"雷锋之歌"越唱越欢的雷锋艺术团……同时，还通过岗位学雷锋、评选"学雷锋标兵""雷锋之星""学雷锋先进个人"等各种形式的活动，倡导形成全社会学习雷锋、争当雷锋传人的良好氛围。"这是我应该做的！"成为雷锋家乡最为经典的回答。

立足于彰扬学雷锋行为，营造全区崇尚雷锋式人物、崇尚好人好事的良好氛围，鼓励干部群众学习雷锋，践行雷锋精神，让"雷锋家乡学雷锋"成为社会风尚，望城全面提升学雷锋人员合法权益的保障水平，2018年3月，望城率先出台了《长沙市望城区学雷锋鼓励保护暂行办法》；2020年3月，又秉承以习近平新时代中国特色社会主义思想为指导，大力传承和弘扬雷锋精神，普及"奉献、友爱、互助、进步"志愿服务理念，让志愿服务精神成为望城城市精神和时代风尚的重要组成部分，致力建设全国最具影响力的"志愿者之城"的要求，出台了《长沙市望城区关于加强学雷锋志愿服务 建设"志愿者之城"的实施方案》；9月，在区新时代文明实践中心正式发布《长沙市望城区雷锋志愿者星级认证和激励嘉许办法》。这些文件的出台，使全区学雷锋走上了制度化、规范化、常态化的轨道，成为筑梦新时代、建设美丽幸福新望城的精神力量。

雷锋精神具有鲜明的时代特征，是一座永放光芒的精神灯塔，是一座绽放魅力的道德丰碑。望城在学习雷锋、传承和弘扬雷锋精神上不断探索、不断创新。新时代文明实践中心、雷锋志愿服务组织等遍布城乡，发挥了重要作用；雷锋书屋、雷锋驿站等爱心小屋融入生活，倍感亲切；雷锋学院、雷锋讲堂等成为学习雷锋、传承雷锋精神的新阵地，长盛不衰；"雷锋"号、"雷锋"岗等雷锋元素活跃社会，点亮心灯；培育时代雷锋，让雷锋精神之花在望城土地上尽情绽放，这一切的一切，让望城学雷锋更具深度、广度和温度，雷锋精神在望城土地上生根、开花，结出了丰硕之果。

时代雷锋，在奋斗中放飞梦想

学习雷锋，弘扬雷锋精神，不是空喊，不是教条，而是要"真学、真懂、真信、真用"。新时代如何弘扬雷锋精神，需要从以下几个方面进一步发力。

研究探求雷锋精神的深刻内涵。"我就是长着一个心眼，我一心向着党，向着社会主义，向着共产主义"，雷锋的这种崇高的理想信念，永远也不会过时，只会历久弥新。这种理想信念，表现在雷锋精神上，一定是与时俱进的，随着时代的发展被不断赋予了新的内涵。要通过举办雷锋精神论坛、研讨会、座谈会、"雷锋故乡行"活动等形式，彰扬雷锋精神的本质特征；要切实发挥雷锋精神研究会的作用，不断探究望城在雷锋精神生成中的基础作用，深挖雷锋故乡数十年来学习、弘扬和传承雷锋精神的基本经验，深刻理解雷锋精神的时代内涵，将雷锋精神融入时代脉搏；要鼓励用雷锋精神学习雷锋，用雷锋精神研究雷锋，推出一批在全国具有影响力的研究成果，让雷研会网上展厅、《雷锋故里》和《雷锋精神文集》等成为博采众长、彰显价值、存史资政的新载体；要用发展的眼光来看待雷锋精神，不断探求雷锋精神深厚而丰富的底蕴，用发展的思维来对待雷锋精神，切实感受雷锋精神常学常新的韵味；用发展的观点来解析雷锋精神，真正将雷锋精神与新时代有机结合起来，使学习、弘扬、传播和践行雷锋精神，成为望城社会的一种情感自觉；要进一步推进雷锋精神与新时代公民道德建设的有机融合，涵养新时代道德养成，彰显雷锋精神对望城文明建设的强大推力。

　　创新传承雷锋精神的方式方法。"党的声音，就是人民的声音。听党的话，就会开放出事业的花朵！"雷锋精神，具有强烈的人民性，是党性与人民性高度统一的结果。在学习雷锋、弘扬雷锋精神的过程中，要坚持以人为本的思想，以满足人民对美好生活的向往为我们的奋斗目标，像雷锋那样，坚持党和人民的利益高于一切，践行服务人民、助人为乐的奉献精神；要切实发挥雷锋纪念馆的宣传阵地作用，加强对外宣传交流，实行"走出去"与"引进来"相结合，让望城雷锋之花不仅开遍望城，而且开遍全国、走向世界；要发挥雷锋学院、雷锋讲堂等阵地的作用，强化政治意识、大局意识、核心意识、看齐意识，实行开门办学，用雷锋精神立学，将雷锋精神全面融入思想政治建设工作当中；要加强典型推介，继续开展"雷锋之星""雷锋式先进集体"等表彰活动，进一步激发学习雷锋、弘扬雷锋精神的积极性，全面形成雷锋家乡学雷锋良好的社会氛围；要坚持党建引领，积极开展雷锋文化进机关、进企业、进学校、进社区、进家庭等活动，全面推进学雷锋多元化、常态化、社会化；要将雷锋精神融入社会治理全过程，实现学雷锋社会效益的共建共治共享。

三论　雷锋精神的传承弘扬

挖掘弘扬雷锋精神的红色基因。"只要我们有叫高山低头、河水让路的气概，是没有战胜不了的困难的。"望城，是雷锋的故乡，也是雷锋奋斗的起点，擦亮雷锋故乡这一名片，既是一种责任，也是一种担当。要深耕望城优秀传统文化和红色革命文化厚土，从中探索出对雷锋精神形成的必然性与必要性。雷锋在治沩工地、团山湖农场等地工作过，留下了许多动人的故事；雷锋崇拜郭亮等革命先烈、爱读有关英雄的书籍，这些鲜活的事例就发生在望城，要认真研究，积极张扬，以此来激发人民群众的爱国主义热情和英雄情结，造就时代楷模和最美奋斗者；要在城市建设、古镇建设、美丽乡村建设等生动实践中，将地方本土文化与雷锋文化结合起来，找到其中的切入点和融合点，推进雷锋文化发展；要充分认识雷锋精神对社会发展的引领意义，进一步完善学雷锋保障与创新机制，丰富学雷锋活动载体，全面推进学雷锋与新时代文明实践、新时代公民道德建设等有机融合，为以中国式现代化全面推进强国建设、民族复兴伟业提供智力支持和精神动力。

彰显弘扬雷锋精神的时代价值。2020年，习近平总书记在湖南考察时强调，着力打造国家重要先进制造业、具有核心竞争力的科技创新、内陆地区改革开放的高地，在推动高质量发展上闯出新路子，在构建新发展格局中展现新作为，在推动中部地区崛起和长江经济带发展中彰显新担当，奋力谱写新时代坚持和发展中国特色社会主义的湖南新篇章。党的十九届五中全会提出了到2035年基本实现社会主义现代化的远景目标，提出了"十四五"时期经济社会发展指导思想和必须遵循的原则，提出了"十四五"时期经济社会发展主要目标，强调了实现"十四五"规划和2035年远景目标，必须坚持党的全面领导，充分调动一切积极因素。要切实发挥雷锋故乡优势，用雷锋精神兴区兴业，发扬锐意进取、自强不息的创新精神，艰苦奋斗、勤俭节约的创业精神，在打造"三个高地"、担当"四新使命"中弘扬雷锋精神；要用雷锋精神铸魂城市建设，铸魂乡村振兴，引领城乡统筹，引领社会治理；要全面推进学雷锋志愿服务，采取各种措施，通过各种活动，全面提升学雷锋志愿服务参与度，全面推进学雷锋志愿者之城建设，让雷锋精神成为望城强省会、勇担当、走前列的精神支撑。

弘扬雷锋精神，打造新时代立德树人新标杆

刘宏伟　谭铁安

雷锋学校是伟大的共产主义战士雷锋的母校。1955年上学期，雷锋来到了荷叶坝完小（现雷锋学校）读书。1956年7月15日，雷锋在荷叶坝完小毕业。1961年4月2日，雷锋怀着激动的心情，给母校老师和同学写了一封信，除汇报他在工作当中所取得的成绩之外，还告诉了钟老师一个好消息："敬爱的钟老师：我要告诉您一个好消息，上星期我在解放军画报上看到了您的照片（还有同学们），我真高兴极了呀！您的照片，还有彭德茂的照片及我的相片都登上了解放军画报，您是否看见了呢？（这是1961年第二期的解放军画报）"雷锋学校，留下了雷锋的足迹与希望，孕育了雷锋的梦想与光荣；雷锋学校，是雷锋梦想起航的地方。

1962年8月15日，雷锋因公殉职，一个平凡而伟大的生命体在一心向着党、向着社会主义、向着共产主义的信念坚守中，在全心全意为人民服务的生动实践中，在甘当"螺丝钉""傻子""无名英雄"的永恒追求中，实现了他人生的三个梦想；1963年3月5日，毛泽东主席"向雷锋同志学习"题词发表，从此学雷锋和学雷锋活动成为一代又一代雷锋家乡人乃至全国人民道德建设的实践与坚守。雷锋学校，作为雷锋曾经就读过的地方、雷锋生平事迹展览最先举办的地方、雷锋元素最为生动的地方，始终坚持以雷锋精神兴校育人，让老师和学生争做雷锋传人，续写雷锋日记，张扬雷锋情怀，雷锋精神在学校不断弘扬传承。雷锋学校，已经成为雷锋精神播种的地方，雷锋种子萌芽的地方，通过雷锋学校的孕育，雷锋精神的种子不断在社会面上生根、开花、结果。

习近平总书记在党的二十大报告中提出："办好人民满意的教育。教育是国之大计、党之大计。培养什么人、怎样培养人、为谁培养人是教育的根本问题。育人的根本在于立德。全面贯彻党的教育方针，落实立德树人

根本任务，培养德智体美劳全面发展的社会主义建设者和接班人。"总书记站在党和国家之大计、民族之兴旺的高度，擘画了教育事业的美好未来，对新时代办好人民满意的教育，高瞻远瞩，高屋建瓴，高度重视，对新时代发展教育事业的方向、意义、根本、目的、方法、措施进行了明确，提出了要求，绘就了路线图，是新时代发展教育事业的根本指南和基本依据。总书记对办好人民满意的教育的殷殷寄语，让每一位教育工作者都激情澎湃，斗志昂扬。雷锋学校，是雷锋家乡以雷锋精神立德树人的重要阵地，具有独特的资源优势和情感担当，责任重大，使命光荣，前程广阔，大有可为。

雷锋学校立足于弘扬雷锋精神，打造新时代立德树人新标杆，应从以下六个方面发力。

一、深刻领会雷锋精神在立德树人上的重要意义。雷锋是一个时代的楷模，雷锋精神是永恒的。热爱党、热爱祖国、热爱社会主义的崇高理想和坚定信念，始终是雷锋精神的核心要义，也是雷锋精神的奉献精神、敬业精神、创新精神和创业精神的基础与引领。用雷锋精神立德树人，本质上回答了培养什么人、怎样培养人、为谁培养人这一教育的根本问题。雷锋学校具有深厚的雷锋文化底蕴，在几十年来以雷锋精神兴教育人的实践中，积累了宝贵而丰富的立德树人经验，值得弘扬。在中国特色社会主义新时代，用与时俱进的雷锋精神铸魂学校教育，更应该进一步深化对雷锋精神的理解，深化对立德树人的理解，深化对用雷锋精神来立德树人的理解，紧紧抓住雷锋精神和雷锋学校这两个基本元素，在立德与树人上下真功夫，花大力气，做实文章；要深刻理解，作为雷锋学校，作为曾经培养了雷锋同志这样的学校，绝不能偏离教育方向。立德，要立像雷锋那样的德；树人，要树像雷锋那样的人。要从教育的一般普遍现象中提炼出特殊性，见微知著，形成以雷锋精神立德树人的真知灼见。

二、充分发挥雷锋学校在立德树人上的高地优势。雷锋学校是雷锋求过学的地方，是对雷锋有过高度关注的地方，也是雷锋在走上工作岗位之后梦萦魂绕、念念不忘的地方。特别是60多年来，雷锋学校坚持"出了雷锋学雷锋，学了雷锋出雷锋"，已经成为一个令人仰视的道德高地，成为莘莘学子和家长们对道德信仰和追求的心灵圣地。弘扬雷锋精神，切实发挥雷锋精神在新时代公民道德建设工程和社会主义核心价值观中的引领作用，是雷锋学校作为一个道德高地的责任、使命和担当。要进一步抬高坐标，坚决按照"为党育人、为国育才"的教育事业总要求，坚决落实"立德树人"的根本任务，坚持培育"培养德智体美劳全面发展的社会主义建设者和接班人"的根本目标，在培养学生的世界观、人生观、价值观上着力，帮助学生牢固树立崇高的理想信念和人生追求。要激发高地优势。雷锋和雷锋精神，就是雷锋学校独特的高地优势。要深挖雷锋在母校的心灵足迹、精神萌芽和道德养成的内涵，用新时代的视角和语言讲好雷锋故事，诠释雷锋精神的时代真谛，彰显出雷锋学校在立德树人中的高地价值。

三、主动担当雷锋学校在立德树人上的标杆责任。师者，所以传道授业解惑也。雷锋学校，无论是传道还是授业解惑，已经在区域教育事业发展中走在了前列，主动担当立德树人的标杆责任，当仁不让，义无反顾。要在广大师生心中牢固树立标杆意识，切实培育学生的进取心、上进心和荣誉感，彻底摒弃那种随波逐流、无所建树的庸人思想，用雷锋精神中锐意进取、自强不息的创新精神激励和激发广大师生勇攀高峰，不断前行，始终成为高举雷锋旗帜的光荣旗手。要强化雷锋学校思想政治建设。用雷锋精神铸魂学校思想政治工作，将雷锋精神贯穿于学校教学工作的始终。引导师生以雷锋为标杆，学习雷锋热爱党、热爱祖国、热爱社会主义的高尚情操和全心全意为人民服务的深厚情怀，培育和锻造雷锋学校的雷锋式校风、学风和工作作风，使雷锋学校真正成为立德树人的新标杆。

四、大胆创新雷锋学校在立德树人上的方式方法。创新，是事物发展和进步的根本动力。立德树人，既是一个永恒的理论课题，又是一个不断与时俱进的生动实践。十年树木，百年树人。立德树人不是一个一蹴而就的简单活动，也不会产生立竿见影的即时效果，需要久久为功。雷锋学校创新立德树人的方式方法，要坚持理论与实践相结合。立足雷锋母校的资源优势，进一步丰富和发展雷锋精神，认真研究、深刻领会雷锋精神的时代表现，将雷锋精神始终作为雷锋学校立校的精神支撑，用雷锋精神激励学校立德树人的实践活动形成新成果、新方法、新经验。要坚持走出去与引进来相结合。大胆走出校门，加大立德树人经验交流力度，博采众长，开阔视野，将雷锋学校立德树人的基本经验广泛向社会传播，形成弘扬雷锋精神的强大正能量；善于学习校外的先进经验和典型，采用拿来主义，将校外立德树人的好办法好措施引进来，采取扬弃的方式进行改造，使之更加符合雷锋学校的现实要求。要坚持守正与创新相结合。守正，就是要守中华优秀传统文化之正、守红色革命文化之正、守社会主义先进文化之正，在守正的基础上来创新，推动雷锋文化发展，使雷锋文化成为雷锋学校立德树人的新亮点。

五、切实坚守雷锋学校在立德树人上的情感依存。60年来，雷锋已成为一个文化符号、一种精神元素、一抹道德光芒。雷锋学校，是雷锋文化的发祥地、雷锋精神的萌芽地、雷锋道德光辉的养成地，同样，也是雷锋精神的传承和弘扬之地。雷锋，是雷锋学校之所以成为雷锋学校的精神之源、校名之源和立校之源，与生俱来的雷锋情感在学校与日俱增、历久弥新，不断闪烁着新时代的道德光辉。切实坚守雷锋学校对雷锋的情感依存，是雷锋学校立德树人的独特优势。要进一步厚植校园的雷锋元素，将少年雷锋在母校学习生活的点点滴滴与场景还原出来，溯源雷锋精神，把少年雷锋融入当代学生的思想和行为当中，让学生真切地感受到雷锋精神形成的社会氛围和雷锋道德养成的必然。要将当代雷锋的先进事迹在雷锋学校校园加以宣传，浓厚雷锋学校学雷锋的情感氛围，使广大师生学有榜样、行有标杆、做有动力，推动雷锋学校形成自觉用雷锋精神立德树人的崭新格局。

六、不断推进雷锋学校在立德树人上的走深走远。雷锋身上所具有的信念的能量、大爱的胸怀、忘我的精神、进取的锐气，正是中华民族精神的最好写照。雷锋身上所具有的这些能量、胸怀、精神和锐气，同样是立德树人最好的精神养料。雷锋学校应该用心用情呵护"雷锋品牌"，珍惜"雷锋荣誉"，擦亮"雷锋名片"，做实"雷锋特色"。要建立健全以雷锋精神兴教育人、立德树人的长效机制，树立"我是雷锋学校人，学习雷锋我光荣"的校园精神，让雷锋精神根植于每一个雷锋学校人的血脉之中；建立健全争做雷锋精神传人的激励机制，通过设立和评比雷锋班级、雷锋课堂、雷锋标兵等形式，大力培养和鼓励校园雷锋，让学雷锋成为一种校园自觉；建立健全学雷锋学校与社会融合机制，立足校园，着眼社会，放眼未来，把握时代主流，紧跟时代脉搏，积极主动开展各种学雷锋活动，让广大师生主动融入全社会学雷锋的大潮中，展现雷锋学校风采，彰显雷锋传人作为，使每一位雷锋学校人都能够成为雷锋精神的践行者，雷锋种子的传播者，雷锋文化的促进者。

用雷锋精神引领社区治理

刘宏伟　谭铁安

社区是城市基层社会治理的基石，是社会治理体系和治理能力现代化建设的基础，也是基层社会治理的推动者、实践者和创新者。一个城市的社会治理水平和文明程度，社区治理的表现和成效是一把重要尺子，离开了社区治理谈社会治理，是无源之水、无本之木。强化社区建设，是全面提升社会治理能力、推进社会治理体系现代化的关键环节。

习近平总书记高度重视基层社会治理。2020年7月23日，习近平总书记来到吉林省长春市宽城区团山街道长山花园社区党群服务中心，了解基层社会治理情况。他指出，一个国家治理体系和治理能力的现代化水平很大程度上体现在基层。基础不牢，地动山摇。要不断夯实基层社会治理这个根基。习近平总书记的重要讲话精神，对基层社会治理给予了高度的定位，明确了基层社会治理的重要作用，是新时代国家治理体系和治理能力现代化建设的行动指南。

2022年3月5日至4月7日，北京市东城区体育馆路街道等单位主办以"弘扬雷锋精神、传承精神谱系、引领社区治理"为主线的雷锋资料展系列活动，通过举办雷锋精神百姓宣讲会、雷锋精神研讨会，组织雷锋志愿者深入开展志愿服务活动，持续推进雷锋精神在社区落地生根、开花结果，引领社区治理，共建美丽街道。体育馆路街道的这次弘扬和践行雷锋精神主题活动，为基层社会治理和社区建设走出了一条新时代的阳光大道。

综上所述，用雷锋精神引领社区建设，可行而且必要。用雷锋精神引领社区建设，需从以下四个方面发力。

一、深刻领会雷锋精神的核心理念。用雷锋精神引领社区建设，要对雷锋精神的实质有充分的认识和理解。雷锋精神的实质是什么？助人为乐、甘于奉献就是雷锋精神的实质，全心全意为人民服务就是雷锋精神的核心理念。要切实加强对雷锋精神在新时代的解读，让群众真正理解雷锋精神的文化功能和道德意义，通过开展群众喜闻乐见的文明宣讲活动，彰扬学雷锋典型，让群众自己讲、讲自己，促进雷锋精神的核心价值入心入脑；要采取社区定调、百姓研讨等形式，结合群众身边的人和事，让群众自觉参与到学雷锋志愿服务当中来，推动雷锋精神在社区生根、开花、结果。

二、强化雷锋元素在社区建设中的文化引领。用雷锋精神引领社区建设，要强化雷锋文化元素的植入。雷锋是一个时代的楷模，雷锋精神是一个时代道德建设的标杆，有着强大的道德价值和精神力量。雷锋精神已经成为一种文化现象，具有以文化人的功能，是社区建设最好的文化元素。要充分利用基层社区的公共资源和服务平台，加大雷锋文化元素的宣传推广力度，让雷锋精神融入人们的日常生活当中；要通过建设雷锋文化长廊、雷锋市民公园、雷锋小区（楼栋）等形式，让雷锋元素不断呈现在市民面前，形成浓厚的雷锋文化氛围，润物无声，使人们在平凡的生产生活当中，切实感受到雷锋精神的无穷魅力。

三、建立健全社区志愿服务动员响应机制。一种理念、一个思路、一项机制再好，如果不能落地生根，就不会开花结果，甚至被束之高阁。而造成这种状况的根本原因，就是缺乏必要的群众响应机制。用雷锋精神引领社区建设，一个重要的环节就是要让广大市民群众参与进来，形成上下联动的响应机制。要认真梳理和掌握社区建设当中的热点和难点问题，建立健全以雷锋志愿者为主体的社区群众性服务组织并切实发挥其作用，提升社区服务效能；强化对社区雷锋志愿服务的引导，将践行和弘扬雷锋精神转化为广大市民群众的自觉行动。

四、丰富创新践行雷锋精神的社区特色。用雷锋精神引领社区建设，要立足社区实际敢于和善于创新。创新是社区建设的重要途径，是基层社会治理的重要举措，是雷锋精神不断与时俱进特质的重要体现。要在社区建设当中进一步学习、认识和理解雷锋精神与雷锋精神的新时代解读，将雷锋精神所蕴含的优秀传统文化价值、红色文化基因、当代先进文化理念与社区实际结合起来，形成独特的社区文化；以雷锋精神为引领，培养、挖掘身边的典型并加以弘扬，通过志愿服务、文明实践、研究研讨等形式，突出社区特点，创造性地开展学雷锋活动；要坚持抓常抓长、持之以恒，推动学雷锋活动走向深入，推进基层社会治理走稳走实，为推进国家治理体系和治理能力现代化贡献基层智慧。

把雷锋精神和志愿精神体现到志愿服务工作的方方面面

刘宏伟　李富强

2024年4月22日，中共中央办公厅、国务院办公厅印发《关于健全新时代志愿服务体系的意见》明确指出："把雷锋精神和志愿精神体现到志愿服务工作各方面，彰显中国特色志愿服务的时代价值和道德力量。"

志愿服务是社会文明进步的重要标志，是新时代党引导动员人民群众贡献智慧力量、创造美好生活、实现奋斗目标的生动实践。志愿服务精神，是一种不求回报的奉献精神，一种与人为善的友爱精神，一种互相帮助、助人自助的互助精神，一种甘心付出、追求和谐的进步精神。无论是过去还是未来，特定条件和环境中形成的时代精神，都蕴含着雷锋精神的特质，是雷锋精神在新时代的最新表现和最新阐释。

在志愿机制中始终凸显雷锋精神育人

近年来，作为雷锋故乡的长沙市望城区，以雷锋精神兴区育人，在抗洪抢险、扶贫解困等斗争中，涌现出许许多多的学雷锋志愿者，使雷锋家乡始终走在学习、宣传、践行和弘扬雷锋精神的前列。现阶段，望城致力于打造志愿者之城，出台《关于加强学雷锋志愿服务　建设"志愿者之城"的实施方案》，成立长沙市望城区学雷锋志愿服务促进中心，负责全区学雷锋志愿服务的统筹协调、调查研究、总体规划和组织实施。建立将雷锋精神和志愿服务精神融入新时代公民道德建设、新时代文明实践等过程的常态化机制，强化推进志愿服务和弘扬雷锋精神的制度保障，让开展志愿服务和弘扬雷锋精神成为社会治理的新实践。出台方案和建立机构、机制的主旨，都是坚持守正创新，聚焦群众所需所盼，整合部门资源优势，以务实举措汇聚志愿力量，把雷锋精神和志愿精神体现到志愿服务工作各方面。

坚持以雷锋精神兴区育人，推动全区学雷锋工作持续走在全国前列。将雷锋精神与志愿服务相结合，致力于建设全国最具影响力的"志愿者之城"，截至2023年底，全区注册志愿者超15万人，超常住人口的22%；志愿服务组织719个，志愿服务项目7500余个。

在志愿文化中深刻体现雷锋精神特色

把雷锋精神和志愿精神体现到志愿服务工作的各方面，一要厚植志愿文化基础。加强志愿文化宣传阐释，传承中华优秀传统文化的道德精髓，弘扬革命文化和社会主义先进文化的崇高追求，彰显中国特色志愿服务的时代价值和道德力量。二要深化理论实践探究。构建中国特色志愿服务理论体系、话语体系，推进志愿服务学科建设。三要增强志愿文化自觉。着眼培养时代新人，弘扬时代新风，推动志愿文化融入日常学习工作生活，形成我为人人、人人为我的社会共识。

要做到"四真"。真正学懂弄通雷锋精神的时代表现，深刻理解雷锋精神与志愿服务精神的内在联系，懂得志愿服务精神与雷锋精神的高度契合性和一致性；真正掌握雷锋精神全心全意为人民服务的核心本质，在志愿服务精神中彰显大爱情怀，体现向善向上的本色；真正相信雷锋精神对弘扬志愿者服务精神的引领作用，让雷锋精神与志愿服务精神相得益彰，共同促进；真正将雷锋精神转化为榜样力与实践力，在决战脱贫攻坚、文艺志愿服务下乡、"金种子"行动等活动中彰显志愿情怀，使之成为推进志愿服务的强劲动力。

长沙市望城区每年举行雷锋精神论坛。论坛深入学习贯彻党的二十大精神，深刻学习领会习近平新时代中国特色社会主义思想，认真贯彻落实习近平总书记关于弘扬雷锋精神的重要论述，以"新时代新雷锋"为主题，围绕深刻把握雷锋精神的时代内涵，着力深化研究阐释、加强示范带动、拓展平台载体、形成长效机制等开展深入研讨。来自全国各地的学雷锋先进集体、个人代表，全国研究雷锋精神和学雷锋活动的专家学者深入探讨，交流成果。望城坚持用正确的理论指导工作实践，以理论创新为突破点，推进望城的志愿服务理论研究在国家层面"有声音""有影响"。如《学雷锋志愿服务效能提升研究》论文，登上中国社会学会论坛，并在大会上作望城志愿服务工作专题分享。

在志愿服务中全面融入雷锋精神精髓

把雷锋精神和志愿精神体现到志愿服务工作的各方面。近年来，长沙市望城区一是将志愿服务和弘扬雷锋精神有机结合起来，使之成为一种引领社会道德和文明发展的正能量；二是在平凡的社会生活中倡导志愿服务、积极践行和弘扬雷锋精神，通过"雷锋讲堂""中部崛起奋斗有我""美丽长沙·美德先行"等活动的开展，积极搭建志愿服务和践行雷锋精神的平台，使志愿服务精神和雷锋精神共同发展；三是创新性地在推进志愿服务过程中发展雷锋精神的思维和觉悟，让雷锋精神和志愿服务浸润到人们平凡的生活当中，成为人们内心的一种精神理念和道德依托。

把雷锋精神和志愿精神体现到志愿服务工作的各方面，要实现"三大力量"。推动雷锋文化建设，发挥"以文化人"的社会功能，通过建设"雷锋"村（社区）学雷锋志愿服务队、"雷锋"式文明窗口、文化下乡、雷锋文化长廊等群众喜闻乐见的方式，突出雷锋精神与志愿服务精神的结合力；凝练雷锋精神与时俱进的品质，彰显"雷锋"特色，树立学雷锋标杆，培育时代"雷锋"和身边"雷锋"，提升雷锋精神在推进志愿服务建设中的推动力；广播"雷锋"种子，培育"雷锋"情怀，大力开展"亲情季""成长季""丰收季""诚信季""四季红"等学雷锋志愿服务活动，在家风家教、敬亲孝老、邻里相守等社会生活中弘扬雷锋精神，强化学习雷锋践行雷锋精神的辐射力。

近期，望城区创新开展志愿服务项目孵化行动，例如，"雷锋哨""雷锋号""雷锋580"等品牌持续"擦亮"，"雷小锋""校外雷锋辅导员""雷锋立法信息员""雷锋调解员""蓝之翼"等"新势力"异军突起。又如，由望城区委、区政府主办的"四季'锋'行 扮靓望城"望城区党员领导干部学雷锋志愿服务活动中，全区机关干部分赴主城区街道、社区开展全面大清洗、全面大清扫、全面大清洁、全面大清理等志愿服务活动，带动市民群众共建美丽家园的积极性和主动性，营造整洁、有序、文明的城市生活氛围。

着力打造雷锋精神旗帜的志愿高地

雷锋精神旗帜高扬在志愿服务的每一处阵地，一要提高政治站位，结合实际抓落实，将志愿服务纳入经济社会发展总体规划，加强谋划部署，健全长效机制，为志愿服务搭建更多平台、给予更多支持。二要强化党建引领，在志愿服务组织中依规设立党的组织，把广大志愿者、志愿服务组织、志愿服务工作者凝聚在党的旗帜下。三要统筹协同推进，在党委统一领导下，加强统筹协调，整合各方面力量和资源，推动重点任务落实。基本形成系统完备、科学规范、协同高效的志愿服务制度和工作体系，志愿队伍素质过硬、管理规范，服务领域不断扩展，服务能力显著提升，助力经济社会发展作用更加凸显；阵地网络覆盖广泛、布局合理，制度保障更加有力；志愿服务国际合作交流深入发展；志愿服务社会参与率、活跃度大幅提高，全社会责任意识、奉献意识普遍增强，志愿服务成为社会主义文化强国的重要标志。

近年来，雷锋故里望城区将务虚与务实相结合，取得"四新"的社会效果。将责任落到实处，在抓实上下功夫，在做实上动真格，实现纵向到底、横向到边新覆盖；在用雷锋精神引领志愿服务、促进雷锋文化建设、改善社会关系、共建文明和谐中务实策，进一步凝练雷锋精神，用雷锋精神涵养志愿服务精神，推进志愿服务成为人们的一种崇高的新追求；在提升社会公共服务水平、构建学雷锋志愿者参与模式和机制、推进新时代公民道德建设上出实招，以开展学雷锋志愿服务为抓手，培育"雷锋"情怀，打造"雷锋"式新标杆；在动员和组织群众学习雷锋开展志愿服务上求实效，倡导"雷锋精神，人人可学；奉献爱心，人人可为"，让学雷锋志愿服务成为一种品格高雅的新引领。

例如，2024年2月5日，在抗击雨雪灾害的行动中，雷锋故乡湖南望城的小朋友沈雨涵在湖南安化县洞马村的老家过寒假，听说大量返乡旅客滞留在高速路上，没吃没喝又挨冻，几百名村民自发组织到镇上采购方便面、面包和矿泉水，肩挑手提，爬着山坡免费送到高速边。冰冻灾害发生后，长沙市望城区的大量树木被折断，城市小区的小朋友不惧刺骨的寒冷，天天和居民一起，拖捡断枝，清出道路。在快递外卖小哥之家，小朋友们还自己动手制作芝麻豆子姜盐茶，让在寒风中工作的人也能感受到一丝温暖。癸卯腊月,望城区青年志愿者协会携手中国农业银行望城支行"学雷锋"志愿服务队,在望城区汽车站设置"暖心服务站",开展2024年"青春志愿行·温暖回家路"志愿服务活动,为返乡人员送温暖。2月9日,近100名望城"雷小锋"与长沙市文艺志愿者协会文艺志愿者代表、望城艺校"雷小锋"导师联袂登上央视春晚长沙分会场舞台。湖南雷锋纪念馆"雷小锋"种子工程志愿服务项目获评湖南省"优秀志愿服务项目"。望城区科协被纳入中国科协"惠民兴县"科技志愿服务试点项目,"好奇之旅"科技志愿服务项目获评全国"最佳志愿服务项目"。

"映日荷花别样红"。在志愿服务中高扬雷锋精神,开辟了志愿服务精神的新实践,拓展了雷锋精神的新境界,也一定会把春天的百花争艳带到盛夏的荷香十里!

用雷锋精神打造望城营商环境软实力

刘俊杰

营商环境作为支配商业活动所必需的政策、法律、制度、规则等的一种复杂的融合,是经济发展的"软实力"。2017年7月17日,习近平总书记在中央财经领导小组第十六次会议上强调,要改善投资和市场环境,加快对外开放步伐,降低市场运行成本,营造稳定公平透明、可预期的营商环境,加快建设开放型经济新体制,推动我国经济持续健康发展。2018年6月28日,国务院召开全国深化"放管服"改革,转变政府职能电视电话会议,进一步明确了营商环境改革在简政放权、创新监管和优化服务等方面的目标任务。望城是雷锋的家乡,在优化营商环境工作中,要发扬雷锋家乡学雷锋的优势,用雷锋精神不断打造优良营商环境。

用雷锋全心全意为人民服务的奉献精神,打造热心、贴心、暖心的"雷锋式"服务,让营商环境更优。营商环境是企业生存发展的生态环境,是除企业内因之外的政治、法律、政务、市场、社会、人文、自然等全要素影响之和。优化营商环境,是党中央、国务院的重大部署,是促进新旧动能转换、实现高质量发展的重要保障。从国家层面来看,过去我国主要依靠低要素成本吸引外资,外企也主要看重我国的成本优势,以及土地低价供给、税收优惠等政策红利。现在,全球直接投资供不应求,主要发达经济体力推资本回流,不少发展中国家利用低要素成本优势承接国际产业转移,对我国利用外资形成"上压下挤"态势。这种形势下,优化营商环境对我国经济发展显得尤为重要。从国内情况来看,随着现代交通和互联网技术等迅速发展,地理区位、自然禀赋等优势不再是主导因素,地区之间的优惠政策也日益趋同,采取减税让利、拼资源、拼政策等手段来提高区域竞争力的时代已经过去,今天的企业,最急需的是优良的营商环境,是优质的服务理念和良好的政商关系。因此,政府及其职能部门应及时更新管理理念,在服务、信用、环境上下功夫。一是提升服务理念。牢固树立"店小二"意识，急企业之所急，想企业之所想，为了企业发展利益，努力工作，无私奉献。二是发挥服务优势。充分发挥政府在资源配置中的主导作用，充分对接企业的办事需求，聚焦企业反映最集中的痛点、堵点、难点问题，时刻为企业着想，竭力寻求企业各项需求的最大公约数并予以回应和解决，打通政策落实的"最后一公里"。三是形成服务态势。政府服务企业"有求必应，无事不扰"，最大限度利企便民，让企业感受到实实在在的变化。雷锋对同志像春天般温暖、对工作像夏天般火热。无论在望城机关当公务员、在团山湖农场当农民，还是到鞍山当工人，到部队当解放军，无论走到哪里，身处何方，都把满腔热情奉献给社会，奉献给人民；在工作中，雷锋不分分内分外，只要能够为人民服务就努力去做，在生活上，不分事大事小，只要能够为人民服务就努力去干。作为雷锋家乡，要营造好优良的发展环境，要大力弘扬雷锋全心全意为人民服务的无私奉献精神，努力打造热心、贴心、暖心的"雷锋式"服务，用雷锋精神不断提升政府的服务理念和增强奉献意识。这样，政府的亲和力就能不断提高，营商环境就能不断得到优化，企业对政府才会更有亲近感。

  用雷锋艰苦奋斗、锐意进取的创新创业精神，打造省心、省时、省钱的"极省型"服务，让营商成本更低。营商环境作为一种制度创新，是经济社会发展的内生变量。其核心是通过制度改革，遵循市场规律，释放企业主体的活力，进一步发挥好政府的服务职能，营造公平、高效、可持续发展的市场环境。在既定条件下，降低市场运行成本，提高运行效率，用最优化的资源配置促进经济增长，从而降低因外界因素导致资源配置的不平衡造成的经济增长不平衡、低效率的风险。它包括四个维度：公平竞争的市场环境、高效廉洁的政务环境、公正透明的法律政策环境和开放包容的人文环境。当前实行的"放管服"改革、"营造稳定公平透明的营商环境"改革和探索自由贸易区改革等，都是通过改革创新营造良好的营商环境的生动实践。习近平总书记在深入推进东北振兴时提出了六个方面的要求，第一条就是"以优化营商环境为基础，全面深化改革"。可见，优化营商环境，必须通过改革来实现，需要有敢闯敢试、敢为人先的改革精神。要改革服务理念，践行"以企业为中心"的发展思想，努力实现企业到政府部门办事"只上一张网、只看一张表、只进一个厅"，实现企业到政府办事"最多跑一次"；要改革服务手段，采用互联网、大数据、云计算等新思想、新技术、新方法，实现"线上线下一体化、一窗办成多项事",通过"互联网+政务服务"平台,实现"一级平台、多级运用、互联互通、一网通办",全面实现"一号申请、一窗受理、一网通办"的目标,为企业提供横向到边、纵向到底的贴心服务,让政府服务变得更高效、更智慧;要改革服务方式,通过实施"最多跑一次"改革,全面铺开"负面清单"制度改革,让人流、物流、资金流向营商环境的高地,让企业在降低显性成本的同时,降低制度性交易成本,减少额外支付的隐性成本,而这些服务手段和方式的改革,需要有敢闯敢试、敢为人先的改革精神。因此,只有大力弘扬雷锋锐意进取、奋力开拓、自强不息的创新精神,不断优化服务供给方式,让政务服务更精准、更便捷。大力弘扬雷锋艰苦奋斗、勤俭节约的创业精神,为企业节约每一度电、一滴水、一张纸、一粒粮,有效降低运行成本,才能为企业省心、省时、省钱。可见,用雷锋精神打造省时、省心、省钱的"极省型"服务,能让企业更有获得感。

　　用雷锋忠于职守的爱岗敬业精神,打造周到、周全的"保姆式"服务,让营商效能更快提升。营造周到、周全的"保姆式"服务模式,就是真正树立"企业发展我发展,我与企业共繁荣"的理念,把"让群众办事不求人,企业办事更便捷"作为目标,让企业办事更便捷,让企业家做事更顺心。就是多为企业着想,简化手续,压缩时限,最大限度减少前置审批事项,为企业提供更多的便利;就是突出需求导向,设立"绿色通道",进行跟踪服务,实施"最多跑一趟"的服务承诺,集中快捷解决企业遇到的各种难题。让企业"活得好""转得灵""走得稳",真正体现"政府为企业着想"的理念。打造周到、周全的"保姆式"服务,就是推进政务服务标准化。通过政务服务事项目录标准化、政务服务事项流程标准化、线上线下办事服务机制标准化、政务服务平台管理标准化、信息公开标准化、数据信息资源标准化,以标准化为抓手,实现跨部门、跨层级、跨地域的"一网通办"。推进各级各单位业务办理系统之间的数据共享、互联互通,打破信息壁垒,全面实现"凡是能通过网络共享复用的材料,不得要求企业和群众重复提交;凡是能通过网络核验的信息,不得要求其他单位重复提供;凡是能实现网上办理的事项,不得要求必须到现场办理"[①]的目标。营造周到、

---

① 详见2016年9月29日国院务发布的《国务院关于加快推进"互联网+政务服务"工作的指导意见》,国发〔2016〕55号。

周全的"保姆式"服务，就是通过开展"移动办事"新模式，方便企业开展网上咨询、网上预约、网上办理、网上评价、网上支付、快递送达、自助终端办理等。有效避免企业查询、下载多部门政务App、关注多个政务微信公众号，进行多次个人信息注册、身份认证。营造周到、周全的"保姆式"服务，就是落实政务信息公开化。按照政务信息公开的要求，全面公开行政审批事项，做到与事项审批相关的审批服务流程、办事信息、申报材料、办事指南全面公开，做到申请表格统一化、申请材料规范化、审批时间压缩化，实现办事全过程公开透明，可追溯，可核查，真正让社会群众和企业"找得到，看得懂，办得快，可监督"。

纵观雷锋短暂的一生，向上、向善，考虑他人比考虑自己为重。始终以"利他"思想对待生活、对待工作。想"他人"比较周到，考虑问题比较周全，想他人之所想，急他人之所急。热爱本职工作，忠于职守，敬业奉献。在平凡的岗位上埋头苦干、忘我工作，以高度的责任感和使命感对待自己的工作，不管在任何岗位，都爱岗敬业，脚踏实地，求真务实。所以，作为雷锋家乡，营造优良的营商环境，要把企业作为创新主体，充分发扬雷锋的"利他"主义思想，弘扬雷锋的高尚的人生观、价值观和世界观，全心全意为人民服务的思想和毫不利己、专门利人的优良品德；弘扬雷锋的积极忘我的工作斗志和克己奉公、无私奉献的敬业精神；在生活中，学习和弘扬雷锋的热爱劳动、艰苦朴素、勤俭节约、乐于助人的作风，用心去工作、用心去帮助人、用心去照顾人、用心去奉献，将雷锋精神真正地"内化于心，外化于行"。不断提升政府行政效能，为企业提供周到、周全的服务，让企业家更有归属感。

优化营商环境离不开政府在帮助企业降低运营成本、改善社会信用、营造公平竞争环境、创造项目机会等方面的主动作为。近年来，望城区委区政府大力弘扬雷锋全心全意为人民服务的奉献精神，打造热心、贴心、暖心的"雷锋式"服务；大力弘扬雷锋艰苦奋斗、锐意进取的创新创业精神，打造省心、省时、省钱的"极省型"服务；大力弘扬雷锋忠于职守的爱岗敬业精神，打造周到、周全的"保姆式"服务。通过出台"优化营商环境三年行动方案"；开展"千人帮千企百日大行动"；实施"最多跑一次""放管服"等系列改革，以问题为导向，推进流程再造、效能革命、权益保护、承诺兑现，打造望城营商环境"软实力"，实现了营商环境的再提升、再突破。

用雷锋精神学雷锋的几点思考

刘俊杰

2018年9月28日，习近平在辽宁省抚顺市向雷锋墓敬献花篮并参观雷锋纪念馆时指出，我们既要学习雷锋的精神，也要学习雷锋的做法，把崇高理想信念和道德品质追求转化为具体行动，体现在平凡的工作生活中，作出自己应有的贡献，把雷锋精神代代传承下去。新时代如何让学雷锋活动常学常新，让雷锋精神焕发永恒的魅力，必须按照习近平总书记要求，在学习雷锋精神的同时，"学习雷锋的做法"。用雷锋精神去学习、宣传、弘扬和践行雷锋精神。

像雷锋那样，心怀感恩之心"学雷锋"。人们常说，懂得了感恩，你就懂得了雷锋。雷锋一生，始终心怀一种朴实而又深刻的感恩之情。他感恩党，感恩毛主席。他在日记里写道："党和毛主席救了我的命，是我慈祥的母亲，恨不得立刻掏出自己的心。我们绝不能好了伤疤忘了疼，应该饮水思源。"雷锋生于万恶的旧社会，短短的22年人生，最美好的童年却是在黑暗、苦难的旧社会度过的。新中国成立后他有了读书的机会，也有机会实现自己的理想，这种新旧对比、天壤之别，铸就了他感恩的情怀。因此，他总是心怀一颗感恩的心去学习、生活、工作，去回馈社会，因为有了这份感恩之心，一有机会，雷锋便毫不犹豫，把自己有限的生命全心全意地投入为人民服务之中去；他把自己平时节约下来的100元钱捐给刚刚成立的望花区和平人民公社，他看到辽阳市遭受了洪水的灾害后，便把自己省吃俭用攒下的100元钱寄给了辽阳灾区人民；他看到自己的同事、战友有困难，会偷偷地去帮助他们。同样，我们学习雷锋精神，也要心怀一颗感恩的心。我们应该感恩雷锋，感恩他为我们树立了人生的标杆，感恩他带给我们舍己为人的精神，感恩他带给我们整个社会和谐互助的氛围。因为有了雷锋，有了雷锋精神，它让我们每个人学会了感恩；让我们学会用感恩的心去感谢那些帮助我们的每一位亲人朋友。如果我们在学习雷锋的过程中，大家都心存感恩，用一种感恩的态度、一种感恩的情怀，去感恩我们的党、我们的祖国、我们的人民，进而在新时代新征程中努力去建设好我们的国家，那我们的中华民族伟大复兴的中国梦就能早日实现。我们就会发现，生活原来如此美好。我们就会真正体会到：学雷锋，能让我们的未来充满希望；能让我们的生活更加温暖！这样，我们每一个人就能真正成为新时代一个个"活"的雷锋。

像雷锋那样，心怀真诚之心"学雷锋"。2018年9月28日，习近平总书记在参观抚顺雷锋纪念馆时指出："学习雷锋精神，就要把崇高的理想信念和道德品质追求融入日常的工作生活，在自己岗位上做一颗永不生锈的螺丝钉。"纵观雷锋的一生，是真诚的一生。他心怀一颗真诚的心，认真向他人学习，主动向英雄看齐。冯健是当时青年的榜样，她先后三次受到毛主席接见，雷锋把她作为学习的楷模，真诚地向她学习、向她请教、向她看齐，他虚心学习冯健在工作中不怕苦、不怕累、不挑三拣四的好思想、好作风，他把能够像冯健一样受到毛主席亲切接见作为一生的愿望和追求；在鞍钢，当他听了市劳动模范张秀云的事迹后，在日记里这样写道，"向市劳动模范张秀云学习。首先学习她高度的主人翁责任感"，字里行间，也充分体现出他学习他人的真诚之心。雷锋把党当作母亲，真爱真忠；他把革命理论当成阳光、水、空气，汲取闪光思想，真信真学，自觉向善向上；他把毛主席著作捧在手心，放在胸前，手不释卷。因此，学习雷锋，必须心怀真诚之心，努力在真诚上下功夫。只有对雷锋真敬真学，对雷锋精神真懂真用，才能学有所获，学以致用。如果我们心存一颗真诚之心，发自内心地把学习雷锋落实在我们每天的学习、生活、工作中，落实在我们的一言一行上，那我们的学雷锋就会变成一种自觉，变成一种常态、一种情感、一种需要。同样，如果我们每一个人心怀一颗真诚的心去学习雷锋，真正把学雷锋当作一种精神追求、一种生活需要、一种良好习惯，在全社会大力弘扬真善美，聚集道德正能量，那我们的生活正如一首歌所写的那样"充满阳光"；如果我们每一个人都心怀一颗真诚的心学习雷锋"对待工作像夏天般火热"，那我们就能够在工作中时刻保持昂扬向

三论　雷锋精神的传承弘扬

上的精神状态，真诚做人，老实做事。做好职责之事、法定之事、助人之事、正义之事，那我们每一个人就都能够成为"一个高尚的人，一个纯粹的人，一个有道德的人，一个脱离了低级趣味的人，一个有益于人民的人"。我们的学雷锋活动也就能够常学常新。反之，如果我们在学习雷锋的过程中没有对雷锋心存一种真诚之心，只是片面地搞一些形式主义，有的甚至只是为了装装门面做给人看，而不是发自内心地去践行，那我们的学雷锋活动就会出现社会上流传的顺口溜"雷锋没户口，三月来四月走"等问题。

像雷锋那样，心怀敬仰之心"学雷锋"。学习他人，雷锋始终是心怀敬意的。学习毛主席著作，雷锋把它比作粮食、武器和"方向盘"，他说：毛主席著作好比粮食、武器和"方向盘"，人不吃饭不行，打仗没有武器不行，干革命没有毛主席著作不行。因此，他在日记里这样写道："……看一本学习毛泽东同志的思想方法和工作方法的书，真使我看得入了迷，越看越使我感到毛主席的英明和伟大。"可见，他是心怀一颗多么的敬仰之心来学习毛主席的著作的。雷锋一生把郭亮、方志敏、赵一曼、刘胡兰、董存瑞、黄继光、吴运铎、白求恩、保尔·柯察金等革命先烈和中外英雄人物作为自己学习的榜样，他极其崇敬这些革命先烈、英雄模范和先进人物。为此，他心怀一颗敬仰之心，阅读了大量有关记录这些革命先烈和英雄事迹的书籍和文章，也爱听爱看爱讲他们的故事，并从中得到很好的教益和极其深刻的影响，从而成长为一名伟大的共产主义战士。因此，我们学习雷锋、践行雷锋精神，应该像雷锋那样，学习他人，心怀敬仰，把学习雷锋当作一种追求，把弘扬雷锋精神当成一种信仰、一种价值导向和价值追求。把弘扬雷锋精神同实现个人的人生奋斗目标结合起来，用雷锋精神去激励自己，像雷锋学习革命先烈和英雄模范人物一样，去学习雷锋的日记，去追寻雷锋的足迹，去学习雷锋的做法，去向雷锋看齐。那我们就会像雷锋那样牢固树立远大理想，就会把个人追求同国家和民族的前途命运结合起来，把个人的奋斗融入国家富强、民族振兴、人民幸福的伟大中国梦中去，学雷锋就达到了应有的效果。

像雷锋那样，心怀快乐之心"学雷锋"。雷锋的一生，是快乐的一生。即使旧社会的苦难，也没有压垮他。在新中国，雷锋的每一张照片都面带微笑,这是他快乐的体现。他快乐地对待学习,他如饥似渴地学习毛主席著作。他快乐地对待生活,无论生活条件多么艰苦,他都能够勇敢面对,以苦为乐。因此,我们在学习雷锋、践行雷锋精神的过程中,要像雷锋那样,用一种快乐的、积极向上的态度,心甘情愿地去践行它。有了这样一种态度,我们才能以淡泊名利、不计回报的心态去践行雷锋精神。有了这样一种态度,对待工作我们就不会斤斤计较,对待社会不良现象就不会漠视,对别人的违法行径就不会心存胆怯,就不会出现老人跌倒不敢扶的可悲社会现象,我们就会快乐地、积极地参与到学雷锋的行列中去,将雷锋精神真正地"内化于心,外化于行"。

像雷锋那样,心怀谦逊之心"学雷锋"。虚怀若谷是雷锋的品质。当雷锋被解放军工程兵党委授予"模范共青团员"光荣称号时,他在日记里这样写道:"……我真感到十分惭愧,我为党做的工作太少了,仅仅尽了一点点本身应尽的义务……今天我所取得的这一点点成绩,应该归功于不断培养教育我成长的党和毛主席,应该归功于帮助我进步的同志们。"1962年8月10日雷锋在日记里这样写道:"今天我认真学习了一段毛主席著作,其中有两句话对我教育最深。毛主席教导我们:虚心使人进步,骄傲使人落后。这是千真万确的真理。……今后,我要更加热爱和尊敬人民,永远做群众的小学生,做人民的勤务员。"这也是雷锋所写的最后一篇日记。字里行间无不体现其谦逊的心怀和虚怀若谷的心境。人们常说:"雷锋出差一千里,好事做了一火车。"可他却毫不满足,总认为自己做得不够好;他在鞍钢当工人不到2年,先后3次被评为先进工作者、5次被评为红旗手、10多次被评为标兵;他入伍两年,多次获嘉奖、记功。雷锋从不以此为傲,他总是告诫自己:"我所做的是每一个共产党员应尽的义务,而且距离党和上级的要求还差得远,获得的一些成绩也是党的教育和同志帮助的结果。"当有人误解他,向领导反映他"谈情说爱",指导员找他谈话时,他在日记里这样写道:"我是个共产党员,对别人的反映和意见不能拒绝,哪怕只有百分之零点五的正确,也要虚心接受。有则改之无则加勉。"因此,我们在学习、宣传、弘扬雷锋及雷锋精神过程中,不管取得了多大成绩,我们也应该像雷锋一样,谦虚谨慎、戒骄戒躁,用雷锋的思想、做法去激励自己、鞭策自己,让自己的学习工作取得更大的进步。如果我们在

三论　雷锋精神的传承弘扬

学习雷锋的过程中,遇到了对自己的工作一些不理解、不了解的情况,甚至还遭到别人的讽刺和挖苦时,我们就应该像雷锋一样,用宽厚的心怀、山谷一样的心境去面对。只有这样,我们在学习、宣传和弘扬雷锋精神的过程中才能够胜不骄、败不馁,将学雷锋这面红旗永远高高举起,永远飘扬。

雷锋精神融入基层社会治理的成功实践

——浅析"雷锋哨"在基层社会治理模式中的重要作用

刘俊杰

望城是雷锋家乡，长沙市第六区，也是长沙最年轻的城区。总面积969平方公里，辖14个乡镇、街道，146个村、社区（其中，城市社区36个，农村社区、村110个），常住人口87.5万人。作为长沙最年轻的城区，如何加强基层社会治理，是实现"三个望城""四个定位"工作目标的基础保障。为此，近年来，望城区借助雷锋家乡这一资源优势，以雷锋精神为内核，将"12345"政务服务便民热线、网格化管理、"吹哨报到"、学雷锋活动深度融合，搭建区、街镇、村（社区）三级智慧望城"雷锋哨"平台，形成"热线+网格、吹哨+报到"的基层治理模式，取得了良好的社会效果。基层网格应哨率100%，结案率为96.52%，"12345"政务服务便民热线投诉环比下降12.67%，群众满意度达99.03%，矛盾纠纷以及治安信访案件都环比下降10个百分点，老百姓的获得感、幸福感大幅提升。

一、具体做法

资源整合"一张网"。以党建引领社会治理，将雷锋精神嵌入社会治理网格管理体系，构建街镇党（工）委、村（社区）党总支、小区党支部、楼栋（村民组）"四级"网格架构，将全区14个街镇、146个村（社区）划分为14个一级网格、146个二级网格、725个三级网格、5464个四级网格，实现基层党组织、"雷锋哨"网格全覆盖，同时，推动工作重心下移、资源下沉、权力下放。整合原有的城管、政法、卫健等各系统网格，把涵盖城市管理、公共服务等11大项、35中项、103小项综合职能融入"雷锋哨"

网格，构建"一网运行"的治理体系。

分类吹响"三类哨"。吹响"雷锋预报哨"，实现未诉先办。网格员发扬雷锋"主人翁"精神，主动作为，深入走访，收集群众诉求，在群众投诉之前主动掌握矛盾、问题，深入网格吹响"雷锋预报哨"，提前介入，化解矛盾。吹响"雷锋热线哨"，实现接诉即办。将12345政务服务便民热线、网络问政平台等渠道收集的群众投诉问题，全部列入"雷锋热线哨"，同步建立快速响应机制，确保第一时间响应、沟通、处置和反馈。网格内群众反映事项均在1小时内完成交办、启动解决，实现"小事不出村社、大事不出街镇"，实现难诉联办。定期对反映、收集整理的问题进行全面分析研判，对筛选出的群众重复投诉、急难愁盼问题，吹响"雷锋攻坚哨"。由区领导小组办公室协调调度，相关职能部门联合"应哨"；特殊疑难问题由区领导小组召开专题会议研究处置。

二、工作成效

（一）"雷锋哨"将雷锋"对党、对人民的无限热爱"情怀融入基层社会治理之中，"吹哨""应哨"热情主动，"吹"走老百姓的烦心事。雷锋有着"对党、对人民的无限热爱"的赤子情怀。雷锋日记这样写道："我永远忠于党、忠于人民""我恨不得把我的心掏出来献给党才好""为了党和人民的事业，就是入火海进刀山，我甘心情愿，头断骨粉，身红心赤，永远不变。"从这些平凡的文字、质朴的语言中，我们能清晰地看出雷锋对党、对人民的无限热爱之情，对事业的无限真诚之心。基层社会治理是国家治理的基石。是一个地方发展的保障，如何巩固望城发展的基石？为望城经济社会发展提供保障，必须坚持"以人民为中心"理念。坚持"人民就是江山""江山就是人民"的思想。将为民办实事、解难题作为巩固党的执政基础、加强基层社会治理的重要举措来抓。吹响"雷锋哨"的社会治理新模式，作为"雷锋哨"的"吹哨人"，必须像雷锋一样，有一种对人民无限热爱的赤子情怀，把老百姓急、难、愁、盼的烦心事、忧心事当成自己的事去做、去解决，只有这样，老百姓才能够看到党群关系的变化，才能得到真真正正的实惠。为此，全区1582余名"雷锋哨""吹哨"人，心怀雷锋"对党、对人民无限热爱"的情怀，深入基层，下沉网格一线，带动和发展全区180余个社区协会组织，积极参与到网格管理和服务工作之中，认真破解基层"看得见管不了"、机关"管得了看不见"的难题。作为"吹哨人"和"应哨人"的街镇干部、区直部门，为了破解"看得见"却"管不着"的矛盾，发扬雷锋家乡学雷锋的政治优势，发挥党的政治优势在基层治理中的作用，纵向构建起由各街镇党（工）委、村（社区）党总支、小区党支部、楼栋（村居民组）党小组"四级"网格，横向将全区67个社区、79个行政村划分为716个社会管理服务单元网格（三级网格），选优配强网格人员力量，实现行政区划管理到"微网格"治理的转变，全区基层治理精细化水平大幅提升。例如，金山桥街道观音湖社区新雅黄金苑小区4栋，原来该小区地下管网复杂，年代久远。并且，随着入住人数增加，最初设计的管道已无法满足需求。"人民的需要就是我们的责任"，楼栋长心怀雷锋"为了党和人民的事业，就是入火海进刀山，我甘心情愿，头断骨粉，身红心赤，永远不变"的情怀，将雷锋精神融入自己的实际工作中，迅速核实情况，主动对接，吹响"雷锋哨"，作为"接哨人"的社区党总支立即将这件事纳入"民生微实事"。很快，下水管网修缮一新，居民们交口称赞。又如，月亮岛街道时代倾城小区是一个超大型楼盘，小区内部道路人、车拥堵曾让业主们伤透了脑筋。街道、社区主动"吹哨"，区交警大队、区城管执法局、区市政中心等11个区直部门快速响应，主动"接哨"，不到一个月时间拿出改造方案，小区"停车难、停车乱"问题得以根治。正是这一声声"雷锋哨"的吹响，"吹"走了人民群众的忧心事、烦心事，"吹"来了基层社会治理的一片春天。

（二）"雷锋哨"将雷锋兢兢业业、一丝不苟的精神融入基层社会治理之中，"吹哨""应哨""哨哨回音"，畅通了为民服务"最后一米"。基层社会治理是社会建设的重大任务，是推进国家治理体系和治理能力现代化的重要内容，也是人民安居乐业的前提和保障。随着我国进入社会转型期，旧有的城乡二元结构逐渐瓦解，新的利益群体和阶层不断产生，各种新的利益诉求不断涌现，特别是随着经济发展的进一步加快，涉法涉诉、征地拆迁、安置补偿、环境污染等问题不断增多，这些矛盾和纠纷涉及人民群众的切身利益，并且难以在短时间内轻易化解，给基层社会治理提出了难题，也给社会安全稳定埋下了隐患。而在社会治理的实际过程中，由于"官本位"思想的作祟，一些人、一些单位把治理当管理，缺乏足够的服务意识，导致社会治理一些问题出现虚化；一些地方政府行政干预、硬性规定过多,没有做到"疏堵结合",没有将人民群众的利益诉求作为出发点和落脚点,对涉及人民群众切身利益的一些突出问题责任主体不清,职责权限划分模糊,造成个别部门之间推诿扯皮,一些问题得不到及时有效化解。针对当前社会治理过程中存在的这些问题,作为雷锋家乡,在实施基层社会治理的过程中,以雷锋精神为指引,克服"官本位"思想,坚持"人本"思想,坚持"人民至上",积极探索、创新基层社会治理模式,依托"智慧望城"建设,将公安、城管、市政、卫健等各系统的网格进行"多网合一",将网格涵盖城市管理、公共服务、基层党建、矛盾调处等11大项、35中项、103小项综合职能进行分解细化、量化、责任化。开发集社会治理事件受理、交办、处置、反馈、考核等于一体的"雷锋哨"软件平台。以实施"党建聚合力"工程为牵引,将"12345"政务热线、网格化管理、"街镇吹哨、部门报到"和"雷锋家乡学雷锋"4项中心工作无缝融合、一体运行,原创性提出"热线+网格、吹哨+报到"工作模式,创新推行"雷锋哨"工程,统领望城基层治理工作。引导广大党员干部进网入格,主动收集、发现、处置群众诉求,致力于打通基层治理的"最后一米",全区实现从"闻哨而动"到"无哨而治"的转变。基层治理"实现小事不出网格""大事不出街道","雷锋哨"达到了"哨哨有回音、件件有答复、事事有结果"的工作目标。例如,月亮岛街道翡翠花园小区,原来的围墙外围既不属于小区物业清扫范围,也不在市政及园林管辖范围内,由于长久未得到维护,绿化带长满了杂草,影响行人安全。接到业主们反映情况后,小区网格长掏出手机,打开"雷锋哨"App,将该问题连同现场照片一起上传平台。第二天,区园林和市政的工作人员就来到现场进行"哨单"处置,近500米的人行道重新变得宽敞起来。又如,星月绿洲小区二次水改,群众反映强烈,是社会综合治理的热点难点堵点问题,通过"三哨"协同治理,也很快得到有效解决。正是雷锋家乡的"新、老望城人",各个争当"雷锋志愿者",人人争当"吹哨人",积极吹响基层治理"雷锋哨",网格内群众反映的事项,在1小时内能够完成交办、启动解决。基层社会治理"肠梗阻"得到有效解决,为民服务"最后一米"全面畅通。

(三)"雷锋哨"将雷锋默默无闻的无私奉献精神融入基层社会治理之中,"吹哨""应哨"哨声悠扬,提升了人民群众的幸福感、获得感。基层社会治理以维系社会秩序为核心,通过政府主导、社会多方参与,协调社会关系、规范社会行为、解决社会问题、化解社会矛盾、促进社会公正、应对社会风险、保持社会稳定等方面，为人类社会生存和发展创造既有秩序，又有活力的基础运作条件和社会环境，促进社会和谐。它涉及法律援助、就业援助、社会保障协理、文化科技服务、养老服务、残疾人居家服务、廉租房配套服务等社会的方方面面。基层社会治理工作的好坏，直接影响人民群众的安全感和幸福指数。因此，要提高人民群众的幸福感、获得感，从事基层社会治理的每一个人，必须有一种无私奉献的精神，才能面对这些纷繁复杂的事务，默默无闻地去奉献，无欲无求去落实，心甘情愿地去解决人民群众的急、难、愁、盼的问题。在基层社会治理的过程中，望城充分利用雷锋家乡的资源优势，每一位"雷锋哨"吹哨人，都是无私奉献的"活雷锋"，他们以"雷锋家乡学雷锋"的责任与担当，主动"吹哨""接哨"。一声声"雷锋哨"，将雷锋精神融入社会治理的方方面面，融入千家万户。"联诚国际城小区有楼栋外的电线正在冒火星，很恐怖，请物业赶紧去看看。"业主群里一片哗然。高塘岭街道斑马湖社区网格长看到消息后，马上召集小区的物业公司和业委会前往现场勘察具体情况。然而，线路搭建却并不在物业公司管辖范围内，网格员吹响"雷锋哨"，上午11：35上报哨单，11：51工信局签收"应哨"，分管的负责人立马安排施工人员前往现场。第二天上午，小区破损电线拆除完毕，安全隐患得到整治。当工作人员将维修好的照片发到小区群里，微信群内引起热议，居民纷纷点赞。正是从这网络"一片哗然"到"纷纷点赞"的过程，人民群众的幸福感、获得感得到了显著提升。68岁的谢海梁是一名退休的老党员，跟着儿子搬到了望城，帮忙带孙子，成为"新望城人"。他热心又有责任感，成了小区的网格指导员。2021年11月，有业主向他反映，小区西边围墙外一夜之间倾倒了许多垃圾，味道刺鼻。到现场察看后，谢海梁立即联系物业工作人员到现场解决，但是因为垃圾在小区范围外，不是物业公司的管理范围。谢海梁将相关问题上报至社区，并通过手机App吹响"雷锋哨"。月亮岛街道城管中队闻哨而动，快速反应，迅速到建筑工地核查情况，解决问题。谢海梁说："我是新望城人，来到了雷锋家乡就要向雷锋学习，在自己的岗位上发光发热。"吹哨人"黄慧芳，更是学雷锋无私奉献的楷模，为便于吹响"雷锋哨"，她把办公地点设在了小区的网格内。居民刚做完手术，家庭困难，黄慧芳立刻带着物业上门慰问；在她管辖的网格里，老年人有些手机业务不会办，她第一时间登门帮助；邻居们家长里短有矛盾，她就去现场调停解决……黄慧芳爱管"闲事"，但事事管得让居民舒心。"我能解决的就自己解决，解决不了的就上传平台吹响'雷锋哨'"。她所负责的白沙洲街道响堂湾社区的居民微信群内，不停地刷新着居民们对她的点赞声。桑梓社区67岁的杨罗进，每天都要在辖区转一转，路见井盖破损、汽车乱停堵塞人行道等情况，就会拿出手机打开智慧望城"雷锋哨"App拍照上传，等待相关部门即刻处理。"只要我在巡查走访中发现了问题，一般都会通过'雷锋哨'迅速得到解决或者得到反馈。"正是雷锋家乡这些"雷锋哨"吹哨人无私的奉献，默默无闻地付出，确保"雷锋哨""吹哨"工单件件有着落、事事有回音，让小区居民幸福感、获得感显著提升。

望城在基层社会治理过程中，通过吹响"雷锋哨"，实现资源下沉、服务前移、治理提效，"吹"走了人民群众的急、难、愁、盼；畅通了为民服务"最后一米"；提升了望城人民的幸福感、获得感。通过线上"监工"，掌握进度；通过系统自主"告警"，督促落实；通过协调调度，整合各方力量，形成了组合拳，打好了攻坚战。"雷锋哨"社会治理模式实施以来，群众反映强烈的热点难点问题得到及时解决。望城"12345"政务热线投诉量，从2021年10月的5990余条下降至2022年2月的3130余条，投诉率下降48.25%。吹响"雷锋哨"，实施"热线+网格、吹哨+报到"的管理模式，成为基层社会治理的"望城模式"。望城基层社会治理形成"民有所呼、我有所应"的全闭环工作链条，实现从"接诉即办"到"未诉先办"、从"被动接单"到"主动寻单"的"蝶变"。

用雷锋精神铸魂望城乡村振兴

谭铁安

习近平总书记在党的十九大报告中提出了事关农业农村农民问题的重大战略——乡村振兴战略，要求必须始终把解决好"三农"问题作为全党工作的重中之重，实施乡村振兴战略；乡村振兴的总要求是产业兴旺、生态宜居、乡风文明、治理有效、生活富裕；按照党的十九大提出的决胜全面建设小康社会、分阶段实现第二个百年奋斗目标的战略安排，到2050年乡村全面振兴，农业强、农村美、农民富的目标全面实现。

乡村振兴战略实施，落脚点就在于全面有效地解决"三农"问题，切实推进农村经济社会健康发展，让农业成为有奔头的产业，让农民成为有吸引力的职业，让农村成为安居乐业的美丽家园；乡村振兴战略实施，需要全党上下为之努力，需要广大人民群众为之奋斗，也需要一种思想理论武器作为支撑；乡村振兴战略实施，体现出我们党全心全意为人民服务的根本宗旨，反映出我们党将人民幸福作为事业的最高追求，展现出我们党全面决胜小康社会建设社会主义现代化强国的坚强决心。

乡村振兴战略实施，不驰于空想，不骛于虚声，需要的是认认真真的决策、日复一日的实干，需要的是与农民群众所思所想的高度契合、与农村经济社会发展协调一致的政策支撑，需要的是对党对人民高度负责的境界、对农业农村和农民问题深刻体验的情怀；乡村振兴战略的实施是一项重大决策，是一个具体行动，也是广大农民群众的真诚愿望和对美好生活的期盼与要求，需要一种精神作为支撑，这种精神就是永恒的雷锋精神。

2018年9月28日，习近平总书记来到了雷锋的第二故乡辽宁省抚顺市向雷锋敬献花篮并参观雷锋纪念馆时，提出了"雷锋是时代的楷模，雷锋精神是永恒的，它是五千年优秀中华文化和红色革命文化的结合"的论断，认为中国的传统文化精髓中"积小善为大善，善莫大焉"与当前"为人民服务""做人民的勤务员"都是一脉相承的,雷锋精神永远值得弘扬,并要求对雷锋精神"真学、真懂、真信、真用",给雷锋精神的践行与弘扬明确了要求,指明了方向,提出了实践路径。

望城是雷锋的故乡,是雷锋精神的发祥地,雷锋在望城18年,是雷锋精神的源头和起点;雷锋在望城留下了简家塘的亲情、荷叶坝的理想、县政府的感恩,留下了治沩工地上的激情、团山湖农场里的浪漫、湘江码头旁的惜别深情。望城是雷锋精神传承与弘扬的先行者和排头兵,在向雷锋同志学习的伟大号召中产生了一代又一代的时代雷锋。当前,党中央推进乡村振兴战略的实施,望城必定在乡村振兴实践中再造辉煌。

望城区推进乡村振兴战略实施的基本情况

近年来,望城区扎实推进社会主义新农村建设、城乡一体化建设、美丽乡村建设和乡村振兴战略实施,农业农村工作呈现出崭新面貌。区委区人民政府高度重视乡村振兴战略实施,将该项工作纳入重大的国计民生问题予以重视,按照以雷锋精神兴区育人的要求,以高度的政治责任感和强烈的使命感全力推进;各职能部门齐心协力,各司其职,强化引导,强化管理监督,坚持高标准规划、高品质建设、大手笔推进,城乡建设全面展开,乡村面貌发生了根本变化;各镇街立足自身实际,按照美丽乡村建设要求,狠抓产业发展,在抓住土地流转、三权分置等具体工作的同时,培育农民合作社、农产品生产基地、大户联户等新型农业生产经营主体,强化农村基础设施建设,强化农村环境治理,强化对基层的监管检查;基层村社区充分发挥自治作用,在农村基层组织建设、村级基础设施建设、精准扶贫、农村环境卫生整治、乡贤治村、民风淳化等方面开展了积极工作,取得了明显成效;全区广大农民群众积极参与社会主义新农村建设和美丽乡村建设等实践活动,发挥主体作用,在农业生产、农田水利基础设施建设、农村环境建设、乡风文明建设等方面作出了积极贡献,获得感和幸福感明显提升,农村社会治理取得实效。

在具体的工作实践当中,望城区充分发挥雷锋家乡学雷锋的优势,建立健全学雷锋体制机制;利用各种平台和载体践行和弘扬雷锋精神,厚植雷锋文化元素;培育学雷锋的典型和标杆,引导建立全民学习践行雷锋精神的良好氛围;在农村文化建设、乡风文明建设和精准扶贫等工作中以雷锋精神为时代楷模，倡导积极进取、健康向上的社会主义核心价值理念，雷锋文化元素在全区人民群众生产生活当中形成了巨大的正能量，雷锋精神已成为全区乡村振兴战略实施的重要力量源泉。

推进乡村振兴战略存在的短板

乡村振兴战略是一个非常重要的大课题，以雷锋精神推进乡村振兴战略具有一定的价值意义。笔者通过调研认为，目前我区在推进乡村振兴战略过程中依然存在一些短板，不容忽视。

一、对推进乡村振兴战略的认识不够高。认为我区的农业农村工作基础条件好，标准高，在社会主义新农村建设、城乡一体化建设和美丽乡村建设过程中取得了较大的成效，乡村振兴已无太多的工作可做；有的认为我区已是长沙市的城区，农业已经不是区域经济发展的重头戏，加之农业是一个投入大、见效慢的产业，发展农业没有效益和出路；有的在乡村振兴战略中找不到部门工作定位，不知道要做什么，更不知道如何来做；有的依然将乡村振兴当成新农村建设来理解，没有长远打算，找不到乡村振兴战略推进实施的切入点；有的一谈其他工作就浑身是劲，谈起乡村振兴战略则莫名其妙、说不到点子上；有的基层干部情绪低落，工作积极性不高，创新创业精神不足，思想上没有乡村振兴的概念；有的新型农业生产经营主体对乡村振兴缺乏必要的社会责任感和基本认识。

二、发展农业产业还存在一定的政策瓶颈。乡村振兴，产业兴旺是基础，但我区农业产业发展规划的指导性和连续性不强，产业品牌优势不明显，产业引导和发展过程中还存在政策瓶颈。现代农业发展当中的建设用地问题得不到解决，使一些农业企业难以做大做强；农业奖补政策缺乏强有力的监管机制，导致资金效益得不到有效发挥；农民合作社存在"空壳"现象，发展缺乏后劲，镇村基层监管压力山大；农地"三权分置"推进过程中依然存在各种矛盾，农村集体经营性建设用地入市质押等配套政策推进难，平台建设缺乏，一些规模农业企业面对歇耕休耕等政策变化和产业结构调整无应对措施，情绪低落；"三农"人才缺乏，新型职业农民缺乏，愿意从事农业有一定专业技术素质的人才越来越少；村级集体经济发展缺乏长效机制，一些村级组织背负的历史欠账多，找不到农村集体经济振兴之路，"等""靠""要"思想依然存在。

三、农村基础设施条件存在短板。乡村振兴，基础设施建设是保障。我区近年来基础设施条件有较大改善，但区域发展不平衡的问题依然存在。农田水利基础设施建设在一些农业镇街还有大量的工作要做，一些区域农业项目落地难与基础条件差有关，农业基础设施抵御风灾、水患、旱情等自然灾害的能力还很脆弱；农村公路交通建设发展不平衡，村组和入户道路建设还有大量的工作要做，有的山区甚至还存在交通死角；村级基础设施建设缺乏必要的维护机制，附属设施建设跟不上群众的生产生活需求；农村生态环境建设压力大，垃圾分类减量等环保问题没有真正落实，群众环保意识仍需提升；农民群众对建房问题反映强烈，生态宜居存在压力。

四、引导健康文明的乡风民俗仍需加力。乡村振兴，乡风民俗是重要体现。我区在开展治理陈规陋习、倡树文明新乡风民俗上下了很大功夫，取得了一定成效，但大操大办、迷信活动等陈规陋习在一些地方依然存在，积极健康的精神支撑不足；村级基层干部对大操大办问题深恶痛绝但又无可奈何，迫切需要相关制度规范；打牌、赌博、地下"六合彩"等影响群众生产生活的问题和好逸恶劳、敲诈勒索等影响社会风气的现象依然存在；有的地方黑恶势力并未绝迹；一些群众喜闻乐见健康向上的生活方式受条件局限得不到推广；农村传统技艺和农耕文化等传统文化元素面临失传风险，传承困难。

五、农村社会治理缺乏强有力的措施。乡村振兴，治理有效是关键。我区农村社会治理有一些创新，但也存在一些不容忽视的问题。有的镇街忙于征拆开发，对乡村社会治理放松，在淳化民风上下力较少；一些遗留问题存在，上访累访时有发生；有的精准扶贫对象观念偏离，形成一定的懒汉思想；村级治理缺乏必要的刚性和强度，"上面千条线、下面一根针"，村干部忙于事务，很难静下心来思考乡村振兴；村级组织运营经费仍有缺口，"两眼向上"问题存在；村级项目建设资金不足，村级配套资金难以落实；一些事关群众切身利益的深层次矛盾显现，村级无法解决；法治、德治和村民自治结合还有文章可做，有的村级组织战斗力不强，回避矛盾的现象存在；有的农村基层干部队伍存在年龄老化、思想僵化的问题，村级社会治理不在状态。

六、农民群众对乡村振兴的参与度仍需提高。乡村振兴，农民群众是最直接的受益者。在乡村振兴的伟大实践中，需要广大农民群众的积极参与支持和配合,但我区乡村振兴在农民群众参与度上还存在问题。农村劳动力外流现象严重,新型职业农民和新兴农业生产经营主体培育不足,现代农业技术培训存在短板,谁来种地、如何种地等问题依然存在;有的地方个别农民群众集体观念淡薄,带来负面影响;有的农户对乡村振兴发展漠不关心,获得感和参与度不高。

在乡村振兴战略实施中进一步注入雷锋文化元素

乡村振兴是一项事关农业农村发展的重大战略,是实现农村美、农业强、农民富的伟大实践活动,也是一项需要各级各部门齐抓共管共同参与的系统工程,需要久久为功、长期坚持、扎实推进。对于我区来说,应将乡村振兴远期战略与近期规划相结合,将片区打造和整体推进相结合,将政府引导与人民群众自觉参与相结合,切实注入雷锋文化元素,规划引领,因地制宜,精准发力,全面推进乡村振兴战略实施。

一、进一步加大对乡村振兴战略的宣传力度。切实做好宣传乡村振兴战略实施和传承弘扬雷锋精神的结合文章,在乡村振兴战略实施中树立新的道德标杆,通过道德标杆激发和引领人们对乡村振兴战略的全新认识;切实加大对2018年中央一号文件精神的宣传力度,通过宣讲、解读等方式让广大农民群众对乡村振兴战略有全面的了解;鼓励广大干部群众认真研读中央文件精神,提高雷锋家乡对乡村振兴的政治站位和认识;让广大农民群众积极参与到乡村振兴战略中来,成为乡村振兴的实践者和主人,使全区乡村振兴战略更加符合农民群众的要求,使农民群众更加珍惜乡村振兴的成果。

二、进一步加大对乡村振兴的战略规划。高起点高标准规划全区乡村振兴战略,结合建设更加美丽幸福的名望之城的要求,抓住用雷锋精神兴区育人的主线,加强对乡村振兴战略编制的领导和指导;各级各部门根据自身的职能职责定位,找准乡村振兴的工作切入点,切实担负起自身的责任,确保乡村振兴战略更加具有可操作性;根据望城未来国民经济和社会发展规划,科学定位和完善望城发展定位及区域功能,把握乡村发展重点,要在全域旅游、湘江古镇群建设等方面进一步浓厚雷锋文化氛围,挖掘地域文化,做好传统农业与现代农业结合文章,切实推进望城现代农业发展,推进乡村文化振兴。

三、进一步加大乡村振兴的政策支持力度。切实把握全区"三农"工作的重点难点问题，从农民群众的愿望和要求出发，健全和完善推进乡村振兴战略的政策支持体系，加大对乡村振兴战略实施的投入力度，强化政策性投资监管，整合财政资金，切实解决农田水利基础设施建设当中存在的具体问题；破解现代农业发展过程中的政策瓶颈，合理解决现代农业发展过程中的设施用地问题；发挥农业科技园和农业试验区的引领作用、资源优势和聚合效用，推动农业产业发展；完善发展农村集体经济的政策机制，鼓励村级集体经济组织盘活资源，做实产业；根据农地"三权分置"要求，推动农村集体经营性建设用地入市，加快农业服务平台建设，合理解决农业企业发展过程中的相关问题；加大对农民合作社、种粮大户、农产品生产加工基地、农业服务公司等新兴农业生产经营主体的监管力度，制定科学合理的投资奖补政策机制，将财政资金用在刀刃上。

四、进一步加强农村基层组织建设。加强农村基层治理能力建设，以农村党支部建设为重点，培育和锻造思想纯洁、作风过硬、清正廉洁的"雷锋"式农村党支部书记和村组干部队伍；完善法治、德治和村民自治的共建机制，探索乡贤治村新方法新途径；切实解决村干部工作待遇问题，解决村干部后顾之忧，为基层组织减负，激发基层干部干事创业热情；完善农业项目建设投入机制，对农村环境综合整治、涉农项目建设配套资金等强化保障机制，确保有人做事，有钱做事，能够做好事情；完善村民自治，健全和完善村民大会、村民代表大会、村民小组会、农村红白喜事理事会等农村基层组织建设，发挥农村基层群众自治性组织的作用，推进农村社会治理。

五、进一步培育农业农村发展人才。完善政策机制，鼓励区镇级管理人员返乡参与农业农村经营管理，充实农村基层组织建设；鼓励在外创业人员返乡创业，推动资源资金合理流动；加大农民技术培训、职业技术培训和新型职业农民培训力度，推进解决农业发展人才和技术问题；加大农业专业技术人才和农村学校、医疗卫生机构等人才引进力度，鼓励有志于农业发展的大学生、返乡人员回乡创业，并为其提供创业与发展平台，真正使农民成为有尊严的职业；发挥全区"雷锋"号人才培训基地的孵化作用，培育和推送乡村振兴人才，实现乡村人才振兴。

六、进一步提高农民群众的参与度。围绕乡村振兴的总要求，广泛动

雷锋精神简论

员群众积极参与到乡村振兴战略实施过程中来。在产业发展上，要主动听取群众意见，科学规划产业发展；要发挥农民群众的聪明才智，将传统产业与现代产业模式有机结合，将小农户与现代农业发展有机衔接，最大限度地调动农民群众的生产积极性，推进产业健康快速发展；培育爱党爱国爱家的乡村情怀，使农民群众在乡村振兴的伟大实践中更具获得感和幸福感，真正让农民成为农业和农村的主人，让雷锋精神成为望城乡村振兴战略推进实施的力量源泉。

在构筑中国精神中国价值中国力量的伟大实践中弘扬雷锋精神

谭铁安

党的十九届四中全会指出:"必须坚定文化自信,牢牢把握社会主义先进文化前进方向,围绕举旗帜、聚民心、育新人、兴文化、展形象的使命任务,坚持为人民服务、为社会主义服务,坚持百花齐放、百家争鸣,坚持创造性转化、创新性发展,激发全民族文化创造活力,更好构筑中国精神、中国价值、中国力量。"这一论断,既是发展社会主义先进文化的方向、形式和价值之所在,又是坚定文化自信、淬炼中国精神和中国力量的基本途径;既是凝聚人民精神力量的重要形式,又是以文化人的目标所向;既是推进国家治理体系和治理能力现代化的精神依托,又是在激发全民族文化创造活力的生动实践中不断奋斗和奔跑的宏伟指南。

伟大的实践需要伟大的精神力量。构筑中国精神、中国价值和中国力量,是一项史无前例的伟大实践,同样离不开能够被国家和民族强烈认同的精神支撑和道德信仰;也唯有被国家和民族共同认同的精神指引,才会在伟大的实践中放射出无穷无尽的时代魅力,成为锻造时代精神的力量源泉。"雷锋是时代的楷模,雷锋精神是永恒的",习近平总书记2018年9月28日在辽宁考察时对雷锋进行了定位,对雷锋精神进行了高度的概括,也对雷锋和雷锋精神在新时代的价值意义给予了充分的肯定。学习雷锋、弘扬雷锋精神,是伟大精神与伟大实践的有机结合,必将产生出伟大的力量。

伟大的精神要转化为伟大的力量,离不开实践;也只有实践,才能使精神更加强大、力量更加彰显、实践更加生动。学习雷锋,研究雷锋精神,弘扬雷锋文化，让雷锋精神在新时代焕发出新的魅力，是实践的目标、学习的目的、传承和弘扬的价值要旨。

一、用雷锋精神铸魂中国精神

"人民有信仰，民族有希望，国家有力量。"这一结论，是对实现中华民族伟大复兴之路的一种展望，也是对人民幸福、民族振兴和祖国繁荣昌盛催人奋进的时代号角。"人民有信仰"，说的就是要锻造一种被广大人民群众普遍认同的共同信仰。只有在这种共同信仰的感召之下，通过不断地努力和奋斗，民族才能得以不断壮大，充满活力，充满未来；在人们的信仰和民族的希望支撑之下，必将为了一个共同的目标，形成一种永恒的国家力量。从这一过程来看，人民有信仰是基础，是前提；民族有希望，国家有力量是结果、是目的。

如何来确保人民有信仰？这既是一个理论问题，又是一个实践问题。谁都知道，没有信仰的人是没有精神依存的，低级、自私、狭隘的信仰让人颓废、让人堕落、让人有如行尸走肉；人民有信仰，要有崇高的、积极的、催人奋进的信仰，这样的信仰使人进取、使人团结、使人向上，使人生更加丰富多彩而有意义。

信仰，说到底就是一种精神依托，一种被人们普遍认同的人生价值理念。作为中华民族的一员，信奉中国精神，将中国精神作为人们的共同信仰，是构筑社会信仰的基本途径，也是弘扬中国精神的重要方法。

什么是中国精神？"中国精神"是以马克思列宁主义、毛泽东思想、邓小平理论、"三个代表"重要思想、科学发展观、习近平新时代中国特色社会主义思想为指导的社会主义核心价值体系的精髓，是以社会主义核心价值观为核心内涵、体现出社会主义荣辱观核心价值的精神要求，是民族精神与时代精神的高度统一。2013年3月17日，习近平总书记在第十二届全国人民代表大会第一次会议上指出，"实现中国梦必须弘扬中国精神。这就是以爱国主义为核心的民族精神，以改革创新为核心的时代精神。这种精神是凝心聚力的兴国之魂、强国之魂。"可见，"中国精神"绝非泛泛而谈的抽象概念，而是社会主义核心价值体系的精髓，是民族精神与时代精神的统一，是中华民族的灵魂。中国精神博大精深，内涵深刻，意义深远。

中国精神，需要在改革和创新中不断发展。构筑中国精神，要将民族

三论　雷锋精神的传承弘扬

精神和时代精神结合起来，找到共同的内涵与价值，使之成为人民的信仰，继而成为民族的希望和国家的力量。民族精神贯穿于中华民族五千年历史、积蕴于近现代中华民族伟大复兴历程，特别是在中国的快速崛起中迸发出具有强大民族集聚、动员与感召效应的精神及其气象，是中国精神最本质的反映和集中体现。时代精神是时代发展的产物，也是新时代伟大实践中形成的精神体现。随着中国特色社会主义新时代的不断发展，以改革创新为核心的时代精神成为国家富强、民族振兴、人民幸福的精神动力，时代精神必将在时代中积淀、创新、弘扬和释放出无穷魅力。

用雷锋精神铸魂中国精神，既是民族精神的重要传承，又是时代精神的最好彰显。雷锋在22年的人生历程中，经历了旧社会的苦难，倍感新生活的甘甜。雷锋一心向党，热爱生活，积极进取，大爱无疆，助人为乐；雷锋精神，在半个多世纪的不断与时俱进中，已经由具有强烈的浪漫主义色彩的"憎爱分明的阶级立场，言行一致的革命精神，公而忘私的共产主义风格，奋不顾身的无产阶级斗志"，发展成为具有时代特征的"热爱党、热爱祖国、热爱社会主义的崇高理想和坚定信念""服务人民、助人为乐的奉献精神""干一行爱一行、专一行精一行的敬业精神""锐意进取、自强不息的创新精神""艰苦奋斗、勤俭节约的创业精神"。雷锋精神中这种鲜明的民族精神特征和强烈的时代精神特征，正是中国精神的重要内涵，也为用雷锋精神铸魂中国精神提供了有力依据。

用雷锋精神铸魂中国精神，要进一步理解中国精神的基本实质。在中华民族发展的历程中，形成了以爱国主义为核心的团结统一、爱好和平、勤劳勇敢、自强不息的伟大民族精神，这是中国精神的核心内容，也是民族兴旺的原动力；随着社会的不断发展，改革与创新成为当代中国的最强音，成为中国精神的时代元素。无论是民族精神中的爱国主义情操，还是时代精神中改革与创新张力，都可以在雷锋精神中找到表现，雷锋精神正是民族精神与时代精神的有机结合和生动反映，使中国精神更加具有时代特征，更加被全社会普遍认同。

用雷锋精神铸魂中国精神，要进一步凝练中国精神的内核。中华文明和文化发展了五千多年，在漫长的历史长河中形成了独具民族特色的不同时代的中国精神，这些中国精神是一定时代背景之下的精神引领，也铸就了中华民族的灿烂辉煌。当前，中国特色社会主义进入了新时代，在新的

雷锋精神简论

历史背景下，对中国精神的凝练和发展，既是民族精神不断焕发时代魅力的要求之所在，也是新时代对中国精神与时俱进的本质要求。中国精神是民族精神和时代精神的结合，中国精神涉及方方面面。在此前提下，弘扬雷锋精神的时代内涵，以雷锋精神为脉络，凝练新时代中国精神的独特内涵，让雷锋精神成为中国精神海洋中最为璀璨的明珠，光照时代，是雷锋精神发扬光大的新途径。

用雷锋精神铸就中国精神，要进一步研究和弘扬雷锋精神。无论是中国精神还是雷锋精神，最终目的是要转化为推进发展的力量。研究和弘扬雷锋精神，其目的也在于此。因此，用雷锋精神铸就中国精神，要进一步研究雷锋精神，深耕雷锋精神的本质特征，从雷锋精神的内涵中解析出民族精神和时代精神，深挖雷锋精神形成的必然性和对社会发展的引领性，使雷锋精神更具时代特色，让雷锋精神与时代一起脉动；用雷锋精神铸就中国精神，要进一步弘扬雷锋精神。弘扬是一种实践，是一种肯定，也是一种境界，唯有弘扬，才有发展。要通过社会主义核心价值观锻造、新时代公民道德建设等各种途径，全面弘扬雷锋精神，使雷锋精神不断传承、发扬光大，使中国精神更加丰富、更有力量。

用雷锋精神铸就中国精神，要进一步彰显雷锋精神的时代价值。雷锋精神具有与时俱进的普世价值，其向善向上的精神实质、敬业奉献的精神风貌、创新创业的精神追求，都是时代发展与进步不可多得的精神养料。在中国特色社会主义新时代，在民族复兴的大路上，不能坐享其成，必须不断奔跑，不断奋斗，才能到达胜利的彼岸。雷锋精神这一精神养料，可以使胸怀更加广阔，前进更有方向，奋斗更有力量。只有在奔跑和奋斗中践行雷锋精神，彰显雷锋精神的时代价值，才能使雷锋精神更具活力，始终成为引领时代发展的一面永不褪色的鲜艳旗帜。

二、用雷锋精神厚植中国价值

人生于世，为什么而活着？要怎么活着才有意义？这看起来是一个非常普通的问题，也是每一个人都必须面对和回答的问题，但如何来回答？有没有标准答案？却让很多人穷其一生都没有找到正确的答案。其实，这一问题就是一个人的价值取向，需要用对人生的意义或者说人生的价值的理解来回答。不同的价值理念导致不同的人生，这是仅仅在每个人的层面上；而一个国家的价值理念基础、整个社会的价值取向，却影响着国家和民族的未来。

国家和社会的价值理念，绝非空中楼阁，而是一种客观存在。主流价值观念主导着国家和社会的发展，非主流的价值观念也在时时刻刻影响着社会、影响着民族。主流和非主流的价值理念在矛盾中发展、对抗甚至颠覆。价值理念影响着国家和民族的未来，对价值理念的认识不容忽视，培育和锻造国家与民族的核心价值观尤为重要。

对于国家和民族价值观作用的重要性，任何时候都不能等闲视之。毋庸讳言，在新中国成立70多年来的历程中，对人们共同价值观的作用和意义，有过被淡化和漠视的教训；在民族核心价值观取向的把握上，也走过不少的弯路，留给人们的是切肤之痛。"一切向钱看"、唯利是图、极端个人主义等价值理念曾经泛滥，人情冷漠、社会诚信缺失、善恶不分等现象时有发生，国家集体意识淡薄、英雄情感缺失、公共道德和普世价值观下滑等问题并没有完全消除。也正是基于这些状况，夯实社会价值理念，十分重要。

中国特色社会主义已经进入新时代，新时代必然有新的价值理念来引领，而这种新的价值理念，就是中国价值。什么是新时代的中国价值？新时代的中国价值，核心内容就是以"富强、民主、文明、和谐，自由、平等、公正、法治，爱国、敬业、诚信、友善"为主的社会主义核心价值观。社会主义核心价值观是中国价值的集中体现，是对国家、对社会、对每一个公民的共同价值理念的普遍要求，是中国特色社会主义进入新时代的主流价值取向和精神指引，也是彰显中国精神、凝聚中国力量的思想道德和价值基础。

新时代的中国价值，立足于国家富强、民族复兴、社会和谐，既是国家发展和民族进步的共同理想，是面向世界和面向未来的宏伟蓝图，也是中国智慧和中华文明的时代彰显。"中国价值"作为一种面向未来、积极向善、不断创新的力量，不仅为中国人民提供强大的精神指引，也将得到世界的广泛接受和认同。

中国价值不是与生俱来的，也不会恒久不变，必将随着时代的发展与时俱进。构筑中国价值，是一个发展的过程，是一种文明的创新，也是一股力量的蓄势；构筑中国价值，是一种伟大的实践，同样需要一种伟大的精神作引领。

雷锋精神简论

　　1958年6月7日，不满18周岁的雷锋，在当时的望城县团山湖农场开拖拉机耕耘祖国大地的时候，写下了那篇饱含诗意和对人生价值思考的"七问"日记，而在雷锋之后的人生里，他用青春和生命对自己的人生价值作了最好的阐释，也为用雷锋精神夯基中国价值提供了最好的注脚。

　　用雷锋精神夯实中国价值，既是一种理论创新，又是一种实践革命。雷锋精神在半个多世纪的发展、弘扬与传承中，已成为被人们普遍认同的精神标杆和道德高地，在构筑中国价值的伟大实践中具有无可替代的重要作用；雷锋精神已成为一种崭新的文化现象，放射出社会主义先进文化的无穷魅力，起到了以文化人的积极作用，与构筑中国价值有着异曲同工之妙。用雷锋精神夯基中国价值，既是雷锋精神的价值彰显，也是中国价值的精神托底。

　　用雷锋精神夯实中国价值，要对雷锋和雷锋精神深怀敬仰。雷锋是广大中国人民乃至世界人民都共同认同的道德楷模和精神标杆，雷锋用青春和生命淬炼的雷锋精神更是一种与时俱进的精神食粮，是一道不断迸发的道德营养，是一股底蕴深厚的价值能量。学习雷锋，就要信仰雷锋，崇尚雷锋精神，从心底里自觉形成对雷锋和雷锋精神的价值认同。雷锋出生在旧社会，生长在红旗下，是共产党、毛主席和人民解放军救了他，让他获得了新生，正是由于雷锋感恩共产党、感恩新中国、感恩社会主义，才有雷锋坚定的理想信念和大爱的情怀与无私的奉献等，雷锋和雷锋精神都是实实在在的，是活生生的，没有半点虚构，也没有半点夸大；雷锋的事迹也是真实的，是客观存在的，是真正值得人们高度认同的价值所在。

　　用雷锋精神夯实中国价值，要在学习雷锋上再下功夫。雷锋是一个平民英雄，他没有惊天动地的壮举，没有气吞山河的伟绩，他有的是助人为乐的奉献精神，是向善向上的深厚情怀；雷锋精神人人可学，时时可学，处处可学，不需要刻意而为之，也不需要广而告之，只要自己是出自内心的学，出自真心的学，出自自然的学，就能够成为雷锋精神的实践者、传承者。现阶段，雷锋精神已成为一个被人们普遍接受的道德范本，学习雷锋已经成为国人一种发自内心的善意表达。但是，学雷锋依然存在"活动"式、教条式等偏差，并未完全成为人们的一种自觉。在学习雷锋上再下功夫，要用力量来推进，要用理论来指导，要用机制来保障，要用载体来强化，要用创新来丰富。《新时代公民道德建设实施纲要》中将"深入推进学雷锋志愿服务"作为"推动道德实践养成"的重要途径和形式,既是对雷锋精神价值意义的高度认同,又是对学雷锋志愿服务的深化,为新时代学雷锋提供了引领和指南。

用雷锋精神夯实中国价值,要在弄懂雷锋精神上再花力气。雷锋虽然只读了小学,文化水平并不是很高,但他短暂的人生留给了人们丰富的精神财富,这一点毋庸置疑。雷锋用他独有的形式——雷锋日记,记录了他的人生,展现了他的思想,彰显了他的情怀,表达了他的情感。雷锋日记是真实的,在某种程度上来说当时也是比较私密的,而正是这种"私密",将雷锋的内心世界毫无保留地展现出来。从雷锋日记中,我们可以读到一个少年的梦想,一个普通公务员的激情,一个新式农民的情怀,一个工人的责任,一个普通战士的担当,这些是雷锋精神的形成历程和生动再现,也是用雷锋精神夯基中国价值的实践参考。学习雷锋,要走进雷锋的精神世界,去探求,去求真,弄懂雷锋;用雷锋精神夯基中国价值,要研究雷锋精神。只有当雷锋精神成为一种文化、成为一种动力、成为一种追求,雷锋精神的价值才能完全散发出来;而中国价值也只有将雷锋精神纳入体系之中,才能焕发出更加蓬勃的精神感召力。

用雷锋精神夯实中国价值,要在践行和弘扬雷锋精神上再求实效。在雷锋的人生历程中,可以说实践几乎伴随着他的人生。优秀传统文化和红色革命文化影响雷锋,雷锋在浓厚的乡情中得以成长,在火热的革命斗争中得到锻炼,在激情燃烧的实践中不断进步;雷锋精神形成之后,半个多世纪以来,也在实践中得到丰富和发展、弘扬和传承。是实践形成了雷锋精神,发扬了雷锋精神,丰富了雷锋精神。用雷锋精神夯基中国价值,是一项重要的实践活动,新时代有新实践,实践的目的在于实效,用雷锋精神夯基中国价值不是空洞的说教和口号,也不是空头理论,而是一种扎扎实实的实践,要进一步把握实践的规律,探讨实践的方法,理解雷锋精神的实践本质,用实践的观点对待雷锋精神,使雷锋精神在夯基中国价值的实践中体现出价值。

三、用雷锋精神凝聚中国力量

国家富强、民族复兴、社会发展,离不开道路的铺展,离不开力量的支撑,离不开精神的引领。一个国家无论有多富有,如果没有正确的发展道路，没有共同认同的价值理念和道德崇尚，没有让民族进步的良好机制，就可能导致社会不公、人心不古、老百姓的幸福感和获得感不强；就可能导致国家的凝聚力和向心力缺失，影响人心向背；就可能使一代或多代人的精神颓废、价值观扭曲，国家和民族的力量荡然无存。

中华民族的文明发展过程中，有过辉煌也有过没落，有过荣耀也有过屈辱，有过统一也有过分裂，但在滚滚向前的历史洪流中，推动社会进步都离不开一定时代背景下的国家和民族力量。历史已经证明，只有中国共产党才能代表最广大人民的根本利益，才能凝聚出最伟大的中国力量，唯有凝聚国家和民族不断前进的力量才是永恒的动力，唯有这种永恒的动力才能真正使国家强大，使中华民族骄傲地立于世界民族之林。

是中国共产党团结和带领全国各族人民，凝聚起改天换地勇往直前的中国力量，昂首阔步在社会主义的大路上；是中国共产党人激发出战天斗地不断向前的中国力量，通过一代又一代人不忘初心砥砺前行，创造出中国价值；是中国共产党和共产党人在新时代扛起了改革与发展的大旗，在伟大的中国精神引领之下，奏响了民族复兴的时代号角。新的时代，新的伟业，用雷锋精神凝聚中国力量，是新时代进行伟大斗争、建设伟大工程、推进伟大事业、实现伟大梦想的重要途径。

中国力量，有来自中国特色社会主义道路选择的国家道路的力量，有凝结着以爱国主义为核心的民族精神和以改革创新为核心的时代精神焕发出来的精神力量，有汇集着56个民族大团结共同的智慧和力量而形成的民族力量，还有亿万中华儿女众志成城不可战胜的时代力量。这一股股力量，就是一股股推进社会发展的洪流，不可阻挡。用雷锋精神凝聚中国力量，是雷锋精神的价值体现，也是雷锋精神的时代使命。

用雷锋精神凝聚中国力量，要认同雷锋精神是一种力量之源。雷锋出生在湘江之滨岳麓山畔，是淳朴的乡情民俗影响了雷锋，使他在虽然短暂的人生中却永远心怀善意和大爱无疆；是深厚的湖湘文化精神浸润了雷锋，使他在工作上永远保持韧劲而自强不息；是先进革命文化淬炼了雷锋，使他在放飞梦想的实践中永远感恩共产党、感恩新社会、感恩毛主席。也正是在优秀传统文化和先进革命文化的熏陶之下，雷锋精神得以孕育、形成、成熟，得以不断地发展。雷锋对共产主义的无比信仰，造就了雷锋全心全意为人民服务的高贵品质，体现的是信仰的力量；雷锋以帮助他人为最大的快乐,以服务人民为最大的幸福,造就了雷锋精神的典型价值,体现的是榜样的力量;雷锋干一行爱一行、专一行精一行,造就了他的以螺丝钉精神为主的敬业精神,体现的是不断进取的人格力量;雷锋锐意进取,大胆创新,在实践中提高自己,推己及人,使人感受到劳动的快乐,造就了他锲而不舍的奋斗精神,体现的是创新的力量;雷锋艰苦朴素不忘本,深切体会到国家集体和他人的困难,造就了他在工作当中艰苦努力的创业精神,体现的是在新时代不可忘却的实践力量。这些力量,都是新时代实现中华民族伟大复兴中国梦不可或缺的新动能,而雷锋精神则是这些力量迸发的重要源头。

用雷锋精神凝聚中国力量,要认同雷锋精神对中国力量的价值。当今,中华民族伟大复兴中国梦已经进入了新时代,中国特色社会主义也进入了新时代,新时代有新目标,新目标有新实践,新实践需要新力量来推进。在新的伟大工程建设过程中,永远不竭的中国力量是实现伟大梦想的根本依存。在民族精神和时代精神中凝结中国力量,是中国力量的重要来源。凝结中国力量,是一项非常重要的实践活动,需要被历史证明、被人们普遍认同的理论作支撑、来指导。"我就是长着一个心眼,我一心向着党,向着社会主义,向着共产主义。"(《雷锋日记》,1960年8月20日)雷锋,这种对党、对社会主义、对共产主义无比坚定的理想信念,是激发雷锋的信仰之力、榜样之力、人格之力、创新之力和实践之力的力量之源,也是雷锋精神在凝聚中国力量过程中的精神指南和定海神针,用雷锋精神凝聚中国力量,将使力量更加强大、更加持久,更加具有时代的活力,符合发展的要求,符合人民的愿望,符合全民族共同的价值认同。

用雷锋精神凝聚中国力量,要激发雷锋精神的时代魅力。任何一种力量的价值,只有在符合时代要求的前提下,在实践中得到了证明的正能量,才能被社会所认同,也才能真正成为一种能够引领时代发展与进步的力量。中国力量,是中华民族伟大复兴的力量之所在,是中国特色社会主义进入新时代之后继续向前的力量之所在;中国力量,既要与时俱进也要不断创新,形成新生之力。雷锋精神是中国力量的重要之源,雷锋精神中蕴含的时代魅力,更是凝聚中国力量的凝结剂。用雷锋精神凝聚中国力量,要在深刻把握雷锋精神的实质、高度认同雷锋精神的价值、充分相信雷锋精神的作用的基础上,不断激发雷锋精神的内在能量;要用发展的观点将雷锋精神放在新时代的背景下来研究、阐释、宣传、践行和弘扬，让雷锋和雷锋精神成为人们在日常生活中的行为规范、道德养成和效仿榜样；要通过培育一批又一批、一代又一代的时代雷锋，使雷锋传人始终走在公民道德建设的前列，走在践行社会主义核心价值观的前列，走在文明发展和社会全面进步的前列，雷锋精神永远焕发出时代光芒。

用雷锋精神凝聚中国力量，要在新时代的伟大实践中奋勇前进。伟大的力量在伟大的实践中体现出来，伟大的实践因为有伟大的精神引领而迸发出更加伟大的力量。用雷锋精神凝聚中国力量，要在新时代的伟大实践中不断弘扬雷锋精神，使雷锋精神成为时代进步的恒动力。要进一步建立健全和完善新时代学雷锋的体制机制，营造学雷锋的良好社会氛围，彰显学雷锋的时代价值，使学习雷锋、践行雷锋精神、促进雷锋文化发展成为人们的一种信仰自觉；要进一步宣传雷锋，倡树雷锋，凝练雷锋精神，创新雷锋实践，让时代雷锋和雷锋精神遍及社会的方方面面与各个环节，在全社会形成一种人人学雷锋、个个做雷锋的良好社会风尚；要用雷锋精神凝聚中国力量，不断激发中华民族的创新力，不断激发新时代中国特色社会主义建设事业的创造力，不断激发中国力量在世界民族之林的带动力，使雷锋精神成为一种被全人类所崇尚的价值观念和道德标杆。

学习和研究的目的是更好地践行和弘扬，学习雷锋、研究雷锋精神也是为了更好地践行和传承雷锋精神。雷锋精神是中国精神的具体体现，是中国价值的生动反映，是中国力量的时代彰显。在构筑中国精神、中国价值与中国力量的伟大实践中弘扬和发展雷锋精神，是事业的要求、发展的愿景和时代的呼唤。展旗扬帆，长风破浪，时不我待，让我们紧密团结在以习近平同志为核心的党中央周围，认真学习深入贯彻党的十九大和十九届三中、四中全会精神与习近平新时代中国特色社会主义思想，高举中国特色社会主义伟大旗帜，高扬时代发展的主旋律，学习雷锋，弘扬雷锋精神，在凝结中国精神、构筑中国价值、激发中国力量、实现中华民族伟大复兴中国梦的伟大事业中奋勇前进。

在推进乡村振兴战略实施的
生动实践中彰显雷锋精神

谭铁安

乡村振兴战略是党的十九大提出的一项重大战略决策，是建设现代化经济体系的重要基础，是建设美丽中国的关键举措，是传承中华优秀传统文化的有效途径，也是健全现代社会治理格局的固本之策和实现全体人民共同富裕的必然选择。2021年中央一号文件《中共中央 国务院关于全面推进乡村振兴加快农业农村现代化的意见》明确提出："民族要复兴，乡村必振兴""实现巩固拓展脱贫攻坚成果同乡村振兴有效衔接""大力实施乡村建设行动"。在中共中央、国务院印发的《乡村振兴战略规划（2018—2022年）》中也明确要求："坚持以社会主义核心价值观为引领，以传承发展中华传统文化为核心，以乡村公共文化服务体系建设为载体，培育文明乡风、良好家风、淳朴民风，推动乡村文化振兴，建设邻里守望、诚信重礼、勤俭节约的文明乡村。"特别是2021年2月25日国家乡村振兴局正式挂牌，既是我国脱贫攻坚战取得全面胜利的一个标志，也是全面实施乡村振兴，奔向新生活、新奋斗的起点。

2021年，是中国共产党成立100周年，是乘势而上开启全面建设社会主义现代化国家新征程、向第二个百年奋斗目标进军的第一个五年的开启之年，也是全面推进乡村振兴、加快农业农村现代化的关键之年，望城作为省会长沙的新城区，农业依然是望城的重要产业，农村发展的主要目标依然是乡村振兴，农民依然是推进乡村振兴战略实施的主力军。同时，长沙望城，是雷锋同志的故乡，雷锋在望城度过了18年的人生，孕育和积淀了"螺丝钉"精神等雷锋精神的重要体现，成就了雷锋"当一个新式农民，建设伟大祖国"的梦想，展现了雷锋文艺青年的风姿，留下了许许多多奋斗的足迹。这些宝贵的精神财富，是优势，是动力，也是推进乡村振兴不可或缺的重要力量。一直以来，望城坚持以雷锋精神兴区育人，在推进乡村振兴战略实施的实践中不懈努力，取得了积极的成效，白箬铺镇光明村（2015年四届）、茶亭镇大龙村（2017年五届）、茶亭镇静慎村（2020年第六届）、铜官街道彩陶源村（2020年第六届）等村相继获评全国文明村镇光荣称号，在美丽乡村建设和推进乡村振兴战略实施过程中走在前列。

乡村振兴战略实施，需要精神支撑，需要群众的智慧，需要群众的参与，根本落脚点是让群众得实惠。毋庸讳言，现阶段推进乡村振兴战略实施，依然存在摸着石头过河、注重形式缺少内容、上热下冷群众参与度不高等具体问题，这些问题的本质就在于对乡村振兴战略实施缺乏一种精神和认同感。在推进乡村振兴战略实施中彰显雷锋精神，是解决乡村振兴战略实施过程中存在的问题的金钥匙，应从以下几个方面发力。

认真把握雷锋精神的深刻内涵和时代价值。习近平总书记说："雷锋是时代的楷模，雷锋精神是永恒的。"对雷锋和雷锋精神给予了高度评价和定位。在推进乡村振兴战略实施中彰显雷锋精神，应进一步学习雷锋，研究雷锋精神，从雷锋精神形成的文化基础、时代背景和历史脉络中探寻其深刻内涵，并以与时俱进的态度来理解和把握雷锋精神的时代价值，充分认同雷锋精神对于乡村振兴战略实施的重要意义，用雷锋精神对标和激发区域经济社会发展活力，将雷锋精神贯穿于乡村振兴战略实施全过程。

着力构建雷锋精神与乡村振兴战略实施的体制机制。将雷锋精神贯穿于乡村振兴战略的实践中，是理论对实践的指导，是实践对理论的丰富和提升，雷锋精神也必将得到进一步的彰显。要建立将雷锋精神引入乡村振兴的示范机制。培育典型，树立榜样，形成可复制的经验，形成辐射效应，多挖掘和彰显"身边雷锋""平民雷锋"，使群众对"雷锋"看得见、摸得着、学得到。要建立将雷锋精神引入乡村振兴的激励机制，鼓励在乡村振兴战略实施过程中产生的先进事迹和优秀人物，形成传播和践行雷锋精神的生动案例，做强做优做精做新践行雷锋精神的品牌。要建立将雷锋精神融入乡村振兴的常态化机制，推进建立和完善学雷锋志愿服务规范化、社会化、常态化建设，升级学雷锋志愿服务机制，用雷锋精神育人化人，促进文明建设。

深入推进雷锋精神与乡村振兴战略实施的有机融合。乡村振兴，既是一个发展目标，也是一个实践过程，需要不断奋斗才能实现。乡村振兴的"产业兴旺""生态宜居""乡风文明""治理有效""生活富裕"的总要求，无一不是要通过创新创业与不懈努力才能达到，无一不是雷锋精神"向善""向上"本质特征的具体体现。要抓住雷锋精神中"奉献""敬业""创新""创业"等实质，发挥其引导、激励和鼓舞作用，推进乡村振兴战略实施，让雷锋精神成为乡村振兴的重要力量源泉。

让雷锋精神成为乡村文化振兴的新引领。乡村振兴，不是简单的农田水利基础设施建设，也不是形式上的农村基层社会治理，而是一种让广大农民群众共建共治共享的社会生活状态与良好的社会关系，不仅仅是物质文明发展的成果，也是政治文明、精神文明、社会文明共同发展的新境界。乡村文化振兴，是"四个文明"协调发展的关键环节，用雷锋精神来引领乡村文化建设，是乡村文化振兴的新途径；要加快推进雷锋精神引领乡村文化振兴的新实践，用雷锋精神锻造文明乡风、塑造乡村良好邻里关系、打造社会主义新文化；强化雷锋文化的艺术创新和精神提炼，不断推进乡村振兴战略实施与促进雷锋文化发展行稳致远。

在全面推进乡村振兴中弘扬雷锋精神
——学习党的二十大精神的体会

谭铁安

习近平总书记在党的二十大报告中提出:"全面推进乡村振兴。全面建设社会主义现代化国家,最艰巨最繁重的任务仍然在农村。坚持农业农村优先发展,坚持城乡融合发展,畅通城乡要素流动。加快建设农业强国,扎实推动乡村产业、人才、文化、生态、组织振兴。全方位夯实粮食安全根基,全面落实粮食安全党政同责,牢牢守住十八亿亩耕地红线,逐步把永久基本农田全部建成高标准农田,深入实施种业振兴行动,强化农业科技和装备支撑,健全种粮农民收益保障机制和主产区利益补偿机制,确保中国人的饭碗牢牢端在自己手中。树立大食物观,发展设施农业,构建多元化食物供给体系。发展乡村特色产业,拓宽农民增收致富渠道。巩固拓展脱贫攻坚成果,增强脱贫地区和脱贫群众内生发展动力。统筹乡村基础设施和公共服务布局,建设宜居宜业和美乡村。"为当前和今后一段时间的农业农村工作明确了宏伟目标,阐释了重要意义,指明了努力方向,下达了主要任务,提出了具体措施,是全面推进乡村振兴的宣言书、动员令和施工图。

全面推进乡村振兴,是新时代一场伟大的实践。伟大的实践需要与时俱进的精神引领。这种精神,既是在具体实践中需要弘扬的,也是随着实践而不断发展的;既是全面推进乡村振兴所必须坚持的,也是全面推进乡村振兴的重要精神力量。在全面推进乡村振兴中弘扬雷锋精神,是雷锋精神和乡村振兴有机融合、创新发展的生动实践和有益探索。

在全面推进乡村振兴中弘扬雷锋精神,要从以下几个方面发力。

三论　雷锋精神的传承弘扬

用雷锋精神的创新精神推进产业振兴。产业振兴是乡村振兴的基础。离开了产业，乡村的发展就失去了根本。没有产业的乡村，既留不住人，也做不了事，更兴不了业。乡村要振兴，首先，要有适合乡村发展的产业作为支撑。而适合乡村的产业，必须得到乡村农民群众的广泛认同，而且通过发展这样的产业，能够惠及广大人民群众。其次，在当前传统农业与现代农业相互交织、农业生产经营方式相对多元的现实之下，乡村产业振兴依然存在产品生产应对自然灾害能力不强、产业长效发展机制不活、集体经济持续发展的路子不宽等许多短板和弱项，这些问题的存在，给乡村产业振兴带来负面影响。补齐短板，增强弱项，既是推动产业发展的前提，也是推进乡村产业振兴的必经之路。针对这些问题，唯有通过创新，才能解决。雷锋，生在旧社会，长在新中国，他的人生中，充满了锐意进取、自强不息的创新精神。在团山湖农场学开拖拉机，只有小学文化程度的雷锋，却认真学习驾驶技术，阅读有关拖拉机的构造、维修保养等书籍，只用一个多星期时间就学会了开拖拉机。在军营，雷锋成为一名汽车兵，他总结梳理经验，将"耗油大王"变成了节油先锋。雷锋的这种创新精神，对推进乡村产业振兴具有强烈的借鉴意义。乡村产业发展，需要从产业谋划、机制建立、产品营销等多方面创新，才能真正达到目的。创新，是乡村产业振兴的基本途径。

用雷锋精神中的敬业精神推进人才振兴。人才振兴是乡村振兴的基本保障。乡村振兴，不是天上掉下来的，不是自然形成的，也不是坐等出来的，而是靠人一步一步干出来的，没有捷径可走，也没有坐享其成的可能。所有的这些，都是需要人来实现的，需要人才来作保障。当然，乡村振兴中的人才，不仅是高尖端的专业技术人才，也不尽是理论研究型人才，那些具有热爱乡村、扎根乡村、服务乡村、建设乡村、振兴乡村情怀，有决心和能力投身于农业和农村发展事业的社会主义劳动者与建设者，都是乡村人才振兴的骨干力量。培育乡村振兴人才队伍，需要用能够得到普遍认同的精神作支撑，雷锋精神中的干一行爱一行、专一行精一行的敬业精神，正是乡村人才所需要和具备的精神。用雷锋精神的敬业精神来推进乡村人才振兴，是乡村人才振兴的不二选择。要通过构建乡村振兴谋划、设计、引领、指导的人才队伍，提升乡村振兴的领导力；要培育乡村产业能人、现代农业生产经营主体、农村集体经济带头人等人才队伍，提升乡村振兴的引导力；要发展热爱乡村、从事农业、敢于创新、艰苦奋斗的新式农民和农村劳动者与建设者，提升乡村振兴的组织力；要切实保护乡村传统技艺、农耕文明传承、乡村物质和非物质文化遗产的载体和传承者，提升乡村振兴的文化魅力。

　　用雷锋精神的奉献精神推进文化振兴。文化振兴是乡村振兴的重要反映。文化，既是一种抽象的概念，又是一种具体的行为。抽象的文化是底蕴的呈现，是精神的彰显，是本土特色的表现，也是历久弥新的人文价值张扬。具体的文化是一种实践，是一个地方长期以来形成的地域精神和价值的传承，是被地方所普遍认同的行为规范和理念，是引导地方进步和发展的精神力量，也是一个以文化人的过程。有文化的地方和有文化的人，具有向善向上的精气神。乡村文化振兴是乡村振兴的铸魂工程，用雷锋精神铸魂乡村振兴，是乡村文化振兴的新途径与新实践。雷锋服务人民、助人为乐的奉献精神，是推进乡村文化振兴的新举措。中国乡村，在几千年的农耕文化发展过程中，形成了团结互助、邻里和谐、艰苦奋斗、坚韧不拔等具有地方特色的价值理念和文化精神，这些乡土精神之所以被一个地方所高度认同并成为共同的价值追求，同样是因为其具有以文化人的功能。雷锋服务人民、助人为乐的奉献精神，源于他根植于血脉的中华优秀传统文化基因，来源于人民，服务于人民，奉献于人民。用雷锋的奉献精神推进乡村文化振兴，是雷锋精神在乡村振兴中的价值体现，也是乡村文化振兴的实践探索。

　　用雷锋精神的创业精神推进生态振兴。生态振兴是乡村振兴的本质要求。良好的生态，是环境，是品质，是对美好生活的向往与希望。荒山秃岭、污泥浊水、乌烟瘴气、垃圾成堆、陈规陋习、伐木竭渔等不是振兴的乡村，而是落后的乡村，人们生活在这种环境中，看不到阳光，见不到希望。20世纪末，由于经济发展的过度追求和生态保护理念的滑坡，乡村生态环境遭遇"滑铁卢"，绿水青山、白云蓝天成了人们可遇不可求的东西，推进乡村生态振兴成为乡村振兴的重要内容。乡村生态振兴，需要保护与建设并重。保护和建设良好的生态，需要用精神作支撑，雷锋艰苦奋斗、勤俭节约的创业精神，应该成为乡村生态振兴的精神支撑。要把推进乡村生态振兴作为一项惠及子孙后代的事业来对待。生态环境保护是我国的一项基本国策，必须长期坚持，任何时候都不能动摇，在任何诱惑和困难面前都不能放弃。要发扬艰苦奋斗的精神建设良好的生态环境。习近平总书记在党的二十大报告中指出："必须牢固树立和践行绿水青山就是金山银山的理念，站在人与自然和谐共生的高度谋划发展。"习近平总书记的教导是乡村生态振兴的根本指南和基本依托。要坚守勤俭节约的精神保护生态环境。乡村生态振兴，既是守业也是创业，勤俭节约是创业和守业的永恒遵循，推进乡村生态振兴亦需坚守。唯有如此，乡村生态振兴才能成为乡村可持续发展的阳光大道。

用雷锋精神的坚定信念推进组织振兴。组织振兴是乡村振兴的根本动力。乡村振兴是一项伟大的实践，伟大的实践需要伟大的精神支撑，也需要坚强的领导作保障。习近平总书记在党的二十大报告中要求："坚持大抓基层的鲜明导向，抓党建促乡村振兴……推进以党建引领基层治理，持续整顿软弱涣散基层党组织，把基层党组织建设成为有效实现党的领导的坚强战斗堡垒。"这为乡村组织振兴指明了方向，明确了目标，提出了重点，强调了要求，是乡村组织振兴的根本遵循。乡村组织振兴，关键在人，关键在党组织书记和党员队伍。锻造有理想、有情怀、有担当、有品德、有能力、有实干精神和带领群众不断进取的党组织书记和党员队伍，是乡村组织振兴的组织保障。雷锋热爱党、热爱祖国、热爱社会主义的崇高理想和坚定信念，是乡村党组织书记和党员队伍建设的精神食粮。用雷锋精神推进乡村组织振兴，要将学习雷锋、弘扬雷锋精神纳入乡村基层党建工作内容，进行铺排和落实；要将学雷锋志愿服务贯穿于乡村主题党日活动，让广大党员成为坚定理想信念的捍卫者和坚守者；要通过"雷锋式"典型评比活动，激发广大党员的向善向上激情；要通过传承雷锋精神、弘扬雷锋文化，使雷锋精神成为乡村组织振兴的新标杆，成为乡村党组织建设的新内涵，成为乡村广大党员的新楷模，成为广大人民群众获得乡村振兴美好愿望的新成果。

雷锋学校要成为传承弘扬雷锋精神的新阵地

谭铁安

进入中国特色社会主义新时代，学雷锋活动更加蓬勃地开展起来，以雷锋命名的学校——雷锋学校应运而生。雷锋学校，成为传承弘扬雷锋精神的新阵地。

雷锋学校传承和弘扬雷锋精神具有重要意义。习近平总书记非常支持通过广泛创办雷锋学校，让雷锋精神进校园，让雷锋的价值观成为全社会特别是广大青少年的价值取向，他多次亲自写信或寄语雷锋学校师生，要通过扎实学雷锋"扣好人生的第一粒扣子"。总书记的殷殷寄语，是雷锋学校创办的基本依托，是雷锋学校教书育人的基本方法，也是雷锋学校不断创新发展的基本途径。雷锋学校传承和弘扬雷锋精神，是学校教育的本质要求，是培养一代社会主义新人的关键举措，是推动全社会学习雷锋、让雷锋精神薪火相传的重要载体，也是推进新时代公民道德建设的重要途径，使命光荣，责任重大。

雷锋学校传承和弘扬雷锋精神存在的短板。当前，学习雷锋，传承和弘扬雷锋精神，已成为全社会的共识，但作为以秉承雷锋精神为办学重要宗旨的雷锋学校，如何在传承和弘扬雷锋精神的过程中勇立潮头、走在前列，依然存在"传什么""为什么要传""如何传"等理论问题，存在学文化科学知识与学雷锋是否矛盾冲突的认识问题，存在不清楚将雷锋精神纳入思政教育的价值作用在哪里等观念问题，存在如何将创新与发展与时代要求相结合等实际问题，应该认真研究，创新思维，大胆实践，推动问题解决。

雷锋学校传承和弘扬雷锋精神的几点认识。雷锋学校如何在教学研的实践过程中发挥作用、得到提升？我认为，雷锋学校传承弘扬雷锋精神的创新发展要实现四个"再"。

认识上再提高。认识是实践的先导，认识不到位，工作就不可能到位。雷锋学校传承和弘扬雷锋精神的创新与发展，既是一个理论课题，也是一个实践问题，必须进一步提高认识。要提高对雷锋精神时代价值的认识，深刻理解雷锋精神在新时代公民道德建设、培育和践行社会主义核心价值观、新时代全民国防教育工作等方面的重要作用，让雷锋精神成为"增强全民爱党爱国爱社会主义的深厚感情、居安思危的忧患意识、崇军尚武的思想观念、强国强军的责任担当，使关心国防、热爱国防、建设国防、保卫国防成为全社会的思想共识和自觉行动"的新引领；提高对"雷锋学校是传承和弘扬雷锋精神的新阵地"这一定位的认识，按照筑牢夯实阵地基础的要求，全面提升雷锋学校的办学水平；提高对"创新与发展是传承和弘扬雷锋精神的新实践"的认识，用发展的思维解决传承和弘扬过程中的问题，推动传承雷锋精神走深走新。

形式上再丰富。形式是为内容服务的，没有形式上的创新，很难实现内容上的与时俱进。雷锋学校传承和弘扬雷锋精神的创新与发展，从本质上来说，还是学习和传承雷锋精神形式上的创新。要在"雷锋学校"的创办与动员上再加力，让更多的教育机构加入传承和弘扬雷锋精神的创新与发展中来，解决"雷锋学校"覆盖面的问题；要在学习教育的课程教材上再加力，根据不同类别的"雷锋学校"配置不同形式和内容的课件，因人施教，因材施教，因事施教，解决"雷锋学校"教学针对性的问题；要在坚持以雷锋精神兴教育人的基础上，采取请进来与走出去相结合、理论研讨与实践践行相结合、平时学习与重点活动相结合等形式开展教学活动，解决"雷锋学校"教学过程中存在的工学矛盾等问题，推动传承发展雷锋精神走实走稳。

机制上再健全。健全的机制是一项工作有效推进的保障，传承和弘扬雷锋精神同样如此，60多年来学雷锋活动开展的实践就是有力证明，什么时候机制保障有力，活动的效果就能够得到保障，否则，就可能流于形式，曾经的"雷锋精神没户口，三月来了四月走"也说明了这一点。雷锋学校传承和弘扬雷锋精神的创新与发展同样需要机制保障。要建立和健全"雷锋学校"推广机制，使"雷锋学校"成为传承和弘扬雷锋精神的一种新业态；要建立健全对"雷锋学校"的评价机制，将传承和弘扬雷锋精神的成效纳入学校教学评估，使"雷锋学校"学雷锋成为新常态；要建立健全传承和

雷锋精神简论

弘扬雷锋精神创新发展的激励机制，鼓励"雷锋学校"在教学形式、方法、载体与平台建设、教学保障等方面开展创新，推动"雷锋学校"学雷锋的新形态。

　　创新上再深入。创新，是一项活动永葆生机和活力的根本途径，离开了创新，就谈不上发展，雷锋精神具有与时俱进的特质，这里的与时俱进，就是创新。将雷锋精神与时代的要求结合起来，彰显出雷锋精神的时代价值，就是一个创新的过程。"雷锋学校"要在传承和弘扬雷锋精神上得到发展，创新，是根本之策。要立足学校的具体实际，在传承和弘扬雷锋精神的方式方法上求创新，"雷锋学校"要跳出学校学雷锋，使学雷锋的传承与弘扬走入更加广泛的社会层面，使教学的效果与教学的目的相一致；要结合时代的需求，在解读雷锋精神上求创新，用新的视角、新的理解、新的态度诠释雷锋精神的时代内涵，使雷锋精神更加符合发展要求；要用发展的观点来对待雷锋精神的传承与弘扬，"雷锋学校"的传承和弘扬雷锋精神，立意要高远，视野要开阔，观点要新颖，方法要有引领性，要使学校成为浇灌、孕育、传播雷锋"种子"的沃土。

弘扬雷锋精神，彰显省会担当

谭铁安

湖南省第十二次党代会明确提出实施"强省会战略"，作出了全面落实"三高四新"战略定位和使命任务的重大决策。作为湖南省会的长沙市，深入贯彻省委部署，切实担当主体责任，奋力实施强省会战略，在推动全省高质量发展中探新路、作表率，这是彰显省会担当的生动体现。

彰显省会担当，既是一种理论探索，又是一个实践过程；既是一种认识升华，又是一种实践创新；既是一种战略安排，又是一种人民创造。彰显省会担当，需要凝聚共识，激发活力；需要上下一心，团结奋斗；需要创新创业，永不懈怠。彰显省会担当，要饱含情怀，展现境界；要敢作敢为，展现斗志；要舍我其谁，展现风采。彰显省会担当，立足雷锋家乡，还要将雷锋精神转化为奋进新征程、建功新时代的物质力量。

一、弘扬雷锋奉献精神，在推动强省会战略实施中彰显"锋"采。全心全意为人民服务是雷锋精神的核心要义，也是雷锋一生孜孜不倦的人生追求。雷锋在日记中写道："人的生命是有限的，可是，为人民服务是无限的，我要把有限的生命，投入到无限的为人民服务之中去。"雷锋将"有限的生命"与"无限的为人民服务"高度统一并切实践行，生动诠释了人生的精彩和放飞理想的风采。中共湖南省委、湖南省人民政府《关于实施强省会战略支持长沙市高质量发展的若干意见》（以下简称《意见》）中明确长沙市"到2035年，经济发展、科技创新、城市治理、生态建设、民生共享等现代化体系更加完善，成为具有国际影响力的现代化城市"的总体要求，集中体现了长沙市未来中期的基本发展目标，也是全市上下立足于中国特色社会主义新时代需要为之奋斗的宏伟蓝图。这一目标和蓝图，始终坚持以人民为中心的理念，体现了全市人民的深切愿望，反映出"人民对美好生活的向往就是我们奋斗的目标"的思想，与雷锋精神全心全意为人

雷锋精神简论

民服务的核心要义并行不悖。在推动强省会战略实施过程中，用全心全意为人民服务的奉献精神提振精气神，不断学习、理解、彰扬雷锋精神的时代内涵，凸显雷锋家乡的高地优势，彰显出雷锋精神的时代"锋"采，这是推动强省会战略实施的重要力量源泉。

二、弘扬雷锋奋斗精神，在推动强省会战略实施中凸显"锋"芒。在中华人民共和国成立70周年之际，雷锋被授予"最美奋斗者"荣誉称号，这既是对雷锋奋斗人生的一种肯定，也是对雷锋精神时代价值的一种彰扬。1961年2月15日春节，雷锋利用春节放假把积肥送给抚顺望花区工农人民公社，同时附上了一封热情洋溢的信："让我们在党和毛主席的英明领导下，发奋图强，艰苦奋斗，鼓足冲天的革命干劲，克服目前暂时的困难，为争取今年农业大丰收而奋斗吧。"在信里，雷锋从积肥这件看起来非常细小的事情中表达出夺取农业大丰收的奋斗激情，这是奋斗者的锋芒展现。强省会战略将目标任务锚定为"创建国家中心城市""打造'三个高地'引领区""建设宜居宜业宜游的幸福城市""引领长株潭都市圈和全省各市州协同发展"，目标不可谓不高，任务不可谓不重，在高目标、重任务的面前，一切首鼠两端的态度、萎靡不振的精神、消极等待的思想和纸上谈兵的做法，都是行不通的。唯有激发斗争精神，用藐视一切困难的必胜态度、永不言弃的执着追求浇注奋斗过程，才能够实现目标完成任务。在推动强省会战略实施过程中，切实发挥"螺丝钉"精神，锚定目标，抓铁有痕，踏石留印，在苦干实干中发扬雷锋精神的时代"锋"芒，是推动强省会战略目标任务实现的重要抓手。

三、弘扬雷锋敬业精神，在推动强省会战略实施中尽显"锋"姿。雷锋对任何工作都是一种积极乐观的态度，他干一行爱一行、专一行精一行的敬业精神，伴随着他人生的奋斗历程。1958年11月，雷锋招工到鞍钢，成为一名钢铁工人，面对全新的工作环境，他在日记中表示："保证以冲天的革命干劲，以百战百胜的精神，苦干、实干、巧干，超额完成生产任务。"雷锋的这一表态，不是偶然随性而发的，也不是写在纸上做做样子的，他在团山湖农场当拖拉机手时，就在践行着这一诺言；在鞍钢当工人、参军当战士的过程中，始终没有忘记这一表态，他的一生获评过先进工作者、红旗手、工作模范、节约标兵，荣立过二等功、三等功等，获得了42次（其中生前38次）荣誉。雷锋的这些荣誉，充分证明了他在工作中尽职尽责，兢兢业业，不怕苦，不怕难，越是艰险越向前，敢于担当，敢于胜利。强省会战略提出的"制造强市工程""创新引领工程""数字赋能工程"等10个重点工程，在这里，每一项工程就是一项事业，一项推动省会高质量发展的战略目标。事业和目标不可能坐享其成，胜利的成就不会从天上掉下来，困难和矛盾是肯定存在的，甚至在发展的道路上不一定一帆风顺，这就更加需要各行各业共同奋斗，以高度的事业心和责任感扛牢责任，敬业奉献，才能实现目标，夺得胜利。雷锋身上体现出的敬业精神，正是在实现强省会战略目标的生动实践中尽显"锋"姿的内在动力。

四、弘扬雷锋创业精神，在推动强省会战略实施中体现"锋"度。在雷锋的一生中，始终保持着一种艰苦奋斗、勤俭节约的鲜明态度。1958年初，治沩工程结束之后，望城县委决定围垦团山湖，成立国营团山湖农场。农场建设采用机械化的方式开垦农田，共青团望城县委号召全县团员青年积极捐资，购买拖拉机支援农场建设，雷锋毫不犹豫地将自己一直以来省吃俭用积攒的、准备购买棉被的20元钱拿出来，捐到了团县委……雷锋这种公而忘私的共产主义风格，一方面反映出雷锋对党和人民事业的真情关注和极大热情，体现了雷锋人格魅力的高度；另一方面也反映出雷锋当时深知国家和集体的困难，深知创业兴业的不易，为此，他才会为国家建设不遗余力，贡献自己的力量。强省会战略不是一蹴而就的短期行为，也不是一个简简单单的工作计划，而是一项顶层设计，需要政策的支持和保障。《意见》明确了通过"赋权政策""平台政策""金融政策""人才政策""用地政策""财税政策"六个方面的政策支持，支撑和推动省会高质量发展。政策支持是事业发展的基本保障，也是创业兴业的重要前提；好的政策需要认真把握，积极贯彻执行，才能发挥出政策效应。在政策的贯彻执行过程中，要将保护、激励、推动和促进事业的高质量发展作为出发点、着力点与落脚点，让政策真正成为事业发展的强大支撑，彰显出政策的庞大力量。雷锋积极响应团县委的号召，是一个平凡的举动，也是模范执行国家政策的生动体现。强省会战略推动各项政策落地达效，是弘扬雷锋创业精神、体现"锋"度的生动实践。

五、弘扬雷锋创新精神，在推动强省会战略实施中展现"锋"韵。雷锋在1956年7月15日的高小毕业典礼上，抒发了"一定做个好农民，驾起拖拉机耕耘祖国大地；将来，如果祖国需要，我就去做个好工人建设祖国；

将来，如果祖国需要，我就去参军做个好战士，拿起枪用生命和鲜血保卫祖国"的人生三大梦想，在之后的人生旅途中，雷锋坚守着这三个梦想并为之锐意进取、自强不息，一直奋斗到他生命的最后一息，让平凡成为伟大，让短暂成为永恒。雷锋梦想的实现，诠释了他锐意进取、自强不息的人生精彩，生动地反映了他的创新精神的深刻内涵，在中国特色社会主义新时代，依然焕发出美好的青春光彩，体现出道德楷模的高尚韵致，是助推事业发展的精神力量。《意见》提出了"平台支撑"的思路创新，明确了"湘江新区""中国（湖南）自由贸易试验区长沙片区""长株潭都市圈""马栏山视频文创产业园""长沙临空经济示范区""产业园区"六大平台建设。这些平台建设，本身就是发展理念、布局思维、推动机制、建设措施和湖湘特色的创新，是一种大格局、大提升、大战略，未来可期，令人向往。创新，是一种永远向上的动力，是一种不懈努力的实践，也是一股推进发展的时代洪流；创新，具有走在时代前列的风韵和引领潮流的气概。雷锋身上焕发出来的创新精神，是长沙市实施强省会战略全面推进高质量发展的时代标杆，必将成为全面建设社会主义现代化新湖南强化省会担当、贡献长沙智慧的一面旗帜。

用雷锋精神铸魂长沙青年发展友好型城市建设

谭铁安

随着人类社会文明的不断发展，城市的概念，已经不再局限于大型人类聚居地这一地理学上的意义；城市建设，也不再局限于开疆拓土，满足于人们生产生活的基本功能。

一、城市的建设与发展，既是经济基础的重要内容，也是上层建筑的主要基石

城市建设是社会文明发展的重要载体。一个地方的社会文明程度，与该地区城市的社会文明程度息息相关，从城市的文明程度中可以体现出来。城市的生态环境、城市的生产生活环境、城市的民风民俗、城市的社会治理乃至每一个城市所崇尚的城市精神，都是依赖于城市的发展体现出来的。离开了城市建设谈社会文明发展是空中楼阁；离开了社会文明发展谈城市建设，也不过是一种空想。

城市建设是区域经济社会发展的重要标志。正是由于城市所具有的人类大型聚居地的功能，这一大型聚居地具有怎样的人文条件，是否能够不断满足人类生存和发展所必需，就成了城市建设的内生动力。如果一个城市不能在人类的发展需求下得到发展，该城市必然会被淘汰；一个城市要能够永远成为人类的大型聚集地，其功能和定位也必须符合区域经济社会发展的基本方向。因此，说城市建设是区域经济社会发展的重要标志毋庸置疑。

城市建设是人们实现人生梦想的重要平台。人类是一切社会活动的主体，离开了人类的活动，城市建设得再好，也是一座缺乏生命力的"死城"。而且，城市建设也是人类构建美好家园、实现人生梦想的重要平台，人们在城市建设中，可以尽情地释放自己的聪明才智，可以尽情地呈现自

己的人生价值，可以尽情地展现人生为梦想而奋斗的风采。而城市，也正是在千千万万奋斗者的奋斗中得以进步和壮大。

城市建设是贯彻落实以人民为中心思想的生动实践与具体行动。党的二十大报告提出："为全面建设社会主义现代化国家、全面推进中华民族伟大复兴而团结奋斗！"城市建设的效果，是"全面推进中华民族伟大复兴"的重要体现；城市建设的目的是让广大人民群众有一个更好的生产生活环境，最终是为了人民；开展城市建设，是落实一切以人民为中心根本要求的具体行动。

长沙是湖南的省会，随着湖南省委、湖南省人民政府《关于实施强省会战略支持长沙市高质量发展的若干意见》的提出，历经数千年沧桑而愈显文化与底蕴的古城长沙，迎来了崭新的春天。长沙市委市人民政府将长沙城市建设定位于青年发展友好型城市建设，是对长沙城市发展的崭新定位，是对长沙未来的最新期待，也是铸魂长沙发展、彰显长沙精彩的施工图和宣言书。

二、长沙青年发展友好型城市建设过程中需要重视的问题

长沙青年发展友好型城市建设，是全面落实"三高四新"战略定位和使命任务、切实推进湖南强省会战略实施的重要举措和最新实践，事关全局，令人瞩目和期待。这是一个系统工程、民生工程、希望工程，不可能一蹴而就，需要久久为功。出发点和落脚点都是为了满足广大人民群众对美好生活的需求，应该切实贯彻以人民为中心的发展思想，充分发动群众、相信群众、依靠群众，让广大人民群众成为长沙城市建设的实践者和长沙城市发展成果的共享者。

城市品质需进一步提升。品质，是城市的形象、内涵和精神，城市的外在形象可以通过基础设施建设和提质改造来完成，但城市的内涵和精神却需要不断地涵养和培育。古城长沙，历经数千年风雨洗礼和历史积淀，具有深厚的湖湘文化底蕴；古城长沙，是中国共产党的发祥地之一，毛泽东等党的缔造者在长沙进行了不懈的斗争，探求民族解放、国家独立的革命道路；古城长沙，是新民主主义革命、社会主义革命和建设、改革开放和社会主义现代化建设、新时代中国特色社会主义现代化国家建设的重要阵地，具有深厚的优秀传统文化、红色革命文化和先进社会主义当代文化

底蕴，城市品质提升，基础坚实，前途广阔。

城市后劲需进一步激发。城市发展的后劲，是城市生命力之所在。一个城市如果没有赖以支撑其发展的关键元素，缺乏发展的动力，得不到可持续发展，资源就不会汇集，信心就不会提升，城市就没有未来。虽然有时候可能会出现一鼓作气的气概，但再而衰、三而竭也不是不可能的。激发城市发展后劲，是城市永葆青春活力的关键。

城市文化需进一步涵养。文化，是城市的血脉，是城市未来的承载，也是城市凝聚力、向心力、感染力的终极体现。古城长沙，承湖湘之灵气，伴岳麓湘水而生，"惟楚有才，于斯为盛"是长沙人文蔚起的生动体现。然而，文化不是对历史和自然的追忆，而是在人类社会进程中与时俱进的，需要不断发展。长沙城市建设，不能忽视城市文化建设。

城市治理需进一步创新。一个城市就是一个社会，社会就需要治理，这是社会发展的一般规律。近年来，长沙无论是城市规模、人口数量，还是经济总量、市场体量等诸多方面，都得到了快速发展，社会治理所面临的任务和要求也越来越大，老百姓对平安、幸福新长沙的期盼也越来越高，城市治理已成为长沙社会治理的重要内容。

城市建设，是在不断发现问题、解决问题的实践中发展的；发展的道路不会一帆风顺，需要用改革创新的办法来解决发展中的问题，长沙青年发展友好型城市建设同样如此。

三、雷锋精神在长沙青年发展友好型城市建设中的重要作用

习近平总书记说过："雷锋、郭明义、罗阳身上所具有的信念的能量、大爱的胸怀、忘我的精神、进取的锐气，正是我们民族精神的最好写照，他们都是我们'民族的脊梁'。"[1]长沙建设青年发展友好型城市，需要一种精神来引导、来支撑、来铸魂，这种精神，就是雷锋精神。

长沙是伟大的共产主义战士雷锋同志的故乡，雷锋22年的生命历程，有18年是在长沙度过的。长沙优秀的传统文化、深厚的红色革命文化和当代先进的社会主义文化影响和浸润了雷锋，为雷锋精神的孕育与传承提

---

[1] 详见2013年3月6日，习近平总书记在参加十二届全国人大一次会议辽宁代表团审议时的讲话。

雷锋精神简论

供了厚实的土壤；以雷锋的名字命名的雷锋精神形成之后，雷锋精神在家乡的土地上不断与时俱进，不断弘扬传承；雷锋精神，得到了广大长沙人民群众的高度认同。雷锋，是一个时代的楷模；雷锋，更是一代青年的楷模，用雷锋精神铸魂长沙青年发展友好型城市建设，必要而且可行。

坚定的理想信念，是长沙青年发展友好型城市建设的准绳。雷锋身上最为耀眼的闪光点，就是坚定的共产主义道德光辉；雷锋精神纳入中国共产党人精神谱系，进一步说明雷锋精神的道德光芒在新时代新征程中，具有无可替代的积极作用。长沙青年发展友好型城市建设，是现代化新长沙建设的生动实践，这一实践，必须在中国共产党的领导之下才能实现；这一实践，也充分反映出党的领导在城市建设中的重要作用；这一实践，还需要明确一个目标，这个目标就是为人民创造更好的城市发展环境，与中国共产党全心全意为人民服务的根本宗旨是一致的，与雷锋爱党、爱国、爱社会主义的精神实质是一致的。用雷锋精神中坚定的理想信念引导人、鼓舞人、激励人，是长沙青年发展友好型城市建设的基本准绳。

奉献，是长沙青年发展友好型城市建设的价值认同。奉献精神，是雷锋精神的主要表现。雷锋全心全意为人民服务，将自己的一切（包括生命）交给了党、交给了人民、交给了祖国，这是一种大公无私的奉献精神；雷锋在平凡的生活当中主动奉献，不求回报，做好事不留姓名，"雷锋出差一千里，好事做了一火车"，这是深入骨髓的奉献。雷锋在他的人生中不断奉献，通过奉献诠释了他的人生价值。长沙青年发展友好型城市建设，立足于青年，落脚于青年，寄希望于青年，青年是长沙城市建设和发展的生力军。长沙青年发展友好型城市建设，需要广大青年朋友甘于坚守，乐于奉献，才能实现目标。在长沙青年发展友好型城市建设中弘扬奉献精神，推崇志愿服务，对于增强城市人文底色、提升城市伦理品质、形成良好的社会价值认同，具有重要的意义。

敬业，是长沙青年发展友好型城市建设的内在要求。敬业精神，是雷锋短暂的人生历程中又一亮丽的呈现。1956年7月，雷锋高小毕业之后即回乡参加劳动生产，他一边在安庆乡当办事员，一边在生产队当记工员，兢兢业业，一丝不苟，做到了两不误。到望城县委机关担任公务员之后，他无论大事小事抢着干，甘做一颗革命的螺丝钉；在治沩工程工地和团山湖农场，他勇当"三员"，一心为公；干一行爱一行、专一行精一行，仅用一周时间就学会了开拖拉机；在鞍钢、在军营，雷锋服从分配，只要组织有需要，党指向哪里，雷锋就战斗到哪里，毫无保留地展现出他的敬业精神。长沙青年发展友好型城市建设，目标雄伟，任务艰巨，重点突出，措施严密，需要扎扎实实的具体行动才能实现目标、完成任务、取得实效，更需要广大青年建设者切实发挥敬业精神，以钉钉子的作风踏石留印、抓铁有痕，锚定目标不放松，切实做好工作，才能实现建设目标。

创新，是长沙青年发展友好型城市建设的关键所在。雷锋是个勤于学习、善于学习的人，在雷锋的工作历程中，始终洋溢着创新的智慧。还在小学读书的时候，雷锋就和同学一起自制收音机；在鞍钢当推土机手时，面对C-80推土机上坡熄火的问题，雷锋想方设法查找原因，改进操作方法，设法调整汽缸里的进油量，解决了这一问题；在部队，雷锋将所开的车子由"耗油大王"变成了"节油大王"……这一切，说明了雷锋的创新精神同样是值得我们认真学习的。长沙青年发展友好型城市建设，没有现成的模式可以套用，没有前人的经验可以借鉴，建设当中可能遇到一些未知的问题需要解决，在此基础上要将长沙建设成独具长沙特色的城市，只能从长沙的实际出发。立足青春特色，根据实际情况，长沙城市建设，唯有创新，才是解决前进中遇到的困难和问题的根本办法。同时，结合城市自身发展的需求，创新才是进步和发展的内生动力。

创业，是长沙青年发展友好型城市建设的重要目的。雷锋生在旧社会，长在新中国，他生活的年代正是新旧社会交替的年代，创业，是新中国成立之后的首要任务。雷锋所做的一切，其中包含着浓厚的创业精神。治理沩水之后围垦团山湖，建设团山湖农场，是创业；在鞍钢，开展弓长岭洗煤车间建设，是创业；在部队，他关心集体、义务为当地农村积肥，捐款支持人民公社建设，是创业。创业精神，是雷锋精神的重要内涵，学习雷锋精神，要在实践中践行创业精神。长沙青年发展友好型城市建设的一个至关重要的目的就是建设"青春建功工程"，"支持青春创新创业"也是青年发展友好型城市建设的重要目的和任务。创业之路是艰辛的，需要精神来支撑，没有精神支撑的创业注定走不远。雷锋是青年的楷模，是青年创业的标杆，用雷锋艰苦奋斗和勤俭节约的创业精神鼓舞青年，建设青年发展友好型城市，是城市建设的必然要求。

四、用雷锋精神铸魂长沙青年发展友好型城市建设的几点思考

进一步宣传和弘扬雷锋精神。习近平总书记说,"我们既要学习雷锋的精神,也要学习雷锋的做法"[①]。长沙青年发展友好型城市建设,要进一步宣传和弘扬雷锋精神。要将雷锋精神贯穿于城市建设的始终,使雷锋精神成为城市之魂;要切实发扬雷锋精神,激发青年建设激情,使学习雷锋成为城市建设的自觉行动;要以雷锋为榜样,强化社会道德建设和社会主义核心价值观建设,使雷锋成为城市建设的道德典范;要切实培养青年雷锋式标杆,培养新时代雷锋式先模典型,使雷锋精神在长沙青年发展友好型城市建设中薪火相传,绽放出更加璀璨的光芒,成为长沙城市建设的亮丽风景。

进一步健全和细化建设措施。长沙青年发展友好型城市建设,其主要任务包含了"青春规划工程""青春铸魂工程""青春建功工程""青春友好工程""青春安居工程""青春活力工程"六大项、23小项,任务比较繁重,涉及面非常广泛,对政策措施的要求也很高,而且建设的时间也比较短。在此前提下,虽然该项工程建设制定了具体的实施方案,但依然需要进一步健全和细化建设措施。要进一步发挥雷锋家乡的道德与精神高地优势,在建设措施的制定、落实、实行以及经验总结等工作中,切实将雷锋精神主动融入,使雷锋精神成为长沙青年发展友好型城市建设的内在动力。

进一步建立和强化激励机制。长沙青年发展友好型城市建设的重要目的之一就是,让"青年在实施强省会战略中的生力军和突击队作用更加凸显"。任何作用的发挥,都需要一定的激励机制,长沙建设青年发展友好型城市,建设的主体在青年,建设的目的在青年,建设的希望也在青年。建立健全完善"为了青年""依靠青年""服务青年""激励青年"的工作机制和保障机制尤为重要。要根据青年特点和长沙城市建设定位,进一步建立健全青年建功立业的激励机制,强化典型的培养和挖掘,加大典型人

---

① 详见2018年9月28日习近平总书记在辽宁省抚顺市向雷锋墓敬献花篮并参观雷锋纪念馆时的讲话。

物和事件的宣传推广力度，做大做强"青年雷锋"品牌，激发新时代雷锋传人的荣誉感和使命感，使学雷锋、做雷锋成为长沙青年发展友好型城市建设的新风尚。

进一步加快和领跑创建速度。发展友好型城市建设是推进强省会战略实施的重要举措，也是助力长沙高质量发展的重要途径。时不我待，作为省会城市的青年，要强化省会担当，强化使命意识。要以雷锋同志为榜样，切实发扬雷锋精神，以坚定的理想信念彰显青年担当，以服务人民、助人为乐的奉献精神体现青年情怀，以干一行爱一行、专一行精一行的敬业精神激发潜力，以锐意进取、自强不息的创新精神放飞梦想，以勤俭节约、艰苦奋斗的创业精神厚积薄发，在发展友好型城市建设的生动实践中走在前列。

学思践悟雷锋精神的人民性

谭铁安

习近平总书记在党的二十大报告中提出："必须坚持人民至上。人民性是马克思主义的本质属性，党的理论是来自人民、为了人民、造福人民的理论，人民的创造性实践是理论创新的不竭源泉。一切脱离人民的理论都是苍白无力的，一切不为人民造福的理论都是没有生命力的。"学思践悟雷锋精神的人民性，是理论的探索、实践的需要，应从以下几个方面把握。

站稳人民立场，夯实学思践悟雷锋精神的基础。人民是党执政的最大底气，也是党执政最深厚的根基。中国共产党在为中国人民谋幸福、为中华民族谋复兴伟大斗争中，创造了民族独立和人民解放、全面建设小康社会的伟大胜利，靠的就是始终践行以人民为中心的发展思想，始终维护人民群众的根本利益。服务人民、依靠人民、与人民密切联系、为人民谋幸福，全心全意为人民服务就是我们的人民立场。要始终坚持人民至上，为人民群众幸福生活拼搏、奉献、服务，彰显出一切为了人民、一切依靠人民的价值导向。要以最广大人民根本利益作为一切工作的根本出发点和落脚点，坚持把人民拥护不拥护、赞成不赞成、高兴不高兴、答应不答应作为衡量一切工作得失的根本标准，在任何时候都把群众利益放在第一位，坚决同损害人民群众利益的行为作斗争。"我要把有限的生命投入到无限的为人民服务之中去"，这是雷锋对人民立场最为充分的阐释，只有站稳人民立场，才能理解雷锋精神的核心要义。

把握人民愿望，抓住学思践悟雷锋精神的关键。"江山就是人民，人民就是江山。中国共产党领导人民打江山、守江山，守的是人民的心。"让人民幸福生活是"国之大者"。人民在思什么、想什么、追求什么？哪些是事关人民群众切身利益的问题？哪些是人民群众急难愁盼的问题？这

三论 雷锋精神的传承弘扬

就是人民的愿望。把握人民愿望，要践行以人民为中心的发展思想，以保障和改善民生为重点，发展各项社会事业，推动高质量发展，让人民共享经济、政治、文化、社会、生态等各方面发展成果。要坚持"人民对美好生活的向往，就是我们的奋斗目标"的思想，抓住人民最关心最直接最现实的利益问题，一件事情接着一件事情办，一年接着一年干，不断满足人民日益增长的美好生活需要，使人民获得感、幸福感、安全感更加充实、更有保障、更可持续。"一个革命者，当他一进入革命的行列的时候，就首先要确立坚定不移的革命人生观。……树立这样的人生观，就必须注意培养自己的思想道德品质，处处为党的利益，为人民的利益着想，具有大公无私、舍己为人的风格。……要能够为党的利益，为集体的利益不惜牺牲自己的利益。"这是雷锋将党的利益与人民的利益有机统一的充分表达。只有把握人民的愿望，才能理解雷锋精神的精神实质。

尊重人民创造，明确学思践悟雷锋精神的要求。"人民，只有人民，才是创造世界历史的动力。"历史是人民创造的，时代的发展和进步是历史的潮流，也是人民在历史的进程中不断奋斗的结果。中国共产党百年奋斗历程是党带领人民进行伟大斗争、创造历史的过程，也是党带领人民从胜利走向胜利、不断推进新的历史进程的伟大壮举，植根人民、依靠人民、造福人民，是尊重人民创造的基本体现。尊重人民创造，要甘当人民的学生。深知"人民群众是真正的英雄"的道理，遇事同群众多商量，分析解决问题时虚心听取群众的意见，确保各项事业的发展符合人民的愿望和要求。始终坚持群众观点，坚持一切从群众中来到群众中去，全面弘扬劳动精神、奋斗精神、奉献精神、创造精神、勤俭节约精神，依靠和带领群众用改革的办法解决发展过程中的问题。"群众的事一定要发动群众、依靠群众自己来办……我一定虚心向群众学习，永远做群众的小学生……我深切地感到：当你和群众交上了知心朋友，受到群众的拥护，这便会给你带来无穷的力量，再大的困难也能克服，无论在什么艰苦的环境中，都会使你感到温暖和幸福。"这是雷锋尊重人民创造的真实反映。只有尊重人民创造，才能感悟雷锋精神的人民观点。

集中人民智慧，拓展学思践悟雷锋精神的实践。毛泽东同志早就说过："人民群众有无限的创造力。他们可以组织起来，向一切可以发挥自己力量的地方和部门进军，向生产的深度和广度进军，替自己创造日益增多的福利事业。"①党的二十大擘画了全面建成社会主义现代化强国的宏伟蓝图，明确了中国共产党在新时代新征程的使命任务，站在新的历史起点上，集中人民智慧，是推动各项事业全面发展的重要方法。要充分相信人民群众。群众在生产生活和工作第一线，对建设和发展中存在的问题看得更清楚、分析更透彻、体验更深切。只有充分发挥广大人民群众的聪明才智，才能克服局限性，少走弯路，防止和减少失误。要密切联系群众。深入体察民情，了解民意，集中民智，珍惜民力，充分激发人民群众的首创精神，全面提升人民群众的幸福感、获得感和成就感。"今天我们处在一个翻天覆地、千变万化的时代，一个英雄辈出、百花盛开的时代，一个六亿人民精神振奋、斗志昂扬、意气风发的时代。在这样的时代里，我们应当鼓足更大的革命干劲，激发更大的革命热情，站得高些，更高些；看得远些，更远些。"这是雷锋歌颂人民智慧的真情表达。只有做到集中人民智慧，才能发挥雷锋精神的时代价值。

践行人民理论，推动学思践悟雷锋精神的创新。"实践没有止境，理论创新也没有止境。"践行人民的理论，是深刻认识马克思主义的人民性的基本要求，是坚定道路自信、理论自信、制度自信、文化自信，以更加积极的历史担当和创造精神为发展马克思主义作出新的贡献的基本态度，也是坚持守正创新，以科学的态度对待科学、以真理的精神追求真理、以新的理论指导新的实践的重要方法。唯有践行人民的理论，坚守人民的观点，才能面对复杂艰巨的问题，不断提出真正解决问题的新理念新思路新办法，以新的理论指导新的实践。"凡是脑子里只有人民、没有自己的人，就一定能得到崇高的荣誉和威信，反之，如果脑子里只有个人、没有人民的人，他们迟早会被人民唾弃。"这是雷锋对人民的深刻认知。只有践行人民的理论，才能感悟雷锋精神的时代光芒。

---

① 中共中央办公厅.中国农村的社会主义高潮[M].北京：人民出版社，1956：578.详见毛泽东给《多余劳动力找到了出路》一文加的按语。

向雷锋同志学"思想"

李玉上

关于思想，我国唐代文学家、思想家、哲学家、政治家韩愈说过："行成于思，毁于随。"法国著名数学家、物理学家、哲学家、散文家布莱士·帕斯卡尔说过："人只不过是一根苇草，是自然界最脆弱的东西，但他是一根能思想的苇草。"德国著名思想家、作家、科学家歌德也说过："我们的生活就像旅行，思想是导游者，没有导游者，一切都会停止。目标会丧失，力量也会化为乌有。"这些都是先哲关于思想之于人的意义和价值的最为完美的阐释。我们提出"向雷锋同志学思想"的话题，关键在于雷锋能思想、善思想、有思想，并且能将自己的思想化作生动的行为实践，进而使自己由平凡普通走向非凡伟大。众所周知，人们进行思考，必定要从一定的立场出发，从一定的角度切入。雷锋的思想立场是无产阶级的，是为着维护民族和祖国、党和人民的利益的，这是毋庸置疑的。雷锋的思想角度是多方面的，概括说来，主要有如下五个方面。

一、站在人类未来的角度去思想：把共产主义作为人生的大理想

人类从远古走来，过去的已经过去，未来将走向何方？这是许许多多的思想家苦苦思索的问题，也是雷锋思想的问题。1958年6月7日，他在他的第一则日记中写的"如果你要告诉我们什么思想，你是否在日夜宣扬那最美丽的理想？你既然活着，你又是否为未来的人类的生活付出你的劳动，使世界一天天变得美丽？我想问你，为未来带来了什么"，清楚地表明了他对人类未来的思考，也奠定了他站在人类未来的角度思考人生的思想基础。

基于这个角度，雷锋在党的教育和毛泽东思想的哺育下，以自己由旧社会到新社会、由凄苦生活到幸福生活的人生经历为基础，运用辩证唯物

主义和历史唯物主义的思维，找到了人类未来的最终目标——共产主义，并确立了为实现共产主义而不懈奋斗的宏伟理想。他说，他"在党和毛主席的不断哺育和教导下，健康地成长起来。由于觉悟的不断提高，树立了为共产主义而奋斗的大志"。他有对共产主义的坚定信念。1961年6月×日，他学习了《论人民民主专政》，说"我国人民在工人阶级先锋队——伟大的中国共产党的正确领导下，取得了革命的伟大胜利，取得了社会主义建设巨大成就，将来会取得一个更美好的共产主义社会"。在这里，他以我们党取得的革命和建设的巨大成就为依据，表明了对我们党"将来会建设一个更美好的共产主义社会"的信心。他有为共产主义奋斗的誓愿。在讲到自己"在两个不同社会里的两种不同的命运"、讲到自己"在旧社会那种悲惨遭遇"时，就想着要"将革命进行到底，为人类的解放而斗争"；在学习了共产党员郑春满的英雄事迹之后就表示要学习"舍己为人的精神，为共产主义奋斗终身"；在学习了《纪念白求恩》之后就表示"应该像白求恩同志那样，把自己毕生精力和整个生命为人类的解放事业——共产主义全部献出"；参加了抚顺市第四届人民代表大会第一次会议，认识到"只有在党和毛主席的正确领导下，才有我们穷人的天下，才有劳苦大众当家作主的权利，才有我们今天幸福的新生活"，他坚决表示"要全心全意为人民服务，永生为伟大的共产主义事业而奋斗"。在这种思想下，他更有为共产主义奋斗的行动。他不断改造自己的世界观，树立正确的人生观和价值观，忠于党、忠于祖国、忠于人民，刻苦学习，勤奋工作，忘我劳动，友爱同志，关心集体，无私奉献，一辈子做好事，实践着自己的诺言，为我们树立了为着共产主义而英勇奋斗的光辉榜样。

二、站在人生价值的角度去思想：把无私奉献作为人生的大追求

人是自然的人，也是社会的人，实则应该是综合了自然属性和社会属性而更要呈现其社会属性的人。人生在世，很多问题都可以回避，唯独不能回避的是世界观、人生观、价值观问题。不同的观念直接影响着人生价值品质的高与低、分量的轻与重及其存在时间的长与短，司马迁说的"人固有一死，或重于泰山，或轻于鸿毛，用之所趋异也"，说的就是因为价值取向不同而使有的人的价值品质重于泰山，有的人的价值品质轻于鸿毛。

在生活和工作的实践中,雷锋始终积极地思考人生的价值问题,确立了"自己活着,就是为了使别人过得更美好"的世界观、人生观、价值观,表达了"人的生命是有限的,可是,为人民服务是无限的,我要把有限的生命,投入到无限的为人民服务之中去"的思想,把无私奉献作为人生的最大追求。

在这样的思想指引下,他坚持和发扬我党我军艰苦朴素、勤俭节约的优良传统,把节约下来的钱物捐给人民公社、受灾群众和困难战友,在看病的路上到工地参加劳动。他主动为群众做好事,送遇到大雨艰难赶路的母子回家,为缺钱的老人买车票,星期天到车站为旅客服务,把自己的盒饭送给没有带饭的战友吃。对自己付出的一切,他从不计回报,把无私奉献演绎到了极致。

三、站在人民利益的角度去思想:把服务人民作为人生的大作为

人民至上,以人民为中心,是我党的使命担当。实现好、维护好、发展好最广大人民的根本利益是我党一切工作的出发点和落脚点。这种"人民"思想,在雷锋的一生中得到了不折不扣的落实。他始终站在人民的立场去思想,为着人民的利益去思考,为着人民的幸福而奋斗,把全心全意为人民服务作为人生的最大作为。

例如,1960年6月,他表示,"一定虚心向群众学习,永远做群众的小学生";1960年12月,他表示,要"处处为党的利益、为人民的利益着想";1961年3月,他表示,"无论什么时候,都要关心爱护人民群众的利益,为人民群众的利益而奋斗不息";1961年8月,他表示,"要全心全意为人民服务,永生为伟大的共产主义事业而奋斗";1962年1月,他表示,要"把自己锻炼成为一个又红又专的共产主义革命战士,更好地为人民服务";1962年2月,他表示,"应当把别人的困难当成自己的困难,把同志的愉快,看成是自己的幸福";1962年8月10日,也就是他牺牲前的第6天,他表示,"要更加热爱人民和尊敬人民,永远做群众的小学生,做人民的勤务员"。这些思想,有的表明了对人民的热爱之情,有的表明了在人民群众面前自己是"小学生""勤务员"的谦逊定位,有的表明了为人民事业和利益而战斗不息的决心,有的表明了自己的幸福观,总之,他心里装着的只有人民,

只有人民的利益。

请看实例。1961年9月,他接到河南一所民办小学一位老师的来信,说河南遭到了自然灾害,给民办学校造成了一些暂时的困难,请求他给予经济援助。他想到的是,人民的困难,就是他的困难,帮助人民克服困难,贡献一点力量,是他应尽的责任。就向首长请示,准备卖掉自己的衣服和皮鞋,凑点钱予以援助,但没有得到首长的同意。左思右想后,他就把自己在部队一年零九个月所积存的全部津贴费100元寄给了那个学校。[①]对站岗,有的同志不乐意,他想的是汽车、油库、国家的许多财产、全连的安全,都掌握在卫兵的手里,如果麻痹大意,不提高警惕,万一敌人破坏,就会给国家和人民造成损失,因而感到责任重大。所以,轮到他站岗的时候,不管白天或黑夜、烈日或严寒,总是愉快地去执行。

四、站在提升自我的角度去思想:把终身学习作为人生的大内容

1958年3月,雷锋学会开拖拉机了,心情激动不已,便写了《我学会开拖拉机了》一文发表在1958年3月16日的《望城报》上。1959年2月,他学会开推土机了,又是心情激动不已,写下了《我学会开推土机了》一文。何以会如此欢欣不已又是抒情又是为文的呢?原来是他通过学习使自己掌握了新型劳动工具的使用技术,通过学习使自己得到了本领的提升。玉不琢不成器,人不学要落后。所以,雷锋总是从提升自我的角度去思考,把终身学习作为人生和事业的最重要的组成部分。

1958年6月,他在团山湖农场写的"六项保证"有两项涉及学习,第1条是"保证克服一切困难,勤学苦练,早日学会技术",第5条是"保证百分之百地参加学习和各种会议,以求得政治、文化、技术各方面的提高",可见他对学习的重视程度以及希望通过学习提高自己的目的。1959年8月,他在弓长岭矿山写下"一定要很好地工作、学习,争取加入中国共产党",可见在他的思想中,有"要想取得'加入中国共产党'的政治上的进步,就要采取两个措施,一个是很好地工作,一个是很好地学习"。于是,他孜

[①] 详见雷锋1961年9月19日《入党转正申请书》和中国新闻网2013年3月5日发布的《雷锋曾准备卖衣服和皮鞋支援困难小学被首长拒绝》一文。

孜不倦地学习,勤奋刻苦地学习,坚持不懈地学习,争分夺秒地学习。

他学政治。把毛主席著作作为最重要、最主要的学习内容。他1956年开始接触《毛泽东选集》,1958年开始一直坚持学习毛主席著作,直到1962年8月。从1958年1月到1962年8月,写有学习毛主席著作的书眉笔记58则,写有源自毛主席著作的心得体会日记至少27则(占日记总数的16.6%)。他学文化。1956—1957年间,小学毕业的他加入了望城县委机关干部业余文化补习学校学习。他向人学写日记,学会了文学创作,所写日记风靡全国。在农场,他"有一个藤条箱子,里面放了不少书",就是为了学习。在工厂、在部队,他从来没放弃过文化知识的学习。他学技术。在望城县委工作期间,他学习过手摇计算机操作技术。后来,又学会了拖拉机、推土机、汽车驾驶技术,学会了理发技术。他学军事,学会了手榴弹投掷、枪支保养和使用技术,学会了防原子武器技术。他学英雄。无论是书上看到的如黄继光、白求恩、龙均爵还是电影里看到的如聂耳、韩英,抑或亲身见到的如郅顺义,他都感之于心,践之于行。

通过学习,雷锋提高了思想政治觉悟,立下了远大理想,坚定了阶级政治立场,培育了爱党爱国情怀,磨砺了艰苦奋斗意志,提高了为民服务本领,成为终身学习的好榜样。

五、站在祖国需要的角度去思考:把服从需要作为人生的大格局

著名京剧《智取威虎山》中有一句唱词叫"共产党员时刻听从党召唤",党为什么要召唤?是因为党有需要。通过雷锋生平事迹,我们可以得出这样的结论,那就是:雷锋,是为党的需要而生的人!他的一切思想行为,都是为着党的需要,服从需要是他非同于常人的最大格局。

1956年7月15日,不满16岁的他,发表了他人生的第一次正式的演讲《在小学毕业典礼上的发言》。他在发言中说:"我决心做个好农民,争取驾起拖拉机,耕耘祖国大地,建设社会主义新农村。将来,如果祖国需要,我就去做个好工人,为我国的社会主义工业化建设出把力;将来,如果祖国需要,我就参军做个好战士,用自己的鲜血和生命去保卫我们伟大的祖国。"在这里,我们可以清楚地看到,在奔赴人生舞台的关键时刻,雷锋选择到农村当农民、到工厂当工人、到军营当战士,都是为着"祖国需要"。

从此以后，他的一切行为，都是为着这个需要。

比如说，当年在望城县委工作时，雷锋完全可以选择待在机关、待在县委书记身边"过舒服日子"，但是他选择了到治沩一线；治沩结束后他完全可以选择回到县委机关，但是他选择了到团山湖农场，为什么？因为农村建设有需要，他要服从这个需要。比如说，当初招工进厂时，有湘钢、武钢和鞍钢等厂到望城招工，有的人劝他去离家近、条件相对较好的湘钢，但是他选择去离家遥远、条件艰苦的鞍钢，为什么？因为当时党号召、祖国需要热血青年到更困难、更艰苦的地方去工作，他要服从这个需要。比如说，1960年7月，天气炎热，他参加军区体育运动比赛大会，口渴难耐，他完全可以选择用3角5分钱去买瓶汽水喝，但是他选择喝自来水，把钱节约下来，为什么？因为国家有困难，需要厉行节约，需要大家来分忧，他要服从这个需要。比如说，1960年8月，上寺水库出现特大险情，人民生命财产危在旦夕，他所在的运输连接到抗洪抢险命令，他完全可以按照连长的决定留在营房值勤而不去抗洪一线，但是他选择去大堤，一战就是七天七夜，为什么？因为保护人民生命财产有需要，他要服从这个需要。比如说，1962年2月5日，农历大年初一，他完全可以在营房欢度春节，但是他选择到抚顺火车站帮旅客服务，帮列车员打扫候车室卫生，为什么？因为人民群众有需要，他要服从这个需要。无数事例表明，雷锋的一生，永远都是生活在"服从需要"中、工作在"服从需要"中、战斗在"服从需要"中。

服从党的需要、祖国的需要、人民的需要、事业的需要，应该成为我们牢不可破的信条。

伟大的思想产生伟大的行动，伟大的行动成就伟大的事业。现在，我们已经进入中国特色社会主义新时代，让我们在习近平新时代中国特色社会主义思想指引下，像雷锋那样，站稳思想立场，找准思想角度，完善思想方法，在坚定信念、奉献社会、服务人民、终身学习、服从需要中展露大追求、展示大格局、展现大作为，永远"做一个热爱祖国、热爱人民、忠于党、忠于人民革命事业的人"，为实现中华民族伟大复兴的中国梦而不懈奋斗。

向雷锋同志学"工作"

李玉上

雷锋参加革命工作的时间,广义一点说,应该从1948年8月算起,那时,他以乞讨为掩护,或帮助地下党播撒革命传单,或帮地下党张贴革命标语。中华人民共和国成立初期,他担任村里的儿童团长,积极配合和协助农会民兵,为民主建设贡献了力量。1950年冬到1951年春土改时,他参与了对地主恶霸的清算和斗争。1956年小学毕业后,担任过简家塘生产队的记工员、乡政府的通讯员。狭义一点说,可以从1956年11月17日算起,这一天他到望城县委机关当上了一名公务员。1957年11月中旬到望城县治沩工程指挥部担任通讯员。1958年2月到国营望城县国营农场团山湖当职工,成了一名拖拉机手。1958年11月中旬到鞍山钢铁厂当工人,成了一名推土机手。1960年1月入伍,成为一名中国人民解放军战士,当上了一名汽车驾驶兵。1961年5月被提拔为运输连四班副班长,被选为抚顺市第四届人民代表大会代表。1961年8月被提拔为运输连四班班长。1961年10月被抚顺市望花区建设街小学聘请为校外辅导员。可见,雷锋干过的工作有很多。

最为值得我们重视的是,无论干什么工作,雷锋都能做到爱岗敬业,"干一行爱一行,专一行精一行",做到"有一分热发一分光",做到"把自己的毕生精力和整个生命为人类的解放事业——共产主义全部献出"。雷锋是我们学习的好榜样,当然也是我们工作的好榜样,所以,我们提出向雷锋同志学工作,而且,我们认为,向雷锋同志学习这学习那,落实到行动中,最关键的一点就是要学习雷锋把自己担负的工作干好,这是"学雷锋,见行动"最核心的部分。现在,我们就怎么向雷锋同志学工作的问题谈十个方面的建议。

一、提高工作认识

有人认为，干一份工作就是为了养家糊口，就是为了使自己生活得幸福。确实，我们要生存，就要靠工作来给自己提供给养，正如恩格斯说的"人们首先必须吃、喝、住、穿，然后才能从事政治、科学、艺术、宗教等等"，所以，为柴米油盐而工作本无可厚非。但是，这柴米油盐的背后应该还有更深层次的思想境界和更高规格的工作目的追求。有人说，人活着就是为了吃饭，但是雷锋不这么认为，他认为，我们吃饭是为了活着，可我们活着不是为了吃饭。那是为了什么呢？雷锋说，他活着就是为了全心全意为人民服务，是为人类的解放事业而斗争；他还说，他活着，就是为了使别人过得更美好。由此看来，雷锋对工作有着"为了全心全意为人民服务、为了使别人过得更幸福、为了人类解放"的认识。正因为对工作有如此高的认识，所以雷锋愿意做革命事业大海里的一滴水、做革命事业高楼大厦的一砖一石、做革命事业机器上的一颗永不生锈的螺丝钉，对所担负的工作总是能兢兢业业去面对、满腔热忱去投入、扎扎实实去完成。1959年8月，调到辽阳化工厂工作后到入伍前，在生产和工作中，他18次被评为标兵、5次被评为红旗手、3次被评为先进生产者，就是最好的证明。

我们向雷锋同志学工作，首要的一条，就是要提高自己对所担负工作的认识，从思想深处想一想自己工作应有的目标定位，想一想自己工作应有的情感态度，想一想自己工作应有的实际效果。简略地说，就是要为工作找到坐标，这个坐标的核心点就集中在为人民服务、为使别人过得更幸福、为了全人类的自由和解放。

二、服从工作安排

有的人对工作总是有"自己的想法"，也有的人对工作挑三拣四、挑肥拣瘦，在工作安排中或埋三怨四，或绝不接受，或勉强接受也是消极对待、做一天和尚撞一天钟。这种现象产生的根本原因，用雷锋的话来说就是没有确立革命的人生观，没有为集体利益不惜牺牲自己利益的利益观，没有大公无私的风格，实质是个人主义。我们对工作安排可以有"自己的想法"，但不可以有不服从的行为。1958年11月，雷锋刚到鞍钢化工总厂工作时，一心想着自己要到钢铁生产的第一线炼钢，为建设社会主义钢铁强国贡献力量,没想到被安排到洗煤车间担任推土机手,心里很不是滋味。他去找车间于主任"理论",听了于主任一番关于"机器与螺丝钉"的关系的教育之后,顿时茅塞顿开,愉快地接受了工作任务。

我们向雷锋同志学工作,就是要像雷锋那样,当"自己的想法"与上级的意图有冲突时,应主动打消自己的念头;当自己的愿望与组织的安排相左的时候,应自觉服从组织的安排。因为,下级服从上级、个人服从集体、成员服从组织,这是最起码的关于如何对待工作安排的哲学。因为上级、集体、组织的安排往往比个人的想法更大局、更全面、更周到。我们可以有"自己的想法",但这"自己的想法"只能"自我保留"直至消融。军人以服从命令为天职,工作以服从安排为天职。事实证明,越是服从工作安排的人,他们的工作往往越是干得更愉快、更出色。

三、明确工作目标

旅行要有目的地,打靶要找准靶心,工作要有明确的目标。在这个问题上,雷锋不愧为我们的榜样,每每接受新的工作或者工作到一定的阶段,他都要给自己提出工作目标。例如,在团山湖农场学会开拖拉机已经过去了3个月的时间之后,他给自己提出了新的工作目标,那就是1958年6月×日日记中写的包括"克服一切困难,勤学苦练,早日学会技术"等内容在内的"六项保证"[①]。又如,1959年2月24日,他学会开推土机了。当天,他在《我学会开推土机了》一文的末尾写道:"一定要以实际行动,来报答党对我的亲切关怀和照顾,一定努力钻研、勤学苦练,克服一切困难,忘我地工作,争取做一个优秀的推土机驾驶员",其中的第一个"一定"表明了自己工作的政治目标,第二个"一定"表明了自己工作的技术目标,两项合起来就是"又红又专"的目标;"争取做一个优秀的推土机驾驶员"就是未来工作的总目标。1959年,在鞍钢化工总厂大会上作发言,发言中,他

---

① 此"六项保证"的具体内容是:"一、保证克服一切困难,勤学苦练,早日学会技术。二、保证破除迷信,大闹技术革命。三、保证维护好机械,做到勤检查,勤注油;保证全年安全生产,不出机械和人身事故。四、保证以冲天的革命干劲,以百战百胜的精神,苦干、实干、巧干,超额完成生产任务。五、保证百分之百地参加学习和各种会议,以求得政治、文化、技术各方面的提高。六、保证做好社会宣传工作,敢说、敢想、敢干,发挥一个共青团员应有的热能。"

最后提出了"保证听党的话，服从组织安排"等"六项保证"，这"六项保证"①，实质就是他未来的工作目标。正是这种目标的确立，才使他行动有"方向"，工作有"奔头"。

我们向雷锋同志学工作，就是要像雷锋那样，明确工作目标，做到有的放矢。在确立工作目标时，一要参照上级或集体对完成工作的基本要求，尤其是那些十分明确的具体要求；二要依据工作任务的基本内容，尤其要把握好重点、难点问题；三要把握自身条件，尤其要注意自己的长处、短板，要能长强项、强弱项；四要在落细、落小、落实上下功夫，要保证目标的内容是具体的、实在的，而不是泛泛而谈、夸夸其谈。

四、端正工作态度

有道是，细节决定成败，态度决定一切；不怕能力太小，只怕态度不正。端正工作态度，是我们干好工作的基本前提。雷锋深谙此理，故而始终保持对工作的认真负责、谦虚谨慎、勤学好问、以苦为乐的态度，保持对工作的脚踏实地、积极肯干、不断进取、精益求精的态度。以他的"谦虚谨慎"态度为例，我们便能深切感受到他工作态度端正认真的极致程度。他在1960年12月28日的日记中说，"我在党和毛主席的不断哺育和教导下，健康地成长起来。由于觉悟的不断提高，树立了为共产主义而奋斗的大志，在工作和学习中取得了一点点成绩，这应该归功于党，归功于帮助我的同志们。我一定永远牢记毛主席的教导，永远做群众的小学生"；在1961年3月3日的日记中说，"我不能骄傲，一定要牢牢记住党和人民对我的嘱托，努力学习，积极工作"；在1961年6月29日的日记中说，"在各项工作和学习中取得了一点点成绩……我一定更加虚心，尊重大家，努力学习，忘我工作"。他还在1961年10月1日、1962年1月1日、1962年1月×日、1962年2月19日、1962年2月27日、1962年4月15日、1962年8月10日等很多日子的日记中作了与上述内容相似的表述，可见他谦虚谨慎态度的确定性、

---

① 此"六项保证"的具体内容是："一、听党的话，服从组织调配。二、向先进学习，破除迷信，发扬敢想敢干的共产主义的高尚风格，向科学堡垒进攻。三、保证勤学苦练，虚心向师父们请教，求得对机械的彻底了解和运用。四、保证百分之百出勤。五、保证按时参加各种会议和学习，在近两年内达到能文能武的多面手。六、不违反劳动纪律，踏踏实实地工作。"

一贯性与持久性。他时常告诫自己要保持谦虚谨慎的态度，于是他的工作不断得到提高。

我们向雷锋同志学工作，就是要像雷锋那样，始终保持工作态度的端正，以态度的端正确保工作意志不动摇、工作热情不削弱、工作干劲不松懈、工作目标不变向、工作过程不变形、工作结果不失望。

五、热爱工作岗位

雷锋是爱岗敬业的典范。他一生经历过很多岗位，无论是在县委当公务员还是在治沩工地当通讯员，无论是在团山湖农场当拖拉机手还是在鞍钢当推土机手，无论是在部队当汽车兵还是担任副班长、班长，无论是担任抚顺市人大代表还是给望花区建设街小学做校外辅导员，无论是上级安排给他什么任务，他都能待之以满腔的热情、专注的情怀、认真的态度、负责的精神、冲天的干劲、科学的方法、扎实的行动，表现出"干一行爱一行、专一行精一行"的强烈岗位意识和崇高职业品质。

举例说吧，他担任拖拉机手时，就"保证以冲天的革命干劲，以百战百胜的精神，苦干、实干、巧干，超额完成生产任务"；他学开推土机时，就连吃饭的时间也在想着如何尽快将驾驶技术学到手；他领到一支钢枪时，就把钢枪当作"宝贝一样"对待，定要"好好保管和爱护""练出真正的硬本领""保卫我们伟大的祖国"，担负起革命战士的责任；他担任汽车兵时，既钻研驾驶技术、保证安全行驶、出色完成各项运输任务，又特别精心地维护、保养汽车，始终保持着良好的工作状态；他担任人大代表时，不仅严格履行了代表的职责，还在会议期间为其他代表做好服务工作；本职工作之外，他还积极主动、毫不利己专门利人，为同事、为战友、为人民群众做了难以计数的"好事"。总之，他能做到"说干就干，干就干好，脚踏实地、实事求是地干"，在平凡细小的工作中干出不平凡的业绩。

我们向雷锋同志学工作，就是要像雷锋那样，把爱岗敬业作为立世成业的基础，坚守岗位，立足本职，履行职责，以强烈的敬业精神、扎实的工匠精神，"全心全意为革命工作"，鼓足干劲，"忘我劳动"，积极肯干，"千方百计地干，事事拣重担子挑，顺利时干得欢，受挫折时也干得欢，扎扎实实地干，一定要把事情办好"。

六、苦练工作本领

干好工作，成就事业，除思想意识、情感态度等必要的因素外，还有一个必不可少的重要因素，那就是工作本领。没有工作本领，面对工作时，就算有把工作干好干出色的愿望，也只能"心有余而力不足"，或者表现出"长使英雄泪满襟"的无望。任何本领，都不是天生就有的，都是靠后天苦练出来的。为了练好本领，雷锋可以说是到了殚精竭虑的地步。

为了练好思想本领，他如饥似渴地学习毛主席著作，学习政治理论，学习党的路线方针政策，虚心接受上级领导的教导，为此还写下了大量的心得体会、读书笔记，从而使自己能够站在"哲学"和"做一个真正的共产主义战士"的高度思考人生、思索工作、思量事业。为了练好技术本领，他虚心向师父学习拖拉机、推土机、汽车驾驶技巧，学习技术理论，达到了全神贯注、废寝忘食的地步。为了练好服务本领，他曾到团山湖生产组学习用牛犁田技术和插秧技术，曾三番五次到理发店向理发师学习理发技术。为了练好写作本领，他主动向同事学写日记；自觉学习文学知识，还曾写下《诗歌札记》；不断地、勤奋地写作，最后为我们留下了宝贵的财富。

我们向雷锋同志学工作，就是要像雷锋那样，苦练工作本领。找准提高本领的方向，激发提高本领的勇气，强化提高本领的信心，明确提高本领的内容，采取提高本领的方法，克服提高本领过程中的任何困难，从而使自己的思想本领和专业本领出类拔萃，能更好地适应工作的需要。

七、强化工作保障

做任何事情都需要一定的保障，如建房子需要建筑设计、建筑土地、建筑材料、建筑工具、建筑劳力等要素的保障，办学校需要校舍与场地、思想与方法、师资与生源、设施与设备、课程与教材、教风与学风、教务与后勤等要素的保障。同理，干工作也需要保障，只有这样，才能让工作行进在正常的轨道、正确的轨道。雷锋同志之所以能将工作干好、干到极致，一个重要的原因是，他有工作保障。

他有思想保障。总体上说，他能以马列主义、毛泽东思想作为自己的行动指南，始终遵循党的路线方针政策，服从党的组织领导。例如，1960年1月8日，入伍的第一天，他就给自己定下了"听党的话，服从命令听指挥,党指向哪里,我就冲向哪里"等"保证",以确保思想的纯正。他有观念保障。例如,1962年2月×日,他告诫自己"要树立四个观念"——政策观念、集体观念、战备观念、劳动观念。他有自己的幸福观,"觉得人生在世,只有勤劳,发愤图强,用自己的双手创造财富,为人类的解放事业——共产主义贡献自己的一切,这才是最幸福的"。他有纪律保障。例如,1959年在鞍钢化工总厂大会发言时,他保证"不违反劳动纪律,踏踏实实地干工作";入伍第一天,他要求自己"严格遵守部队一切纪律";入伍不久,因为"很幼稚","不自觉地违反了纪律",受到指导员的批评,难过得哭了,认识到自己错了并加以改正,从那以后,就再也没有违反组织纪律和各种制度。他有制度保障。例如,为了保证行车安全,他"建立了出场前后的检查制度、汇报制度",行车过程中"贯彻了安全措施,严格遵守了交通规则,做到了四勤、三先、五不超、六不走、九慢"。他有技术保障。能切实掌握工作所需要的各种专业技术,为干好工作奠定了最坚实的基础。总之,他为自己的工作提供了各种应有的保障。

我们向雷锋同志学工作,就是要像雷锋那样,不断强化工作保障意识,从思想观念、工作纪律、规章制度、专业技术能力等多种角度落实工作保障措施,从而保障我们的工作能够顺利、高效推进。

八、克服工作困难

工作中,困难总是客观存在、无可避免的。面对困难,关键在于能够千方百计予以克服。关于"怎样对待困难"的问题,雷锋曾有专论,说明了"什么是困难"和"怎样战胜困难"。

在具体行动中,他有如下一些做法。一是向思想要动力。他相信毛泽东思想的伟力,不断地从毛主席著作中汲取力量,克服困难。例如,1961年10月,身为班长的他碰到了一个困难,那就是班里新来了一位同志,因为"政治觉悟比较低,对各种问题的看法有时片面",有的同志对他看法不好,工作受阻,雷锋就组织大家学习毛主席著作,用主席的思想统一了大家的认识,改变了大家对该同志的态度。二是向群众要合力。他相信群众的力量,相信有了群众的力量,再大的困难也能克服,于是他紧紧依靠群众。例如,1959年11月14日晚,下大雨,在抢护建筑焦炉工地上的7200袋水泥时,他碰到了个人力量不够的困难,于是跑到宿舍,发动了20多个小伙子，组织了一个突击队，经过紧张战斗，避免了国家财产的损失。三是向英模要引力。他把英雄模范作为自己学习的榜样，不断地从他们身上汲取力量，以英雄模范人物的行为引领自己克服困难。例如，1960年8月，在参加上寺水库抗洪抢险的过程中，他碰到"自己有伤而卫生员不让他再上前线"的困难，想到了战斗英雄黄继光，"满身充满了力量"，坚决跑到工地参加战斗。四是向自我要潜力。他相信困难是可以克服的，所以他不仅"遇虎而打"，而且"找虎而打"。例如，1962年6月22日，在接受运送病号到卫生连的任务的时候遇到了"肚子饿了"的困难，他想到"阶级兄弟病重，处在紧要关头，抢救同志要紧，不能耽误时间"，于是饭也没吃，立即出发，顺利完成了任务。

我们向雷锋同志学工作，就是要像雷锋那样，勇于克服困难。在此过程中，要认真分析困难的性质，明确困难产生的原因，寻找解决困难的办法。尤其不能怨天尤人，不能"遇虎而逃"，而要充分发挥主观能动性，调动各种积极因素，战胜困难，赢得胜利。

九、友爱工作同伴

雷锋在1960年3月×日的日记中说："一滴水只有放进大海里才能永远不干，一个人只有当他把自己和集体事业融合在一起的时候才能有力量。"还在1960年6月×日的日记中说："单丝不成线，独木不成林。一个人是办不了大事的，群众的事一定要发动群众、依靠群众来办。"于是，他从"阶级友爱"出发，十分注重团结同志，友爱工作同伴，建设奋发向上、共同进步的工作团队。他的友爱工作同伴主要体现在对同伴思想上的帮助、工作上的帮助、学习上的帮助、生活上的帮助。在这里，我们以他帮助同伴解决思想问题的一个例子来说明他的友爱精神。

1956年，雷锋到了望城县委机关，被编在交通班。当时，交通班的同志全是职工编制，不属于干部编制。雷锋担任的是勤杂工作，但他非常乐意，从不认为自己低人一等，相反还踏踏实实、雷厉风行。可是班里有个别同志对自己是职工编制很是自卑，思想包袱重，情绪低落，常发牢骚，并提出要改行。雷锋一有机会，就对那位同志说："我们都是为人民服务的。在我们这个社会里人人为我们，我们更应该为人民，革命工作只是分工不同，当官、做工、种田都是为党办事，没有贵贱之分。"最终，使那个同志认识到自己的不足,感到了惭愧和内疚,从此再也没有闹思想情绪了。有一天,交通班开讨论会,大家针对不健康的思想苗头开展批评与自我批评,针对会议主题,雷锋率先发言,通过诉说苦难家史、讲述内心感受,表明"我们共产党人不是为了升官发财,而是为人民服务的,大家都是人民的勤务员"的观点,使大家受到了深刻的教育。

我们向雷锋同志学工作,就是要像雷锋那样,注重团结同志,友爱同伴。这种团结友爱,不应是无原则的一团和气,不应是为着某种私利的"山头主义""宗派主义",一切都应该从为人民服务的目的出发,从壮大实力、共同进步、推进工作的愿望出发,切实做到"关心党和群众比关心个人为重,关心他人比关心自己为重"①。

十、诚待工作批评

日常工作中,基于各种主客观的原因,来自上级组织、领导或者同行的批评是常见的现象。有的同志胸怀宽广、心存谦敬,能正确对待批评;有的同志则不然,一听到批评意见就暴跳如雷,拒不接受。雷锋的做法是,始终保持谦虚谨慎、虚心学习的态度,诚心实意地对待批评意见,做到"有则改之,无则加勉"。

例如,1961年6月,他应邀到抚顺市建设街小学和本溪路小学为同学们讲故事时说到了一件他怎么对待批评的事。他刚入伍不久,因为自己还很幼稚,纪律观念不强,一个星期天,他以为是休息日,就没有向上级请假,随便外出,上街照相去了。结果指导员知道了,就找他谈话,给他讲了要有严格的组织纪律性的道理,批评了他不请假就外出的错误,还给他举出了邱少云严守纪律,为了不暴露目标,宁愿烈火烧身也一动不动,一直坚持到最后牺牲的事例,希望雷锋能改正错误。雷锋听后,诚心诚意接受了批评,其具体表现是"心里难过极了,哭了",从此再也没有违反过纪律。这是他对待批评采取"有则改之"做法的实例。又如,1962年7月29日,他在日记中写了这么一件事,当天,指导员找他谈话,说是有人反映,他在"和一位女同志谈恋爱"……他"感到莫名其妙,不知风从何起",说他

---

① 毛泽东.毛泽东选集(第二卷)[M].北京:人民出版社、解放军出版社(重印),1991:359-361.

在"谈情说爱",是"没有任何依据"的,"完全是误解"。对此,雷锋告诫自己说:"我是个共产党员,对别人的反映和意见不能拒绝,哪怕只有百分之零点五的正确,也要虚心接受。有则改之无则加勉。"这是他对待批评采取"无则加勉"做法的事例。

我们向雷锋同志学工作,就是要像雷锋那样,诚心对待工作批评,善于从批评意见中找到工作存在的问题与差距,寻找改进工作的突破口,补齐工作短板,纠正工作偏差,使工作朝着高质量目标迈进。

在工作方面,雷锋值得我们学习的当然不止上述十个方面,其他如永葆工作热情、鼓足工作干劲、树立工作榜样、满足工作要求、专挑工作重担、严守工作纪律、讲究工作方法、弥补工作失误、突出工作业绩等,都是值得我们学习和研究的。让我们大力弘扬雷锋精神,在各自的工作岗位上为党和人民的事业贡献应有的力量!

向雷锋同志学"学习"

李玉上

众所周知,所谓学习,是指人们通过阅读、听讲、观察、思考、探索、研究、实验、实践等手段获得知识、取得经验、习得方法、增进技能、培养情感、形成思想、解决问题、促进进步的一种行为方式或行为过程。学习的重要性是不言而喻的,大一点说,没有学习就没有人类的进步;小一点说,没有学习就没有个人的进步。所以,列宁同志强调"我们一定要给自己提出这样的任务:第一是学习,第二是学习,第三还是学习",毛泽东同志强调"重要的问题是善于学习"。我们提倡向雷锋同志学习,原因就在于雷锋同志好学习、善学习,希望能像雷锋同志那样"学习一生,战斗一生"。如何向雷锋同志学习呢?我们认为应该从以下十个方面着手。

一、心明眼亮,认识学习意义

关于学习的意义,雷锋心里想得清,眼里看得明。他在1961年9月10日的《自我鉴定》中写道:"关于学习方面,我深刻地认识到:要想工作好,就得学习好。工作和学习的关系就像点灯加油一样;点灯如果不加油,就会变得暗淡无光,只有不断地加油,灯才会明亮。人只有不断地努力学习,才不会迷失方向,做好工作,否则就会落后,甚至犯错误。"在雷锋看来,学习是工作的前提,学习好是工作好的基础,学习无论如何也不能间断。在雷锋看来,学习能使人思想开阔、胸怀广阔、立场坚定、理想远大、斗志旺盛。正因如此,所以他学习动力强劲,学习干劲十足,学习精力充沛,"越学越想学,哪怕有一点空余时间……也要看看书报,增长自己的知识",并"决心继续努力,勤学、苦学、发奋学"。

二、学以致用，明确学习目的

不迷乱，不盲目，目的明确，目标正确，是雷锋学习的一个显著特点。他"保证100%地参加学习"，是为了"求得政治、文化、技术各方面的提高"；他学政治，是为了"不断提高自己的政治思想觉悟"；他学军事，是为了"随时准备打击敌人"；他学"政治、军事、文化"，是为了"在部队立功当英雄""做一个毛主席的好战士"，把"可爱的青春献给祖国最壮丽的事业"；他学毛主席著作，是为了"学习毛主席的立场、观点、方法"；他学董存瑞、黄继光、安业民，是为了"克服一切困难，发扬先辈优良的革命传统"；他工作上"向积极性最高的同志看齐"、生活上"向水平最低的同志看齐"，是为了发扬我党艰苦朴素的优良传统和作风；他向理发师父请教理发，是为了解决自己理发不内行的问题。

三、谦虚好学，端正学习态度

态度决定一切，态度决定成败。谦虚、认真、热情构成了雷锋学习态度的三个基本维度和支撑方面。雷锋的学习是谦虚的。他认识到"骄傲的人，其实是无知的人""自己只是沧海之一粟"，所以，他时刻告诫自己"永不自满，永不骄傲，永远谦虚谨慎"，他向一切可学、应学者学习。雷锋的学习是认真的，他说他在学习方面总要"打破沙锅问到底"。他读《黄继光》这本书，"不只看过一遍，而且是含着激动的眼泪，一字字一句句读了无数遍"，甚至能把整本书背下来。雷锋的学习是热情的。例如，他从1958年夏天开始学毛主席著作，直到牺牲前6天的1962年8月10日，他还"认真学习了一段毛主席著作"。如果没有"伟大的热情"这一"原动力"，他不可能有如此"伟大的行动"。

四、坚韧不拔，强化学习精神

人是需要精神的，学习也需要精神。雷锋的学习精神主要表现为"钉子精神"。雷锋学习的"钉子精神"主要体现在三个方面：一是善于"挤"。"挤"主要体现为挤时间、挤空间。他总结自己的"挤"有"六点"，即"早起点，晚睡点，饭前饭后挤一点，行军走路想着点，外出开会抓紧点，星期假日多学点"。二是勤于"钻"。"钻"主要体现为深入钻研所学内容的本质，既注重广度更注重深度。例如，他学习《论人民民主专政》，认识到"工人阶级是最先进、最觉悟、最有组织纪律、最有前途的阶级"，相信中国共产党将来能够建设"一个更美好的共产主义社会"。三是成于"韧"。"韧"主要体现为坚韧不拔、持之以恒。他一生与学习为伴，从来没有放松过学习，更没有放弃过学习，是"终身学习"的典范。

五、广采博取，丰富学习内容

雷锋学习的内容十分广泛，毫无偏狭。他向生活实际学，在对新旧社会的对比中，他孕育了感恩党、感恩社会主义制度、要把有限的生命投入无限的为人民服务之中去的思想情怀，他升华出"吃饭是为了活着，可活着不是为了吃饭""自己活着，就是为了使别人过得更美好"等无数人生哲理。他向书本著作学，学毛主席著作懂得了革命的道理，学英雄传记树立了奋进的光辉榜样，学描写英雄人物的文学作品汲取了奋进的力量，看报刊了解时政形势跟上了时代进程。他向身边人物学，不断吸纳思想方法和工作方法，不断提高思想觉悟，不断增强工作本领，不断掌握生活和工作所需要的实用操作技术。他所选择的学习内容从不与低级趣味、消遣自娱、消极颓废沾边，表现了思想行为的无上高尚与纯粹。

六、勤学苦练，克服学习困难

敢同困难作斗争是雷锋的本色。雷锋有篇文章叫《怎样对待困难》，对"什么是困难""怎样战胜困难"等问题进行了探讨，得出了自觉依靠党的领导就能征服困难的结论，表明了他克服困难的强烈意识。在日记中，他反复提到"碰到困难，不畏怯逃避"，而要"克服一切困难"勇往直前，"哪儿有困难就到哪儿去"。在学习过程中，他敢于直面困难，以勤学苦练的实际行动战胜困难。例如，雷锋刚下到连队后，军事训练开始，当时天寒地冻，雷锋以强大的意志和毅力克服了恶劣天气给人带来的困难，又通过不分白天黑夜抓紧时间练习臂力、反复练习投掷动作、手臂练肿也不吭声的勤苦训练克服了"个子小，臂力不大""投弹吃力"等自身不足给达到训练目标带来的困难，最终在实弹考核中取得了优异的成绩。

七、乘机应变，讲究学习方法

雷锋的学习几乎用到了人们常用的诸如阅读、听讲、观察、实践等很多方法，但他能坚持"以问题为中心"，灵活采用不同的学习方法却是与众不同的。例如，他见到了董存瑞的战友、战斗英雄郅顺义，就与郅顺义进行亲切交谈，使自己受到了"莫大的鼓舞"，决心用"英雄的事迹来鞭策自己"，这是用的交谈法。再如，他读毛主席著作，从1960年1月到1962年8月，共计写了58（一说49）条笔记，这是用的笔记法。又如，他看了关于聂耳、黄继光的电影，看了评剧《血泪仇》和电影《洪湖赤卫队》等，总是"受到了很大的教育"，这是用的观览法。还如，他向别人学写日记、学理发，这是常用的请教法。尤为值得称道的是，他善于运用思考总结法，总结出无数的思想名言，为人们留下了宝贵的精神财富。

八、善于探索，遵循学习规律

在学习过程中，雷锋善于探索、发现学习规律，遵循学习规律。他注重"问题——学习，实践——总结"，强调在"问题"中"学习"，在"实践"中"总结"。他精彩地总结说，学习要做到"四个结合"，也就是"与改造自己的思想相结合""与改进自己的工作相结合""与搞好训练和提高技术相结合""与国内外形势和党的方针任务、政策相结合"。从他对自己学开拖拉机、推土机过程的描述中，我们可以看到他遵循着调适心理、专心致志的规律；从他对自己学习《反对自由主义》等篇章后采取的批评与自我教育的描述中，我们可以看到他遵循着理论联系实际的规律；从他对自己军事训练练习投弹的描述中，我们可以看到他遵循着勤学苦学发奋学的规律。正因遵循着学习规律，所以他的学习总是事半功倍。

九、学以致用，追求学习实效

雷锋的学习从来就不是为了做做样子、装装门面，而是为了"精通它、应用它"。他学了《纪念白求恩》之后，就用"毫不利己，专门利人"的话"鞭策自己，检查自己"。在一个星期天，带病到一处建筑工地帮助运送砖头；中秋节，他把部队发给他的苹果和月饼再加一封慰问信送到了抚顺市职工医院慰问伤病员。他学了《关心群众生活，注意工作方法》之后，就

"决心按毛主席的教导去做",有一天晚上他发现营房里炉子把地板烧坏了,满屋都是煤气,他怕大家中毒,就采取了相应的措施,排除了险情。他"用了四个多小时一字字一句句读完了"《向秀丽》这本书,"懂得了爱护国家的财产和人民的生命安全,要比保护自己的生命为重"。事例不胜枚举,总之,他能有所学必实用,绝不当坐而论道的客里空。

十、笔耕不辍,收获学习成果

据人民武警出版社、华文出版社2003年1月出版的《雷锋全集·出版说明》介绍,雷锋在1956—1962年间,共写了日记、读书笔记、诗歌、小说、散文、讲话、书信、赠言等325篇;雷锋的言论,是他人生轨迹的记载,是他的理想、信念、道德和情操的呈现,是共和国文明史册上值得永怀的一页。我们应该看到,这是雷锋灵魂的舞蹈,思想的硕果,辛勤劳动的结晶。在学习、生活、工作的过程中,他持之以恒随时写,因势就便随处写,有感而发随事写,不拘一格随体写,对写作倾注了无限的热情和智慧、时间和精力。他求真务实,叙真事,谈真心,表真意,抒真情,说真理,为我们展现了"真、善、美"的精神境界,为时代树起了不朽的精神丰碑,这一切,都应归功于他笔耕不辍的勤奋。

重视学习,不断学习,是中国共产党推动事业发展的一条成功经验。习近平总书记指出,好学才能上进。中国共产党人依靠学习走到今天,也必然要依靠学习走向未来。他强调:"一定要把学习放在很重要的位置上,如饥似渴地学习。"学习无止境,学习贵有恒,让我们朝着习近平总书记指引的学习方向,在奋进新时代的征程中,"学习,学习,再学习"吧!

向雷锋同志学"发言"

李玉上

工作中，往往要开会、要讨论，开会、讨论往往需要发言。同一切工作要求一样，发言也是要讲究质量的。现实情况是，有的人发言往往很精彩，有的人发言往往很一般，也有的人发言往往很糟糕。如何使自己拥有高质量的发言呢？方法有很多。在对雷锋发言稿作了一番研读之后，我们觉得很有必要向雷锋同志学发言。

雷锋的发言（不含讲话）计有11篇，它们是：1956年7月15日在小学毕业典礼上的发言、1959年9月在鞍钢授奖大会上的发言、1959年在化工总厂大会上的发言、1960年1月8日在工兵第十团欢迎新兵大会上的发言、1960年11月8日在沈阳军区工程兵政治工作会议上的发言、1960年11月27日在授奖大会上的发言、1960年11月对同学们的希望、1961年4月29日在沈阳军区工程兵部队第六届团代会上的发言提纲、1961年8月5日在抚顺市第四届人民代表大会上的发言、1961年10月10日在聘请校外辅导员大会上的发言、1962年8月1日在望花区军烈属、复员退伍军人代表大会上的发言。这些发言给我们的主要启示如下。

一、准备要充分

打仗不能打无准备之仗，无准备之仗必定是败仗。发言也是如此，事先都要充分准备。这种准备涉及讲什么、怎么讲、怎么开头、怎么结尾、如何应对听众反应、如何处置突发情况、如何把握发言时间等方方面面，但最主要的是讲什么，亦即发言内容的准备。

雷锋的发言，尽管有的是临时性的，有的是事先安排好的，但准备都是十分充分的。临时性的发言有临时性的准备，事先安排的发言有事先的准备。

三论　雷锋精神的传承弘扬

他在小学毕业典礼上的发言是一个临时性的发言，当时学校老师事先并没有安排他发言，他是受了毕业典礼会议气氛的感染，也受了思想感情的激动，临时上台发言的，结果成就了一个经典发言。他的临时准备实际是平时思想（对理想的追求）的积累，临时发言实际是这种思想积累的临时"爆发"。他的思想中，党的需要就是他的需要，当个好农民、好工人、好战士等观念早已根深蒂固，"在心为志，发言为诗"，他的临时发言的准备也就是无准备的准备了。从这个意义上讲，我们平时的丰富而深刻的思想"储备"便是最好的发言"准备"。

他在沈阳军区工程兵政治工作会议上的发言应该是一个事先准备的发言，我们现在所能见的是这个发言的提纲，这个提纲把所要讲的内容都列了出来，有的很简略，如"一、解放前（略）"，这个内容雷锋讲起来应该是很熟练的了，无须详列；有的很详细，如"二、解放后""三、入伍后""四、节约"这三个部分的内容一项一项、一条一条，一件事一件事，一个数据一个数据，列得十分详尽；最后的结束语虽然篇幅不长但也写得详详细细，可见其准备的充分程度。

二、对象要明确

毛泽东在《反对党八股》中说："'看菜吃饭，量体裁衣。'我们无论做什么事都要看情形办理，文章和演说也是这样。"这表明无论做什么事都要看清对象。我们作发言一定要明确对象，也就是我们的发言是讲给谁听的，一定要明确。但是，有的同志发言时往往忽略了这个问题。

雷锋的发言，对象总是十分明确的，要么是"亲爱的老师、同学们"，要么是"敬爱的党委和全体师父以及青年朋友"，要么是"敬爱的首长和全体老大哥同志们"，要么是"敬爱的首长、亲爱的全体战友"，要么是"敬爱的上级党委、亲爱的全体人民代表"，等等，听众的身份十分确定。因此，他发言内容的"对象性"也特别强烈。例如，他在聘请校外辅导员大会上的发言，虽然称呼是"各位校领导、老师们，少年朋友们"，而实际的真正对象是"少年朋友们"，"各位校领导、老师们"只是礼貌性称呼，所以他的发言内容如"永远保持红领巾的鲜红颜色，沿着党指引的道路前进，做无产阶级革命事业的接班人"等都是针对"少年朋友们"的。

我们还须明确，从发言者的角度来看，听众是发言的信息接收者；从听众的角度来看，发言者是发言的信息传播者。所以，发言者还得明确自己是"信息传播者"这个对象的对象，也就是要明确自己是以什么身份发言的，这样才能明确发言应该讲什么、不该讲什么。在这个问题上，雷锋也是把握得非常准确的。例如，在抚顺市第四届人民代表大会上的发言等发言中，有"高兴的是""惭愧的是"这类内容，但在聘请校外辅导员大会上的发言等中却没有这类内容，这是因为在"人代会"上他是以"人大代表"的身份发言的，在"聘请会"上他是以"校外辅导员"的身份发言的，如果不顾发言身份，无论什么发言都要说一说"高兴的是""惭愧的是"之类的话，就是不看对象的表现。

三、态度要端正

态度决定一切，态度决定高度。做人有做人的态度，做事有做事的态度，发言也应有发言的态度。雷锋发言的态度最值得我们学习的是认真、谦虚和诚恳。

他的认真态度除表现为发言前的认真准备外，还表现为发言内容的完备。例如，1960年11月27日在授奖大会上的发言，这次授奖大会上，他被中共沈阳军区工程兵党委授予了"模范共青团员"的光荣称号，所以他在发言中，首先表达了"荣幸"和"惭愧"的心情，然后总结了自己在党的教育下取得的"一点点成绩"，表示成绩应归功于党和毛主席以及热情帮助过他的同志们，并表示贡献很不够、决心做出更大的成绩，最后提出了"听党的话，听毛主席的话，努力学习毛主席著作，做毛主席的好战士"等"五项保证"。从表达心情到看待成绩（含总结成绩、归功成绩、决心做出更多成绩）再到提出保证的发言内容来看，雷锋考虑得十分周到，内容十分完备，非常符合他"模范共青团员"荣誉称号和身份，如果没有真正的态度，则不可能有如此精彩的发言。

他的谦逊态度主要表现在发言内容上。他的很多发言都直接表达了谦逊的态度，总有"光荣应该归于教育我成长的党，应该归于热情帮助我进步的同志们""为党做的事太少了，比起各位代表，我差得太远了"之类的表述。有的则没有明说而是隐含在发言的内容之中，如在授奖大会上的发言中，他提出了"五项保证"，这"五项保证"是他看到自己"比起党"对他的"要求和期望是很不够的"提出来的，其中隐含着的谦逊态度是显而易见的。

他的诚恳态度主要表现在发言语气上，更表现在发言内容上。他的发言从无骄傲自满的自我陶醉，更无居高临下、盛气凌人的做派，总是诚诚恳恳，忠厚实在，让人一看就是"党的好儿子""人民的勤务员"模范。例如，在聘请校外辅导员大会上的发言，他有一句话是"今后我们要多联系，常来常往，互相帮助"，把自己与"少年朋友们"摆在了平等的位置，无论是语气还是内容，都体现了诚恳的态度。

四、情绪要饱满

发言，既要以深刻的思想启迪人，也要以饱满的情绪感染人，所谓以理服人、以情动人，应该在发言中得到充分体现。发言中，该热烈时热烈，该冷静时冷静，该坚毅时坚毅，该柔婉时柔婉，该侃侃而谈时则慷慨激昂，该娓娓道来时舒缓平静，应为常态。曾经听过某领导在一个经验交流会上的发言，他老人家的发言啊，两个多小时，事后有人评价是"声音细得如蚊子，节奏慢得如蜗牛，情绪静得如死水"，其效果，大家就可想而知了。

雷锋的发言，总是精神振奋，激情满怀，给人以无穷的感染力量。听过雷锋讲话或者发言录音的同志应该知道，他发言的语速是比较快的，音调也是比较高的，听起来有一种昂扬向上的感觉，说理时往往让人侧耳细听，动情处（如他述说苦难家史时）往往让人情不自禁。请看他在望花区军烈属、复员退伍军人代表大会上的发言中的最后一段"保证做到"的第三项内容是："发扬勤俭建国、勤俭建军、勤俭持家、勤俭办一切事业的精神，永远保持艰苦朴素作风，厉行节约，反对浪费，爱护公物，树立坚定的共产主义理想，克服非无产阶级的思想意识。"这段文字，句法排比，句式简短，无论是听起来还是读起来，都能给人一种慷慨激昂、奋发向上的情绪感染。

《毛诗序》中说："诗者，志之所之也，在心为志，发言为诗。情动于中而形于言，言之不足故嗟叹之，嗟叹之不足故永歌之，永歌之不足，不知手之舞之，足之蹈之也。"我们发言，虽然不要像唱歌跳舞那样"手之舞之，足之蹈之"，但必须"情动于中而形于言"。发言谨记：以情动人者，最能动人。

要注重以情动人，更要注重对情绪的把控，不能让情绪放任自流。无论是热烈的、激昂的、欢畅的还是沉郁的、苦痛的、烦恼的，都要控制到位，所有的喜怒哀乐，都要拿捏到位，不能一发不可收，无休无止，更不能矫揉造作，无病呻吟，否则就会适得其反。

五、主旨要突出

所谓主旨突出，是指发言时突出要说的、该说的，凡是要说的、该说的，就要充分地说、全面地说，凡是不要说的、不该说的，就一句话也不说、一个字也不说。

从雷锋在小学毕业典礼上的发言来看，该发言第一句话"我们小学毕业了"，叙述了"小学毕业了"的事实，也暗含着激动的心情。第二句话"毕业以后，很多同学准备升入中学学习"，表明了同学们的未来取向。然后用"我呢，我决定留在农村广阔的天地里，当一个新式农民……用自己的鲜血和生命去保卫我们伟大的祖国"三句话，重点表明了自己做个好农民、好工人、好战士的理想，最后用两句话分别向同学们发出"在不同的岗位上竞赛"的热情倡议，向老师们提出看他的"实际行动"的热切愿望。整个发言篇幅简短，内容丰富，主旨分明，重点突出，逻辑清晰，激情迸发，非常贴合毕业典礼的现场需要，体现了雷锋高超的发言水平。

从他在沈阳军区工程兵部队第六届团代会上的发言提纲来看，这次发言的主旨应该是介绍自己学习毛主席著作的情况，所以，这个提纲一共有两大部分，第一部分介绍了从什么时候开始学习毛主席著作的，是怎么学习毛主席著作的；第二部分介绍了今后学习毛主席著作的决心。第一部分又从"学习了毛主席著作后，战胜了和泥的困难（冬天）"等八个方面介绍了自己是怎么学习毛主席著作的；第二部分从"学习毛主席著作与改造自己的思想相结合，树立全心全意为人民服务的思想和辩证唯物主义世界观"等四个方面表示"要学习毛主席著作的立场、观点和方法"。所述内容十分集中，主旨十分突出，毫无东拉西扯、旁逸斜出的现象。

从他在望花区军烈属、复员退伍军人代表大会上的发言中可以看出，该会议的主要任务是："认真贯彻省市优抚会议精神，总结交流经验，改进工作，更好地调动全市军烈属、复员退伍军人在政治上和生产上的积极性,继承发扬优良革命传统,认清形势,努力生产,克服暂时困难,为支援前线、支援部队和社会主义建设事业作出更大的贡献。"所以,他的发言,重点围绕这个任务进行,重点内容是提出"坚决在党的领导下,鼓足干劲,力争上游,充分发挥生产积极性和创造性,在社会主义各项事业中作出优异成绩,争取更大光荣,用支援前线、支援解放军的实际行动来回答党和政府对我们无微不至的关怀"的"倡议",作出了"(一)永远听党的话,努力学习马克思列宁主义和毛主席著作,牢固地树立起全心全意为人民服务的思想,保持蓬勃的革命朝气,钻研业务,提高本领,服从领导,遵守纪律,用百折不挠的意志,克服前进道路上的一切困难"等"三项保证"①。这样一来,既突出了会议主题,也突出了发言的主旨,同时也体现了雷锋深厚的政治修养。

发言主旨的确定,一定要根据会议的议题或讨论的话题进行,不能自行其是,不能节外生枝。主旨的突出,一定要对自己所掌握的材料或观点狠下一番去粗取精、去伪存真的功夫,努力做到删繁就简,有的放矢,要坚决杜绝东扯葫芦西扯瓢、高谈阔论不着边的现象。

六、语言要简明

关于讲话、发言的语言问题,雷锋在1961年10月22日的日记中说过这么一段话:"有些人讲话爱啰唆,有时一句话或一件事反复地说,东扯葫芦西扯瓢,说来说去还是一个意思,时间用了不少,事情说得不多。俗话说:剩饭炒三次,狗都不爱吃。一句话老那么说,人家就不爱听。本来意思不多,却讲了不少,结果那一点精华被淹没在空话的海洋中了。这好像人们喝糖水,同样多的糖,如果掺水适当,则味道甘美,如果掺水过多,必然淡而无味。可见讲话的时间长,不一定效果就好,相反有时还会更坏。"这段话语中,雷锋批评了某些人讲话爱啰唆的现象,分析了这种

---

① 另外两项"保证"是:"(二)要密切联系群众,虚心地向群众学习,和群众打成一片,戒骄戒躁,在人民面前不摆架子,遇事同群众商量,与群众同甘苦共患难,随时随地都要接受群众的批评和监督。(三)发扬勤俭建国,勤俭建军,勤俭持家,勤俭办一切事业的精神,永远保持艰苦朴素作风,厉行节约,反对浪费,爱护公物,树立坚定的共产主义思想,克服非无产阶级的思想意识。"

雷锋精神简论

现象的危害。我们的生活和工作中，有这种现象的也不乏其人。重温这段日记，有利于我们避免发言语言不简明的问题。

雷锋所有的发言（不含发言提纲）中，最长的当属在抚顺市第四届人民代表大会上的发言，连标点带文字只有1199字；最短的当属在聘请校外辅导员大会上的发言，仅仅131字。其他如在鞍钢授奖大会上的发言为138字，在小学毕业典礼上的发言为205字，在授奖大会上的发言为532字，在化工总厂大会上的发言为603字。这就表明，他的发言总是非常简短的，从无滔滔不绝的长篇大论。当然，我们在这里列举说明雷锋发言篇幅简短的特点，不是说越简短越好，而是说发言应该避免出现像雷锋批评过的那种"东扯葫芦西扯瓢，说来说去还是一个意思，时间用了不少，事情说得不多"的现象。

雷锋的发言，语言简明是一个十分显著的特点。例如，他在抚顺市第四届人民代表大会上的发言中有一段话是："在吃人的旧社会，我一家人都死在帝国主义、封建主义、官僚资本主义的手里。我的爸爸因被小日本鬼子抓去毒打成疾致死。我的哥哥给资本家做工，被机器轧伤致死。我那3岁的弟弟被活活饿死了。我的妈妈被可耻的地主奸污而死去。我7岁的时候，就成了一个无依无靠的孤儿。"这段话，一共6句、124字，第一句是总述，说明他一家人的总体不幸，然后分说父亲、哥哥、弟弟、妈妈和自己的不幸，分说时一人一句话，用语十分精准，话语十分简洁，内容十分明了，让听众一听就知晓了他的苦难。在这里，他没有详细叙述每一个家人的不幸遭遇，而只作简括概述，这就是简明的。如果要详细叙述，那么就是啰唆的了。因为这是在"人民代表大会"上的发言，不是"诉说苦难家史会"上的发言，重点不是"诉苦"。我们向雷锋同志学发言，就要使语言简明，极力避免"啰唆"的问题。

除上述学习内容，我们还要在发言中做到条理分明、时间适当，能够机智处理发言过程中的突发变故。雷锋的发言，十分注重内在的逻辑联系，前贯后联紧密，起承转合清晰，因而条理清楚，让人一"耳"了然。又十分注重时间的把握，有话则长、无话则短，该长则长、该短则短。这是我们特别要学习的。有些人发言，不顾时间长短，只顾自说自话，犯了发言大忌，应该好好向雷锋同志学习。同时，还要善于机智应对突发事件。据说，雷锋1960年1月8日在工兵第十团欢迎新兵大会上发言时，因露天操场风大，原拟的发言稿被风吹乱了，他就临场发挥，作了即席发言，赢得了战友们的热烈掌声，也使战友们感到十分欢欣，收到了意想不到的效果。

向雷锋同志学"待人"

李玉上

人处世间，必定要待人接物；要待人接物，必定要懂得待人接物之道。"克己复礼"，说的是自我克制；"礼之用，和为贵"，说的是和睦相亲；"与朋友交，言而有信"，说的是诚实守信；"居处恭，执事敬，与人忠"，说的是忠诚他人；"己所不欲，勿施于人"，说的是尊重他人；"见贤思齐"，说的是学习他人；"不迁怒，不贰过"，说的是不迁怒于他人；"礼以行之，孙以出之"，说的是谦逊地对待他人；"青眼有加"，说的是赏识他人；"惺惺相惜"，说的是（境遇、性格、志趣相同者）互相同情珍惜、爱护支持，等等，都是传统意义上的待人接物之道，值得我们遵照执行。雷锋同志以其高尚的共产主义风格，在待人接物方面为我们树立了光辉的榜样，概括说来，有如下五个方面值得我们学习实践。

一、仁以爱人

从道德的角度来看，"仁"是一个外延非常宽泛、内涵十分丰富的概念，其要义应该归结为孔子说的"爱人"和庄子说的"爱人利物"。

雷锋同志仁以爱人，首先表现在对人类共同美好理想和共产主义的坚守上。他在日记中表示，要为未来人类的生活付出自己的劳动，使世界一天天变得美丽，要"一心向着党，向着社会主义，向着共产主义"，要"把自己可爱的青春献给祖国最壮丽的事业，做一个真正的共产主义革命战士"，要"为人类最美好幸福的生活而斗争"，要"为建设社会主义和实现共产主义而献出自己的全部力量，直至生命"。

其次表现在对党和人民共同利益的维护上。他在日记中表示，要"为党和人民的事业贡献自己的一切"，要"为党的利益，为集体的利益不惜牺牲自己的利益"，为了党和人民的事业和利益，就是入火海进刀山，也甘心情愿,即使头断骨粉也永远不变。当他看到国家处于困难时期的时候,就厉行节约,把节约下来的钱物捐给集体,用于支援社会主义建设。当他看到集体的财物将要受到损失的时候,当即用自己的衣物和被褥去抢护水泥。当他看到洪灾来临的时候,便拖着病体,忘我地投身到抗洪抢险的战斗中,奋力保护人民的生命财产安全。

最后表现在对普通群众或身边同志的关心照顾上。他在日记中表示,"对同志对人民要忠诚,要热情,要关心,要互相帮助"。1957—1962年间,他不少于10人次给人捐款,帮助别人解决生活中的困难。在部队,有一次,他得知某同志的母亲病了而且"缺钱,想买点东西给母亲吃,钱又不够",便"立刻拿出了自己的10元津贴,还买了一斤饼干"送给该同志回家看望母亲。1962年4月3日,天气格外寒冷,他在去团部开会的路上,看到一个十来岁的小孩衣服单薄,冻得直打哆嗦,便立即脱下自己的棉裤,送给了那个小孩。

雷锋同志仁以爱人的思想行为,展现了毛泽东时代的普通战士的共产主义信仰和高尚的无产阶级情怀。他"生为人民生,死为人民死""为党和阶级的最高利益,牺牲自己的一切,直至生命",令人无限敬佩,值得永远学习。

二、谦以敬人

"谦"即谦虚谨慎。从为人处世的角度看,谦虚谨慎是人之为人最为高贵的品格之一。从我党的发展历程来看,谦虚谨慎是我党最为宝贵的优良传统,是共产党人应有的政治思想品格之一。雷锋同志把自己定位为做"毛主席的好战士"、党的"忠实的儿子"和"人民的勤务员",愿意永远"做一个名副其实的好党员",永远"做人民的小学生",永远做集体大海里的一滴水、集体机器上的一颗螺丝钉、集体高楼大厦上的一砖一石。

他敬爱党,敬爱社会主义祖国,敬爱集体,敬爱身边的同志和普通群众。1959年12月3日晚,他听了车间党总支李书记的征兵报告后,激动得无法平静,怎么也睡不着,当晚就写下了入伍申请书和决心书,第二天就报名参军,"要把自己最可爱的青春献给我们的祖国,做一个真正的共产主义战士"。

1961年2月3日,他见到了为人民解放事业舍身炸碉堡的战斗英雄董存瑞的战友、"老英雄"郅顺义同志以后，万分激动，表现出对老英雄的无限敬爱，决心用"英雄的事迹来鞭策自己，永远忠于党，忠于人民"。

1960年6月某天，他因公外出，在沈阳车站，看见一位老太太焦急地在汽车旁徘徊，像是遇到了什么困难，便上前询问，原来她是从山东来部队找她儿子的，路费花光了，于是立即请那位老太太吃了饭，还给她买好了她儿子驻地的车票。

1961年4月27日，到旅顺海军××舰作报告后回沈阳途中的列车上，雷锋看到一位有病的老大爷，便把座位让给了他，还为他解决了没吃午饭、差一元钱买车票等困难。

1961年8月，在参加抚顺市第四届人民代表大会第一次会议期间，看到同为人大代表的六位六七十岁的老太太，他"内心十分羡慕和尊敬"，"从阶级友爱出发"，热情地为她们服务；还把市委负责同志送给他的一份礼物——一斤苹果转送给了住在卫生连的伤病员同志。

诸如此类的事例不胜枚举。从中我们可以看到这样一个事实，雷锋的谦以敬人，绝对不是故作姿态、忸怩作态，不是为着某种个人利益需要做做样子给人看，而是有其深厚的阶级感情基础和思想品格基础的，其行为是自觉自愿的，且是一以贯之的。

三、宽以容人

宽容是人类生活中至高无上的美德，是人类情感中最重要的一部分。被誉为"黎巴嫩文坛骄子"的纪伯伦有言："一个伟大的人有两颗心：一颗心流血，一颗心宽容。"北宋著名隐逸诗人林逋亦有言："和以处众，宽以待下，恕以待人，君子人也。"

雷锋同志深得宽容的要义，始终能做到严以律己、宽以待人。1961年9月10日，排长找雷锋谈话，说有同志反映他工作主观。对此，雷锋没有像有些人那样"面红脖子粗"地加以反驳，更没有像有些人那样对反映意见的同志"怀恨在心"，而是采取了宽容的态度，仔细分析了有同志反映他工作主观的事实和原因，并且对照斯大林同志"我们不能要求批评百分之百的正确"等教导，提高了思想认识，说："今天我是班长，对于战士的反映和意见，丝毫不能轻视，一定要坚决克服缺点，做好工作。"

1962年3月24日，吃早饭时，雷锋看到炊事班的饭盆里有很多锅巴，便随手拿了一块吃。一个炊事员对他说："自觉点啊！"他听了这句话，心里很难受，觉得吃一块锅巴没什么，就赌气把那块锅巴放到饭盆里，走了。事后，他通过学习毛主席"因为我们是为人民服务的，所以，我们如果有缺点，就不怕别人批评指出"的教导，越想越觉得自己不对，于是就容下了炊事员的生硬态度和严正警告，跑到炊事班检查了自己的缺点，使炊事员很受感动。

1962年7月29日，指导员找他谈话，谈话中，指导员先肯定了他的工作业绩和为人民群众做的好事，然后说有人反映他和一位女同志谈情说爱，并且要他"好好谈谈"。他听了，感到莫名其妙，感觉受到了冤枉，受到了委屈。事实上，他没有和那个女同志谈情说爱，同志的反映没有任何根据，完全是个误会。对此，雷锋对反映情况的同志仍然采取了宽容的态度，并且告诫他"有则改之，无则加勉"。

1962年7月30日，雷锋他们去参加后勤处的生产劳动，到了地里后，有的同志没有按计划带工具，结果影响了生产。他没有责怪未带工具的同志，反而反思自己，"无论做什么一定要事先有计划，不能盲目乱干。只有按计划办事，才能圆满完成任务"。

上述宽以容人的事例充分表明雷锋拥有"大足以容众，德足以怀远"的情怀。

四、善以助人

一般而言，善就是心地仁爱、品质淳厚。人们讲到雷锋精神时，一般不会忘记讲雷锋的"乐于助人"。"乐于助人"是从雷锋"助人"的情感皈依的角度说的，也就是"以助人为乐"，或者说因为"助人有乐"所以才"乐于助人"。我们说雷锋"善以助人"，是从雷锋"助人"的道德基础或情感基础的角度说的，因为有"善"，所以能"助人"。所以，"善以助人"与"乐于助人"的表述角度，可以理解为一为本一为末，一为因一为果。无本就无末，无因就无果，无"善"的基础就不会有"助人"的行为。雷锋觉得他"活着，只有一个目的，就是做一个对人民有用的人"，所以，他的"助人"行为也就是自然而然的了。概括说来，雷锋的"善以助人"行为有如下四个表现。

一是"苦"的置换，即用自己的"甜"去置换别人的"苦"。例如，

1961年2月2日,他从营口乘火车到兄弟部队作报告,下车时,大北风刺骨地刮,天气很冷。他见到一位老太太没戴手套,两手捂着嘴,口里吹一点热气温手,就立即取下了自己的手套,送给了那位老太太,他自己的手虽冻得像针扎一样也不觉得苦。

二是"力"的付出,能帮人出力就毫不吝惜。例如,1961年4月23日,到旅顺海军部队作报告时,见列车上旅客很多,乘务员忙不过来,他就当起了义务服务员,给一个老大娘让座,帮服务员打扫车厢,擦玻璃,给旅客倒开水,还当起了旅客安全代表。

三是"难"的解释,即帮人解难释困。例如,遇到同事、战友有经济困难时,他即刻拿出自己的津贴捐给人家。又如,1962年5月2日,他冒着大雨帮助艰难赶路的母子三人回到樟子沟的家里,然后不畏刮风下雨天黑才回到部队驻地。

四是"急"的纾缓,即帮人解决急难问题。例如,1962年6月22日,首长指示他立即出车护送一个重病号到卫生连,当时已经是下午一点钟了,他还没吃中饭,感觉有点饿,恰好炊事员送来了一盒午饭,大家叫他吃了饭再走,可他想到,这是紧要关头,抢救同志要紧,饭都没吃就出发了。

或许正因如此,习近平总书记才说:"雷锋精神,人人可学;奉献爱心,处处可为。积小善为大善,善莫大焉。"[1]

五、诚以励人

雷锋深深懂得"一朵鲜花打扮不出美丽的春天,一个人先进总是单枪匹马,众人先进才能移山填海"的道理,所以总是以无限的真诚、巨大的热诚激励人、鼓舞人,使人朝着正确的方向共同奋进。

他热心鼓励他人发愤图强。在小学毕业典礼上的发言中,他鼓励同学们"在不同的岗位上竞赛"。在1960年11月应邀到某中学作报告时,他鼓励同学们立下"发愤图强,建设社会主义强国""全心全意为人民服务,把一生献给共产主义""艰苦奋斗,勤俭建国""刻苦学习,攻克现代科学文化堡垒""四个志气",并希望同学们"做一个有礼貌又文明的好同学"。他担任抚顺市建设街小学和本溪路小学少先队辅导员,给予了少先队员们

---

[1] 引自2014年3月4日习近平总书记给"郭明义爱心团队"的回信。

三论　雷锋精神的传承弘扬

"永远保持红领巾的鲜红颜色,沿着党指引的道路前进,做无产阶级革命事业的接班人""学习,学什么课程都一样,要用心,要钻进去,要像钉子一样"等无数鼓励。在1962年2月21日给杨德志的赠言中,他祝愿杨德志"青春像鲜花一样,在祖国的土地上发散着芬芳,在保卫祖国的战线上多立功勋"。

他诚心激励他人创造奇迹。在1958年3月13日给王佩玲的赠言中,他祝愿王佩玲在平凡的工作岗位上,成为一个真正的战士。1962年2月22日,他给姚桂琴赠言说,伟大的理想,产生伟大的毅力,愿在保卫祖国的岗位上创造奇迹。1962年2月24日,他给刘思乐赠言说"让我们携起手来,做一颗永不生锈的螺丝钉"。

他耐心帮助他人改正错误。1960年11月26日《前进报》一篇文章述说了他帮助一名战友认识改正错误的事迹,该文称,雷锋先讲明了领导和同志们的帮助是关心和爱护,有错误就应该承认。然后说明了来部队的原因和目的。最后,雷锋说:"人不怕犯错误,就怕犯了错误不改,能坚决改正错误,那就是好同志。"在本溪路小学,他对一名生在福中、长在福中但思想波动、不安心学习、不主动学习、成绩也不好的同学讲新旧社会的对比,最终使该同学成为一个好学生。

良言一句三冬暖,雷锋深谙其中滋味,以对他人极端负责的精神,诚以励人,不断给他人输送积极进取、战胜困难、改正缺点的正能量,昂扬他人斗志,振奋他人精神,促进他人成长,不愧为"专门利人"的人。

向雷锋同志学"改错"

李玉上

人之为人，缺点和错误在所难免，关键要有正确对待缺点和错误的态度和彻底改正缺点和错误的行动。毛泽东同志在《为人民服务》一文中说："因为我们是为人民服务的，所以，我们只要有缺点，就不怕别人批评指出。不管是什么人，谁向我们指出都行。只要你说得对，我们就改正。"说的是我们要有接受批评意见、改正缺点错误的勇气和态度。又说："只要我们为人民的利益坚持好的，为人民的利益改正错的，我们这个队伍就一定会兴旺起来。"说的是改正缺点和错误的重要意义。雷锋深受其教育，在1960年11月26日"与战友谈改正错误"时，他说："人不怕有错误，就怕犯了错误不改。能够坚决改正错误，那就是好同志。"事实上，作为一个有血有肉、有着七情六欲的平凡人，雷锋也有犯错的时候，关键是，他能及时改正错误，不断进行自我完善。在这个方面，从自我觉醒、自主行动的主观能动的角度来看，雷锋有如下四个方面的做法值得我们学习。

一、自我规范：防错

缺点和错误是可以防范的，雷锋深知其中的道理。所以，他时常不忘进行自我规范，自我约束。1958年6月，在团山湖工作期间，他在日记中写有"保证克服一切困难，勤学苦练，早日学会技术"等"六项保证"。1959年8月，弓长岭矿山工作期间，他在日记中给自己提出了"继续加强组织纪律性"等"11项要求"。1959年10月，仍然是弓长岭矿山工作期间，他在日记中给自己提出了"加强修养"等"四项保证"，不久他又在日记中给自己提出了"听党的话，服从组织调配"等"六项保证"。1960年1月8日，是他光荣地加入中国人民解放军队伍这个他"永远不能忘记的日子"，也是他实现了自己从小就定下的"去当兵"的愿望的日子，他又给自己提出了"听党的话，服从命令听指挥，党指向哪里，我就冲向哪里"等"六项保证"。例子无须再举。从中，我们可以看到这么一个事实，那就是，每到一个工作节点或时间节点，雷锋总要给自己提出具体详尽的"保证"或"要求"。这些"保证"或"要求"，虽然是如他所说的"努力的方向和奋斗目标"，但实际上，更具有自我规范的性质，是他对自己提出标准和要求、防止出现错误的有力措施。如此高频率地给自己提出"保证"和"要求"以防止错误发生，古今中外，恐再无第二人。

不仅如此，他还在日常的工作和生活中，不断地告诫自己、警醒自己，以防止错误的发生。例如，1962年2月27日，他在日记中说："雷锋呀，雷锋！我警告你牢记：千万不可以骄傲。你永远不能忘记，是党把你从虎口中拯救出来的，是党给了你一切……至于你能做一点事情，那是自己应尽的义务。你每一点微小的成绩和进步都应该归于党，要记在党的账上。"1962年8月9日、10日，他还分别写下日记，告诫自己"虚心使人进步，骄傲使人落后"。十分明显，这是他为了防止发生骄傲自满的错误而给自己的警告。须知，对一个荣誉满身、年纪又轻的人来说，在取得成绩和进步之后，飘飘然而发生骄傲自满的错误是很容易也是很常见的。雷锋十分深刻地看到了这个问题及其危害性，所以才不断地告诫自己、警醒自己，严格地进行自我规范。高标准、严要求，永远是防止错误发生的法宝。

二、自我检省：识错

横看成岭侧成峰，远近高低各不同。不识庐山真面目，只缘身在此山中。自身的错误，自己往往难以发现，需要他人的"指摘"，但是光靠他人的"指摘"是远远不够的，因为外因只有通过内因才能起作用。这就需要自我检省，不断查找自身的错误、缺点和不足。对此，雷锋勇敢地拿起自我批评的武器，不断地"拿自己开刀"，剖析自身存在的问题与错误。

1961年9月10日，在《自我鉴定》中，雷锋谈了自己对学习的"要想工作好，就得学习好……人只有不断地努力学习，才不会迷失方向，做好工作，否则就会落后，甚至犯错误"的认识之后，说"现在我学习得很不够，决心继续努力，勤学、苦学、发奋学"，检省了自己在学习方面做得"很不够"的问题，也提出了解决这个问题的措施。这是一次在学习方面的自我检省。

1961年9月19日，在《入党转正申请书》中，他反省了以前存在的"干工作只是一个人单打鼓、独划船的干，不懂得发动群众，不懂得把个人的力量和集体的力量结合在一起""对整个阶级的命运和利益认识是不足的，至于怎样为本阶级的利益去斗争也搞不清楚"等问题，还专门用两个段落列举了"缺点"。他说："因工作的需要，经常外出汇报，在生活上形成了一种自由散漫的作风。比如，有时候不请假外出，礼节不够周到，军容有时不够整齐。因今年我大部分时间在外地做汇报，很少参加党的组织生活，也没有经常向组织汇报自己的思想工作和学习情况。对同志的帮助不够，没能经常进行谈心活动。工作缺少方法，有时抓住了这头却丢了那头，遇到具体问题，仅仅从大道理上作一些解释，究竟怎样解决，要达到什么为合适，自己心中没底。个性急躁，办事总想一口气得成。"并决心"以上缺点坚决克服"。总结起来说，这是一次较为全面的自我检省，有思想认识方面的，有生活作风方面的，有工作方式方面的，有工作方法方面的，有同志关系方面的，也有个人性格方面的，虽然话语不多，但句句切中要害。

我们应该看到，在雷锋的做法中，这种旨在认识自我缺点和错误的自我检省，重点是查摆缺点和错误，但还包括了找原因和定措施的环节。"不忘初心、牢记使命"主题教育[①]的总要求"守初心、担使命，找差距、抓落实"中的"找差距"强调的就是要自我检省，应该长期坚持。

三、自我调节：认错

是缺点就是缺点，是错误就是错误，绝不回避，绝不掩饰，雷锋总能以实事求是的态度、光明磊落的胸怀承认缺点和错误。

1960年11月26日，在"与战友谈改正错误"时，他说过"领导和同志们帮助你，是对你的关心和爱护呀，你应该很好地承认错误"，虽说是在告诫战友，但实际也是他自己对有错误就要"很好地承认错误"的正确认识。

[①] 党的"不忘初心、牢记使命"主题教育：2019年6月至2019年11月，以县处级以上领导干部为重点，在全党自上而下分两批开展的主题教育。总要求是"守初心、担使命，找差距、抓落实"，根本任务是"深入学习贯彻习近平新时代中国特色社会主义思想，锤炼忠诚干净担当的政治品格，团结带领全国各族人民为实现伟大梦想共同奋斗"，具体目标是"理论学习有收获，思想政治受洗礼，干事创业敢担当，为民服务解难题，清正廉洁作表率"。

正因有这种正确认识，1961年9月10日，他的排长指出他"办事主观"的问题、办事欠缺"和群众商量"的问题、不"注意工作方法"的问题，还有"其他方面的小缺点"以及未能"抓紧时间努力学习"的问题，他都予以承认，并表示将排长的"好话"，一一"牢记心间，照着去做"。这是面对外来客观因素雷锋采取的直截了当的认错方式。不像当下某些人，一听到别人说自己的缺点或不足，就暴跳如雷，脸红脖子粗地"怒目相对"，甚至"怀恨在心"。

最为可贵的是，雷锋能通过自我心理调节的方式，主动承认自己的缺点和错误。1962年3月24日，吃早饭时，他看到炊事班的饭盆里有很多锅巴，便随手拿了一块吃。一个炊事员对他说了"自觉点啊"的话，他听了，心里很难受，觉得吃一块锅巴没什么了不起，便赌气把那块锅巴放到饭盆里，走了出来。事后，他还是跑到炊事班，承认了自己拿锅巴吃不对，并检查了自己的缺点，使那个炊事员很感动并且为他点赞。原来，他心里难受、放回锅巴、走了出来之后，读到了毛主席的教导"因为我们是为人民服务的，所以，我们如果有缺点，就不怕别人批评指出。不管是什么人，谁向我们指出都行。只要你说得对，我们就改正"，而且念了十多遍，越念越感到自己不对，越念越感到毛主席的这些话好像是专门对他说的，越念越后悔不该和炊事员赌气，而且自己问自己："你多不虚心呀！人家批评重一点，你就受不了啦！"很明显，这是雷锋进行自我心理调节的认错方式。他对照毛主席的教导，思考自己的问题，发现了自己的错误，并且立即改正了错误，值得学习。

不管怎样，有了缺点和错误，就要勇于自我调节而认错，为改错提供思想基础和行动条件。

四、自我修正：改错

闻过思过，有错即改，这是雷锋的一贯做法。例如，关于纪律问题。1961年6月，他在与少先队员们讲纪律的时候谈到，他刚入伍的时候，有时不自觉地就违反了纪律。有那么一个星期日，他以为放了假就可以随便外出了，谁也没告诉，就上街照相去了，结果受到指导员的批评教育。在此过程中，他先很"难为情"地承认了没请假就外出的事实，后来"心里难过极了，哭了"，表示愿意改正错误。从那以后，他就"再没有违反组织纪律和各种制度"。

又如，关于方法问题。1961年9月10日的日记中他记载了这么一件事：有一天，他和两个战友出车到浑河农场拉菜，他看农场里的同志都已吃晚饭了，心想战友出了一天的车，比较累，再说午饭吃得早，也可能饿了，就和农场的管理员联系了一下，准备好了饭，叫他们两位吃。可是他们硬不吃，说天快黑了，车没有灯，要赶紧回队。他想回去也要吃饭，现在这里饭已准备好了，吃还不一样吗？再三劝他俩吃，最后他俩还是没有吃，也就和他俩一块儿拉菜归队了。事后战友反映到排长那里，说他"办事主观"，排长又当面给他指出"办事主观"。显然，这是思想方法出现的问题。1961年9月19日，他在《入党转正申请书》中，也列举了"工作缺少方法"的"缺点"。他是怎么解决这个问题、改正这个缺点的呢？1961年12月2日，他写在日记本上的"工作方法"中就有他的认识："我们做工作，定指标，提任务，都要照顾需要和可能两个方面，不仅看需不需要这样做，而且看能不能做到，需要做而且能做到的我们就坚决做，需要做但是做不到或暂时做不到的，就不做或暂时不做。"1962年2月1日，他撰写的全班的工作总结中就有"采取互教互学的方法""采取包教保学的方法""采取（理论、图表、实物）三结合的方法"的总结。可见，方法方面存在的问题得到了改正。

防错、识错、认错、改错，是雷锋对缺点和错误采取的行之有效的措施，展现了雷锋"刀刃向内的自我革命精神"，为他成为"一个高尚的人，一个纯粹的人，一个有道德的人，一个脱离了低级趣味的人，一个有益于人民的人"提供了强大的支撑。我们应以雷锋为榜样，拥有"正视问题"的自觉，拿起"自我批评"的武器，拿出"刮骨疗毒"的勇气，强化"有错必改"的态度，采取"立行立改"的措施，切实做到"自我净化、自我完善、自我革新、自我提高"。